Zitzlsperger · Ganzheitliches Lernen

Helga Zitzlsperger

Ganzheitliches Lernen

Welterschließung über alle Sinne

Beltz Verlag · Weinheim und Basel

Neu ausgestattete Sonderausgabe 1995 des Titels
»Zitzlsperger: Ganzheitliches Lernen. Welterschließung über alle Sinne mit Beispielen aus dem Elementar- und Primarbereich.«
Beltz Verlag, Reihe Beltz Praxis, ISBN 3-407-62126-4

Die Deutsche Bibliothek – CIP-Einheitsaufnahme

Zitzlsperger, Helga: Ganzheitliches Lernen : Welterschließung über alle Sinne ; [mit Beispielen aus dem Elementarbereich] / Helga Zitzlsperger. – Neu ausgestattete Sonderausg. – Weinheim ; Basel : Beltz, 1995
ISBN 3-407-21009-4

Lektorat: Peter E. Kalb

Herstellung: Klaus Kaltenberg
Druck: Druckhaus Beltz, Hemsbach
Umschlaggestaltung: Atelier Adolf Bachmann, Reischach
Printed in Germany

ISBN 3-407-21009-4

Zur Erinnerung
an meine Eltern

Lotte und Carl Sparapani-Iskynfeld

Inhaltsverzeichnis

Vorwort

Schule hat es nie leicht gehabt, ihren Aufträgen in wünschenswerter und jeweils denkbar bester Weise nachzukommen. Zu allen Zeiten hat es Umstände gegeben, die sich dem hinderlich in den Weg stellten. Gegenwärtig scheint es mir aber vor allem die Schule selbst zu sein, die sich auf ihre Aufträge als ein Hindernis auswirkt.

In über tausend Jahren ihrer Geschichte hat Schule ein ausgeklügeltes und umfassendes System für ihre Aufgabenwahrnehmung entwickelt. Da es sich um ein offensichtlich durchaus in – fast – jeder Hinsicht rational abgesichertes System handelt, um – wenn wir mit Norbert Elias sprechen – das Ergebnis eines langen „Zivilisationsprozesses", wird es größtenteils als kaum noch veränderbar, als unumstößlich angesehen. Wenn dennoch im überkommenen System gelegentlich unorthodoxer Unterricht stattfindet, wenn Lern- und Lehrformen sichtbar werden, die – gemessen am „Üblichen" – ungewöhnlich sind, dann steht dahinter in der Regel kein ausdrücklich auf große Veränderungen gerichtetes didaktisches Konzept. Ausgelöst wird er zumeist durch selbst auch wenigstens ein bißchen – unorthodoxe und experimentierfreudige Lehrer.

Und besonders pädagogische Experimentierfreude war es wohl, was dort nahe dem Bodensee im kleinen Städtchen Markdorf zu jenen ganzheitlichen Lernformen führte, die in diesem Buch wiedergegeben und erläutert werden. Helga Zitzlsperger hat ganz offensichtlich eines Tages „die Nase vollgehabt" von einem vorwiegend im Sprachlichen vollzogenen, fast ausschließlich auf den Intellekt zielenden, an Erwachsenenhandeln orientierten Unterricht. Konsequent versetzte sie sich in die Lage „ihrer" Kinder, näherte sich mit deren Schritten der Schule, betrat mit deren Herzenswünschen den Klassenraum, benahm sich mit deren Unbekümmertheit gegenüber den dort neuartigen Umständen und Forderungen, sah mit deren Augen die Umwelt, nahm mit deren Unverdrossenheit Besitz von der Welt ... Und die Folgen? Nun, das Buch beschreibt sie an ausgewählten Beispielen. Mein Rat: Lassen Sie bei der Lektüre zunächst Ihre überkommenen und bewährten didaktischen Kategorien durchaus zurück; erleben Sie die Entstehung und die Abenteuer von Schnuggel undSchnöfchen mit; sträuben Sie sich nicht, in unwahrscheinliche, weil märchenhafte Vorgänge hineingezogen zu werden. Was selbst ganzheitlich zu sein trachtet, läßt sich meiner Erfahrung nach auch am ehesten ganzheitlich erspüren.

Die Einvernahme in „ordentliches" didaktisches Denken kann auch später noch erfolgen. Der Reiz des Beispiels liegt gerade darin, daß es die Praxis ist, die überzeugen kann (... hat ja offensichtlich Erfolg damit gehabt!), die zum Nachahmen verlocken kann (... wenn die das geschafft hat, warum nicht auch ich?), die zum Nachdenken anregen kann (... das muß sich doch irgendwo zuordnen lassen!). Der Versuch, die eigene Praxis einerseits durch Rückgriff auf gehirnphysiologische Befunde und Vorstellungen, andererseits durch Bezugnahme auf die Erkenntnistheorie Poppers und seine „Drei-Welten-Theorie“ als auch von theoretischer Dignität auszuweisen, sollte wegen seines übermäßig umfassenden Zugriffs nicht gleich abschrecken.

Schule ist ein Raum für Erfahrungen, an denen und durch die Kinder lernen. Nun hat Schule sich aber die Möglichkeiten zur Gestaltung von Erfahrungen durch das System von inhaltlichen Einheiten (Fächern), zeitlichen Einheiten (Schulstunden), festen Verfahrensweisen usw. selber ziemlich verbaut. Die üblichen aufbrechenden Überlegungen gehen dahin, entweder die Wirklichkeit wieder verstärkt in die Schule zu holen oder die Schule wieder stärker in die Wirklichkeit zu stellen. Bahnbrechende Ergebnisse haben aber diese Bemühungen noch nicht gebracht, jedenfalls nicht in der alltäglichen Regelschule. Helga Zitzlsperger wählt zusätzlich einen dritten Weg: Unterricht ermöglicht den Kindern, in ihn hineinzuholen, was erforderlich wird, aus ihm hinauszugehen, wenn dies angebracht ist, um dann eine eigene Welt zu schaffen, sich also zunächst ihre eigene Wirklichkeit unter Einsatz aller ihrer Vermögen und all ihrer Kräfte selber aufzubauen, an der dann Erfahrungen mit hoher Lernwirkung gemacht werden können. Das ist kein versponnenes, sondern ein durchaus „schulisches“, sprich auf Lernerfolg zielendes Konzept; daß es Erfolg zeitigt, dafür sprechen Rückmeldungen von verschiedenen Seiten.

Dies Konzept bringt sicherlich oftmals eine nicht ungefährliche Gratwanderung mit sich, vor allem dann, wenn die geschaffene Phantasiewelt mit der vorfindbaren nicht so ohne weiteres in Übereinstimmung gebracht werden kann. Hier ist der Lehrer bei dem Konzept einer „Welterschließung über alle Sinne“ besonders stark gefordert.

Aber, sagen Sie selbst, wenn Sie das Buch gelesen haben: Lohnt es sich nicht der Kinder wegen? Ich meine, dies Buch macht Mut!

Weingarten — Wilhelm H. Peterßen

Einführung

In diesem kleinen Kapitel werde ich folgenden thematischen Bogen zeichnen: Ausgehend von der Feststellung, daß schulisches Lernen entweder „Lernen aus Erfahrung" oder „Lernen durch Lehre" (H. v. Hentig) ist, soll hier gezeigt werden, daß dabei das Konzept eines ganzheitlichen, „multisensorischen" Lernens und Erlebens für besonders sinnvoll und erfolgversprechend gehalten werden kann. Dieser Erfahrung liegt eine ausführliche Praxis zugrunde.

„Ganzheitliches Lernen", „Lernen mit allen Sinnen", „Welterschließung", „Lernen mit Kopf, Herz, Hand und Bauch" (eine derzeit zunehmend gerne verwendete Formulierung) – das klingt theoretisch gut, möchte praktiziert werden. Nur: Wie läßt sich ein Lern- und Erziehungskonzept mit einem derart breiten Spektrum und hohen Anspruch im Schulalltag verwirklichen? Daß der Lehrer vor allem ein Lernen durch Lehre vermittelt und dabei einem Lernen aus Erfahrung einen gewissen Stellenwert einräumt, ist bekannt. Wenn dabei aber noch das Ganzheitliche, Multisensorische in umfassendem Sinne berücksichtigt werden soll, steht – so möchte man meinen – dabei doch allerlei im Wege: Praxis in tradierter, kognitiv orientierter Weise zum Beispiel – (auch, weil das bequemer ist und für rationeller gehalten wird); Unsicherheit, was nötig und gerade noch zulässig ist – (wie weit man also vom guten Pfad üblicher Methoden überhaupt abweichen darf); Angst vor der Umsetzung einer eigenwilligen, besonders in Spielphasen großzügigen Zeitplanung – (wie viel Zeit darf man denn nun beim Erspielen und beim Sammeln von Erfahrungen über alle Sinne „verschwenden"?): Sorge, Lehrplanforderungen nicht zu erfüllen und mit Parallelklassen nicht „gleichzuziehen" – (nur: Ist es denn so schlimm, daß der Kollege im Buch 7 Seiten weiter ist ...?); schließlich die Schwierigkeit, „nur" Fachlehrer für bestimmte Kern- oder musischen Stunden zu sein – (vor allem Lehrerinnen arbeiten mit einem reduzierten Deputat: nun wagt man nicht, unbesorgt in „fremden Gebieten" – im Sinne eines fächerübergreifenden Unterrichts – zu arbeiten).

Und: „Ganzheitliches Lernen" ist ein Begriff mit etwas verschwommenen Konturen. Was darf man darunter verstehen und was hat der bewußte Einsatz vieler Sinne (multisensorisch) damit zu tun?

Antworten hierauf sollen in diesem Buch versucht werden. Ich möchte eine Form des Lernens und Lehrens vorstellen, die dem Kind – in enger Wechselwirkung mit dem Lehrer – in ganzheitlicher Weise Welt erschließt: Nicht nur durch Wahrnehmungen über alle Sinneskanäle, sondern auch über die Anregung von Phantasie, von schöpferischen Vorstellungen, von Träumen und Möglichkeiten, kreativ die Umwelt mitzugestalten. Es handelt sich um ein reizvolles Konzept, das Erziehern und Kindern gleichermaßen Spaß macht – sofern der Lehrer selber gerne mit Phantasie arbeitet und den Mut hat, sich auf „seine“ Kinder und deren Phantasien einzulassen. Wenn Kinder erst einmal begriffen haben, daß sie sich so vielfältig mitteilen dürfen, dann sprudeln Ideen und Vorstellungen wie aus tausend Quellen ...

Nach derzeit schon über ein Jahrzehnt währender, stets wachsender Erfahrung mit diesem Konzept eines Lernens über alle Sinne (multisensorisches Lernen) kann auch versichert werden, daß solches Lernen durchaus effektiv verläuft und Neugierde und Lernfreude auch nach längerem Schulbesuch erhalten bleiben. Im Sprechen und Spielen, Argumentieren und Phantasieren, im abstrakten, logisch orientierten wie im bildhaften, komplexen Denken gehe ich großzügig mit schulischer Zeit um: Es lohnt sich, denn dabei sind erfreuliche Lernfortschritte zu verzeichnen, die durch genormte Lernzielkontrollen belegbar werden.

Wenn ich nun einen Streifzug durch das Klassenzimmer unternehme, so tue ich das mit dem Wissen, daß es bei den meisten Kollegen ähnlich aussieht, seien es die Spiel- und Leseecke; didaktisches Spielmaterial; der Tier- und Pflanzenpflegebereich; der Einsatz sogenannter „freier Arbeit“ usw. Ich möchte aber wesentliche Gegenstände und Prozesse kurz beschreiben, um später immer wieder ohne Umstände auf diese zurückgreifen zu können und zugleich etwas von dem „Geist“ mitzuteilen, der sich aus dieser Bestandsaufnahme als materialisierter Ausdruck multisensorischen und ganzheitlichen Lernens mitteilt, wobei eine irrationale, phantasiebetonte Komponente deutlich mitschwingt. Welterschließung beginnt im Kinderzimmer und setzt sich im Klassenzimmer fort; in ihm werden die Grundlagen einer differenzierten Bildung gelegt. Das will heißen: Mit Kenntnissen und Erfahrungen, die ein Kind in der Schule erwirbt, kann es im Heranwachsen aktiv seine Welt erschließen: in Verantwortungsbereitschaft für andere und anderes, „emanzipiert“, aber auf individuelle Weise, ohne Lust und Neugier am Leben und Lernen zu verlieren.

I. Elementarunterricht: Eine Praxis

Hier wird ein buntes Lerngeschehen im Klassenzimmer vorgestellt, das – hoffentlich – ein bißchen neugierig macht. Man darf sich fragen, was neben didaktischem Lern- und Spielmaterial noch ein „Schnuggel" oder ein „Schnöfchen" (zwei Spielpuppen) im Deutsch- oder Mathematikunterricht zu suchen haben; was regelmäßig gebotene märchenhafte Geschichten mit Lernen und dem Leben zu tun haben oder was es bringt, wenn man „Morgenpost" ansieht und viel Zeit in Rollenspiele am Kartonschloß oder an der Palme und anderen Plätzen investiert.

1. Bilder aus dem Klassenzimmer

Mir ist besonders der Umgang mit Erst- und Zweitkläßlern und Kindern des Schulkindergartens seit vielen Jahren vertraut. Beim „Streifzug" durch das Klassenzimmer beschränke ich mich auf eine Beschreibung von Klassenleben, Unterricht, Dingen und Vorgängen, die in sichtbarer, hörbarer, spür-, erleb- und erinnerbarer Form vor allem in den letzten vier bis sechs Jahren bedeutsam waren: Nicht als geschlossenes System dargestellt, sondern nur punktuell, um Beispiele für „Welterschließung über alle Sinne" zu finden. Erfahrene Lehrer kennen vieles von der folgenden Beschreibung aus eigener Praxis: Bücher und didaktische Spiele, Material und Raumaufteilung, Pflegeecken usw. Für sie sind das selbstverständliche Bestandteile von Unterricht. Meine Beschreibung möchte aber zum einen jedem Leser einen Vorstellungsrahmen für dieses Buch geben, zum weiteren aber auch jungen Lehrern und Erziehern orientierend zeigen, was es alles im Klassenzimmer geben kann, soll, darf ..., und möchte exemplarisch die Möglichkeiten andeuten, die sich entsprechend Kindern, Themen und Ideen natürlich mit jedem Jahr ändern.

Vor einigen Jahren stand beispielsweise in der Spielecke ein großes, dreistöckiges Kartonschloß, mit Texten und Bildern getäfelt; mit Turm, Kuppel, Zinnen und Efeuranken geschmückt; mit eingebauter Garage für ein selbstgebasteltes Motorrad; mit Elektrohäuschen, Wasseruhr, tiefem Brunnen, Herd und Schatztruhe. Es war von Schülern im Zusammenhang mit Spielen, Theater und bunten Geschichten, die in diesem Falle vorwiegend dem Deutschunterricht zugehörten, entworfen worden: Als Wohnstatt vor allem für den kleinen Zauberer Schnuggel und den Drachen Schnöfchen. Dieses ein-, dann zwei- und schließlich dreistöckige Schloß nahmen die Schüler in die 3. und 4. Klasse mit. Die Nachfolgeklasse baute – aus anderen Sach- und Phantasiegeschichten heraus motiviert – eine tischgroße Sand- und Steinwüste auf; mit Oase, Palme und Hütte, in der sich viele zauberische Geschichten mit

Schnuggel, Schnöfchen, der mächtigen, aber etwas tolpatschigen Zauberkönigin Perse und den anderen Figuren, Gespenstern usw. abspielten. Das eisenhart gebrannte Rumpelstilzchen (es war durch den Erdkern gekrochen) spielte dabei ebenso mit wie ein Vulkan – die Kinder hatten diese Geschichten mitentwickelt. Wir: d.h., die Kinder und ich, warfen uns gegenseitig immer neue Impulse in der Fortentwicklung der Geschichte zu und tun dies auch heute: mit anderen Phantasien und anderen Kindern.

Die Klassenbücherei im Raumteiler wird jedes Jahr durch Lexika, Bücher, Comic-Hefte, Prospekte usw. vergrößert. Neben selbst hergestellten Büchern –kleine Kostbarkeiten schon durch ihre Ästhetik – sind immer auch Märchenbücher dabei: Zum Lesen für die Kinder, denn ich selber erzähle Märchen lieber, da durch Worte und Gesten ein Erlebnis gleichzeitiger Spannung und Geborgenheit in der Erzählgemeinschaft besonders günstig aufgebaut werden kann.

Im Lernspielmagazin finden sich gekaufte didaktische Lernmaterialien wie Leseuhren und Stempelkästen, Setzkästen, Wortkarten, Konzentrationsspiele und Unterhaltungsspiele. Interessanter aber sind die im Fachunterricht hergestellten Spiele wie Zahlensortimente mit eigenen Regeln; Mikado mit verschiedenwertigen Ringen (entsprechend erarbeitetem Zahlenraum); Elferraus; Rechenpuzzles in Holz oder Karton mit bunten Bildern; ein etwa 70teiliges Holzwürfelspiel mit großen Druckbuchstaben; ein Zusammenlegspiel mit Tierbildern und Tiernamen für originelle Namensänderungen; Satzspiele für Satzkombinationen; dazu Tastspiele mit Buchstaben und Silben aus Sand und Schmirgelpapier und zum Tasten und Fühlen aus Salzteig mit Buchstaben und Zahlen (aus Holz wäre besser). Ein Buchstabenbaum belebt die Phantasie; und im letzten Jahrgang entstand eine etwa ein Meter hohe Rechenpalme mit großen, drahtversteiften Blattwedeln aus Tonpapier, die mit Rechen- und Knobelaufgaben bedeckt waren. Diese Palme wuchs mit den geistigen Fähigkeiten der Kinder. Schließlich verdorrte sie gelegentlich: Bei Fehlern, bei Streit..., aber sie trieb auch Früchte: Goldkugeln, rote Holzäpfel, ein Riesenbonbon, einen bunten Drachenschwanz ... Diese Palme war eng verflochten mit einer Dauergeschichte, die durch spannende Geschehnisse ständig Motivationen zum Schreiben, Lesen, Rechnen und Malen lieferte. „Wir haben uns etwas Neues ausgedacht“, hieß es dann am Morgen, und eine Kindergruppe spielte an der Palme, Oase, am Schloß o.ä. neue Abenteuer mit ihren Lieblingsfiguren.

Soziale Interaktionen, Erwerb von Sprachkompetenzen, Konfliktlösungsstrategien und ein Ausagieren von Phantasiegebilden schwingen problemlos in solche Aktionen ein; und daran knüpfen dann andere wieder fortsetzend an: Auch auf abstrakter Ebene, im Schreiben und Rechnen. Schnöfchens Schwimmbad in der Drachenstadt war beispielsweise der Auslöser für maßgerechtes Zeichnen; oder Perses Gedächtnisverlust (das kam vom Genuß giftiger Schwefelmänncheneier im Regenbogenland) wurde mit Hilfe eines magischen Reimes geheilt: Die Kinder halfen mit, und so lernten sie spielerisch das Zehnerüberschreiten im Zahlenraum bis 100 – in diesem Fall mit Hilfe von Feuer und Klängen.

In einer Ecke stand lange ein Aquarium mit Schleierschwänzen, deren Pflege die Kinder übernahmen – eine Fischfütter- und Beckenreinigungsliste hing daneben; jeder wird in der Verantwortung für die Tiere in die Pflicht genommen. Auch ein Terrarium gab es, und in einer anderen Ecke ist immer Raum für den Sitz- und Erzählkreis (auf Teppichflecken und Polstern). Auf den Fensterbänken gedeihen Lauchzwiebeln in mehreren Generationen (wegen ihres Aussehens als austreibende Zwiebeln führten wir mit ihnen das K, k ein); und auch andere Pflanzen werden regelmäßig gepflegt: Zum Beispiel Sukkulenten, Yukkapalmen, Kakteen, Papyrus, Efeu, ein Apfelbäumchen und ein Tannenbaum: Sie lassen sich immer gut in Geschichten integrieren und mit neuen Buchstaben verbinden (Y, y, K, k, Eu, eu, Pf, pf, P, p, ...).

Bedeutsam erscheinen mir unsere selbstgebastelten Märchen- und Geschichtensammlungen, von den Schülern verfaßt, bebildert, gebunden und regelmäßig benützt. Kunst, Literatur, angewendete Sprache und Kommunikation verbinden sich hier besonders dicht. Im Kapitel „Welt drei" und hier besonders beim „Texteverfassen" werden solche Bücher genauer vorgestellt.

Auch Klangillustrationen auf Kassetten gehören zum fächerübergreifenden Bereich von Literatur, Märchen, Phantasie und Musik: Über Orff-, Körper- und Umweltinstrumenten und mit gelesenen bzw. frei nacherzählten Texten. So entstanden z. B. Hörkrimis: „Der Geist im Glas", „Die goldene Gans" u. a. Lektüre in Anschauungsform gibt es auch in einer gebundenen DIN-A-3-formatigen, selbstverfaßten Wandzeitung als Serie mit Wochen- und Monatsblättern. Darin sind Nachrichten, Fotos, Illustrationen, Informationen, Rätsel, Speisepläne usw. eingeklebt und eingeschrieben.

Und dann die „Morgenpost": Jeden Tag kommen Kinder mit Briefchen, Sprechblasengeschichten, Bildern, verzierten Rechenaufgaben usw., die sie kunstvoll verpacken und beschriften: „Für Schnuggel", „für Hamster", „für alle" ... Wir öffnen die Post mit Hilfe der beschenkten Figuren, lesen alles vor, lösen die Aufgaben: Viele Kinder verbringen einen Teil ihrer Freizeit damit, Rechenaufgaben aufzuschreiben und zu lösen – oft sehr schwierige Aufgaben. Damit bestreiten wir dann unser morgendliches Rechentraining, das sehr intensiv verläuft. Bildgeschichten und Texte hängen wir an die Wand, damit sie jeder in Ruhe lesen kann. In diesen Mitteilungen sind auch die neuen Ideen enthalten, die ich aufgreife, um die phantastischen Geschichten im „Zauberland" fortzuführen. Nach einiger Zeit klebe ich all diese hübschen und originellen Briefe, Bilder, Texte und Rechnungen auf DIN-A-4-Bögen und ordne sie in einen Leitz-Ordner ein. Derzeit hat dieser – nach etwa anderthalb Jahren – über 300 Seiten. Die Kinder schmökern darin und spüren wohl auch, wie sehr ich ihre Arbeiten wertschätze. So mangelt es nie an reizvollen und liebevollen Ideen und Ausgestaltungen.

Materialisierter Ausdruck all der phantasiebetonten Arbeit war lange das Körbchen, in dem auf zwei „fliegenden Teppichen" (Webarbeiten) die ganze zauberische Familie ihr Plätzchen hatte. (Diese Figuren werden in Bild und Text später noch vorgestellt.) In Erweiterung bestehender Szenen haben die Kinder zur Zeit eine Farm mit Stallungen und Gehegen voller Tiere, ein vergittertes Schwefelmännchengefängnis und einen Schlangenkorb gebastelt, dazu eine Schatztruhe mit schimmernden Glaskugeln. Ich erzähle und spiele dann wieder neue Geschichten so, daß ich diese Zubehöre verwende. Daraus entstehen Situationen und Probleme, die – wenn geeignet – Motivationen für neue Rechen- und Schreibübungen liefern. (Einige Beispiele finden sich später.)

Die märchenhaften Geschichten werden also nicht zum Üben „mißbraucht", sind aber so aufgebaut, daß die Probleme auf sinnvolle Weise rechnerisch oder schriftlich am besten gelöst werden können. Oft erzähle ich anfangs oder am Ende auch rein um des Vergnügens willen; nicht im Sinne von: „Wenn ihr schön brav seid, dann erzähle ich euch weiter", sondern etwa: „Ich weiß jetzt, wie das mit der zerstörten Drachenstadt (oder den versteinerten Tieren oder ...) weitergeht. „Wir erledigen mal schnell ein paar Übungsaufgaben" – (dafür sind Buch oder Arbeitsheft gut geeignet) – „dann haben wir Zeit für ein neues Abenteuer ..." Üben und Lernen stehen partnerschaftlich neben dem Erleben, Erzählen, gemeinschaftlichen Phantasieren; es hat nicht die Funktion unleidiger Arbeit, die man mit Geschichten versüßen muß: Dazu ist Lernen viel zu interessant. Eher könnte man sagen: In einem emotional anregenden Klima schwingen die Bereiche des logisch-abstrakten Denkens und der Phantasie (mit anderen geistig-seelischen Qualitäten) sich gegenseitig ergänzend hin und her und öffnen dabei jedem Kind auf teils verbindliche, teils sehr individuelle Weise Schritte ins Leben: Sie helfen, Welt zu erschließen.

Um auf die Wüste zurückzukommen: Sie entwickelte sich – tischgroß – aus einem Thema. Darin gab es eine Oase mit Yukkapalme, Kakteen, Sand, Gestein und Felswänden. Die Konstruktion mit Klebebändern, Karton, Folie usw. hatten die Kinder in der „freien Arbeit" selbst besorgt. Auch Scherben, Vulkangestein und Fossilien gehörten dazu (in jedem Jahrgang bringen die Kinder und ich Steine, Mineralien und Fossilien mit und bestimmen sie). Solches Material ist für vielfältige Themen in Rollenspielen und bei Sachinformationen geeignet; auch in der schriftlichen Fassung. Themen um Vulkane, Tiere der Urzeit, Edelsteine und andere Bodenfunde sind immer voller Spannung und können gleichermaßen sachlich, phantasieanregend und bis ins Phantastische hinein aufgearbeitet werden. In diesem Sinne macht es auch Spaß, den Kindern aus dem Urlaub Muscheln, bunten Splitt, Lavabröckchen, Salz- und Schwefelsteine usw. mitzubringen – für jeden einzelnen etwas zum Sehen, Anfassen, Riechen, Schmecken ... Bei solchen Aktionen lernen die Kinder ganz beiläufig auch seltenere Buchstaben wie Y, y und C, c (in Yucca, Papyrus ...); y und X, x z.B. in Onyx, Pyrit, Amethyst; das Qu, qu und z (in Quarz, Rosen- und Rauchquarz, Azurit usw.; das V, v (in Vulkan, Lava, Olivin, Travertin ...). Auch das Ablautieren und Abhorchen der Lautfolge ist an diesen Fremdwörtern günstig, da kaum Dehnungen, Schärfungen, Doppel- und Umlaute vorkommen: Es ergeben sich weniger Fehlerquellen beim Schreiben. (Zum Beispiel: Mineralien, Kaiman, Trilobit, Dinosaurier, Fossilien, Kaktus, Sodalit, Quarzit, Marmor, Oase, ... auch Indianer, Afrikaner, Asiaten ...) Die Kinder beschäftigen sich mit diesen Begriffen, weil sie das Thema interessiert – nicht, weil man Rechtschreibung üben muß. Dieses am Kind orientierte Wechselspiel von Hören und Sprechen, Sehen und Anfassen, Riechen, Schmecken und gestaltendem Hantieren in Verbindung mit Phantasie, mit Plänen usw. in einem emotional entspannten Klima kann man als ganzheitliches Lernen bezeichnen.

Tafeln und Korkwände sind geeignet, um Kulissen für die Spiele zu malen und zu befestigen; um Fischfütterlisten oder Theaterlisten zu führen: Wann wer spielen darf; oder um Bilder und Arbeiten aufzuhängen, die von allgemeinem Interesse sind. Wichtig ist auch eine Requisitenecke, in der die Dinge für die Spiele aufbewahrt werden: Verkleidungsmaterial, Vorhänge, Abdeckungen, Ornamente, Handpuppen oder Pappmachéfiguren, wie wir sie z.B. als Bremer

Stadtmusikanten großformatig in allen möglichen Klassen und Fächern verwendeten.

Die vielen besonderen Gegenstände, die im gemeinsamen Spielen und Lernen entstehen, entwickeln sich mit den Kindern fort: Die Wüste bekam so einmal durch „Scherbenfunde“ und „Fossilienlager“ eine historische und geologische Vergangenheit: Oase, Palme oder andere Details veränderten ihre Bedeutung; und das Schloß wurde in der „freien Arbeit“ immer wieder repariert, renoviert und entsprechend der gewachsenen Kenntnisse und Ansprüche in den Tapeten und der Außentäfelung ausgewechselt.

Am Rande sei bei alledem bemerkt: Es liegt in erster Linie am Lehrer/Erzieher, wie intensiv Ideen in der Klasse (Gruppe) gepflegt werden. Er kann Inhalte, Arbeitsformen, Gewohnheiten und Rituale wachhalten oder leise versinken lassen. So produktiv Kinder auch sind: Ihre Bereitschaft für alles Mögliche und Kreative bedarf der kontinuierlichen Resonanz und ordnenden Pflege des Lehrers (als Bezugsperson), um zu gedeihen und seinen angemessenen Stellenwert zu finden.

In einer Klasse unterhielten wir übrigens auch ein Museum (in großen Regalfächern). Die Kinder verfaßten zu jedem Objekt einen Kurztext mit dem Namen des Gegenstandes, des Fundortes und Datums, des Spenders, dazu bisweilen „Besonderheiten“. Das Material stammte von den Schülern. Da gab es fremdländische Münzen und Texte; Insekten, Muscheln und Korallen; Bienenwaben und einen Krebs; ein Rehgebiß und Röhrenknochen; einen präparierten Alligator und eine Kobra; Sparrennägel und Fuchsschwanz; Dämonenmasken; Edelsteine und Fossilien ... Sachbücher und Lexika lagen daneben, denn schließlich wollten wir auch Mineralien, Edelsteine, Fossilien, Pflanzen und Tiere zuverlässig bestimmen können. Auch Erfahrungen mit der Plazierung, Zeitplanung, Bearbeitungsform und Numerierung kamen als Gewinn hinzu.

Die ebenso realitätsbezogenen wie phantasiebetonten Inhalte spiegeln sich in den Heftgestaltungen wider – gerade in Deutsch und Mathematik. Sie sind bunt, ideenreich illustriert und wirken fast wie Bilderbücher, obwohl doch auch Übungstexte und streng geordnete Rechenaufgaben darin stehen. Ich habe gelernt, mich gerne und mit Interesse auf die Vorschläge der Kinder einzulassen. Man kann dabei registrieren, daß die Fülle der Ideen, die dem kindlichen Horizont und seinem augenblicklichen „Weltbild“ entsprechen und dabei das Phantastische miteinschließen, zu oft unerwarteten, aber gründlichen Begegnungen zwischen den Kindern und dem „Stoff“ führt. Die selbst initiierten Erlebnisse wirken sehr lernmotivierend. Auch fühlen die Kinder sich ernstgenommen: Als Persönlichkeiten und Partner, denen man zuhört und auf die man interessiert eingehen kann. Man begibt sich in ihre „Welt“ und verleiht dieser Welt Geltung (Fernsehen macht diese kleine Kinderwelt oft unbedeutend). Man kann auch eigene Unterrichtsplanungen verschieben oder verändern, weil sie überflüssig werden oder unter neuen Lernzielorientierungen später aufgegriffen werden können. Lernziele, die der Bildungsplan vorschreibt, werden eingehalten – nur die Wege dorthin verändern sich oft: Methodisch, inhaltlich, in gewissen Intentionen und/oder in den Medien, um sie den Anregungen der Kinder anzupassen.

Nicht zu allen Änderungen bin ich bereit – darüber wird dann diskutiert und ich erkläre meine Entscheidung. Aber: Gemeinsam steuern wir einen Weg in steter Interaktion zwischen Kindern, Inhalten, Dingen und mir als Lehrerin, wobei der kindlichen Phantasie ein großer Stellenwert zugemessen wird. Die Ergebnisse finde ich anregend, schöpferisch – auch und gerade als Auslöser für weitere Aktivitäten.

2. Erörterungen

Die kleinen Streiflichter durchs Klassenzimmer beleuchten „Gegenstände“ (im weitesten Sinne), die einer näheren Betrachtung wert sein dürften, und dies einerseits, um sie didaktisch für geplantes Handeln verwertbar zu machen; andererseits aber auch, um sie theoretisch abzusichern. Schließlich handelt es sich nicht um bloßen Aktionismus, sondern um begründbares, sinnvolles Tun. So werden alle Praxisbeschreibungen später auch theoretisch begründet. Durch diese Begründungen werden Erzieher befähigt, eigene sinnvolle Planungen zu entwickeln. Zugleich hoffe ich, daß der Leser durch die Theorie auch fasziniert werden kann: Sei es in einer Auseinandersetzung mit materieller, psychologischer, geistiger und kultureller Welt, in die wir alle hineinleben; oder sei es die Kenntnis über Vorgänge im Gehirn, die mit Denken, Lernen, Verhalten und Erleben zu tun haben.

Daß Kinder im vorgezeichneten Rahmen nachhaltig lernen und sich auch Jahre später gerne an die Unterrichtserlebnisse erinnern, ist für mich zu einer Einsicht geworden, die sich zuerst aus der unmittelbaren Praxisbetrachtung (einschließlich Lernzielkontrollen), und dann auch aus dem Umgang mit gegenwärtigen und ehemaligen Schülern und Eltern ergab.

Die Gedanken der kleinen Umschau weisen auf Schwerpunkte hin, die es lohnen, genauer erörtert zu werden:

2.1 Die geschilderten Aktivitäten orientieren sich vorrangig am Kind und seiner Art, Impulse aufzunehmen und zu verarbeiten. Damit erhält die subjektive, persönliche, psychologische Welt des Kindes einen besonderen Stellenwert. Zudem spielen magische und mythische Momente und Darstellungsformen, wie sie besonders Zaubermärchen und entsprechend fabulierte andere Geschichten bieten, eine wesentliche Rolle. Sie spiegeln Denkweisen und menschliche Grundprobleme wider, die den Kindern kognitiven Gewinn und psychische Stabilität verleihen können.

2.2 Atmosphäre und Materialausstattung des Raumes und die Prozesse und Produkte, die die Kinder liefern und wie sie geschildert wurden, sind Objektivierungen kindlicher Geistestätigkeit. Ob Gedanken, Erzählungen, Bilder, Regeln, Heftgestaltung oder Gegenstände: Es ist in diesem Raum Schule und in diesem Schulraum eine eigene Welt entstanden, in der sich Geist und Psyche abrufbar als ein Stück menschlicher (kindlicher) Kultur objektiviert haben; die eine eigene Existenz aufgenommen haben und die auf ihre Erzeuger auch irgendwie zurückwirken.

2.3 Grundlegend sind diese Vorgänge auf eine dingliche, materielle Welt zurückführbar, die uns umgibt und auf die wir verändernd einwirken können. Dazu gehören nicht nur Möbel, Papier, Pflanzen, Handpuppen oder ein

Magnet, sondern auch unser eigener Körper und unser Gehirn, das die materielle Grundlage für unser Denken und Wirken abgibt.

2.4 Trotz der starken Kindzentrierung und Einlassung auf das Phantastische nimmt das rationale Moment einen gleichberechtigten und intensiven Stellenwert ein. Bildlogik und rationale Logik widersprechen sich nicht, sondern ergänzen sich, zumal Sprache und Psychomotorik ordnend die Inhalte ausrichten. Kinder und Jugendliche werden von ihrer täglichen Umwelt mit zahllosen positiv und negativ wirkenden Einflüssen umgeben oder gar bedrängt. (Fernsehen und Videokonsum, bedrohte Natur, Verkehr, Zivilisationskrankheiten, Kinderfeindlichkeit, Zukunftsangst der Eltern usw.) Die Eigenwelt des Kindes sich ausformen zu lassen will hier nicht heißen, einen „kindlichen Schonraum“ zu schaffen – der wäre unzeitgemäß und meines Erachtens auch verfehlt. Die Kinder sollten vielmehr für ihre Lebensbewältigung lernen, sich aktiv, kritisch, mit Phantasie und schöpferischen Ideen ihrer Innenwelt und Umwelt und damit auch den gesellschaftlichen Verhältnissen zu stellen.

Erfahrungen und daran anschließende Überlegungen lassen mich also nach folgenden Punkten fragen: Nach dem Stellenwert des Kindes im Erziehungs- und Unterrichtsgeschehen (in seinem „Kopf“ bzw. Gehirn spiegelt sich unter anderem die Einheit von Körper, Geist und Seele wider); nach der Beachtung der das Kind umgebenden Außenwelt; nach der kindlichen Innenwelt in ihrer Subjektivität und ihren psychologischen Äußerungsformen; aber auch nach einer geistig-kulturellen Welt, die sich das Kind bei aller Entfaltung seiner Phantasiekräfte und emotionalen Kräfte auch begrifflich – abstrakt, logisch, rational und kritisch erschließen muß, wenn es den kulturellen Forderungen, Normen und Gesetzen und unserer Gesellschaft gewachsen sein will. Grundsteine hierfür legt der Elementarunterricht.

II. Die Welt des Kindes

Hier möchte ich die „Drei-Welten-Theorie" von Karl Popper vorstellen, weil ich diese Theorie für besonders geeignet halte, den Menschen ganzheitlich und in seiner engen Verflechtung mit Dingwelt und Kulturwelt zu sehen. Ich wähle die „Drei-Welten-Theorie" als Ausgangspunkt zur Darstellung einer humanen Erziehungs- und Bildungsidee, weil sie zum ersten die Darstellung einer Welterschließung möglich macht und zum weiteren für eine Didaktik im Sinne kindorientierten Unterrichts besonders geeignet erscheint, obwohl Karl Popper beim Entwurf dieser Theorie bestimmt nicht an Schule, Lehre und Lernen gedacht hat.

1. Die „Drei-Welten-Theorie" (K. Popper)

1.1 Materielle Welt

Im Unterricht wie im Leben umgeben wir uns mit zahllosen Dingen, die wir wahrnehmen können: Da benützen die Kinder Hefte und Schreibzeug, richten ein Museum ein; bringen ausgestopfte Alligatoren, Münzen und dazu Bestimmungsbücher mit; oder sie schreiben Sprechblasengeschichten ... Diese Dinge können sich auch verändern: Knetwachs wird durch Drücken geschmeidig; Wasserfarben rinnen ab und dünnen aus, Pflanzen wachsen ... Bei solchen Beschreibungen handelt es sich um physikalische Objekte und Zustände (z. B. hart oder weich, fest oder flüssig ...), die entweder anorganisch oder biologisch sind. Unter „biologisch" verstehen wir dann Strukturen und Aktionen aller Lebewesen: Tiere und Pflanzen, Menschen und als Detail auch das menschliche Gehirn, dem in diesem Buch ein besonderer Stellenwert eingeräumt wird. Diese biologischen Objekte und Zustände verändern sich durch ständige Aktionen, die das Leben fortsetzen. Kinder bewegen z. B. ihre Körper rhythmisch auf Musik im Raum. Dabei erhöhen sich Herzschlag und Puls, der Atem geht rascher, die Durchblutung erhöht sich, der Körper wird heißer und schwitzt ... oder: bei Klassenarbeiten, bei Knobelaufgaben oder bei solchen, die einfach Spaß machen, arbeitet das Gehirn konzentriert und hochaktiv mit.

Karl Popper nennt im Rahmen seiner „Drei-Welten-Theorie" diese Dinge, Strukturen und Aktionen „Welt eins".[1,2] Zu dieser Welt zählt er auch sogenannte „Artefakte": Darunter versteht man materielle Substrate menschlicher Kreativität (z. B. das in Buchstaben gefaßte geistige Gut als Druckerschwärze im Buch; das zu einem Hammer geformte Holz und Eisen; die von Katrin aus Fimo-Masse gebackenen „Schwefelmännchen" ...).

1.2 Subjektive, psychologische Welt

Ich erwähnte auch schon die subjektive Welt des Kindes, mit der es auf seine Umwelt einwirkt. Voller Wünsche, Hoffnungen, Vorfreude oder voller Angst, Enttäuschung und Sorge kommt ein Kind täglich zur Schule. Es verfolgt mit Ehrgeiz Ziele, setzt Entschlüsse in Taten um („Ich will ein gutes Diktat schreiben“; „Ich spiele euch jetzt etwas vor ...“). Es weint und schlägt um sich oder freut sich und macht anderen eine Freude: Eine komplexe Welt psychischer Zustände, Bewußtseinszustände, psychischer Dispositionen (z.B. zum Handeln) und unbewußter Zustände wird hier eingefangen. Kinder und Erzieher können im Unterricht deshalb sinnvoll miteinander umgehen, weil sie sich die Welt der Bewußtseinszustände teilen: Als subjektives Wissen, als Erfahrung von Wahrnehmung, Denken, Emotionen, Plänen und Absichten, Erinnerungen, Träumen und schöpferischen Vorstellungskräften: Schließlich schlägt keiner zurück, wenn der andere ihn anlächelt; auf ein Lob bricht man allenfalls in Freudentränen aus und mit Körpersprache können wir uns anderen verständlich machen. Geistig-seelisches Wohlbefinden, das wir unseren Kindern wünschen und das sie lernbereit und schöpferisch macht, spielt sich in dieser psychologischen Welt ab, die Karl Popper (im oben erwähnten Rahmen) die „Welt zwei“ nennt.[3,4]

1.3 Geistig-kulturelle Welt

Angesprochen habe ich auch eine geistig-kulturelle Welt, die durch Ideen, schöpferisches Tun, durch Denkprozesse und bewußtes Gestalten geformt wird. Die vielen beschriebenen Artefakte und Produkte der Kinder; Einrichtungen wie Museum, Kulissen, Hefte, Wüste, Mineraliensammlung; die Entwicklung von Ritualen, z.B. bei Bestimmungsübungen, Diskussionen, im Erzähl- oder Morgenkreis bilden in ihrem geistigen Gehalt eine Welt, die Karl Popper im Rahmen seiner „Drei-Welten-Theorie“ „Welt drei“ nennt und die er den Welten „eins“ und „zwei“ hinzufügt. Sie umfaßt die Welt der Inhalte des Denkens, der objektiven Gedankeninhalte und der Erzeugnisse des menschlichen Geistes, wie sie bereits an Beispielen erwähnt wurden. Dazu gehören theoretische Systeme, kritische Argumente, Kunstwerke, wissenschaftliche und dichterische Gedanken. Wir Menschen haben die Gegenstände von „Welt drei“ selbst geschaffen, auch wenn sie nicht unbedingt das Ergebnis planvollen Schaffens einzelner sind. Die Atmosphäre im Klassenzimmer (wie auch im Elternhaus) wird dadurch wesentlich mitbestimmt: Nicht nur als geistiges Klima, sondern auch durch Gegenstände (Bücher, Bilder und dergl.), die als materielle Körper zu „Welt eins“ gehören, zugleich aber zu „Welt drei“, da ihre Inhalte als bedeutsame Erzeugnisse menschlichen Denkens zu sehen sind. Nach Popper können Gegenstände der „Welt drei“ „wirklich“ sein, da sie – materialisiert – Wirkungen zu verursachen vermögen; man denke nur an die Wirkung von Theorien, von Kunstwerken und Systemen, wie sie z.B. in der Technik oder Politik vorkommen. Popper betrachtet die Gegenstände von „Welt drei“ als objektiv, abstrakt und autonom.

1.4 Wechselwirkung zwischen den drei Welten

Abstrakte „Welt-drei"-Anteile (als Sprache, Theorie, Denkinhalte, Kunst, Ideen ...) können keinen direkten Einfluß auf „Welt eins" nehmen, sondern laufen nach bisherigen Erkenntnissen immer über „Welt zwei": Bewußtsein, Erlebniswelt, „Welt zwei" spielen also auf dem „Weg", der von der abstrakten „Welt drei" zu „Welt eins" führt, eine wesentliche Rolle. Damit nimmt der Mensch eine zentrale Stellung ein. Das Ich mit seinem Bewußtsein, Selbstbewußtsein und seiner Erlebnisfähigkeit steht also vermittelnd zwischen den Welten „eins" und „drei".

Ein Beispiel zum engen Wechselspiel zwischen den drei Welten: Ein Bilderbuch („Welt eins") erzeugt subjektive Erlebnisse wie Begeisterung oder Genuß oder gar Lust, etwas Ähnliches zu gestalten („Welt zwei"). Auslöser kann die ästhetische Gestaltung oder die inhaltliche Aussagekraft des Buches sein („Welt drei"). Oder: Ein Kind versucht, mit dem Schreibmaterial und dem Krafteinsatz seiner Bewegungsfolge (Muskelenergie, „Welt eins") seine vergessene Hausaufgabe als geistiges Produkt („Welt drei") vor Unterrichtsbeginn zu Papier zu bringen („Welt eins"), um beim Lehrer kein Mißfallen zu erregen („Welt zwei").

Schule hat mit zahllosen Artefakten von „Welt eins" zu tun, die durch ihren geistigen Gehalt im Sinne eines objektiven Wissens auch zur „Welt drei" gehören. Es erscheint sinnvoll, dieses für Unterricht, Bildung und Erziehung notwendige Material und Geistesgut so zu gestalten und solcherart den Kindern zu vermitteln, daß diese daran Freude finden. Oder Sprache: Sie spielt als spezifisch menschliches Vermögen im Leben und Lernen eine zentrale Rolle. Mit ihr können Gedanken und Theorien ausgedrückt und auch über Medien festgehalten werden („Welt eins" und „Welt drei"). Andererseits ist Sprache eng mit subjektivem Wissen und persönlichen Bedürfnissen verbunden als einer Verknüpfung von „Welt drei" und „Welt zwei". Psychische Zustände wiederum können physische Zustände auslösen: Ein kräftiger Adrenalinstoß beeinflußt beispielsweise den Körper ebenso (er wird kampf- und fluchtbereit aufgebaut) wie die Psyche: Man reagiert mit Angst, Wut oder Überlegung („Welt eins" und „Welt zwei"). (Anmerkung: Das Problem, ob es physische und psychische Zustände gibt und ob sie durch Wechselwirkung miteinander in Beziehung stehen, ist als das Leib-Seele-Problem (das „Psychophysische Problem") bekannt.[5] Und: Kinder freuen sich auf die Einschulung und erwarten voller Neugier, was sie in der Schule erleben und lernen werden. Leider ist in der Praxis häufig zu sehen, daß solche Offenheit auf alles Neue und die Lernfreude mit der Zeit verschwinden. Als Erzieher/Lehrer haben wir es an sich so leicht, die Kulturwelt konstruktiv zu öffnen: Eine genetisch verankerte, aktive Neugier (Popper/Eccles, 1982, S. 72) regt als Problemlöser zur Erforschung unserer physischen und sozialen Umwelt an: Über den Bereich der Sinneswahrnehmungen ebenso wie über Sprache, über Lesen und andere Kulturtechniken, also über alle „drei Welten".

Ich meine, daß die Aktivierung der Sinne und der sinnvolle Gebrauch von Sprache im Unterricht eine wesentliche Rolle spielen. Treffend sagt Popper dazu: „Die Fähigkeit zum Erlernen einer deskriptiven und argumentativen Sprache ist genetisch verankert und spezifisch menschlich. Man könnte sagen, daß die materielle, genetische Grundlage hier über sich selbst hinausgeht: Sie wird zur Grundlage kulturellen Lernens, der Teilnahme an der Zivilisation und den Traditionen der ,Welt drei'."[6]

Das enge Zusammenwirken von „Welt drei" mit „Welt eins" wird in diesem Zitat wieder deutlich, wobei der Mensch über „Welt zwei" vermittelt.

1.5 Tabellarische Darstellung der „drei Welten" und ihre Beziehung zum Elementarunterricht

Poppers drei Welten lassen sich in vorliegender Weise tabellarisch vorstellen:[7]

Diese Darstellung umfaßt – nach Poppers Definition – alles Existierende und alle Erfahrungen. Die vorliegende Arbeit kann sich bei einem solch umfassenden Anspruch nur mit einzelnen Aspekten dieser drei Welten auseinandersetzen, und zwar mit solchen, die meines Erachtens gerade mit dem kindorientierten, multisensorischen Elementarunterricht zu tun haben. Besonders in „Welt drei" werden deshalb viele Aspekte nicht berücksichtigt werden können.

Der selbstbewußte Geist und das Gehirn

WELT 1	WELT 2	WELT 3
PHYSISCHE GEGENSTÄNDE UND ZUSTÄNDE	BEWUSSTSEINSZUSTÄNDE	WISSEN IM OBJEKTIVEN SINN
1. ANORGANISCH Materie und kosmische Energie 2. BIOLOGIE Struktur und Aktionen aller lebenden Wesen – menschliche Gehirne 3. ARTEFAKTE Materielle Substrate von menschlicher Kreativität von Werkzeugen von Maschinen von Büchern von Kunstwerken von Musik	Subjektives Wissen Erfahrung von Wahrnehmung Denken Gefühlen Absichten Erinnerungen Träumen kreativer Imagination	Kulturelles Erbe kodiert in materiellen Substraten philosophisch theologisch wissenschaftlich historisch literarisch künstlerisch technologisch Theoretische Systeme wissenschaftliche Probleme kritische Argumente

Abbildung 1: Tabellarische Darstellung der drei Welten, die alles Existierende und alle Erfahrungen umfassen, wie von Popper definiert (Eccles [1970]).

„Welt eins" zeigt sich im didaktischen Rahmen beispielsweise

1. im *anorganischen Bereich* in Materie und Energie. Diese finden sich als materielle Grundlage in der ganzen sächlichen Umwelt, die das Kind umgibt, aber auch in mechanischen Veränderungen, wie sie im werkenden Umgang geschehen können (z. B.: aus Sägespänen, Kleister und Zeitungs-

papier eine Modelliermasse herzustellen, oder Knete oder Metalle durch Wärme in der Form zu verändern ...).

2. *Im biologischen Bereich:* Hier wähle ich Akzente in der physischen Befindlichkeit: Den Körper im Zusammenhang mit den Sinneswahrnehmungen; der Psychomotorik mit ihrem Energieaufwand (man denke z.B. daran, wie Kinder beim Einwachsen von „Elefantenhaut“ Kraft aufwenden, womöglich ins Schwitzen geraten, ermüden, aber beim Schlußergebnis wohlige Entspannung spüren); und dem Gehirn als einem Organ, das durch seine besondere anatomisch-physiologische Struktur mit der hemisphärischen Teilung und deren komplementärer Arbeitsweise biologische Grundlagen für Aspekte eines ganzheitlichen Lernens liefern. Auch Gedächtnisspuren im menschlichen Gehirn (Eiweißmoleküle, veränderte Synapsenmembranen usw.) gehören in den „Welt-eins“-Bereich.
3. *In Artefakten:* Sie werden, auch bei „Welt zwei“ und „Welt drei“, als materielle Substrate kindlicher Kreativität mitbeschrieben, wie sie sich in Heften und Büchern, Kassetten und Ausstellungsstücken, in Masken oder einer Fischzucht wiederfinden. Artefakte haben auch teil an „Welt drei“.

„Welt zwei“ schildert Bewußtseinszustände. Kinder sind selbstbewußte Wesen. Dabei machen wir die Erfahrung, daß Bewußtseinszustände – (Details sind z.B. bei Popper und Eccles nachlesbar) – bewußt und unbewußt sein können: Sowohl in Gefühlserfahrungen als auch in Denkprozessen und Erinnerungen (nachempfindbar z.B. bei intuitiven Gedanken, Gefühlsurteilen, Bildgedanken mit ihren komplexen Strukturen, analogischem Denken, das sich [noch] nicht begrifflich fassen läßt) oder als Verdrängungen. Jeder trägt ein subjektives Wissen aufgrund subjektiver Erfahrungen mit sich herum – Kinder je nach ihrer Biographie und ihrem Sozialisationsprozeß verschiedenartig. Kinder bringen Erfahrungen in die Schule mit und machen neue Erfahrungen, die ihr Weltbild verändern – und dies mit ihren äußeren und inneren Sinnen, wie sie in Poppers und anschließend in Eccles' Tabelle ersichtlich sind.

Zu den äußeren Sinnen gehören Wahrnehmungen, die sich über Licht, Farbe, Klang, Geruch, Geschmack, Schmerz und Berührung mitteilen. Die Aktivierung der Wahrnehmungskanäle („Welt eins“) ist für sensorisches Lernen von Wichtigkeit. Sie trägt zur Entwicklung subjektiven Wissens bei („Welt zwei“) und kann zu Kultur, Theorien, Sprache usw. („Welt drei“) führen, über Erinnerungen, Absichten, Erfahrung von Wahrnehmungen („Welt zwei“) aber auch auf „Welt eins“ zurückwirken – und dieser Prozeß soll hier herausgestellt werden. Unterricht profitiert auch von der Möglichkeit, daß Sinneserlebnisse erinnerbar und verbal oder über Handeln reproduzierbar sind. Dies äußert sich z.B. bei freien Rollenspielen oder beim Wiederholen von Lernstoff. Das anschließende Informationsflußdiagramm von Eccles weist noch einmal darauf hin, daß zu den bekannten äußeren Sinnen auch die inneren Sinne wie Gedanken, Gefühle, Erinnerungen, Träume, Vorstellungen und Absichten gehören. Über diese Sinne können wir Außen- und Innenwelt erschließen. Viele didaktische Maßnahmen setzen in „Welt zwei“ an, sofern man Didaktik in Poppers „Drei-Welten-Theorie“ als Rahmen sehen möchte. Innere und äußere Sinne werden in Eccles' Diagramm ergänzt durch das „Selbst“ (die Seele, das Ich), das Wahrnehmungen selektiert, verknüpft, interpretiert ... Diese individuelle Leistung jedes einzelnen „Selbst“ macht wohl auch u.a. Wissen subjektiv und läßt mich deshalb zuerst beim Kind in seiner „Einmaligkeit“ und bei „Welt zwei“ ansetzen.

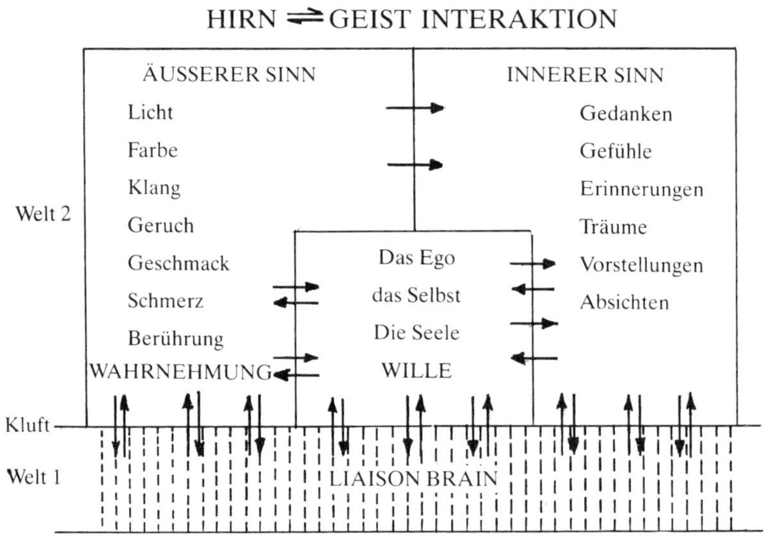

Abbildung 2: Informationsflußdiagramm für Gehirn-Geist-Interaktion. Die drei Komponenten von „Welt zwei“: äußerer Sinn, innerer Sinn und das Ego oder Selbst sind mit ihren Verknüpfungen schematisch dargestellt. Ebenfalls gezeigt sind die Kommunikationslinien über das Bindeglied zwischen „Welt eins“ und „Welt zwei“, das heißt vom Liaison-Hirn zu und von diesen Komponenten der „Welt zwei“. Das Liaison-Hirn besitzt die gezeigte säulenförmige Anordnung. Man muß sich vorstellen, daß das Areal des Liaison-Hirns enorm ist, mit offenen Moduln, die hunderttausend oder mehr Zellen, nicht nur die zwei hier gezeichneten ausmachen.

Darstellung und Untertext sind zu finden in: „Das Ich und sein Gehirn“ (1982), S. 433, und befassen sich mit den drei Komponenten von „Welt zwei“, wobei John Eccles dann besonders auf die Hirn-Geist-Interaktion eingeht und die Kommunikationsmöglichkeit zwischen den Welten „eins“ und „zwei“ hervorhebt, die aber nicht Gegenstand dieser Arbeit sein kann.

„Welt drei“ erschließt die Welt des Wissens in objektivem Sinn. In der tabellarischen Darstellung von Popper werden geistige und kulturelle Gebiete angesprochen, die bei einer Darstellung von Elementarunterricht, der die Welt des Kindes zum Thema hat, nicht berücksichtigt werden können. Ich schränke – auf der Grundlage praktischer Erfahrungen – ein:

1. Angesprochen wird kodiertes kulturelles Erbe als subjektives und objektives Wissen, das sich als materielles Substrat und zugleich Geistesgut in Struktur und Funktion des Gehirns niederschlägt (z.B. im neuronalen Netzwerk). Es wird im Elementarunterricht durch vielfältige Lernerfahrungen, z.B. durch den Erwerb der Kulturtechniken, aufgenommen.
2. Kodiertes kulturelles Geistesgut findet sich – wie die Beispiele aus der Praxis zeigen – in den Artefakten, die aus der materiellen Perspektive in „Welt eins“ bereits beschrieben wurden. Werkstücke, Texte, darstellendes Spiel

usw. halte ich samt ihren geistigen Inhalten für einen wichtigen Teil von Unterricht, da die Ergebnisse somit abrufbar, wiederholbar, handhabbar, greif- und begreifbar werden und oft ein günstiges feedback für Kinder darstellen. Artefakte können ermutigen und Sinn für das Ästhetische wecken.
3. Ein besonderer Schwerpunkt liegt auf mündlicher, schriftlicher und umkodierter Anwendung von Sprache.
4. Literarische Produkte gehören in den Elementarunterricht. Ich werde mich vor allem dem Märchen und anderen phantasieanregenden Geschichten zuwenden und versuchen, die Welt des Kindes in der „Märchenwelt" und seinen Wesensmerkmalen aufzuspüren. Märchen (die ich sehr weit definieren werde) sind literarische Kunstwerke. Karl Popper erwähnt sie, wie auch Mythen, Sagen usw., unter „Welt drei".

Poppers „Drei-Welten-Theorie"[8] läßt eine Deutung des Geschehens im Klassenzimmer zu. Jedes Kind wird in seinem geplanten Tun mit seinen Produkten mehr oder weniger zum „Kulturträger", der nicht nur lernt, sondern bereits viel seinerseits zum kreativen Gestalten beizutragen hat. Wer den Kindern zum schöpferischen Arbeiten Zeit läßt und ihnen die Möglichkeit gibt, ganzheitlich und mit allen Sinnen ans Werk zu gehen, wird erstaunt sein von der Fülle und Originalität kindlicher Gedanken und Produkte. Erfahrungsgemäß werden bei diesem methodischen Verfahren viele Grundbedürfnisse gestillt (Phantasieren, Anfassen, Bewegen, Reden ...) und die Neugierde bleibt beim Lernen erhalten.

2. Anthropologische Aspekte

Ohne die psychologische, subjektive „Welt zwei", durch die der junge Mensch als freie, geistbegabte Persönlichkeit und Individualität zu sehen ist, die frei entscheiden, moralisch handeln und schöpferisch denken kann,[9] wäre „Welt eins" nicht sinnvoll veränderbar und würde Kultur stehenbleiben. Ohne ihre Beachtung wäre Unterricht „un-menschlich", da man am fühlenden, denkenden, empfindenden Menschen vorbeiginge. Diesen Erkenntnissen tragen auch die Bildungspläne Rechnung. Sie weisen anthropologische Ansätze auf, deren Bezugspunkt das Kind ist: Seine individuellen Lernvoraussetzungen und -erfahrungen werden mitbedacht; entsprechend werden Prinzipien formuliert, wie sie exemplarisch am Bildungsplan für die Grundschule von Baden-Württemberg zitiert werden:

„Förderung der Lernfreude, Vermittlung von Erfolgszuversicht, Anregung zum selbständigen Arbeiten, Hinführung zur Übernahme von Verantwortung, Grundlegung der Bildung."[10]

Ein Kind wird von seiner sozialen Umwelt ebenso geprägt wie von seinen genetischen Voraussetzungen. Sein „Dasein" wird sowohl von der Sachgenese bestimmt, in der sein Weltbild entsteht, wie von seiner damit verbundenen Persongenese. Poppers „Drei-Welten-Theorie" fängt die physikalische „Welt eins" (Gene, Körper, Gehirn, sächliche Umwelt ...) ebenso darin ein wie die subjektive, psychologische Welt (Gefühle des Kindes, seine Vorstellungen von Welt ...) wie schließlich jene objektive Welt der Erzeugnisse des menschlichen

Geistes, zu der auch die kindformende soziale Umwelt: Gesetze, Produkte aus der Arbeit und die gestaltete Umwelt gehören. Diese Welten spielen eng integriert zusammen. Die wichtigste Größe in didaktischen Überlegungen ist der Mensch mit seiner Bewußtseinsfähigkeit, der ebenso auf „Welt eins" einwirken kann wie auf „Welt drei", wo er Wissen im objektiven Sinn aufnehmen, aber auch selber schaffen kann. Vermittlung und Weiterentwicklung solcher Fähigkeiten liegen bereits im Elementarbereich, im Grunde bereits in der Kinderwiege. Gerade im Bereich Kunst, Sprache, Musik, Literatur können Kinder früh aktiv werden – als Rezipienten und Produzenten. Dazu benötigen sie Hilfestellungen, Ermutigungen und Anerkennungen: von seiten ihrer Erzieher ebenso wie von Kameraden. Die Anlagen für solche Prozesse sind durchaus vorhanden, z. B. in Hirnstrukturen und -funktionen, in äußeren und inneren Sinnen, im Gedächtnis, in der Bewußtseinsfähigkeit, Phantasie, Sprach- und Kritikfähigkeit, im Urteilsvermögen, in einem aktiven Neugierverhalten und Forscherdrang.

Seit Menschengedenken wurden Wissen, Erfahrungen und Geschichten tradiert; wurden Phantasie und seelisches Innenleben objektiviert und sprachlich, bildlich, später über Schrift und Ton weitergereicht – im 20. Jahrhundert dann durch seine technischen Mittel in Film, Band, Schrift und Zeichen, über Computer, Bibliotheken oder Datenbanken konserviert und endgültig der „Welt zwei" (dem Gedächtnis) entrissen. Unsere Kinder werden heute mit viel Wissen objektiver Art konfrontiert; ja, ihre kleine Welt wird in bedenklichem Maße damit überflutet (oder gar verschüttet). Dabei braucht doch unsere menschliche Kultur das lebendige Wechselspiel mit der subjektiven, psychologischen Welt des Menschen, des Kindes, um weiterformen, ändern und verbessern zu können; um Dinge und Produkte zu verlebendigen und Ideen, Gedanken, Theorien in sinnvolle Zusammenhänge stellen zu können. In Kindern lassen sich über eine Anregung *aller* ihrer Sinne und Entbindung ihrer schöpferischen Kräfte meines Erachtens in einem ganzheitlich und multisensorisch orientierten Unterricht im Elementarbereich Grundlagen für solch produktive Wechselspiele legen. Das gleiche gilt selbstverständlich auch für die Zeit davor: im Kindergarten und im Kinderzimmer.

Folgt man der Auffassung vom Wechselspiel zwischen den „drei Welten", so können nicht Inhalte, Zielvorstellungen, Medien oder Methoden erster Ansatzpunkt für didaktische Überlegungen sein, sondern der Mensch, das Kind, in dessen Gehirn und komplexen, noch unentfalteten geistig-seelischen Fähigkeiten und Möglichkeiten sich drei Welten (i. S. Poppers), die unseren Kosmos bedeuten, begegnen und ein subjektives, aber auch objektivierbares Wissen bilden: Dies auf der Grundlage von Wahrnehmung, Denken, Sprache, Vorstellungskraft und seiner Handlungsfähigkeit. Der Schulanfänger steht in besonderer Weise vor der Aufgabe, „Welt drei" verstehen zu lernen, sie sich verfügbar zu machen und selber produktiv zu werden. Sprache spielt hier eine besondere Rolle; mit ihr ist ihm die Möglichkeit gegeben, Erlebnisse, Wahrnehmungen und Sachverhalte in Begriffe, neue Muster und damit in eine andere, abstrakte Ebene zu „übersetzen". Unser Gedächtnis ist eine Art Datenbank, über die in einem ganzheitlichen, auch erlebnisstarken Lernen Informationen aufgenommen und dann in Medien oder Artefakten gespeichert werden, so daß wir auch das vorfinden, was bereits beschrieben wurde: Text- und Bilderbücher, Museen und Zahlenpalmen, Instrumente oder Puzzles mit zuvor erspielten Motiven, Modelle, Kassetten, Filme, Tastspiele ... Sinnliche Wahrnehmung, Denken, Verarbeiten von Vorinformationen und neuen Eindrücken, Lernen und Sprache schaffen Bewußtseinszustände, die ein jeweils eigenes Weltbild vermitteln. Sie stellen ein persönliches Wissen dar, das dem kindlichen Wissensstand entspricht (im je eigenen Entwicklungstempo). Durch neue Erkenntnisse wissen wir auch, daß durch früheste Sinneseindrücke in den ersten Lebensmonaten sich ein kodifiziertes Abbild der spezifischen Umwelt ausbildet, das gleichsam genetisch verankert wird und den Lerntyp mitprägt (man sieht wieder: „Welt eins“ in „Welt zwei“ und „Welt drei“).

Bedenkt man, daß jedes Kind, das in die Schule kommt, bereits sechs bis sieben Jahre persönlicher Lebensgeschichte und einen komplexen Sozialisationsprozeß auf individuelle Weise durchlaufen hat, dann kann für Unterricht nur gefordert werden, jedem Kind eine besondere Begegnungsweise mit dem Erzieher und den Bildungsangeboten zu gewähren. Gleiches gilt für den vorschulischen Zeitraum, um den kindlichen Selbstwerdungsprozeß zu fördern. Hierfür ist unbedingt die Berücksichtigung auch der emotionalen Welt, der Phantasie und des „sinnlichen“, nicht nur rational-kausal betonten Denkens angezeigt. (Daß auch begrifflich, abstrakt und logisch gelernt wird, halte ich für selbstverständliche Voraussetzung dieser Gedanken.)

3. Weiteres Arbeitsverfahren

Alle folgenden Ausführungen für eine Unterrichtspraxis mit entsprechenden Erläuterungen werden nun auf die Folie der „Drei-Welten-Theorie“ (bzw. die Theorie auf die Praxis) gelegt. Die Vorteile liegen auf der Hand:

- Die Welten werden getrennt dargestellt; sie sind damit geistig leichter einzuordnen und dienen als Orientierungshilfe bei Reflexionen über eigenes unterrichtliches Tun.
- Die Offenheit der Welten und der darin entwickelten Praxisbeispiele verweisen zugleich auf die unabdingbare Integration der verschiedenen Ebenen.

Zuerst „Welt zwei“:
Das Kind erschließt sich die Welt aus seiner Subjektivität heraus und bedarf dazu der Resonanz des Lehrers und einer flexiblen Unterrichtsgestaltung, die den Phantasien des Kindes und seinen emotionalen Bedürfnissen einen angemessenen Raum lassen: trotz klarer Lernzielorientierung. Kindliches Lernen, Verhalten und Erleben wird auch an psychobiologischen Gegebenheiten gespiegelt: Es handelt sich dabei um die komplementäre Arbeitsweise der linken und rechten Gehirnhälften, die qualitativ verschieden, aber einander ergänzend ausgestattet sind.

Dann „Welt Drei“:
(Schul-)Kinder werden in die „Welt drei“ im Elementarbereich durch Sprache auf vielen Ebenen (in Wort, Schrift, Klang, Bild, als Symbole, Zeichen oder in Körpersprache) schöpferisch, kritisch und kommunikativ eingeführt. Dies geschieht auch über Herstellung von und Auseinandersetzung mit Artefakten und über Handlungen. Literarische Produkte wie Lyrik, Märchen und andere Geschichten erschließen durch

ihre Welthaltigkeit und Kindnähe in besonderer Weise jene „Welt drei“ zugleich mit „Welt eins“.

Schließlich „Welt eins“:
Unter anderem auf der Grundlage der hemisphärischen Besonderheiten des Gehirns, mit Hilfe der Sinne und biologischer Strukturen und Aktionen des Körpers (wozu auch Hormone, Transmitter, Neurone usw. gehören) erfolgt eine vielfältige, vollsinnliche Auseinandersetzung mit der sächlichen Umwelt, die dabei umgeformt wird. Qualität, Organisation und ordnende Gestaltungskraft helfen bei dieser Umformung zu einer kindgerechten Umwelt und tragen im integrierten Wirken der „drei Welten“ zur Entfaltung einer Persönlichkeit bei.

Ziel dieser Arbeit ist es also, mögliche anthropologische Voraussetzungen offenzulegen, an denen sich didaktische Handreichungen darlegen lassen. Poppers „Drei-Welten-Theorie“ und die sich daraus entwickelbaren Überlegungen zu einem multisensorischen Unterricht ergeben eine philosophisch- und auch psychobiologisch-anthropologische Grundlage, auf der sich didaktisch sinnvoll arbeiten und argumentieren läßt: Gerade im Sinne einer Welterschließung und ganzheitlichen Lernens. Es werden Unterrichtbeispiele beschrieben, die von Inhalt und Intention her schwerpunktmäßig in die einzelnen „Welten“ eingeordnet und interpretiert werden, um daraus Konsequenzen und Handreichungen bzw. Denkanstöße für didaktisches Handeln zu entwickeln. Ich möchte dabei darauf hinweisen, daß es sich immer um Impulse, Bausteine für eigenes schöpferisches Unterrichten handelt, nicht um eine Rezeptfolge!

4. Exkurs

4.1 Kritisch-rationale Einstellung zum Unterricht

(... geschrieben für die, die sich für die Einordnung einer Didaktik im Rahmen der „Drei-Welten-Theorie“ in das weitere Gedankengut von Popper, einem kritischen Rationalisten, interessieren ...):

Welterschließung über alle Sinne läßt sich nicht nur auf der pragmatischen Ebene, also im konkreten Schulalltag, aufbereiten. Es gibt meines Erachtens gute Gründe, Kindern und Heranwachsenden unsere Welt möglichst vielseitig zu erschließen. Nach Karl Popper geschieht dies vor allem über Sprache und über den Menschen mit seinen Bewußtseinszuständen, die ihn die Umwelt gestalten, Erkenntnisse gewinnen und eine autonome, objektive geistige Welt (wie Kultur und Wissenschaft) schaffen lassen. Mit Bewußtsein, über Geist, alle Sinne und die Sprache sieht Popper den Menschen befähigt, „auf der *Suche nach einer besseren Welt*“[11] schöpferisch zu werden, aktiv zu gestalten.

Popper beschreibt seine Erkenntnistheorie sinngemäß mit der Aufforderung:

1. Bilde Theorien: Wissenschaft ist Wahrheitssuche.
2. Spitze dann diese Theorien oder Vermutungen so zurecht, daß du sie streng kritisieren kannst.

Die wissenschaftliche Kritik ist besonders wichtig, denn, so Popper: Dies ist keine Welt der Bestätigung von Wahrheiten, sondern eine Welt der Widerlegung von Irrtümern! Es gibt keine Gewißheit über Welt und Wahrheit, aber: Es gibt sie. Und auf der Suche nach Wahrheit können wir durch rationale Kritik Fehler aufspüren, Verabsolutierungen vermeiden und uns der Wahrheit annähern. Kritisch-rational lassen sich solche Fehler durch „Falsifikationen" finden: Kritisch und wissenschaftlich also über logische oder empirische Sätze.[12] Das mag für einen Lehrer, der mit „seiner" Theorie bzw. „seinem" bewährten didaktischen Konzept konkret und lebendig im Unterricht umgehen möchte, sehr trocken klingen: Was soll schon Wissenschaftstheorie in der Schule? Doch ist die scharfe Klinge einer Kritik für Erzieher durchaus wichtig: Es wird dabei nichts Geringeres erreicht als Verallgemeinerungen zu vermeiden, mit denen man Patentrezepten gleich Kinder methodisch und pädagogisch über den berühmten „Kamm schert" oder persönliche Erfahrungen für andere verbindlich machen möchte.

Ohne eine Falsifikation an dieser Stelle detailliert auszuführen, sei doch erwähnt, daß bei diesem Verfahren Theorien deterministisch formuliert werden: Sie müssen immer und überall gelten, um endgültig wahr zu sein. Wenn Fälle gefunden werden, in denen die Theorie nicht zutrifft, ist sie falsifiziert (hierzu werden bestimmte Sätze verwendet; hilfreich hierzu z.B. Quelle 13). Wenn eine Theorie nicht immer stimmt – und das ist eigentlich immer irgendwann und irgendwo der Fall –, dann hat das doch für den Lehrer (und andere Erzieher) etwas Tröstliches, Beruhigendes an sich: Er muß nicht an sich selbst verzweifeln und ebenso wenig an einer im Prinzip sicherlich guten Theorie. Man darf z. B. davon ausgehen, daß Kinder eine Leistung halten oder steigern können, wenn sie bei ihrer Arbeit positiv verstärkt werden. Aber: Bei Christopher stimmt das nicht – seine Leistung stagniert und fällt trotz liebevoller, bestätigender Zuwendung. Deshalb braucht diese schöne Theorie vom positiven Verstärken aber nicht verworfen zu werden: es ist eine gute Theorie, die nur nicht immer und überall mit Sicherheit funktioniert. Nun setzt ein neues Verfahren ein: Der Lehrer wird sich gewiß bemühen, über Beobachtung und Interpretation die Lage des Schülers unter veränderten Gesichtspunkten zu beachten: Christopher ist z.B. seelisch stark durch häusliche Probleme gebunden – unter dem aktuellen Druck kann er sich weder seelisch noch geistig freisetzen.

Oder: Wenn Kinder mit einem neuen Lerninhalt handelnd umgehen, dann machen sie besonders effektive und vielseitige Lernerfahrungen. Diese Lerntheorie ist Allgemeingut; jeder Lehrer wird sich darum bemühen und Kindern auch über Handeln und Experimentieren Zugang zu neuen Inhalten verschaffen. Es geschah aber einmal, daß ein Mädchen gerade bei dieser Arbeitsform blockierte und nicht lernen konnte: Eine Suche nach Gründen wurde interessant. Da ihr Vater, den sie sehr liebte, wegen seiner Bastelleidenschaft Anlaß für viel Familienstreit war (Geld, Zeit, Eigenbrötelei), geriet das Kind in einen Gewissenskonflikt zwischen Identifikation mit dem Vater und Streit aus Anlaß von „Tüfteln" und Experimentieren, wenn in der Schule eine entsprechende Arbeitsform gewählt wurde. Darauf muß man erst kommen ... Aber wenn man weiß, daß Theorien – überprüft an solchen Einzelfällen – nicht immer zutreffen, dann wird der Blick freier, offener für Probleme im Bereich von Bilden und Erziehen. Kritisch-ratinales Denken macht frei, tolerant, läßt unter neuen Gesichtspunkten beobachten, beschreiben, analysieren, interpretieren (Übergang in ein empirisch-hermeneutisches Verfahren); wir können und sollen Theorien haben, Ideen bilden, aber wir dürfen sie nicht unkritisch in unsere im großen und ganzen bewährte Alltagstheorie übernehmen. Sie müssen „fragwürdig“ bleiben. (Diese Geistestätigkeit wird durch Sprache, durch Sätze möglich, die Popper als besondere menschliche Leistung in „Welt drei“ verweist.)

So kritisch befragbar möchte ich auch alle Ideen und Vorschläge dieser vorliegenden Arbeit verstanden wissen; als Elemente oder Bausteine für eine fruchtbare Praxis, die aber entsprechend besserer Erkenntnis (argumentativ) kritisierbar und damit veränderungsfähig bleiben.

4.2 Ohne Wertvermittlung und Phantasie geht es nicht

Nun kommen wir im Unterricht ohne Zielsetzungen nicht weiter. Schulische Ziele, wertvermittelnd und normativ besetzt, entziehen sich einerseits einer wissenschaftlichen Überprüfung; andererseits können wir ohne Wertvermittlung nicht erziehen. Ein didaktisches Konzept, das sich auch mit dem Kritischen Rationalismus auseinandersetzt, muß aber weder auf Werte noch auf Phantasie verzichten. Popper äußert sich hierzu (ohne didaktischen Bezug) wie folgt:[14]

„... In der Formulierung dieser These habe ich es als praktisch unmöglich bezeichnet, die außerwissenschaftlichen Werte aus dem Wissenschaftsbetrieb zu verbannen. Es ist das ähnlich wie mit der Objektivität: Wir können dem Wissenschaftler nicht seine Parteilichkeit rauben, ohne ihm auch seine Menschlichkeit zu rauben. Ganz ähnlich können wir nicht seine Wertungen verbieten oder zerstören, ohne ihn als Menschen *und als Wissenschaftler* zu zerstören. Unsere Motive und unsere rein wissenschaftlichen Ideale, wie das Ideal der reinen Wahrheitssuche, sind zutiefst in außerwissenschaftlichen und zum Teil religiösen Wertungen verankert. Der objektive und wertfreie Wissenschaftler ist nicht der ideale Wissenschaftler. Ohne Leidenschaft geht es nicht, und schon gar nicht in der reinen Wissenschaft. Das Wort ‚Wahrheitsliebe‘ ist keine bloße Metapher.“

Persönliches Engagement und wertende Stellungnahme – um so etwas kommt der Erzieher gar nicht herum.

Es gibt also rein wissenschaftliche und außerwissenschaftliche Werte und Unwerte. Zwar ist es unmöglich, die Arbeit an der Wissenschaft von außerwissenschaftlichen Wertungen und Anwendungen freizuhalten, aber es ist Aufgabe wissenschaftlicher Kritik und Diskussion, eine Vermengung der Wertsphären zu vermeiden – besonders sind außerwissenschaftliche Wertungen aus der Wahrheitsfrage auszuschalten.[15].

Der zitierte Ansatz über Wertungen ist einer der Gründe, weshalb man Popper alles andere als einen Positivisten bezeichnen kann. Hierzu äußerte er sich des öfteren, z.B. auch in einem Brief an Klaus Grossner:[16]

„... ich bin vom Positivismus so weit wie nur möglich entfernt ... meine Erkenntnistheorie besagt, daß die Naturwissenschaften nicht von ‚Messungen‘ ausgehen, sondern von großen Ideen; und daß der wissenschaftliche Fortschritt *nicht* in der Anhäufung oder Erklärung von Tatsachen besteht, sondern in kühnen, revolutionären Ideen, die dann scharf kritisiert und überprüft werden. Im Gebiet des Sozialen betone ich das Praktische: die Bekämpfung von Übeln, von vermeidbarem Leiden und vermeidbarer Unfreiheit (im Gegensatz zu Versprechungen des Himmels auf Erden), und in den Sozialwissenschaften bekämpfe ich die Falschmünzerei."

In diesen Zeilen – wie in vielen anderen – steckt viel Innovationskraft, die auch den Erzieher anregen könnte, sich ständig um Fortschritt zu bemühen. Große, neue Ideen lassen sich nicht nur aus Einzelwissenschaften ableiten – sie werden auch und besonders durch Intuition, durch spontane Einfälle und Phantasie gefördert. In einem Vortrag, gehalten anläßlich der 30-Jahr-Feier des europäischen Forums Alpbach im August 1974, äußerte Popper sich wie folgt:[17]

„... Ich sehe das Gemeinsame von Kunst, Mythos, Wissenschaft und sogar Pseudowissenschaft in der schöpferischen Phase, die uns Dinge in einem neuen Licht sehen läßt und die die Welt des Alltags durch verborgene Welten zu erklären sucht. Solche phantastischen Welten waren dem Positivismus verhaßt ... Diese spekulativen Welten sind, wie in der Kunst, Produkte unserer Phantasie, unserer Intuition. Aber in der Wissenschaft werden sie *von der Kritik* kontrolliert: Die wissenschaftliche Kritik, die rationale Kritik, ist von der regulativen Idee der Wahrheit geleitet ... Die Kritik zügelt die Phantasie, ohne sie zu fesseln. Die rationale, von der Idee der Wahrheit geleitete Kritik ist also das, was die *Wissenschaft* charakterisiert, während die Phantasie allem Schöpferischen gemeinsam ist, ob Kunst, Mythos oder Wissenschaft."

Popper formuliert, daß alle individuellen Organismen – auch der menschliche Organismus – schöpferische und oft revolutionäre stammesgeschichtliche Folgen hatten und haben. Die individuelle Initiative spielt in der Darwinschen Entwicklung eine aktive Rolle. Leben ist aktiv, es riskiert etwas. Und in „Logik der Sozialwissenschaften"(14) betont Popper, daß Erkenntnis nicht mit der Sammlung von Daten oder Tatsachen beginnt, sondern mit *Problemen:* Man entdeckt, daß etwas in unserem vermeintlichen Wissen nicht in Ordnung ist. Ideen, Phantasie, problemerzeugende Beobachtung, aktiver Forschergeist voller Fragen an die Welt und wertende Stellungnahme ergeben eine Fülle von Möglichkeiten, innovativ und kritisch zugleich in die Theoriebildung, in die Produktion von Ideen zu gehen und sie in der Praxis zu erproben. Popper sagt es ja: *„Sei erfinderisch und kritisch!"*[18]

Erzieher und dabei gerade auch Lehrer haben also viele Möglichkeiten, ausgefahrene Geleise zu verlassen und ihre Schüler, ihre Kinder neugierig, kritisch und forschend in die Gesellschaft und in die Zukunft zu begleiten. Popper bezeichnet sich selber als „Optimisten"[19]; viele seiner Schriften und Reden vermitteln diese Grundeinstellung. Und er spricht sich für eine „offene" Gesellschaft aus. Damit meint er eine „Art des menschlichen Zusammenlebens, in dem Freiheit der Individuen, Gewaltlosigkeit, Schutz der Minderheit, Schutz der Schwachen wichtige Werte sind".[20]

Und: „Ein demokratischer Staat kann nicht besser sein als seine Staatsbürger. So müssen wir hoffen, daß die Werte einer offenen Gesellschaft – Freiheit, gegenseitige Hilfe, Wahrheitssuche, intellektuelle Verantwortlichkeit, Toleranz – auch in Zukunft als Werte anerkannt werden. Dafür müssen wir unsere Bestes tun."[21]

Zusammenfassend möchte ich vorläufig feststellen: Popper hatte bei der Entwicklung seiner wissenschaftstheoretischen und erkenntnistheoretischen Gedanken bestimmt keine schulische Didaktik im Sinn. Er weist aber darauf hin, daß zwei voneinander bisher unabhängige Ideen sich zu einer neuen, großen Idee sinnvoll verbinden können: Axiomatisch-deduktive Theorien (als Theoreme) kann man mit Popper als Netze begreifen, die „wir auswerfen, um ‚die Welt' einzufangen".[22]

So lassen sich z.B. Erkenntnisse über Denk- und Lernvorgänge im hirnphysiologischen Bereich samt einer Unterrichtspraxis unter Einbezug aller Sinne mit Poppers „Drei-Welten-Theorie" verbinden, die man als ein günstiges Grundmuster betrachten kann, um Welterschließung darzustellen und dabei von „Welt zwei", vom Kind und seinem individuellen Lebensmuster auszugehen. Ebenso knüpfen sich ein bewußt vielfältiger Umgang mit Sprache im Unterricht und auch Phantasiegeschichten und Märchen, diese welthaltigen Gebilde, in das Netzwerk von Theorien und Gedanken ein. Diese Verknüpfungen wiederum lassen sich sinnvoll in wissenschafts- und erkenntnistheoretische Gedanken Poppers einordnen. Dazu gehören Theoriebildung und wissenschaftliche Kritik ebenso wie der Einsatz von Phantasie, von Ideen und schöpferischen Kräften; von Wertvorstellungen – getragen und konstruktiv weiterentwickelt durch aktives Planen, Denken, Handeln (über *alle* Sinne geht das am vollwertigsten); ja, durch ein aktives, neugieriges, forschendes Hineingehen in die Welt; und dies als kritischer Optimist bei einer Suche, einer Erschließung von Welt, die immer besser und menschenwürdiger werden möge. Lernen auf dieser breiten Basis wird damit zu einem Teil von Friedenserziehung.

III. Die subjektive, psychologische „Welt zwei"

Um diese theoretische Welt didaktisch genauer zu begründen, möchte ich im folgenden durch Praxisbeschreibung einen Erwartungshorizont aufbauen, der im Leser vielleicht eine Reihe von Fragen aufwirft, die dann im nächsten Kapitel versuchsweise beantwortet werden.

Dabei kommen beispielsweise beim Lesen- und Schreibenlernen und beim Erwerb elementarer Rechenkenntnisse die Phantasie im Unterricht und das Spielen mit Leitfiguren wie Schnuggel und Schnöfchen zur Sprache; auch das Ändern eines geplanten Unterrichtsablaufes durch Ideen und Probleme von Kindern und spontanes Rollenspiel oder märchenhafte Fortsetzungsgeschichten als Unterrichtsbestandteil. Ein Schloß oder eine Wüste mit Oase werden gebastelt; ein Museum eingerichtet; Kinder schreiben für den Mathematikunterricht kleine Märchen, eröffnen den Unterricht mit Geschenken für die Zauberfamilie, die aus Spielzeug, Rechnungen, Texten, Bildern bestehen; und bei allem Unterricht werden emotionale, auch unbewußte Lern- und Erlebnisprozesse integriert.

A. Beispiele aus der Praxis

1. Vorbemerkung

In den nächsten Kapiteln werden Beispiele aus der Praxis gebracht und diese dabei schwerpunktmäßig einer der „drei Welten" zugeordnet, um Beobachtungen usw. besser interpretieren und didaktische Konsequenzen aus dem beschriebenen praktischen Tun ziehen zu können. Als schwierig erwies es sich aber, einzelne Themenkreise der Praxis voneinander zu trennen; beispielsweise: die dargelegten Phantasien der Kinder; das Spiel mit Leitfiguren; märchenhafte Themen als Einstiege und Fortführungen; Veränderungen durch Kinderideen; Lernergebnisse in Bild, Text, Wort, Symbolen; die Korrektur derselben; neue Erkenntnisse (z. B. im Regelverständnis, im systematischen Arbeiten ...) oder das Umsetzen auf verschiedene Sprachebenen, auch in Mimik, Lautgebärden ... Als günstigstes Verfahren entschied ich mich schließlich, komplexe Situationen darzustellen, die zum Ausgangspunkt häufig Phantasie und Spielideen haben, dann aber auf vielfältigen Wegen in einer Verfolgung der Idee multisensorischen Unterrichts auch in andere Fächer und bis in die Lernzielkontrolle hineinlaufen. Komplexe Situationen lassen sich nicht ohne qualitativen Verlust beschneiden – das ist ähnlich wie bei angeschnittenen Bildern: Es ginge die Ganzheitlichkeit verloren, in der Informationen, Gefühle und einzelne Elemente in ihrer Beziehung untereinander sich fügen. Also werden Situationen dargestellt, die Ganzheitlichkeit und oft fächerübergrei-

Von links nach rechts: Schnuggel, Schnüpfel, Schnöfchen, Hamster.

Von links nach rechts: Die Nixe, die Auberginenfee Perse (I), Perse II als Rabe, der Teufel.

fendes Lernen widerspiegeln (sinnenhaft; phantastisch und rational, bildhaft-komplex und logisch, synthetisch und analytisch ...). Die Situationen haben exemplarischen Charakter – wollen beschreiben, zum Verstehen helfen und Impulse für eigenes Schaffen geben. Daß genau die geschilderten Situationen (mit ihren besonderen Motivationen) nicht exakt übertragen werden können, liegt auf der Hand: Der Lehrer muß hier seinen pädagogischen Freiraum, die aktuelle Situation und die entsprechenden Phantasien nützen.

2. Die Welt der Phantasie im Unterricht und Spiele mit Leitfiguren

In den folgenden Kapiteln werden Beispiele zu subjektiven und gemeinschaftlichen Phantasietätigkeiten geschildert.

2.1 Eine Zauberfamilie stellt sich vor

Vorab sei bemerkt: Dies sind keine Figuren, die als gelegentliche oder von außen verordnete Motivation dienen. Sie haben eine eigene Dynamik, sind aus Geschichten entstanden, von mir und den Kindern im bunten Spiel der Phantasie belebt. Ihre Eigenarten, Abenteuer, Handlungen werden Teil kindlicher Erlebniswelt – sie dienen zum Spielen, Phantasieren, Dramatisieren, für Identifikationen und Projektionen. Unsere Zauberfamilie hat – außer den Kernfiguren wie Schnuggel und Schnöfchen – in jeder Klasse neue Gestalt. Sie ist zwei Jahre lang Bestandteil des Klassenlebens – und wenn der Lehrer alle vier Grundschuljahre in der gleichen Klasse bliebe, dann wären auch die Figuren vier Jahre da –, sicher mit verschobenen Akzenten und unter schrittweisem Verlust animistischer Züge. Obwohl die Figuren in den Lernprozessen mitleben und als Motivation benützt werden, betrachte ich sie eher als zweckfrei: Sie begleiten das Lernen, leben aber aus ihren Eigenschaften heraus für die Kinder. Das Foto zeigt die – augenblicklich! – wichtigsten Figuren. Es ist günstig, sie hier vorzustellen, da sie häufig in Beispielen erwähnt werden, konkrete Vorstellungen darüber vermitteln, was mit der Phantasiewelt gemeint sein kann, und da sie erste Hilfen für eigenes ähnliches Arbeiten bieten können. Bei mir ändern sich die Figuren entsprechend verschiedener Klassen.

Schnuggel

Er (oder es?) ist eine Handpuppe mit liebenswertem Aussehen: Ein großäugiger, verschmitzt lächelnder kleiner Zauberer, dessen zauberreicher, abenteuerlicher Lebensweg über viele Stolpersteine führt. Die vielen Reparaturen lassen ihn individuell erscheinen. In einer Tasche am Rücken schleppt er immer Kleinkram mit, den er von den Kindern zugesteckt bekommt und den er braucht, um etwas zu erzählen oder zu spielen ... Dazu gehören Glöckchen, Radiergummis, Bonbons, Glaskugeln, Schnüre, Minihefte mit Bildchen ... Er spielt in vielen von mir oder den Kindern erfundenen Geschichten eine Rolle, steigt in bekannten Märchen ein, entwickelt im Weiterfabulieren daraus eigenes Leben, verknüpft Märchen und Phantasiestückchen, regt zum Lesen, Schreiben, Malen, Rechnen, Singen und Zaubern an. In zahllosen Bildchen,

Sprechblasen, Illustrationen und Schriftstücken ist er seit Jahren verewigt. Er wird auch zum Anlaß rationaler, logischer Erfahrungen und Denktätigkeiten: Bei Sacherfahrungen, in gesprochener und geschriebener Sprache, bei Buchstaben- und Lautierübungen, im bildhaften und werkenden Gestalten, im Zählen, Diktatüben usw. Zuerst war er eine Ausgangsfigur. In anderen Klassen spielte er sich in die Ausgangsgeschichte hinein (z. B. in ein weiterfabuliertes Märchen ...).

In einer Klasse half er dem fliehenden „Paprikakönig" und seiner Prinzessin (italienisches Märchen) bei der Flucht. Immer mehr Figuren gesellten sich da hinzu: er baute ein traumhaftes Schloß zwischen Moor und Wüste im Wasser auf und erlebte so allerhand Spannendes. Schnuggel (und andere Figuren) denkt, erzählt und spielt an meiner Hand; und aus den Geschichten entwickeln sich durch Klangmalerei oder Gestaltähnlichkeit mit Ereignissen und Schlüsselreizen Buchstaben und Zahlen; die Kinder setzen dann die Aktionen sprachlich und im Heft spielerisch lernend und anwendend fort.

Einmal hatte er eine große Familie. Er lebte mit ihr in der von ihm entworfenen Drachenstadt. Diese, das Paradies und das ganze Zauberland wurden aber ständig von giftigen Schwefelmännchen bedroht, vom Teufel am Grunde des Vulkans und von einer Wassernixe.

Schnüpfel

Er kam durch eine Schülerin ins Spiel – er hat große Ähnlichkeit mit Schnuggel; das liegt an der Herstellung. Zaubern kann er nicht, aber seine Beine machen ihn zum schnellsten Läufer im Paradies und Zauberland. Er vermittelt, ist Bote und weiß, was so alles im Lande geschieht. Er entfaltet mit seinen schlenkernden Beinen an der Spielhand und über dem anderen Arm seinen Charme.

Schnöfchen

Es (nicht er) ist der Freund von Schnuggel. Es entstand parallel selbstgestrickt und als Erzählgegenstand im Unterricht. Je weiter ich beim Stricken kam, um so mehr konnte ich den Kindern die Geschichte dieses seltsamen Wesens erzählen: Es wurde ein Drachen oder ähnliches, den man bis zum Ellbogen zieht; aus bunten Wollresten gestrickt; die Mähne geknüpft; Ohren, Augenbrauen und Nasenlöcher gehäkelt, mit roter und grüner Zunge für gute und schlechte Laune. Schnöfchen wird am Arm sehr lebendig. Er läßt sich ausdrucksvoll bewegen; Hand- und Fingerführung im Maul machen ihn auch „sprechend", „kauend", geben ihm Mimik. Es ist ein bißchen stärker und mutiger als Schnuggel, dieser dafür etwas klüger und zauberischer. Schnöfchen hat in unserer derzeitigen Geschichte ein Problem: Wenn es zu lange alleine bleibt, verwandelt es sich in einen feuerspeienden Drachen, der bösartig wird und auch seine Freunde nicht wiedererkennt. Nur durch Liebe, durch Streicheln und leises Ansprechen wird er wieder ein Schnöfchen, das sich nicht an sein Drachendasein erinnert, nur an einen schlimmen Alptraum glaubt. Solche Abenteuer lassen sich spannend gestalten und animieren besonders zum Texten und Malen.

Perse

Sie[23] war ursprünglich in dem italienischen Märchen vom „König Paprika“ jene mächtige Zauberin (genannt „die schwarze Türkin“), die den König Paprika entführt hatte. Als die Prinzessin, die ihren König Paprika selber wie einen Brotteig geknetet und als Nase mit einer Paprika versehen hatte, ihn mit magischen Gaben befreite, fand sie bei mir nicht mehr, wie im Märchen, heim, sondern verirrte sich im Urwald, aus dem sie durch Schnuggel, Schnöfchen, Gespenster, Esel, Hund, Katze, Hahn und Uhus herausfand. Aus der Schwarzen Türkin wurde bei mir die „Perse“. Sie war als Verfolgerin die Feindin der Zauberfamilie und der Kinder. Aber sie ließ sich in einer Oase in der Wüste nieder, belästigte die Einwohner von Schnuggels Schloß, trauerte um ihren König und litt so an Einsamkeit, daß sie sich den anderen Wesen in teils tolpatschigen und teils geistreichen Situationen immer mehr freundschaftlich näherte. (Dabei lernten die Kinder der entsprechenden Klasse das Lesen und Schreiben.) Das Märchen spielte ich mit Marotten vor (Gemüsepuppen), die Perse war dabei eine Aubergine mit schwarzem Flugmantel. Später bildete ich sie aus Pappmaché nach, mit schwarzen Spitzen und Blumen (s. Foto).

Aus gegebenem Anlaß verwandelte sie sich in einen Raben (s. Foto Perse II). Diese Figur ist gekauft und läßt sich ausgezeichnet spielen. Perse II gehörte als zauberische Freundin zur Familie um Schnuggel. Dabei waren ständig ihre Zauberkräfte gefährdet: Einmal verlor sie ihr Zahlengedächtnis, weil sie auf der Regenbogeninsel goldfarbene Schwefelmänncheneier gegessen hatte und außerdem vom Regenbogenlicht eingeschlossen war. Die Kinder halfen ihr, das Gedächtnis wiederzufinden (durch schriftliches Rechnen nach einem Zaubervers).

Der Hamster

Sein Kern besteht aus verkleistertem Zeitungspapier, den ich dann mit Fellresten beklebte. Er ist ziemlich dumm, aber schmusig, immer gut gelaunt und hilfsbereit. Ihm war es zu verdanken, daß die Schwefelmännchen, die das ganze Reich bedrohten und die Drachenstadt in Schutt und Asche legten, aus allen Erdhöhlen geholt, zu Hunderten in Käfigen gefangen und dann ins Nichts gezaubert wurden. (Davon gibt es eindrucksvolle Bilder mit vielen Sprechblasentexten.)

Die Nixe

Sie ist aus Pappmaché geformt, mit Kleid, schimmerndem Haarschopf und lila und blauen Schleiern, die ihre Bewegungen fließend machen. Ursprünglich hatte ich sie für „die Nixe im Teich“ (Grimm) gebastelt, nachdem die Kinder des Schulkindergartens das Märchen in ein großes Gemeinschaftsbild umgesetzt hatten. Die Zweitkläßler sahen sie und baten um eine Geschichte. So geriet sie in die Zauberlandgeschichte. Sie lebt in klarem Wasser, beschützt die Schwefelmännchen und wohnt am liebsten weit im Meer draußen (auf dem Weg zum Nordpol, da, wo das Nordlicht beginnt). Sie ist an sich nicht böse, haßt aber jede Einmischung in ihr Leben und bannt alle störenden Lebewesen mit ihrem goldfarbenen Blick zu Leder und Stein (bei dieser Gelegenheit wurde aus der Auberginenperse bei ihrer Wiederbelebung in letzter Sekunde ein Rabe). Der Weg ins Regenbogenland, in dem es wunderschön, aber gefährlich ist (weil dort die Schwefelmännchen entstehen und das farbige Licht einen einmauert), führte in unserer Geschichte bei der Nixe vorbei.

Der Teufel

Er wohnt im Vulkan und beherrscht Lava, Feuer, Schwefel und Schwefelmännchen. Er ist klug, stark, hellsichtig, hat Freude am Bösen, läßt es aber nie bis zum letzten kommen – im Gegenteil, er drückt gerne mal die Augen zu, wenn einer sein Zauberbuch braucht. Er besteht aus Pappmaché, die Haare sind als Perücke geknüpft, die Hörner sind aus Wolle und Klebstoff hochgedreht, seine Haut schimmert wie silbernes Erz. Am Gürtel trägt er eine Mistgabel zum Aufspießen von allerlei; der Seelenbeutel daneben riecht nach Lavendel.

Das Regenbogenmännchen

Ein Mädchen konnte die Gefahren auf der Regenbogeninsel schwer ertragen und brachte ein „Regenbogenmännchen“ ins Spiel ein, das sanft mithalf und auf der Regenbogeninsel die ordnende Kraft darstellte.

Die Schwefelmännchen

Die Bilder und Erzählungen der Kinder ergaben: Es gibt rote, die alles verbrennen; gelbe, die wie Schwefel ätzen; grüne, die noch nicht ganz reif sind und bitter riechen; und blaue, die beim Aufplatzen große Mengen Wasser vergießen. Sie wollen das Zauberreich zerstören und stellen eine ständige Bedrohung dar. Sie stehen unter dem Schutz der Nixe und des Teufels. Katja hat fingernagelgroße Männchen aus Fimomasse gebacken; andere zogen diese „Kopffüßler“ mit Antennen aus Automaten ...

Neben Handpuppen und Schmusetieren der Kinder mischt sich regelmäßig ein etwa anderthalb Meter großer gestrickter Drachen in die Spiele ein. Er war während des Schuljahres in zwei Monaten anlaßgebunden für die Klasse entstanden und wirkt mit der schimmernden Metallwolle, seinen beweglichen (verdrahteten) Hörnern und Ohren und je drei langen Zehen an den vier Beinen prächtig. In diesem Jahr soll er noch systematischer ins Spiel kommen.

Schließlich soll aber noch einmal betont werden: Diese Figuren, die bei uns in den letzten Jahren so erfolgreich eingesetzt wurden, sind nur Anregungen und Beispiele. In der neuen ersten Klasse begann ich z. B. ganz anders: mit einem wissenshungrigen Raben (s. Foto, neue Rolle) und einem kleinen, aus Kleisterkopf und vier Chiffonschleiern (rosa, grau, schwarz und weiß) gebastelten Gespenst, das sich dem Raben und den Kindern anschließt, da es das „Obergespenst“ fürchtet. Schon in der 3. Stunde hatte ein Junge das

Obergespenst gebastelt. Nach zwei Wochen waren Spielzeugtasche, Schatztruhe und Halsketten samt klappernden Schlüsseln hinzugekommen. Nach fünf Schulwochen waren es bereits sieben Gespenster – drei davon hatten Kinder mit ihren Eltern gebastelt; nach zehn Wochen waren es etwa dreißig Gespenster! Ein Mädchen kündigte einen Kletterbaum an: für die Gespenster und den Raben. Und: bis dahin hatten wir mit dieser Motivation spielerisch Mengen erfaßt, Zahlen bis 7 geschrieben, Punktebilder gemalt, Türme gebaut und Spiele mit Mengen und Zahlen erfunden: mit Laufen, Essen, rhythmischem Zahlensingen, Greifen und Handeln usw. Nun wollen wir sehen, wie es weitergeht ...

2.2 Spiel mit Phantasie, oder: Wie man mit Schnuggel und Schnöfchen umgeht

Ich habe also gute Erfahrungen damit gemacht, Lerngegenstände und -inhalte wie den Erwerb der Kulturtechniken (besonders in Deutsch und Mathematik) in den Rahmen einer fortlaufenden, mit den Kindern gemeinsam weiterentwickelten phantastischen Geschichte einzubetten. Über ein identifikatorisches Lernen; realistisch und phantastisch; analytisch und komplex; emotional, neugierig handelnd und planend wird nicht nur eine positive emotionale Lernsituation aufgebaut, sondern es bilden viele Assoziationen bis ins Unbewußte und Affektive hinein lebendige Zusammenhänge, die dem Lernen, Behalten, Sicherinnern und der Wiedergabe dienlich sind.

Daß die Deutsch- und Mathematikhefte bunt und liebevoll ausgestaltet sind, liegt nahe. Zusätzlich zeichne ich Arbeitsblätter mit Bildern zur aktuellen Geschichte, die durch Rechen- und Schreibübungen (auf das Bild bezogen!) ergänzt sind.

Lernen kann sich auch unmittelbar am Spielobjekt vollziehen. Die Kinder eines Jahrganges machten sich z. B. Schnöfchens bewegliches Gesicht zunutze und entwickelten eine „Schnöfchensprache“ zum Raten. Durch diese Spielerei übten sie u. a. auf Diktate, ohne es zu merken: Sie nahmen neben Wörtern aus dem Gedächtnis auch die (zu übenden) Vorlagen von der Tafel und ließen wechselnd die Kameraden raten, was Schnöfchen „sagte“.

Jeder Jahrgang erlebt die Figuren neu und jedesmal ein bißchen anders. Zum Beispiel lernten sich in einer Klasse Schnuggel und Schnöfchen in verschiedenen Spielen kennen (aus einer Helikopterperspektive). Erst hatten sie Angst voreinander (das war mit der Einführung des „au“ und „Au“ verbunden); dann hatten sie gemeinsam ein schreckliches Schlangenerlebnis (Einführung des „s“ und „S“); dann wurden sie Freunde (bei der Einführung des „Eu“ und „eu“). Diese Buchstabengeschichten waren erlebnisstark, dazu kamen mancherlei Sachinformationen, denn die Schlange war z. B. eine große ausgestopfte Kobra. Dabei setzten die Kinder zum erstenmal bewußt Lexika und Bildbände in der Schule ein und brachten auch von daheim Schlangenabbildungen und Bücher mit, deren Texte ich vorlesen mußte, oder sie berichteten selber entsprechend dem, was ihre Eltern dazu gesagt hatten. In einem anderen Jahrgang führte ich Schnöfchen zusammen mit anderen Tierfiguren ein, da es ja schon „fertig“ war. In Mathematik machte es eine Wandlung von einem bösen Drachen, der aus der dunklen Erde geboren wurde und den die Kinder phantasiereich manipulierten, in das weiche Wesen durch, allerdings – wie erwähnt – mit einer Tendenz zur Rückfälligkeit. Schnuggel kann zaubern. Seinen Zauberspruch haben Kinder vor vielen Jahren selbst erfunden – er wirkt heute noch: Nicht durch mich, sondern weil wieder Geschwister und Freunde von vorausgegangenen Klassen ihn weiterverraten. Es ist lieb, wenn die Kinder mir auf die Sprünge helfen wollen, wenn es ans Zaubern geht!

Es zeigt sich in jedem Jahrgang wieder, daß die Kinder bald beginnen, mit den Figuren an der Hand zu spielen. Oder sie malen Szenen ins Heft oder auf Blätter und erzählen dazu; und meist wünschen sie dann, daß ich ihre Ideen in meinem nächsten Spiel weiterspielen solle. So einfach ist das nicht immer, wenn die Sonne Masern oder das Schloß Windpocken bekommt; die Palme in der Oase umfällt, weil das beleidigte Rumpelstilzchen unter seiner Wurzel eine Höhle gräbt; oder wenn Katrin eine Polstergarnitur für Schnuggel näht, die wunderbar, aber zu groß für das Schloßzimmer ist. Aber mit Phantasie läßt sich aus allem etwas machen.

In jeder ersten Klasse wird einmal Gemüsesuppe gekocht: Schnuggel und Schnöfchen rühren mit Hilfe der Kinder z.B. 2 Paprika, 3 Rüben, 4 Tomaten und 5 Kartoffeln zusammen und lassen dabei allerlei eindrucksvolle Dinge geschehen: Es kommen im Spiel ungebetene Besucher, Zauberkräuter werden gepflückt, die Suppe ist angeblich versalzen; da nascht einer, ein Erdbeben schüttelt die Suppe gut zusammen, und die Kinder mischen ganz nach Bedarf im Spiel mit: Verbal, handelnd, mimisch-gestisch. Beim gemeinsamen Auslöffeln der Suppe machen Schnuggel, Schnöfchen und ich eine Genießergeste: Daumen, Zeige- und Mittelfingerkuppe geschlossen auf die ebenfalls geschlossenen Lippen legen, dann schwungvoll wegführen und dabei „mmmm!“ sagen. Es ist die Lautgebärde (wird später noch genauer erläutert) zum „m“ und „M“. Sie ist nicht nur klangangelehnt, sondern hilft mit den drei Fingern als Assoziation zu den drei Strichen beim „m“ im Gegensatz zum „n“. Dann teile ich den Kindern mit, daß Schnuggel, Schnöfchen, ich und andere Leute, die schon lesen und schreiben können, dieses „m“ eben so schreiben: Ich stelle es groß an der Tafel dar. So hört man das „m“, „M“ nicht nur, sondern sieht es auch, und in vielen Wörtern kann man es hören und sehen: Schnuggel blickt in Richtung Schnöfchens *M*aul; oder auf eine *M*appe von *M*onika; Schnöfchen blickt auf Schnuggels *M*ütze oder meinen Ar*m* oder auf Ar*m*in ... Ich habe auch ein Arbeitsblatt vorbereitet, mit Suppentopf, dazu mit Bildelementen und Wörtern bzw. kleinen, geschichtenbezogenen Sätzen, in denen auch *m* oder *M* vorkommen – die Kinder heben diese Buchstaben optisch mit roter Farbe heraus. Vielleicht kann man in grün auch noch die bereits erlernten *e* oder *E* und *o, O* optisch differenzieren – je nach Intention. Es gibt Buchstabennudeln, eine Suppe läßt sich kochen, die Nudeln kann man aussortieren und essen; die Suppe als Buchstabensuppe werden wir malen und bunt färben.... Im Prinzip läuft das Verfahren immer ähnlich ab: Stets eingebettet in eine spannende Sachgeschichte oder eine märchenhafte bzw. phantastische Geschichte unter Integration von Kinderideen anhand der Leitfiguren, die durchgängig für die ersten beiden Schuljahre gelten: Zuerst Erzählung, Spiel und Lautisolierung mit begleitender Lautgebärde (Motivation: Die Lautgebärde hilft uns erst, uns an die Geschichte zu erinnern, und später merken wir uns den Buchstaben dazu, damit wir die Geschichte auch lesen und schreiben können). Dann: akustische und optische Differenzierung. Schließlich folgen Wett- und Ratespiele, die einzelne Kinder bzw. ich vor der Klasse als ganze Wörter, später als ganze Sätze in der Lautgebärdensprache vormachen. Wer das Wort erraten hat, macht seinerseits eines vor; oder alle schreiben das Wort und *tun* es: Zum Beispiel, wenn ich in unserer „Zaubersprache", wie wir die Lautgebärdensprache nennen, Zeitwörter oder Anweisungen gebe: „turnen", „kratzen" ... oder: „Renne auf dem Flur!", „Umarme deinen Nachbarn", „Niese fünfmal hintereinander" ...

Das Wechselspiel von motorischen Stützen, von Schreiben, Ablesen und Tun oder Malen ist sehr unterhaltsam und hat nebenbei einen hohen Übungseffekt. Leseuhr, Setzkasten, „Strich-" und „Schnöfchensprache" und weitere Spiele beleben das Lesen- und Schreibenlernen, das dann nichts mehr mit „Spielerei" zu tun hat, sondern konkret durchgeführt wird; die Motivation geht aber wohl von den Geschichten aus, die dabei geschrieben werden. Nett ist natürlich, wenn Schnuggel und Schnöfchen, Perse, Hamster oder Schnüpfel am Tisch zuschauen oder einen Stempel ins Heft setzen ...

Das Positive an diesem Verfahren scheint wohl unter anderem auch der günstige Zeitpunkt zu sein, in dem die Kinder bereits Sachinteressen haben und beginnen, logisch, analytisch und rational zu denken und zugleich voller Phantasie das Magische und Zauberische im Raum Schule in einer Mischung aus Ernst und Heiterkeit auszukosten. Interessanterweise sind es regelmäßig gerade aufgeschlossene und intelligente, weltzugewandte Kinder, die hier voll mitgehen, und bei weiteren Kindern bietet das Magische und Animistische im Spiel Gelegenheit auch für Projektionen und Identifikationen (was sich damit indirekt als Lernhilfe erweist). Sie profitieren außerdem besonders von den vielen Assoziationsmöglichkeiten durch die Geschichte und die angesprochenen Sinne (hören, sehen, schmecken, riechen, fühlen, bewegen).

Noch einige Beispiele: Das „B", „b" entstand als Lautgebärde und über Lauthorchübung in einer Bärengeschichte (im Nachspielen einer Indianergeschichte: „Ika und der Bär"). Andi brachte daraufhin seinen Bären „Wuschel" mit. Ich sollte ihn zu Schnuggel und Schnöfchen bringen. Also erfand ich eine Geschichte. Dabei entstand ein Arbeitsblatt, auf dem dieser Bär vor dem Schloß eine letzte Pause macht; ich hatte lauter „B"-Elemente gemalt, mit Linien daneben, so daß die Kinder beschriften konnten im Sinne dessen, was da gespielt worden war: *B*är, *B*auch, *B*ambus, *B*rot, *B*raten, *B*erg, *B*oot, *B*utter, *B*anane, *B*aum.... Die Lautgebärde ist eine Faust mit ausgestrecktem Daumen zum ansatzweisen Lutschen. Andi brachte nun täglich neue Ideen mit und eröffnete den Morgen mit einem freien kleinen Rollenspiel oder einer Geschichte, obwohl er sprachgehemmt war. Auch Gruppen fanden sich zusammen, mit der Zeit war der Andrang so groß, daß wir eine Theaterliste führten, wann wer mit wem spielen durfte. So entstanden freie Rollenspiele, die in improvisierten Kulissen am „Schloß" hinter einem Tisch oder hinter der Stahltafel aufgeführt wurden. Das hatte die Entwicklung von Regeln wie Sitzordnung, Beginnritual, Vorführlänge, Abgang der Zuschauer, Umräumen der Stühle und Kulissen usw. zur Folge.

Das „n", „N" entstand aus einer klebrigen Kaugummigeschichte; die kommt in jedem Jahrgang gut an. Die Lautgebärde stützt mit zwei Fingern (Zeige- und Mittelfinger) am Kinn und zieht nach unten, so daß die Lippen auseinandergezogen werden, die „verklebten" Zähne aber zusammenbleiben. Die zwei Finger ergeben auch die Assoziation zu den zwei Abstrichen im „n" – hat ein

Kind später Zweifel, ob zwei oder drei Bögen bzw. Abstriche, dann zeige ich nur die Geste ..., das funktioniert bei allen Lautgebärden als Erinnerungsgeste zu Laut und Gestalt. Beim Großbuchstaben wird generell die gleiche Geste gemacht, aber mit einem Aufstampfen begleitet. Das „h" entsteht seit Jahren aus einer Geschichte, in der Schnuggel sich verirrt, mit seinem eingerollten fliegenden Teppich erst in die Blaubeeren und dann in den Bach fällt; sein Bein verstaucht und mit letzter Kraft heimkommt. Erschöpft sinkt er in den Stuhl, ein seufzendes „h!" ausstoßend; die Lautgebärde ist eine wie ein Stuhl abgewinkelte rechte Hand, die die Fingerspitzen an die hochgestreckte linke Hand lehnt – wie ein „Stuhl".

Manche Geschichten erzähle ich in verschiedenen Klassen auf gleiche Art; viele variiere ich entsprechend der Kinderideen, die ja auch den Verlauf der Gesamtgeschichte mitbeeinflussen.

Eines Tages brachte Christoph ein Schloß aus Karton mit. Er und seine Freunde bauten es mit der Zeit dreistöckig innen und außen aus (s. Beschreibung im ersten Kapitel). Alle Kinder begannen, die graubraunen Wände zu tapezieren: Mit bunten Blättern (ich hatte einen kleinen Abreißblock am Pult liegen), auf denen sie Buchstaben, Wörter, Bilder; die Fortgeschrittenen auch Rätsel, Gedichte und Sätzchen oder Nachrichten schrieben: für Schnuggel und Schnöfchen oder Kameraden, und für mich war auch manchmal etwas dabei. Die Einführung des „sch", „Sch" ergab sich durch Namensschilder am Schloß: *Sch*nuggel, *Sch*nöfchen und Wu*sch*el wurden dekorativ auf ein Arbeitsblatt mit dem *Sch*loß und einer Geschichte mit Mat*sch* gemalt und geschrieben. Beim Sägen eines Weihnachtsbaumes: „ch! ch! ch!" und einem Kellerunfall, weil eine Maus das Geländer durchgenagt hatte, entstand, mit sägender Gebärde der rechten Handaußenkante am linken Oberarm, die Lautgebärde. Das „G", „g" war eine *G*eisterbahn- und *G*ruselgeschichte mit *G*espenstern – festgehalten auf einem gruseligen Arbeitsblatt mit spannendem Text... Das „d", „D" entstand aus einer Zeigefingergeschichte, als Schnuggel in einem fremden Land mit fremder Sprache sich nicht zurechtfand und alles mit Deuten abfragen mußte (Lautgebärde: Geschlossene rechte Faust mit ausgestrecktem Zeigefinger). Diese Geschichte hatte damals hohe Aktualität, da ein türkisches Mädchen und ein äthiopischer Junge in der Klasse vor ähnlichen Problemen standen und die anderen Kinder so ein besseres Verständnis für deren Situation gewannen.

Das „I", „i" erwuchs aus einer Operationsgeschichte, da ich Schnuggel und Schnöfchen waschen und reparieren mußte (ein realistischer Gesprächsanlaß für Kinder über Krankenhaus, Krankheiten und Ärzte ...). Beim „W", „w" spielte ein phantasievolles Landschaftsbild von Christoph eine Rolle; das „K", „k" war einmal einer Lauchzwiebel zu verdanken, die in unserem inzwischen entstandenen Museum ausgetrieben hatten wie mit Krabbenarmen.

Meine Geschichten steuern immer den einzuführenden Laut als Schlüsselreiz an. Der Weg wurde bereits beschrieben, wobei betont werden muß, daß der Buchstabe ganzkörperlich im großmotorischen Schreiben, über die Hand in der Lautgebärde und feinmotorisch im Schreiben und Malen, akustisch durch die Geschichte und in den Lauthorchübungen (im Spiel und gezielt) erfahren werden. Dazu kommen kleine Texte: Entweder gemeinsam verfaßt oder auf einem Arbeitsblatt – mit entsprechenden Illustrationen versehen.

Das Schöne an dem Verfahren ist, daß die wachsende Ideenflut der Kinder für den Lehrer eine Bereicherung darstellt – sobald die Kinder merken, daß sie ernstgenommen und ihre Ideen auch wirklich registriert und in irgendeiner Weise zur Geltung gebracht werden, so daß sie immer in Austausch und Resonanz mit und durch die Klassengemeinschaft stehen. Ich wäre z. B. nicht in einem Jahrgang auf die Idee gekommen, das „Ei“, „ei“ mit einer skurrilen Eiergeschichte einzuführen: Utes Idee! Die „Perse“ fiel beim Eindringen in Schnuggels Schloß in die Speisekammer, zertrat darin die Rieseneier und hüpfte – so führte Ute aus – solange in den Eiern herum, bis Rührei entstanden war. Da konnte sie wieder herausklettern. Auch die Lautgebärde schlug sie vor, und ihre Freundin Martina ergänzte (da die beiden die Geschichte auf der Schulbusfahrt für uns entwickelt hatten): Linke Hand schalenförmig vor den Körper halten; die rechte Hand hineinlegen, dabei einige Finger wie „Spritzer“ hochstrecken: Zwei Hände für zwei Buchstaben, dabei aber *eine* geschlossene Geste für *einen* Laut. Diese Idee behielt ich für den nächsten Jahrgang bei. Dabei unterscheiden wir diese Lautgebärde motorisch deutlich vom „ie“, bei dem der rechte Zeigefinger unter dem Kinn (für „i“) in Dehnungslänge gehalten und zugleich mit dem Daumenballen ans Brustbein geklopft wird. – Es machte natürlich Spaß, für die Eiergeschichte ein passendes Arbeitsblatt mit Bild zu entwerfen.

Im Morgenkreis oder bei Rollenspielanlässen sprachen wir von Mineralien, Fossilien und Edelsteinen. Ich brachte aus meiner eigenen Sammlung verschiedene Stücke mit, erzählte über sie – und bald brach in jedem Jahrgang aufs Neue eine Sammelleidenschaft aus. Die Kinder lernten, ihre mitgebrachten Steine zu bestimmen. Sie begannen, aufmerksam den Boden zu betrachten und sich auch an den feinen Strukturen eines einfachen Feldgesteins zu erfreuen. Sie sammelten nach feinsten Farbnuancen und Bänderungen. Auch von zu Hause brachten manche hervorragende Stücke mit. Wir richteten schließlich mit den Steinen ein Museum ein, das durch weitere Objekte ergänzt wurde. Ein andermal bauten wir eine Wüste für weitere Geschichten zusammen, die „Schätze“ barg. Die Kinder lernten nebenbei, die Namen dazu richtig zu schreiben, das „Y“, „y“ führte ich gerne mit Pyrit ein, dem wir das ähnlich schimmernde Gold gegenüberstellen; dazu mit dem Amethyst und Onyx, aus dem ich Tierfiguren zeigen kann. Das „X“, „x“ erschlossen wir über den Onyx, das „QU“, „qu“ über verschiedene Quarze. Lauthorchübungen lassen sich in Klangmalerei schön am Sodalit, Azurit, Hämatit, Aventurin, Olivin durchführen und in schöne bunte Schreibübungen auf Arbeitsblättern mit strukturierten Gesteinsbildern umsetzen. Faszinierend wird es auch, wenn man den Kindern über die symbolische Kraft der Steine aufgrund von Farbe, Vorkommen, Härtegrad und ähnlichem erzählt oder wenn man über Vulkansteine berichtet. Die Lautgebärden sind formangelehnt: „X“: Gekreuzte Zeigefinger; „Y“: umgekippte Lautgebärde für „h“; „Z“: wie ein rascher Blitz in der Luft; „V“: durch die Mulde, die sich durch hochgestellten Daumen und Zeigefinger rundförmig ergibt.

Es gibt zahllose Motive, um in die Welt der Buchstaben einzuführen und dabei ebenso die Phantasiewelt wie eine faszinierende Umwelt und Sachwelt zu eröffnen. Ich kann mir vorstellen, daß Kinder entspannter und zugleich nachhaltiger lernen, wenn sie sich für die Inhalte interessieren und sie für wert befinden, sich mit ihnen näher zu befassen, weil sie spannend, neu, interessant, lustig oder insgesamt in irgendeinem für das Kind bedeutsamen Zusammenhang sinnvoll erscheinen.[24]

2.3 Korrektur an phantasiebesetzten Gestalten

... im Wechselspiel von bildhaftem und abstraktem Denken ...

Zur konkreten Ausführung der Phantasiefiguren: Wenn ein Kind z.B. an seinem großgeschwungenen

eine Schlucht, Wasser, eine Oase mit Palme und überhängende Blumen malt, so spielt es graphisch, malerisch und ästhetisch mit der Buchstabengestalt. Diese wird unbewußt, im Spielen, in allen Details aufgenommen, bevor sie in vertiefenden Schönschreibübungen und Anwendungen in Wörtern und Sätzen weiterverwendet wird. Ich zeichne bei jedem Kind eine etwa halbseitengroße Buchstabenform (oder Zahl) vor, damit eine korrekte Form ummalt werden kann. Unkorrekte Eigenentwürfe eines Kindes korrigiere ich, indem ich die graphische Ausgestaltung beachte und mir darüber erzählen lasse, dann aber mit der dort eingesetzten Vorstellung die Korrektur einbringe, z.B. „Die Wand an deiner Schlucht im

müßte steiler sein. Der Wasserfall am Bogen links oben kann nur über eine Rundung laufen usw.“ Oder bei einem „h“:

„Das Sitzpolster muß dicht an der Rückenlehne anschließen, sonst fällt Schnuggel in die Rille ...“

Ähnlich verfahre ich mit Zahlen in Mathematik. Ob z.B. eine Höhle mit Regentropfen vom Felsdach bei der Schreibübung der 2:

(eine Abenteuergeschichte war daran gebunden und gab jeder Linie einen Sinn); oder ob die Bremsspur des verunglückten fliegenden Teppichs:

Auch hier, wie bei allen Buchstaben und Zahlen, geht die Geschichte voraus, deren große Bewegungsabläufe im Spiel mit dem feinmotorischen Ablauf korrespondieren. Spiel; Assoziationen und Phantasie an der Gestalt selbst, so daß sich alle Einzelheiten spielerisch einprägen – vorausgesetzt, man gibt die Formen auch korrekt vor; dann bunte Übungen bis zur Automatisierung der Bewegung – dies ist meist der Weg. Der Sinn der Geschichte wird so aufgebaut, daß der Buchstabe bzw. die Zahl zum Sinnträger wird. Danach kommt eine überraschend leichte Phase: Man muß den Kindern nicht mühsam erklären, wie man mit diesen Zeichen und Symbolen im Lesen, Schreiben und Rechnen weiter umgehen kann; der vermeintliche Bruch wird von den Kindern selbst überbrückt: Sie drängen zur konkreten Anwendung und wollen zeigen und wissen, wie man damit weitermacht, um Wörter zu schreiben, Neues zu lesen und etwas auszurechnen. Mit Spiel haben wir begonnen, Spiel und Phantasie haben Assoziationen und spielerische Übungen geschaffen; so wurde der phantasiebetonten, magisch-animistischen und assimilierenden Denkart des Kindes Raum gegeben – nun drängen Neugier und Lernbereitschaft vor und ermöglichen dem Kind, sein in dieser Stufe wachsend abstraktes und schrittweise rationales Denken zu entfalten. Korrekturen und Übungen mit lernschwächeren Kindern binden immer wieder bei den im Spiel entwickelten Vorstellungsbildern an, wobei Kinder im Stützkurs gerne die Geschichten noch einmal spielen und sie auch variieren; mir schließlich dann auch zeigen, daß sie die Zeichen schreiben können. Danach erst schreiten wir bei der Abstraktion fort. Das Kind hat Zeit, seine eigene Gedankenwelt in die Geschichte zu projizieren; nun kann es ohne Angst sein Weltbild erweitern (die Stufe der Assimilation nach Piaget wurde länger ausgekostet). Irgendwann schaltet das Kind (im allgemeinen) von der Bildebene und bunten Vorstellungswelt auf die abstrakt-begriffliche Ebene um, ohne deswegen die bildhaften Assoziationen zu verlieren.

Folgende Beobachtungen möchte ich am Rande vermerken:

Die Umschaltung vom Bildhaften zum Abstrakten scheint – aber dies müßte noch länger beobachtet werden – in Mathematik noch leichter als in Deutsch zu gehen. Und: Wenn Kinder, die ihre Aufgaben erledigt haben und keine weiteren Übungsblätter oder Arbeitsaufträge wünschen, ihren Kameraden helfen möchten (sie verkünden, daß sie frei seien und lassen sich rufen), dann erklären sie ihren Kameraden fast nie mit Hilfe der ursprünglichen Bilder und Geschichten, sondern fast immer auf der begrifflichen Ebene, mit eigenen Worten, so daß sich die Gedanken im Kopf des Helfers und des zu Helfenden gleichermaßen zusätzlich abklären. Die Bilder werden aber im Spiel und beim Malen aktiviert und dienen in Stichworten oder einer symbolischen Bewegung über Assoziation zur Erinnerung.

2.4 Vom Anthropomorphisieren, Personifizieren und Identifizieren

Wie sehr die Kinder ihre Figuren lieben, zeigen die Geschenke, die sie ihnen zukommen lassen, als ob sie Personen wären. Ich vergegenwärtige eine Situation: Im Laufe der ersten Schulmonate gibt es ein neues Puppenhaus aus Karton von Daniel, einen Zoo, Fuhrpark, Schatztruhe mit Perlen und bunten Glaskugeln, Polstergarnitur und Spielzimmer für Schnuggel und Schnöfchen ... über 100 Teile sind es in diesem Jahrgang, und dazwischen steht die große Palme mit den Rechenblättern, die auf falsche Aufgaben ähnlich reagiert wie der verdorrende Baum mit den einst goldenen Früchten im Märchen vom „Teufel mit den drei goldenen Haaren“. Die Tiersammlung (aus Plastik, Gummi und Holz) ermöglichte inzwischen Spiele, die von selber zu Teilmengenbildungen führten: Viehtrieb, Stallungen und Fütterung für Haus- und Wildtiere; zahme und gefährliche, große und kleine Tiere, Streicheltiere mit Fell und rauher Haut ... Toni brachte sich so ausgiebig mit diesen Tieren in Verbindung, daß er bei Rechenspielen Wildtiere nur mit dem Lasso (ein Stück Blumendraht) einfing; zahme Tierfiguren faßte er mit spitzen Fingern an. Er gruppierte die Tiere zu Aufgaben und diktierte sie sich und den anderen – „damit die Geschichte auch im Heft steht“. Irgendwann hörte dieses Personifizieren und Anthropomorphisieren auf (seine Tiere sprachen, wehrten sich, halfen ihm ...) und er rechnete ausgiebig und rasch im Heft viele Aufgaben.

Die Leitfiguren besitzen handgestrickte Schals, die Taschen sind voller Briefchen, Bilder und Geschenkchen, Schnuggel ist mit Ohrringen, Ketten und Glöckchen behängt; der frisch eingebrachte Schnüpfel bekam sogleich einen Anhänger. Martina kommentierte dazu wörtlich: „Der läuft ja ganz ohne was herum, wenn der nicht auch was kriegt wie Schnuggel, dann ist er doch traurig!"

In den gelenkten oder freien Spielen wird ständig anthropomorphisiert; die Kinder personifizieren die Figuren und benützen sie für Projektionen oder (vielleicht notwendige) Identifikationen. Diese Prozesse gehören zur Denkweise und zum magisch-animistisch geprägten Weltbild der Kinder und dürfen vorbehaltlos angenommen werden. All die Leit-, Projektions- und Identifikations- oder einfach Spielfiguren wecken Phantasie, fordern die Sprachanwendung heraus und leiten in abstraktes und begriffliches Denken über ...; schließlich wird den Kindern nicht weisgemacht, daß die Figuren wirklich lebendig seien; das käme den Kindern gewiß albern vor. Kindliche Denkform macht die Figuren zu Spielzeug mit anthropomorphen Zügen, wo Spieltrieb, Spielhandlung, aber auch unbewußte Projektionen und Identifikationen es sinnvoll oder nötig erscheinen lassen. Doch können nach meiner Erfahrung diese Prozesse nur eingeleitet und erhalten werden, wenn die Verwendung der Figuren und Geschichten Kontinuität besitzen; in Kurzeinsätzen können sich diese Prozesse nicht voll entfalten. Neben einer Kontinuität erscheint auch ein gewisser Konsens wichtig: Eine Übereinstimmung zwischen Erwachsenen und Kindern darüber, diese bunte Bilder- und Phantasiewelt zu akzeptieren, mitsamt ihrem eigenen Leben; sich darin wohlzufühlen und eigene Ideen unbefangen ins Spiel bringen zu dürfen. Es sind keine „Lügen" oder „Phantastereien", die Spiele sind keine „Zeitverschwendung". *Kontinuität und Konsens:* Sie erscheinen mir in dieser Unterrichtsmethode von großer Wichtigkeit. Mit ihnen sind an dieser Stelle Zeit und Verläßlichkeit verbunden und das Gefühl, eine bunte, zeitlose Welt in unbegrenzten Räumen gemeinsam zu teilen. Die jahrelange Praxis zeigt, daß Kinder bei diesem bunten Verfahren nicht nur ihre positive Einstellung zum Lernen behalten, sondern auch bei den üblichen Lernzielkontrollen gut abschneiden.

Zum konstruktiven Anthropomorphisieren im Spiel noch ein Beispiel: Zu unseren zauberischen Wesen gehört dieses Jahr auch ein „Hamster", den ich aus Fellresten genäht hatte. Er ist unser „Langsamdenker", dem die Kinder immer alles extra erklären müssen. Schwanz und Maul waren etwas ausgerissen. Da nahm Patrizia den Hamster und spielte mit ihm in der Pause folgendes Spiel, das ich sie auf ihren Wunsch hin in der Mathematikstunde fertigspielen ließ:

Sie füllte ein Zahlenhaus (8) mit falschen Lösungen aus und erklärte dem Hamster dann, daß er das alles falsch gemacht habe. Aber schuld daran sei seine „Krankheit". Nun klebte sie die Felle an Schwanz und Maul fest – und siehe da, der „gesunde" Hamster konnte seine Fehler entdecken und richtig rechnen! Patrizia radierte die falschen Zahlen aus und trug für den Hamster die richtigen Zahlen ein; dem folgte gleich noch ein dreigliedriges Zahlenhaus. Das fanden die anderen Kinder so unterhaltsam, daß sie um das Blatt herumsaßen, nachrechneten, ob der Hamster „krank" oder „gesund" sei, und sie machten sich ein Spiel daraus, Richtig- und Falschlösungen in neuen Aufgaben ihren Kameraden anzubieten, die herausbekommen mußten: Ist der Hamster

„krank“ oder „gesund“? Und manchmal wurde dann heftig gestritten, bis mit Abzählen an den Fingern und Herumargumentieren einer dem anderen beweisen konnte, daß er recht hatte …

3. Flexible Unterrichtsgestaltung durch Integration von Kinderideen im Spiel- und Unterrichtsablauf

Im vergangenen Kapitel schilderte ich Beispiele aus der Welt der Phantasie im Unterricht und im Zusammenhang mit Leit- und Randfiguren. Dabei habe ich – bedingt durch die Komplexität des Bildes – bereits Beispiele geschildert, wie Unterricht flexibel verändert wurde, wenn Kinder mit Gegenständen oder Ideen in Spiele eingriffen.

Unter einem neuen Schwerpunkt: „Flexible Unterrichtsgestaltung“ – möchte ich weitere Beispiele bringen, die *subjektive* Situationen in den Vordergrund rücken.

3.1 Flexibilität durch inhaltliche Änderungen, oder: König Paprika

Einmal eröffneten wir – wie bereits bei der Vorstellung der Perse angedeutet – den Unterricht gleich am ersten und zweiten Schultag (für Deutsch) mit dem italienischen Märchen vom „König Paprika“. Beim Erzählen betonte ich die witzigen Seiten des Märchens: Wie die wählerische Prinzessin ihren Mann selber aus Mehl, Zucker und einer Paprikaschote herstellt; wie dieser König Paprika so schön ist, daß sich eine mächtige Zauberin, die „schwarze Türkin“, in ihn verliebt und ihn entführt. Bei der Suche und Befreiung tritt der Dreierrhythmus mit den drei Weisen im tiefen Wald, den drei Nüssen als magischen Gaben und den drei Wachnächten und Nußgeschenken am Hof der „schwarzen Türkin“ zutage, bis die Prinzessin ihren verzauberten Paprikamann erweckt und mit ihm fliehen kann. Dann spielte ich das Märchen als Marottentheater vor, und die Kinder beteiligten sich dabei, da wir viele Marotten brauchten. Wir spielten z. B. mit einer Ananasprinzessin, einem Paprikakönig, einer Auberginenzauberin und Kartoffelgefangenen. Der Inhalt war nun „verstanden“. Ich führte das Märchen zu Ende. Beim zweiten Marottenspiel aber ermunterte ich die Kinder zum Fabulieren. Wir schickten die Flüchtlinge in den tiefen Wald, in dem einst die drei Weisen hausten, aber sie verirrten sich dort. Dynamisch gestalteten die Kinder die folgenden Märchenabenteuer nun mit: Bewährungsproben im märchenhaften Sinne waren nicht mehr das Thema, sondern der abenteuerliche Fluchtweg. Bei jedem Abenteuer entwickelte ich nebenbei einen neuen Buchstaben über Spiel, Klang, Bild, Motorik, Weiterübung, Absicherung (wie bereits beschrieben), so daß unser Märchen für später fixierbar wurde – und je mehr wir konnten, um so besser vermochten wir auch mit den neuerworbenen Kenntnissen die Geschichte schriftlich festzuhalten: In kleinen sinntragenden Buchstabenverbindungen (bei Uhus und Gespenstern) und weiter bis zu kurzen Sätzchen und Sprechblasen (z. B., wie ein Elefant die schwarze Türkin, die wir aus besonderen Gründen später „Perse“ nannten, aufhielt und ihren schwarzen Flugmantel zerlöcherte), zu Bild-Satz-Kombinationen und ganzen geschlossenen Texten. In den Köpfen der Kinder rumorten die Ideen. König Paprika und seine Ananasprinzessin trafen helfende Tiere (die Bremer Stadtmusikanten aus Pappmaché), mit denen sie den Urwald, ein Moor und ein tiefes Wasser durchquerten – immer verfolgt von der Perse, die ihren Paprikakönig wiederhaben wollte. Schnuggel gesellte sich als hilfreiches Wesen hinzu, später auch Schnöfchen. Am Rande einer großen Wüste bauten alle fliehenden Freunde ein Schloß (beim Einführen des „t"). Von dort an begann ein lustiges Treiben. König Paprika wurde bei den Kindern uninteressant, die Perse ließ sich aber in der Nähe des Schlosses in einer Oase nieder. Sie sabotierte von dort aus das Leben der Schloßbewohner. Mit der Zeit wurde sie durch ihre komische Rolle immer sympathischer. Rumpelstilzchen als Stammvater der sieben Zwerge mischte sich ein, Vulkane brachen aus, die Wüste war voller Leben. Nach zwei Jahren waren die Kinder traurig, als sich die Perse in ihr Reich zurückzog – ich mußte die Geschichte ja zum Abschluß bringen. Die Kinder entwarfen durch gemeinsames Nachdenken schließlich einen Fernseh-Fernhör-Fernfühl-Fernriech-Fernschmeckapparat, mit dem sich die Perse mit ihren freundschaftlich verbundenen „Feinden" im Schloß zweimal in der Woche unterhalten konnte.

Viele weiterführende Geschichten, Einzelmotive, Durchführungen und Lautgebärden waren von den Kindern eingebracht worden, so daß ich Tag für Tag mit den neuen Motiven weiterplante. Anfangs übernahmen die Kinder meine Vorschläge, bald erhorchten sie die Laute und sahen die Buchstaben aus den Geschichten und Bildern heraus, und im zweiten Halbjahr der 1. Klasse kamen sie selber mit Wünschen in die Schule: „Ich möchte euch jetzt eine Geschichte erzählen, in der das ‚f' vorkommt", verkündete Thomas eines Tages, oder es hieß: „Wenn wir das ‚p' kennenlernen, könntest du das so erzählen, daß die Perse das Schloß angreifen will, aber bei der Landung an der Wäscheleine hängenbleibt?" Oder: „Erzähl doch mal eine Geschichte, wo aus einem Rosenquarz mitten in der Wüste eine knallrote Blume rauswächst!" (Das wurde dann meine „Qu"- und „qu"-Geschichte.)

Viele Themen werden bei diesem Verfahren bearbeitet: Erzählend, erklärend, mit Sachbüchern, im Morgenkreis ... z.B. über Urwald, Moore und Wüsten, Verlandung und Versteppung, Kultivierung, Oasen und Grundwasser, Vulkane, Lava, Schlote, Magma; Gesteinsschichten, Mineralien, tektonische Verschiebungen ... und mit diesen neuen Informationen stiegen die Kinder dann wieder in fiktionale und phantastische Geschichten ein. Sie produzierten Phantasiestückchen – zunehmend in einer Mischung aus fundierter Sachkenntnis (altersentsprechend) und darauf aufbauender Phantasietätigkeit – in einem, eher unbewußten, lustvollen Hin- und Herschwingen von einer Denkebene auf die andere.

3.2 Flexibilität durch Interaktionen eines Kindes, oder: Mirjam und ihre Steine; Nicola und ihre Buchstaben

Manchmal liegen von Kindern vorgeschlagene Themen „daneben". Wenn Michaela im Winter ein Schneckenhaus mit geschlossenem Kalkdeckel in das warme Klassenzimmer bringt, so läßt sich erklären, warum wir um diese Zeit keine „Schneckenzucht" eröffnen können und das Tier lieber wieder in die

Kälte bringen sollten. Die Frage nach dem „Warum“ muß erörtert werden, eine längere Beobachtung um diese Zeit ist aber unangebracht.

Anders, wenn es sich nicht um ein Thema, sondern um eine Person handelt: Wenn man annehmen muß, daß die Idee des Kindes für es selber und/oder für die Klasse gut sei. Dann erhält das unvermutete Thema Priorität, obwohl das angebotene Material/Thema entweder bereits überholt oder im Moment unpassend erscheint. Zum Beispiel: Das Thema „Mineralien“ ist zur Zeit in seiner Aktualität abgeklungen. Vor allem habe ich den Kindern mitgeteilt, daß wir keine Quarze mehr ins Museum aufnehmen, da schon eine Menge gängiger Variationen vertreten sind. Nun bringt Mirjam eine ganze Tüte voller Feldsteine mit, darunter viele Quarze und Basalte. Bei Mirjam geht alles langsamer. Nun reicht sie mir voller Stolz ihre Funde entgegen und bittet dringend, daß sich alle wieder in den Kreis setzen, über ihre Steine sprechen und diese dann auch noch ins Museum gebracht werden sollen. Für Mirjam wäre es problematisch, wenn ich ihr Verlangen nicht akzeptieren würde. Sie sieht ihre Steine als aktuellen Beitrag; übersieht, daß die Zeit in dieser Besprechungsform längst weitergeschritten ist. Sie nimmt auch an, daß ich mich besonders freue, daß sie wie die anderen Steine gesammelt hat. Eigentlich wollte ich in dieser Stunde eine Schreibübung durchführen. Hier hilft nur ein Kompromiß, denn ich will ihr Vertrauen nicht erschüttern. Außerdem würde sie im laufenden Unterricht bei „Nichtbehandlung“ der Steine kaum richtig aufpassen – ihre Enttäuschung und Unruhe (ob ... und wann wohl ...) würden ablenkend wirken. Schließlich verspreche ich mir für das Kind einen Erfolg und weitere Ermunterung, wenn es durch seinen Beitrag die soziale Anerkennung der anderen erfährt.

Wir setzen uns also in den Kreis. Einige machen ein langes Gesicht, weil wir aufgrund der Sammelwut schon so viele Tüten voller Steine sortiert und besprochen haben. Jeder wollte doch mal ... inzwischen sind wir eher bei mineralischen Besonderheiten angelangt. Aber sie werden wieder gespannt, als ich verkünde, es handele sich um ein Wettspiel im scharfen Beobachten: a) Wer kann die Steine benennen, die Mirjam hochhält? Und b) Wer bekommt heraus, welcher von diesen Steinen nicht in Mirjams Tüte passen kann, also nicht „vom Feld“ kommt? Ich habe rasch ein Lavastück hineingemogelt. Nach zehn Minuten löst sich die Runde wieder auf. Alle sind zufrieden, viele haben das Lavastück erkannt, und Mirjam ist stolz. Sie ist nun auch einverstanden, daß ihre Steine nicht ins Museum gelegt, sondern in den „Steingarten“ neben dem Schloß deponiert werden: Der „Steingarten“ ist eine grüne Plastikschale, in die die Kinder immer wieder hübsche Steine abgelegt haben. Eines Tages erklärt Manfred diese Schale zu einer „Steinwüste“, er habe auf Bildern schon solche Wüsten gesehen. Damals wurde die Idee geboren, eine tischgroße Wüste mit Oase, wie wir sie jetzt haben, zu bauen.

Nicola bringt täglich Fleißarbeiten mit: Drei Seiten V, vier Seiten m, zwei Seiten M ... Ich lobe ihren Fleiß, aber auf die Dauer bin ich nicht glücklich darüber. Diese funktionale Gebundenheit möchte ich auflösen. Ich beginne, Wünsche zu äußern: „Schreibe mir doch, wenn du Lust hast, Buchstaben, aber nur je zwei Linien von Z, z, V, v ...“ Ich versuche dabei, das Leerlaufschreiben umzufunktionieren. Das gelingt offenbar, denn Nicola fühlt sich dadurch motiviert, daß sie sich meinen Wunsch merken soll und ihn richtig ausführen will: 2 Reihen von diesem, 1 Reihe von jenem ... Dann male ich an den Anfang

Seitenfront des Kartonschlosses

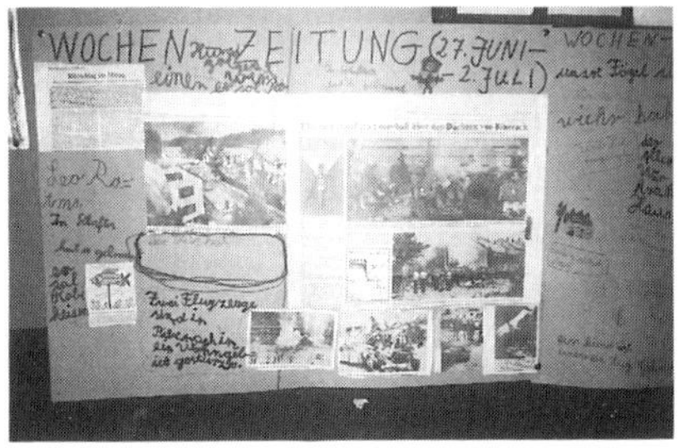

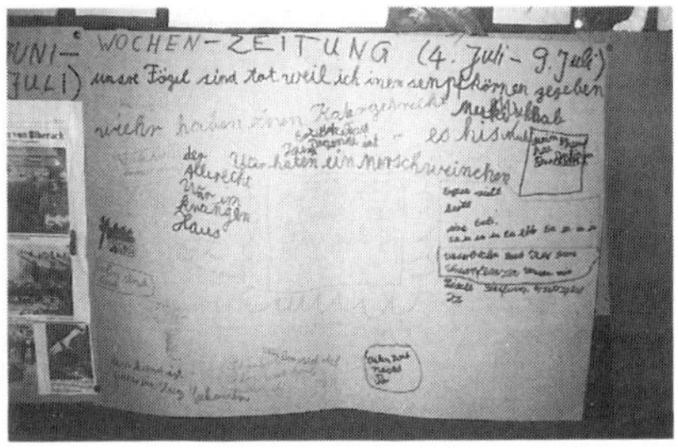

Zwei Seiten der Wandzeitung

»Rechnen mit Feuer und Klängen« – Gruppenarbeit –

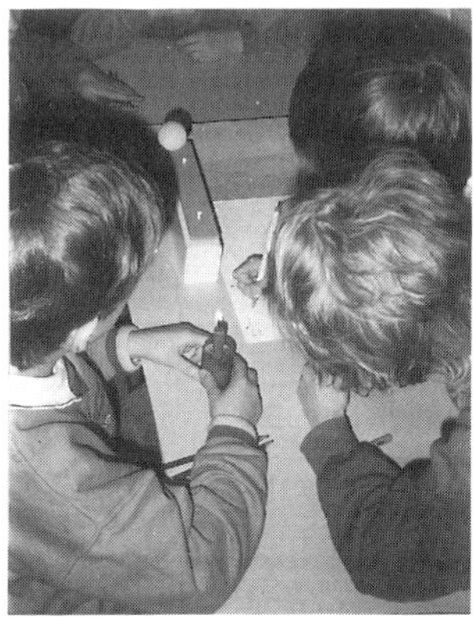

Ein Teil des Museums

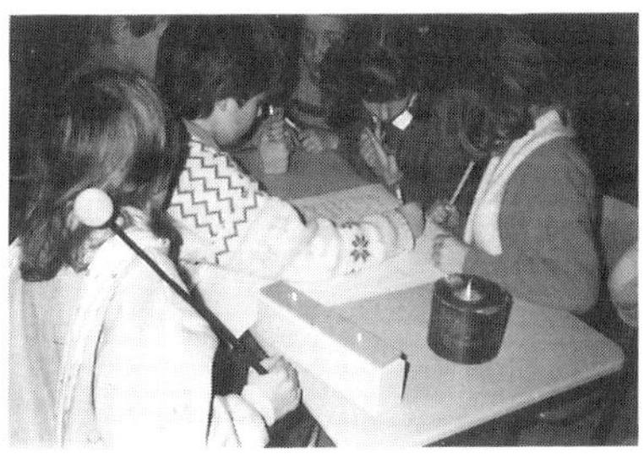

der Reihen kleine Gegenstände, zu Hause soll Nicola das Wort dazu schreiben. Auch das geht gut, Mama hat geholfen, und Nicola legt Wert darauf, daß die ganze Klasse ihre Werke ansieht und liest. Zuerst reagieren die anderen eher zurückhaltend, aber dann macht das „Wörterschreiben zum Bild" Spaß. Nun muß ich in viele Hefte Bildchen an Zeilenanfänge malen, die dann beschriftet werden. Langsam wird mir das zu viel, und da schlagen die Kinder vor, sie könnten sich ja auch gegenseitig solche Bilder malen ... Ich fertige auf die gleiche Weise noch Arbeitsblätter an mit Motiven, die wir spielen oder gerade in Texten brauchen. Nur die, die persönliche Zuwendung benötigen, bekommen von mir die Motive noch eine Weile ins Heft gezeichnet. Nicola ist ganz stolz; wegen ihr hätten wir dieses „Spiel" erfunden, meint sie.

4. Emotionales Lernen und Umgang mit sich selbst – die Rolle des Unbewußten in Spielgestaltung und beim Agieren[25]

Gefühle, bewußte und unbewußte Erinnerungen und Zustände mischen sich in Lernprozesse ein.

Dieses Kapitel steht mit späteren Ausführungen über „Welt drei" und über Märchen in Verbindung. Hier soll aber eine subjektive, eher der „Welt zwei" zugehörende Seite betont werden.

Es bürgerte sich in vielen Jahrgängen ein, den Unterricht mit einem freien Rollenspiel zu eröffnen. Diese Spiele waren von verschiedener Qualität; ein Jahrgang (Klasse 1/2) entwickelte dabei besonders viel Phantasie; er reimte und dichtete und regte die zuschauenden Kameraden zum Mitspielen an. Wenn wir Märchen kreativ bearbeiteten, setzten sich die Kinder mit ihren Werken gedanklich, sprachlich, in Gruppenarbeiten sozial, mit Phantasie und gezielter, immer geschickterer Psychomotorik auseinander und machten ihre Erfahrung kognitiv, sozial, emotional und motorisch für weiteren Unterricht fruchtbar. Bemerkenswert waren aber immer wieder die Spiele, bei denen Kinder etwas von ihrem Innenleben preisgaben, indem sie sich mit Handlungen und Figuren identifizierten oder Teile von sich hineinprojizierten.

4.1 Aggression, oder: Wie man ein ungezogenes Schneewittchen spielt

Bernd war ein sehr intelligenter, aber aggressiver Junge – er litt an häuslichen Problemen und machte eine Spieltherapie mit. Eine Schülergruppe hatte Stockpuppen aus Pappmaché hergestellt, und bei einer Jahresabschlußfeier spielte er innerhalb dieser Gruppe die Rolle des Schneewittchens. Bei den Überlegungen zur Inszenierung war er erfinderisch dabei. Und dann fand er „seine" große Rolle: Mit Schneewittchen an der Hand spielte er seine Intelligenz und Rechthaberei sprachlich geschickt aus. Als Schneewittchen machte er z. B. den Zwergen klar, warum er doch die Krämerin hereingelassen habe – schuld waren tausend Dinge, besonders im Zusammenhang mit der Haus-, Putz- und Kocharbeit. Jede Probe verlief anders. Ich mußte oft herzlich mitlachen, so daß bald die „Krämerin" sich ermuntert fühlte, ihre Rolle dem frechen Schneewittchen anzupassen. Kritisch wurde es, als Schneewittchen den Zwergen den Haushalt aufkündigte, kein ordentliches Frühstück richtete, sondern ihnen einen „Campingkocher" mitgab; und abends redete es unverschämt daher, nachdem es doch eben erst von den Zwergen gerettet worden war. Auf den Vorwurf eines Zwergen, es sei aber undankbar, meinte Schneewittchen spitz, sie bräuchten es ja noch, sonst könnte der Prinz die Zwerge später nicht zur Hochzeit einladen, und da wollten sie doch sicher hin ... Ich ließ die Dinge treiben. Bernd schwelgte förmlich, drängte auf Spielproben; seine Rolle tat ihm so gut. Die meisten Zwerge waren völlig hilflos und hüpften nur (als Puppen) an den Kinderhänden hinauf und hinunter. Schließlich schrie Ibrahim, der Zwergenhäuptling: „Schluß jetzt, ins Bett!" – und siehe da, diese Formel genügte für alle Proben und dann auch für die Vorführung, um das Spiel in eine gewisse Bahn zu bringen: Wir brauchten schließlich den Anschluß zum Glassarg, da von dort aus ein Erzähler den Rest vortrug, abgerundet von einem selbstverfaßten Lied, das die Hochzeit beschrieb. Beim Abschiedsfest ließ Bernd vor seinen Eltern eine Kaskade witziger Ideen los – ausgetobt hatte er sich vorher schon. Sie anerkannten seine Leistung und verfolgten mit Interesse sein Spiel ... (alle Kinder waren 7 Jahre alt).

4.2 Trauer, oder: Das Rollenspiel, wie einer seine Mutter loswerden will

Tiefe Bestürzung löste ein Spiel von F. (8 Jahre, 2. Klasse) aus. Zur Situation: Er war das jüngste von fünf Kindern, ohne Vater aufgewachsen; ein netter, intelligenter und anhänglicher Junge. Aufgrund einer Kette unglücklicher Umstände verwandelte er sich im Laufe eines Jahres zu einem suizidgefährdeten Kind, blaß und zerstörerisch, das die Intimsphäre anderer ständig durchbrach und sich schließlich selbstzerstörerisch und abstoßend gebärdete. Ein geordneter Unterricht war oft nicht mehr möglich; es war eine große Herausforderung, dem Kind wenigstens in der Schule trotz allem Geduld, das Gefühl des Angenommenseins und auch das Gefühl eines ordnenden Rahmens zu geben. Eines Tages – er hatte in letzter Zeit die Rollenspiele der anderen oft gestört, obwohl diese ihn gleichzeitig interessierten – kam er besonders früh in die Schule, baute Kulissen auf und sagte knapp: „Heute spiele ich euch etwas vor." Er hatte ein großes Plastikschwein mitgebracht. Der „Held" war ein Kaspar, der „in die 2. Klasse ging". Der verirrte sich im Wald, und dann wurde er von dem Schwein verfolgt. Plötzlich schrie F.: „Und damit ihr das wißt: Das Schwein ist meine Mutter! Und jetzt rennt sie hinter mir her und will mich fressen!" Er hatte unbewußt seine Identifikation und eine tiefgründige Rollenzuweisung preisgegeben. Das Spiel endete böse: Der Kaspar wollte das Schwein verzaubern und Banditen zu Hilfe holen, aber das Schwein war schneller, rannte ihn um und sperrte ihn in einen Käfig. F. wußte wohl selber noch nicht, wie er aus der Rolle aussteigen sollte. So hörte er einfach auf und sagte: „Morgen spiele ich, wie es weitergeht." Er spielte aber trotz Aufforderung der Kinder nicht – er spielte nie mehr mit – aber sah den anderen zu.

Die Kinder mochten sein Spiel nicht. Ute meinte empört, daß das mit dem Schwein so nicht gehe; und alle hatten offenkundig ein unbehagliches Gefühl über den trostlosen, durchaus verstehbaren Inhalt. Wenn man heute davon spricht, daß man mit „Kopf, Herz, Hand und Bauch" lernen könne, so war dies ein negatives Beispiel für „Bauch"-Lernen; Unbehagen und Verkrampfung blieben zurück. (Für den „Kopf" des Erziehers allerdings war es ein wichtiges Spiel – es signalisierte Angst und Not eines Kindes; es war höchste Zeit, mehr als bisher für F. zu unternehmen.)

Dieses Kapitel ist auch ein Beispiel dafür, daß Märchen, phantastische Geschichten und solche Rollenspiele den Kindern nicht gedeutet werden sollten. Märchen und Phantasieprodukte würden dabei nicht nur ihren Zauber verlieren, sondern die Kinder würden sich auch bloßgestellt fühlen, wenn sie wüßten, daß sie durch Gespräche über und im Spiel mit den Inhalten „durchschaubar sind". Kraft ihres intuitiven Verständnisses für komplexe, oft vom Unbewußten mitgenährten bildlichen Vorstellungen spüren sie in märchenhaften und phantastischen Geschichten auch ohne Interpretationshilfe Wesentliches heraus; deshalb bringt kreativer Umgang mit solchen Geschichten in individueller, aktiver Auseinandersetzung auch mehr als „Zerreden".

F. ängstigte die Kinder auf die Dauer auch mit Allmachtsphantasien, die er in „Alleinspielrollen" ausagierte: Er verteilte als Kobra giftige Schlangenbisse, die „tödlich sind"; und er „zerdrückte" kleinere Kameraden als Bär in seinen Armen. Seine ganze Einsamkeit kam in solchen Kraftakten (z.B. in einer Identifikation mit seinen „Angreifern") zum Ausdruck. Konstruktiver wirkten seine Phantasien z.B. beim Sport im sogenannten „Krankenhausspiel", bei dem es viel Aktion, aber keine Polarisierung in Gewinner und Verlierer gibt. F. ließ sich nicht mit dem Ball abschießen; er ließ sich nicht von den „Sanitätern" zur Wand schleppen, bei deren Berührung man wieder „gesund" wurde und rasch ins Spiel zurücklief: Dieser Junge blieb gleich an der Wand stehen. Die verlieh ihm – hier noch ganz Kind und empfänglich für magische Kräfte – ein gewisses Selbstwertgefühl. Er war kein Spielverderber, sondern kostete, jungenhaft strahlend, die Rolle des Unverwundbaren aus: „Es kann mir nichts passieren, auch wenn mich ein Ball trifft ..."

Anmerkung: Jeder Lehrer weiß aus Erfahrung, wie mühsam ein Unterrichten durch Kinder wie F. werden kann. Ohne Zurechtweisung und Strafe wird man kaum auskommen. Nur: Strafen müssen beziehungsstiftend sein – dürfen nicht isolieren. Verhaltensauffällige Kinder sind schon einsam genug. Ihre mangelnde Solidarität drückt doch zugleich Sehnsucht nach Geborgenheit und Verläßlichkeit des anderen aus, und hier kann der Erzieher kompensatorisch wirken.

4.3 Angst, oder: Wie man mit Hexen umgeht

Christian spielte mit Frank und Wiebke eine Geschichte, in der Schnuggel im Schloß Angst vor Hexen hatte. „Morgens" erzählte er seinen Freunden wahre Alpträume (die Zuhörer waren mäuschenstill – was wurde hier wohl alles angerührt?!). Die Spielfreunde trösteten Schnuggel; bald griffen die Zuschauer/Zuhörer ein und gaben Ratschläge, wie man mit Hexen fertig würde: Licht anknipsen, Freunde holen, wegzaubern, Krach machen ... Das Thema bewegte die Kinder so, daß ich anschließend darum bat, einmal aufzuschreiben, was man machen könnte, wenn eine Hexe kommt, vor der man Angst hat.

Am nächsten Tag kamen viele Vorschläge, die wir besprachen: Vom Zaubern, Austreiben, Einsperren bis zur Verniedlichung durch Gegenüberstellung mit größeren Gefahren. (Die Kinder kannten z. B. „Xandi und das Ungeheuer" von Tilde Michels, in dem die Angst thematisiert wird.)

Am schönsten aber empfand ich Andrés Satz: „Ich würde solange zu dieser Hexe nett sein, bis sie keinen Grund mehr hat, böse zu sein." Ich bat ihn, diesen Gedanken den anderen näher zu erläutern, und er tat dies mit innerer Überzeugung.

4.4 Enttäuschung, oder: Wie man den Spieß umdreht

Gerd konnte dramatisch erzählen und hatte ein hervorragendes Gedächtnis für Geschichten aller Art, die er nach einmaligem Hören vollständig nacherzählen konnte. Er steckte voller Pläne und Fragen, bekam aber für seinen Wissenshunger und seine überhitzte Phantasie besonders daheim zu wenig Antworten. Er glaubte an seine Geschichten und lebte in ihnen, während er sie erzählte. Allerdings sprach er überlaut und mit rauher Stimme (Schreiknötchen). Eines Tages spielte er uns etwas vor, aber er war so im Spiel aufgeregt und wollte es so spannend machen, daß man ihn fast nicht mehr verstand – so schnell, laut und rauh sprach er. Die Zuhörer wurden unruhig, standen teilweise auf und kehrten an ihre Plätze zurück. Gerhard sah sich in der Spielecke bald alleine: da stürzte er mit Tränen in den Augen aus den Kulissen heraus, schüttelte mich am Arm und schrie: „Du, die hören ja gar nicht zu; sag doch was!" Ich meinte: „Wahrscheinlich verstehen die anderen dich nicht mehr. Du schreist ziemlich laut." Einen Augenblick hielt er still – ratlos – dann sprang er plötzlich auf einen Stuhl und rief deutlich: „He, ich bin der böse Wolf und fresse euch!" Die anderen sahen ihn an, erst irritiert, dann amüsiert; und sie kehrten zu ihm zurück – solche Wölfe muß man aus der Nähe ansehen. Dann fragte Gerhard: „Soll ich euch die Geschichte vom wilden Wolf erzählen?" Ja! Ja! Da stieg Gerhard langsam vom Stuhl, lächelte und sagte: „Wartet nur ab; vielleicht habe ich morgen Lust, euch die Geschichte zu erzählen. Heute seid ihr schlechte Zuhörer!"

4.5 Selbstwertgefühle, oder: Wie man sich mit einem Schäfchen identifiziert

In einem Jahrgang wollten die Kinder wissen, wer Schnuggels und Schnöfchens Eltern seien und woher sie kämen. Schnuggels Vater war der große Zauberer, den kannten sie ja, und seine Mutter sei ich, meinten sie. Dagegen hatte ich nichts; aber für Schnöfchens Ahnen mußte ich mir etwas ausdenken. Wir versuchten einen Stammbaum und standen bei Schnöfchen vor Schwierigkeiten. Durch Gespräche erkannten die Kinder, daß Schnöfchen aus Baumwolle und Schafwolle bestand. Und nun begann ich, ein Märchen zu erzählen, das letzten Endes über ein halbes Jahr lief und in das viele Spiele, Ideen, Bilder, vertiefende Leseübungen und Textgestaltungen eingebettet waren – bis hin zum künstlerischen farbigen Illustrieren und einer Textgestaltung im Märchenstil (daraus wurde ein Buch). Die zwei Märchen (für Baumwolle und Schafwolle), die ich zu einem dritten verknüpfte, haben bis heute für mich einen besonderen Reiz behalten. Ich skizziere inhaltlich kurz:

In der ersten Geschichte ging es um ein kleines, aber kluges Schäfchen, das von den Größeren ständig herumgestoßen wurde, bis sie ihm, dem „kleinen Besserwisser“, das Fell abzogen. Im Winter, als es fror und am Verhungern war, kam es dazu, daß die anderen, nun beschämt über die Folgen ihrer Tat, aus Wollflocken, die sie sich auf Geheiß ihres Anführers selber ausrupften, mit Zähnen und Füßen einen Pullover knüpften, der den Kleinen wärmte. Auch gefüttert wurde er nun und es entstand ein neues Gruppengefühl, weil sie alle eine Aufgabe und etwas zum Verwöhnen hatten. Im Sommer darauf wuchs das eigene Fell nach – den Pullover aber trug der Wind fort. Nach einer langen Reise wurde er an einem Schiffsmasten im Hafen einer fremden Stadt gefunden. Der lustige, aber egoistische König dieser Stadt wollte den Pullover unbedingt haben; da dieser aber zu klein war, sollte ein gleicher, nur ein paar Nummern größer, hergestellt werden. Das geknüpfte Gewebe aber war wundersam gewoben und ließ sich nicht nachvollziehen. Nun begannen Konflikte und Bedrohungen für alle die, die meinten, gegen hohe Belohnung das Gewebe nachstricken, weben oder knüpfen zu können; der König war ewig schlecht gelaunt und wurde ein schwacher, angreifbarer Herrscher. Da trennte schließlich seine königliche Großmutter den Pullover auf, warf die aufgerollte Schafwolle in einen Korb mit anderen Wollknäueln und strickte einen Pullover zusammen mit Baumwollresten – einen bunten Pullover. Dabei erkannte sie die Schafwollknüpftechnik (das hing mit dem Schrecken über ein paar Wachsoldaten zusammen). Der König war nun glücklich, die glücklosen Gefangenen, die ihn nicht richtig bestrickt hatten, wurden freigelassen, und nach einigen Abenteuern lernte der König sogar, mit seinem neuen Wissen umzugehen, denn wenn er den Pullover trug, dann verstand er die Sprache der Tiere (das kam von dem Schäfchen) und die Sprache der Pflanzen, Steine und Hölzer (das kam von der Baumwolle).

Die andere Geschichte: „Es war einmal ...“ ein Moormännlein, das das Moor erhalten mußte. Es lebte im Dunkeln und war bei Tageslicht blind. Aus Liebe entführte es aber eine elfenzarte, helle Fee, die in einem lichtdurchfluteten Kristallschloß lebte und niemandem etwas Leidvolles zufügen konnte – und darum wurde es eine traurige Geschichte: Ohne Fee wollte das Moormännlein nicht mehr leben, also mußte sie bei ihm im Dunkeln bleiben, und da sie ihm nicht wehtun konnte, blieb sie auch, wurde aber krank, schwach und immer durchsichtiger, obwohl das Männlein rührende Versuche unternahm, ihr das Leben zu erleichtern. Dabei vernachlässigte es seine Aufgaben, blieb trauernd bei ihr, das Moor wuchs zu und verlandete; und eines Tages, als sie beide aufwachten, war es völlig dunkel um sie, denn die letzte Grasnarbe hatte sich über ihnen geschlossen. Das Moormännlein schrumpfte zu einem knorrigen Stück Holz, sie aber zu einem Samenkorn. Nach Jahren wuchs daraus eine Baumwollpflanze; an ihren weißen Haaren erkennt man noch das Haar der Fee ... Die Geschichte ging weiter; die Baumwolle wurde gepflückt, zu anderen Blüten geworfen, das holzige Männlein versuchte seine Fee zu retten ... schließlich wurde die Baumwolle gesponnen und geriet in den Wollkorb der königlichen Großmutter.

Solch vermischte Wolle gibt es auch in Schnöfchen. Die Kinder beschlossen, nachdem sie wußten, wie ein Stammbaum aussieht, daß ich die Mutter und die Baumwollfee die Großmutter; und daß mein Mann der Vater und das Schäfchen der Großvater von Schnöfchen seien.

Einige Aspekte sollen nun herausgestellt werden: Verschiedene Kinder identifizierten sich stark mit dem kleinen Schäfchen, besonders Christopher. Fragen, hübsche Bilder, eine winzige Holzarbeit mit Baum und Schäfchen auf einer bemalten Grundplatte, Kommentare, auch kleine Sätze zu den Bildern spiegelten den Prozeß immer wider. Als ich Christopher – ein kleiner, kluger Junge mit einer feinen Phantasie – einmal fragte, warum er sich so gerne mit dem Schäfchen beschäftige, sagte er, unbewußt auch seine Identifikation andeutend: „Weil es klein, aber so gescheit ist. Ich kann mich gegen die Großen nicht wehren, aber ich kann andere Sachen."

Viele Buchstaben (z. B. das e, l, ei, m, f, g) und Sätze lernten die Kinder in den Geschichten aufzuarbeiten, sie malten selber oder versahen Bilder von mir mit Texten. Auf einem Arbeitsblatt hatte ich den König gemalt, wie er auf der Wiese liegt und so viele Sprachen versteht. Anweisung von mir war, in die leeren Sprechblasen einzusetzen, was er alles hört. Wortschöpferisch arbeiteten die Kinder Namen- und Zeitwörter auf:

„Ich höre, wie die Vögel zwitschern. Ich höre, wie die Würmer krabbeln. Ich höre, wie die Käfer laufen und wie die Ameisen trippeln ... wie die Blätter rascheln ... die Blumen flüstern ... die Wellen plätschern ..."

Originell waren die streitbaren Dialoge zwischen Großmutter und König – da mußte aus dem märchenhaften Kontext heraus argumentiert werden: Einsicht und Toleranz standen Eigensinn und Egoismus gegenüber (diese dialogischen Rollenspiele stärkten eine gewisse Empathiefähigkeit). Die Schäfchen- und Königsgeschichte schrieben und spielten die Kinder; durch die inhaltliche Andersartigkeit gelang es ihnen bei der Baumwollfeegeschichte aber (nur), sich bildlich auszudrücken. Ich spürte, daß der traurige Unterton (im Elementarbereich) nicht zum unbefangenen Schreiben anregte und die differenzierte emotionale Welt mit den ambivalenten Gefühlen wohl verstehbar, aber noch nicht spielbar war. (Leben und Tod, Altruismus, zerstörerische Liebe, Selbstaufopferung trotz Egoismus.) Die Bilder aber waren hübsch und fanden einen künstlerischen Niederschlag in einer Maltechnik, bei der mit Wachsfarben auf Papier über einer Wärmeplatte gemalt wird. Jedes Kind textete und malte für sich und für ein gemeinsames Bilderbuch, dessen Einzelblätter sie auch zur Bearbeitung heimnahmen. Die Eltern halfen teilweise mit. Das Bilderbuch ist heute für eine andere Klasse da. Ein Mädchen malte besonders gerne die Baumwollfee (sie sah selber so fein aus) und ein Junge arbeitete sich (?) projektiv in Rollenspielen mit dem uneinsichtigen Habenwollen des Moormännleins auf. Ein paar spielfreudige Kinder räkelten sich auf dem Boden und verkündeten, was sie alles als König hörten – das gab neue Anregungen für Texte ...

4.6 Selbstbefreiung, oder: Wie man Probleme auf einen Sorgenvogel projiziert

Im Schulkindergarten hatten wir Kleisterfiguren hergestellt. T. baute eine eher armselige Figur aus einem fusseligen Zeitungskleisterkloß, an dem Wollfäden, Zeitungsreste, ein Stück Fell und zwei Läppchen Stoff herunterhingen. Das sei sein „Sorgenvogel", sagte er. Er hätte eine Zecke – darum ... Dann entfernte er die „Zecke" (ein gerolltes Seidenpapierkügelchen) und flog mit seinem

Sorgenvogel wie befreit im Klassenzimmer herum (T. litt an kindlicher Depression). Immer wieder hatte sein Vogel etwas: Krankheit, einen Unfall, Angst ... Er manipulierte ihn dann irgendwie und flog weiter. Einzelförderung und eine von den Eltern veranlaßte Spieltherapie machten das Kind nach einem Jahr etwas freier und selbständiger. Sein Spiel spiegelte etwas von jenem „Gefangensein" in der Rolle des Sorgenkindes, aber auch einer schrittweisen Befreiung zum Ausflug in die Welt.

4.7 Bunte Eigenwelt, oder: Wie man sein Inneres ein bißchen nach außen kehrt

All die Rollenspiele, Bilder und Briefchen für mich und die Leitfiguren, Texte, Erzählungen und Geschenkchen, Kulissenschmuck, sachlichen Beiträgen usw. spiegeln in Details wider, was Kinder bewußt veräußern wollen und/oder auch unbewußt mitliefern. Ein aufmerksamer Lehrer kann meines Erachtens gerade hier feststellen, wie wichtig es ist, der Phantasie und subjektiven Gedanken freie Entfaltung zu gewähren. Die Kinder können durch die Kontinuität in der langen Zeit und durch einen Konsens zwischen allen Beteiligten im Unterrichtsgeschehen jenes Gefühl entwickeln, ernstgenommen zu werden. Was bei diesen vielen Prozessen des Hörens, Sehens, Fühlens und Empfindens; des Sprechens, Tuns, Planens und Agierens; des Schmeckens und Riechens bewußt und unbewußt freigesetzt wird, trägt über solch multisensorisches Lernen – nach Erfahrungen aus der Praxis – zu einer seelischen Homöostase bei. Dabei sind saubere, bunte Heftführungen, geistreich aufgebaute Rollenspiele oder differenziert ausgearbeitete Werkstücke und Sprachgestaltungen ebenso aufschlußreich für ein Erfassen kindlicher Bewußtseinszustände wie andererseits „schlampige" Heftführung, inhaltlich arme und ungeordnete Rollenspiele, grobe Werkstücke und gehemmte oder schwache Sprachgestaltungen. Sie können Notsituationen und Defizite seelischer oder begabungsmäßiger Art offenbaren – ebenso wie geistige Aktivität, Lebensfreude, Auseinandersetzung mit der Welt und Ausgriff in die Welt.

5. Kindorientierung durch Beachtung des subjektiven Wissensstandes

Eigenwelt und Eigenrhythmus im Lernen ...

Gewiß kennt jeder Lehrer jene Problematik, die durch die verschiedene Begabungslage der Kinder im Unterricht entsteht: Sowohl organisatorisch als auch im Sinne einer Kindzentrierung, um dessen persönlicher Situation gerecht zu werden. Wenn die Kinder durch multisensorische Einsätze und die Aktivierung ihrer Phantasie und emotionaler Ausdrucksformen die Möglichkeit haben, ihr subjektives Weltbild (in Poppers „Welt zwei") schrittweise zu erweitern, um Wissen im objektiven Sinne („Welt drei") aufzubauen, dann ergeben sich zahlreiche Möglichkeiten der Differenzierung, die auch spontan eingesetzt werden können. Ich stelle ausdrücklich fest, daß hier nicht die gut organisierten bekannten Differenzierungsmaßnahmen (wie innere und äußere Differenzierung, Individualisierung, freie Arbeit und freie Wahl ...) dargestellt werden, sondern nur Vorschläge in bezug auf das Thema dieses Buches.

5.1 Zuwendung, oder: Die Sache mit der Morgenpost

Im Fach Deutsch können sich die Kinder gleich zu Beginn durch ein Anbieten freier Rollenspiele Beachtung holen. Im Morgenkreis werden auch zurückhaltende Kinder aus der Reserve gelockt (und manche berichten überhaupt erst nur leise zur Lehrerin gewendet – in kleinem „Von-Du-zu-Du-Mitteilungen"). Eine besondere Rolle aber spielt immer unsere „Morgenpost": Kinder bringen Bilder, Schreib- und Rechenaufgaben mit, die beachtet sein wollen. In Mathematik des letzten Jahrgangs ist beispielsweise kein Tag vergangen, an dem nicht besondere „Post" für Schnuggel, Schnöfchen, Schnüpfel, Hamster usw. mitgebracht worden wären – keine der Leitfiguren sollte offenbar zu kurz kommen. Dabei wurden dem Hamster und Schnüpfel einfache Aufgaben gestellt, Schnuggel bekam die schwersten; er wird als der Schlaueste empfunden. Oft dauert es 20 Minuten, bis alle Briefchen geöffnet, vorgezeigt oder gelöst sind. Viele Briefe sind originell verpackt; mit x Umschlägen, besonderen Anweisungen, versiegelt, gebunden und geklebt, mit Bildeinlagen ... Die Verfasser der Post lesen dann mit der Puppe an meiner Hand oder an der des Kindes die Texte vor; bei den Aufgaben löst die Klasse im Chor. Besonders Rechenaufgaben sind oft anspruchsvoll und weisen bereits in neue Zahlenräume oder Rechenoperationen. Großgeschriebene Texte und Rechnungen werden für alle sichtbar hochgehalten, so daß jeder gleichzeitig entziffern kann; und Bilder hängen wir eine Weile an die Wand. Es gab schon zwei bis drei Meter lange Bildstreifen. Die Verfasser erzählten dazu, während zwei Kinder ihrer Wahl die beiden Enden aufgespannt hielten. Da fand jedes Kind in der Klasse etwas: Kleine Sprechblasen und Sätzchen; Bilddetails; Wolken oder Bäume mit Buchstaben oder Zahlen ausgefüllt ...

So entsteht, mit viel Spaß, ein „warming-up", in dem ich jetzt z.B. beim Rechnen die Post mit Hinweisen anreichere: Zur Darstellung mit Fingern, durch Hüpfen oder andere Handlungen, durch Laufen zu Zahlen an der Wand oder zu Symbolen; durch Zuordnung der Lösung zu vereinbarten Handlungen ... „Lies vor!", „Erfinde etwas zu meinen Aufgaben!", bitten die kleinen Morgenpostverfasser, und das mache ich gerne. Ich drehe Aufgaben auch einfach um, verändere sie zu Minus- oder Ergänzungsaufgaben ... Liza meinte einmal: „Komisch, so viele Rechnungen habe ich doch gar nicht auf meinem Brief gehabt; wie machst du das denn?"

So ist die „Morgenpost" kein Zeitverlust und zugleich kommt jedes Kind zu seinem Recht – das ist wichtig, zumal viele Briefe sehr liebevoll und phantasievoll ausgestattet sind. Einmal gab es Bilder, wie Schnuggel und Umi, ein Bär aus dem Deutschunterricht (von einer Kollegin erteilt) heiraten. Wer war da männlich und wer weiblich? Auf jeden Fall gab es viele Kinder davon, Kasperles mit runden Ohren und Krallen und Bärchen mit Zipfelmützen, aber auch „reinrassige" Bären und Schnuggelkinder ... Die trugen alle den Schleier von Schnuggel und Umi. Es begann ein vergnügliches Abzählen des verschiedenen Nachwuchses am Bild; die Differenzierung nach Teilmengen kam ganz von selbst. Weiterer Nachwuchs wurde geplant, die ältesten mußten auswandern – da wurden ganz locker Aufgaben gelöst, die an sich über dem damaligen Kenntnisstand lagen (Addieren, Subtrahieren, Ergänzen, Kettenaufgaben, Mengenbildungen ... bis 20: Kinder bringen gerade in diesem Zahlenraum ja viele Vorkenntnisse ein). Offiziell allerdings hatten wir erst den Zahlenraum bis „acht“ erschlossen.

5.2 Einzelbetreuung, oder: Spiel bitte mit mir noch ein Weilchen

Im Stützkurs und bei Differenzierungen im Klassenunterricht dürfen die Kinder die erlebten Geschichten solange spielen und malen bzw. mit den Vorstellungsbildern umgehen, bis sie abgesättigt sind. Ich habe noch nie erlebt, daß sie den Übergang zur abstrakten Übung im Lesen, Schreiben und Rechnen verweigert hätten. Offenbar schaltet unser Denken, wenn der individuelle Eigenrhythmus beachtet wird, irgendwann von selber vom Bildhaften und Ganzheitlichen auf die abstrakte Denkebene um; das Formale, Logische, Analytische, Begriffliche gewinnt Geltung und drängt die individuellen Bilder in die persönliche Sphäre zurück.

5.3 Helfersystem, oder: Wer möchte, daß ich zu ihm komme?

Im allgemeinen werden den besonders „Schnellen“ Zusatzaufgaben angeboten wie Arbeitsblätter, eigene Erfindungen usw. Rationell sind hier hübsch aufbereitete Arbeitsblätter auf Karton, die in Folie eingeschweißt werden. Mit Folienschreiber können die Kinder darauf arbeiten und die Lösungen später wieder wegwischen.

Anregend ist auch das „Klassenheft“: Ein schön eingebundenes DIN-A-4-Heft, in dem die Kinder dann Zusatzaufgaben lösen, kleine Texte eintragen und auch illustrieren – und die Verfasser unterschreiben ihre Arbeit, nachdem wir (Lehrer und dieses Kind) Lösungen und Texte überprüft und korrekt verbessert haben. Dieses wachsende „Bilderbuch“ wird auch von Mitschülern und Eltern angesehen.

Gerne wird aber auch meine Bitte wahrgenommen, anderen Kindern zu helfen. Folgendes Verfahren gilt dabei: Die Helfer sitzen neben dem Kameraden, sehen dessen Losungen durch, bestätigen Richtiges und weisen auf Falschlösungen hin. Sie schreiben und lösen nicht für den Kameraden, sondern erklären die entsprechenden Aufgaben nur. Davon profitieren die, denen geholfen wird, und auch die Helfer selber, da sie ein Problem begrifflich in logischer Abfolge mit eigenen Worten erklären müssen. Die soziale Komponente im Helfersystem kommt bereichernd hinzu. Dabei ordne ich selten Kinder einander zu, sondern Helfer fragen von sich aus: „Ich bin fertig, wer möchte, daß ich zu ihm komme?“ oder so ähnlich.

Fehler aufzuspüren ist übrigens eine ehrenvolle Sache, die mit bunten Sternchen ausgezeichnet wird – schließlich waren Helfer und Kamerad hier besonders kritisch und klug.

5.4 Vertiefung, oder: Rückkehr zum Graphisch-Dekorativen

Wer in Deutsch oder Mathematik fertig ist, keinem helfen will und an vertiefenden Übungen gezeigt hat, daß er über den Lernstoff sicher verfügt, kann in seinem „Märchenheft“ an der Ausgangssituation weitermalen. Durch diese Situation wurden viele Verfeinerungen geschaffen, die den Sinn für das Ästhetische und Freude am Selbstgeschaffenen fördern. Schulmaterial wird hier für den einzelnen zu einer besonderen Sache. Oder: Arbeitsblätter, die eine Einführungsgeschichte im Bild zeigen, werden zuerst im Übungsteil bearbeitet, dann erst angemalt. Während dieses bildhaften, sinnbezogenen, ästhetischen, feinmotorischen Gestaltens kann ich mich einzelnen Kindern intensiv zuwenden, die besondere Hilfe benötigen. Zu Hause können die Bilder fertiggemalt werden und am nächsten Tag sehen wir die Produkte an, so daß auch die schwächeren Schüler zur Übung ebenso kommen wie zur Beachtung ihrer bildnerischen Arbeiten.

5.5 Freie Wahl, oder: Wie die Phantasiewelt im Zimmer greifbar wird

Durch unterschiedliches Arbeitstempo finden die Kinder immer wieder Gelegenheit, didaktisches Material und Spiele herzustellen bzw. auszubauen: Bilderpuzzles, Bilder- und Wörterlotto, Buchstabenwürfel, Tastbuchstaben für „Blinde-Kuh-Spiele“; Schloßtäfelungen und Reparaturen, Ordnung auf der vielteiligen Farm und im Zoo, Reparaturen an Requisiten; Fischfütterung und Reinigung des Beckens; Einübung eines Rollenspiels; Weitergestaltung an der Wandzeitung oder Zahlenpalme, Weiterarbeit an Bild-Text-Büchern, Anfertigung von Collageteilen für Gemeinschaftsprodukte ... oder Arbeit am eigenen Heft, in dem Buchstaben zu Eiskristallen erstarren, Schnöfchen ein Buchstabenkleid gemalt bekommt oder z.B. ein Apfel mit bestimmten Wörtern ausgefüllt wird, wobei sich nichtpassende Buchstaben, Zeichen oder Wörter darin befinden. Die sollen Kameraden herausbekommen – oder ich.

5.6 Arbeitsgruppen, oder: Jeder darf mal, jeder soll mal Bestimmtes tun

Frontalunterricht ist nicht zu verachten, wenn er nicht überzogen wird. Individualisierendes Lernen, soziale Reifung und Gruppenfähigkeit ist aber über Gruppenarbeit bekanntermaßen günstiger zu erreichen. So löst sich bisweilen der Klassenverband auf, wobei die Gruppen teils eher Lern- und Übungsaufgaben, teils eher Spielaufgaben durchführen. Durch Aufgabenwechsel in den Gruppen gleicht sich das aber aus; z.B.

1. Gruppe: Sie löst an der Tafel Buchstabenrätsel (aus Buchstabensalat).
2. Gruppe: Sie klebt Tapetenteile am Schloß auf und repariert alte Teile.
3. Gruppe: Sie schreibt neue Tapetenstücke, auswendig oder nach Vorlage.
4. Gruppe: Sie schreibt sich nach bekannten Regeln als Ratespiel mit Lautgebärden Wörter vor und schreibt sie auf.
5. Gruppe: Sie erfindet mit dem Bilderlotto verrückte Tiernamen, schreibt diese auf und findet ein passendes „Tunwort“ dazu.

Ich gehe helfend und beratend von Gruppe zu Gruppe. Am Ende stellt jede Gruppe ihr Ergebnis den anderen vor – dabei verbalisieren die Kinder ihre Gedanken, Handlungen und Ziele und erleben die Beachtung und Resonanz ihrer Arbeit durch die anderen: Das Buchstabenrätsel wird auf Richtigkeit durchgegangen; die neuen Tapeten werden begutachtet und die Texte und Bildchen besehen; die notierten Lautgebärdenwörter werden den anderen zum Raten vorgemacht und die verrückten Tiere gezeigt und dabei erklärt, wie man sie zusammensetzt und was sie nun tun. (Kräht oder trompetet ein Elehahn? Eisling und Schmetterbär: Wer flattert und wer brummt? Daraus können neue Texte verfaßt oder Rollenspiele entworfen werden.) Oder:

1. Gruppe: Sie entwirft Kartonbuchstaben, schneidet sie aus und klebt sie in einen vorbereiteten Buchstabenbaum. Danach werden Buchstaben im Märchenheft dekorativ in einem Baumbild untergebracht.
2. Gruppe: Sie schreibt Fragesätze aus einem Buch ab und ergänzt diese selber mit einer Antwort.
3. Gruppe: An ihrem Tisch werden Ratespiele mit Lautgebärden durchgeführt. Der letzte Buchstabe soll für den nächsten im Wort der erste sein (Esel, lachen, null usw.). Das läßt sich auch schriftlich machen – mit einem Zettel, der im Kreis herumgereicht wird.
4. Gruppe: Sie dreht nach Lesebuchvorlage und aus dem Gedächtnis Wörter in die Leseuhr. Dann werden einzelne Laute umgewandelt bzw. Buchstaben weggedreht. Wie klingt das Wort jetzt? Was muß man verändern, wenn ein sinnvolles neues Wort entstehen soll? Und wer schafft ein besonders komisch klingendes Unsinnwort? Wechselnde Gruppenleiter kontrollieren; ich stehe helfend bereit, da das Analysieren, Synthetisieren, Lautieren beim Ablesen und Zuordnen von Phonemen und Graphemen oft noch nicht leichtfällt.
5. Gruppe: Sie spielt mit den Buchstabenwürfeln. Jeder bekommt etwa 10 Würfel zugeteilt. Einer legt den 1. Buchstaben, der 2. legt so an, daß er daraus ein Wort bilden könnte, dann der nächste – am Ende kommt meist ein anderes Wort heraus als der nächste im Kopf hatte. Wer hat am Ende mehrerer Spielrunden am wenigsten Buchstabenwürfel übrig? (Ähnlich kann man mit dem Stempelkasten verfahren.)

Am Ende trägt wieder jede Gruppe der anderen ihre Ergebnisse vor; dann kann man die Gruppenaufgaben tauschen.

In diesen Gruppenverfahren arbeitet jeder zielorientiert, kann dabei sein eigenes Tempo bestimmen und eigene Phantasie einbringen. Kognitive, emotionale, soziale und psychomotorische Kompetenzen werden erweitert. Besonders die Entwicklung von Gemeinschaftsgefühl erscheint mir dabei wichtig: Gruppenfähig zu werden ist die eine Sache, eine Gruppe haben, in ihr und durch sie zu wirken, ist eine weitere. Resonanz und Gemeinschaftsgefühl in der und durch die Gruppe; Anregungen und Förderungen durch die Gruppe; Planen, Handeln, Denken, schöpferisch tätig werden für die Gruppe: Das sind sich ergänzende Prozesse.

6. Elternarbeit

Viele der bisher vorgestellten Methoden machen Elterninformationen nötig, da es sinnvoll ist, wenn sie die Ideen geistig mittragen. Das Lerntempo ist anders – Vergleiche mit Parallelklassen könnten zeigen, daß die schon „im Buch 7 Seiten weiter sind". Das Lesebuch der ersten Klasse wird eher für ergänzende Übungen verwendet, in Mathematik sind die Arbeitsblätter des Buches nur Übungsblätter – zur Einführung werden die schulischen Vorlagen nicht benützt. Die Heftgestaltung ist auch betont bildorientiert, die Gewichtungen liegen anders. Ich mache die Eltern am Anfang darauf aufmerksam, daß die Kinder mit Leitfiguren leben und lernen, von denen sie sicher auch zu Hause erzählen; daß wir eine „Geheim-" bzw. „Zaubersprache" erlernen – und warum dies sinnvoll ist; auch, daß sie daheim vielleicht mit Wünschen für Museum, Schloß, Theaterspiel, Bücher kommen, die den Unterricht und die Welt der Kinder in der Schule bereichern können.

In nun etwa 15jähriger Erfahrung mit *diesem* Konzept (auch bei wechselndem Fächereinsatz) haben die Eltern die Ideen immer positiv mitgetragen, zumal vergleichende Lernzielkontrollen immer so gut wie in Parallelklassen ausfielen und die Ziele der 1. und 2. Klasse immer voll erreicht wurden. Wohlwollend unterstützen die Eltern immer wieder die Pläne ihrer Kinder; ob sie ihnen zeigen, wie man z. B. einen Brief an „Herrn Drache, 6666 Paradies" nebst Absender und erfundener Briefmarke entwirft; oder wie ein Buch mit einer selbstverfaßten Geschichte gebunden wird und selbst Verfasser und Datum (feinfühligerweise ohne Korrektur des gesamten Textes) genau eingesetzt werden; oder wie man Morgenpost so raffiniert faltet, daß jeder Öffnungsschritt zum Rechnen auffordert ... Die spielerischen Phantasien der Kinder lassen hier kaum Spielen und Lernen, Träumen und Arbeiten getrennt erleben. Eltern strickten auch schon reihenweise ganz genau das Schnöfchen nach ... Und das kennen nun alle Lehrer und Erzieher, die mit Eltern zusammenarbeiten: Die Eltern spenden Material für das Museum (z. B. einen Kaiman, kostbare Mineralien, Werkzeug, Fossilien, Münzen ...), für die Wandzeitung besondere Zeitungsausschnitte und Bücher zum Nachschlagen. Sie schenken Fische, Pflanzen, Pflegegeräte, übernehmen Fahrdienste und sonstige Aufgaben. Am Elternabend gehen sie interessiert herum und beachten ausgestellte Dinge und Schülerarbeiten; ja, sie untersuchten sogar schon die von den Kindern beschriebenen Gesteinsschichten in der „Wüste" oder Texte an der Schloßwand ...

Neben den allgemein üblichen Aktivitäten wie z. B. Herbstspaziergang, Schlittenfahrten, Einladung auf einen Bauernhof, Weihnachtsbasteln mit den Kinder u. dergl. erscheint mir gerade das Interesse für die kognitiven und emotionalen Prozesse im sozialen Kontext der Klassengemeinschaft besonders wichtig: Weil es bedeutsam ist, wenn Kinder spüren, daß sich ihre Eltern für das interessieren, was ihre Kinder in der Schule machen; daß Eltern registrieren, wie wichtig es ist, auch die geistig-seelische Welt ihrer Kinder zu erfahren, die man nicht wie kognitive Leistungen auf einem Arbeitsblatt abhaken kann; und daß deshalb die Welt der Kinder in der Schule und zu Hause eine gewisse Kongruenz erfährt, die den Kindern Sicherheit und Selbstwertgefühl schenkt. Konsens zwischen Kindern und Lehrern wiederholt sich im Konsens zwischen

Kindern und Eltern – die Welt wird nicht nur größer, sondern behält dabei auch eine sichernde Geschlossenheit.

Kooperation zwischen Grundschule und Kindergarten trägt ergänzend das Ihre auch für eine Kontinuität bei. Doch besonders wichtig erscheint mir, daß die Kinder spüren, daß sich ihre Eltern, die wichtigsten Bezugspersonen, für das interessieren, was ihr Kind erzählt, plant, tut, träumt, und daß es nicht als Unsinn abgewehrt wird, wenn es beispielsweise sagt: „Ich brauche ein eigenes Schnöfchen, damit Schnuggel und Schnöfchen in der Schule besser mit ihrer Geheimsprache spielen können." Oder: „Papa, säge uns für die Schule doch einen Haufen Klötzchen, auf die wir Buchstaben malen. Dann können wir in der Schule damit spielen."

B. Interpretation

Um diese bunte Lern- und Erlebniswelt begründbar zu machen, ist es nötig, sich die Arbeitsweise des Gehirns etwas genauer anzusehen. Man wird dabei erkennen, wie erst die Aktivierung aller Sinne, also auch der inneren Sinne, ein vollsinnliches und ganzheitliches Lernen ermöglicht. Danach kann man sich auch erklären, warum man sich ebenso mit einem blutenden Apfel (Motiv eines italienischen Märchens) wie mit Addition und Subtraktion oder ebenso mit einem Drachenkampf hinter dem Ende der Welt wie mit Theoriebildung beschäftigen kann. Sinnbetontes, multisensorisches Lernen wird zur Grundlage von Welterschließung, wie sie sich über Poppers „Drei-Welten-Theorie" fassen läßt.

Es ist mir auch ein Anliegen, zu zeigen, daß die Kenntnisse psychobiologischer Vorgänge und Kenntnisse über die verschiedenartig (und zwar komplementär) zusammenarbeitenden rechten und linken Hirnhälften dem Lehrer didaktische Hilfen geben können, phantasievoll, planend und handelnd, abstrakt, spielend und „träumend" zu unterrichten – er kann sein Tun so durchaus begründen. Er und seine Schüler haben danach sicher noch mehr Spaß am Denken, Lernen, Planen und Handeln als zuvor.

1. Psychobiologische Darstellung der beiden komplementär zusammenarbeitenden Hirnhemisphären

1.1 Begriffsklärung

Psychobiologie ist eine neue Disziplin, die eine Kombination aus Verhaltenswissenschaft und Hirnforschung darstellt. Psychobiologen versuchen, über eine Beschreibung mechanischer Beziehungen (z.B. im Sinne des Behaviorismus) hinauszugehen und symbolische Beziehungen zu beschreiben, die zwischen dem Verhalten und den Vorgängen im Gehirn bestehen. In diesem Zusammenhang erhalten subjektive Erfahrungen einen angemessenen Stellenwert; Bewußtsein wird als existierend vorausgesetzt. Psychobiologen richten ihr Interesse auf die Art und Weise, wie das Gehirn unsere Wahrnehmungen von der Umwelt beeinflußt und die Art, wie wir uns selbst und das Wesen der Wirklichkeit erkennen.

„Grundsätzlich beschäftigt sich die Psychobiologie mit dem Versuch des menschlichen Geistes, durch die Erforschung des Hirns sich selbst zu erkennen. Heute ist es für uns eine Binsenweisheit, daß das Hirn die physische Grundlage des Geistes darstellt, wenngleich es nicht dasselbe ist, wenn man behauptet, Hirn sei Geist."[26]

Auf der Grundlage psychobiologischer Deutung werde ich ein Modell vorstellen, das die komplementäre Arbeitsweise der rechten und linken Hirnhemisphären – wenn auch plakativ – darstellt und meines Erachtens auf anatomischer und physiologischer Basis ganzheitliche und integrierte Vorgänge äußerer und innerer Sinneswahrnehmungen widerspiegelt.

1.2 Das Zusammenspiel der rechten und linken Hirnhälfte

Das Großhirn ist in eine linke und rechte Hemisphäre geteilt. Durch die Großhirnrinde, die sich über beide Hemisphären hinzieht, werden wir denk- und bewußtseinsfähig. In ihr werden Erinnerungen gespeichert; es wird gelernt, kombiniert, assoziiert und auch wieder vergessen – alles Vorgänge, die für Leben und Lernen von elementarer Bedeutung sind. Die weitgehend spiegelbildlichen Hirnhälften sind durch das sogenannte „corpus callosum", den „Balken", mit etwa 200 Millionen Nervenfasern, den sogenannten Kommissurenfasern, verbunden und stehen allein innerhalb der beiden Hirnhemisphären mit etwa 15 Milliarden Neuronen in Verbindung. Von und zur Großhirnrinde führende Bahnen verbinden jede Region der Großhirnrinde mit tieferen Ebenen des Zentralnervensystems (ZNS), z. B. zum Kleinhirn, ins emotionale Gehirn und bis in den Körper hinein, wobei der Hormon- und Transmitterhaushalt eine elementare Rolle spielen. Assoziationsfasern vermitteln mit Abschnitten der gleichen Hemisphäre, die Kommissurfasern mit der anderen Seite. Aus psychobiologischer Sicht ist diese enge Vernetzung von Hirnfunktionen und Strukturen Grundlage multisensorischen Unterrichts und gibt die Möglichkeit, „mit allen Sinnen", schöpferisch und mit Phantasie wahrzunehmen, zu handeln, zu lernen und sich zu erinnern. Ohne diese körperliche Grundlage könnte sich der Geist nicht entfalten.

Roger Sperry[27], Nobelpreisträger 1981 für Physiologie und Medizin, konnte in jahrzehntelangen Untersuchungen nachweisen, daß die beiden Großhirnhälften einerseits gleichberechtigt, aber auch durch unterschiedliche Funktionen und Aufgaben asymmetrisch verteilt sind. Grob formuliert: Die linke Hälfte macht uns vernünftig (z.B. durch das Sprachzentrum); die rechte eher fühlend-genießerisch (z.B. über Musikgefühl und ganzheitliche Bildsprache). Dabei sind Bewegungsapparat, Augen und Ohren größtenteils den entsprechenden Hirnregionen kreuzweise zugeordnet. Die rechte Hirnhälfte ist zudem offenbar besser im Interpretieren von Gefühlen als die linke Seite.

Das aktive Sprachzentrum liegt auf der dominanten (linken) Seite – Sprachgestaltung mit geplantem und sinnvoll gefügtem Satzbau geht von dort aus. Wichtig erscheint mir auch, daß in beiden Hemisphären „motorische" und „sensorische Zentren" liegen (der Körper ist von der Zehe bis zur Zunge in

Modell:

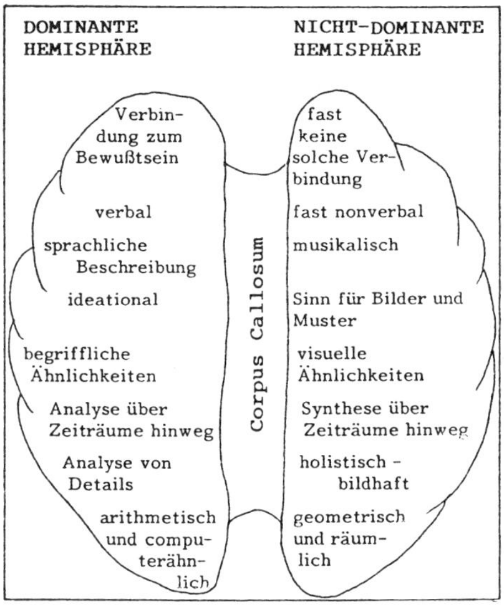

Graphische Darstellung vom Verf. mit inhaltlichem Bezug auf: Eccles, J.: Die Psyche des Menschen. Gifford Lectures, 1978/79, München 1984.

diesen Feldern repräsentiert), die uns – motorisch – zu detaillierten Bewegungen befähigen und mit denen wir – sensorisch – Berührungsreize der Haut und Muskulatur und Stellungsreize aus den Gelenken wahrnehmen. Diese Zentren sind u.a. – im Zusammenwirken mit anderen Wahrnehmungsfeldern – Grundlage für psychomotorisches Lernen, in der Groß- und Feinmotorik, Körpergefühl und Körpersprache entwickelt werden; und dies in enger Schleife mit Kleinhirnfunktionen. Hilfreich ist auch die Kenntnis, daß durch funktionale Asymmetrien Wahrnehmungen im Seh- und Hörbereich in beiden Hirnhälften entsprechend verschiedener Qualität auch verschiedenartig verarbeitet werden. Deshalb: „Alle wichtigen menschlichen Tätigkeiten gelingen nur, wenn beide Gehirnhälften ausgeglichen zusammenarbeiten ... Die eine Gehirnhälfte kann wenig ohne die andere: ...“ (Jerre Levy, Biopsychologin, in: Psychologie heute, April 89, S. 32). Didaktische Konsequenz: Gegenstände möglichst vielseitig über das „ganze Gehirn“ erschließen.

Beim Menschen wurde offenbar das Konzept der unilateralen, also einseitigen Dominanz der linken über die rechte Hemisphäre verlassen und durch eines der komplementären Spezialisierung ersetzt. Es scheint zulässig zu sein, weiterhin von „dominant“ und „nichtdominant“ zu sprechen, da sich Bereiche ganzheitlichen sprachlichen Verstehens und Selbstbewußtsein in der dominanten, linken Hälfte befinden. Andererseits zeigt gerade der Begriff der komplementären Spezialisierung, daß im Lernen die Fähigkeiten beider Hemisphären berücksichtigt werden müssen. Dies spricht gegen eine rationale, nur verbal orientierte, analytische Vermittlung z.B. in der Schule. Poppers „Drei-Welten-Theorie“ spiegelt sich gerade mit seiner Definition von „Welt zwei“ auf der materiellen Basis des menschlichen Gehirns (das Popper zur „Welt eins“ zählt), in den psychobiologischen Aspekten von Gehirnforschung wider. Kenntnisse über Funktionsweisen des Gehirns machen es möglich, in didaktischen Konzeptionen den so oft vernachlässigten Komponenten der rechten Hemisphäre mit ihren mehr musischen, holistischen, bildhaften, snythetischen Leistungsfähigkeiten mehr Aufmerksamkeit zu schenken und sie mitsamt ihrer figurativen Logik und Emotionalität vollwertig in den Unterricht zu integrieren. Deshalb schenke ich der Integration von Märchen, bunten Geschichten, den Gefühlen und der Phantasie mit ihren subjektiven Qualitäten auch einen angemessenen Raum.

Aus diesem Grunde möchte ich mich auch nicht der so häufig verwendeten Formulierung von der „subdominanten" rechten Hemisphäre anschließen und dafür korrekter von der „nichtdominanten" rechten Seite sprechen, da das „sub-" eine Unterordnung, das „nicht-" aber auch ein Komplementäres miteinschließt. Die beiden Hemisphären entfalten sich erst in einem Zusammenspiel der komplementären Leistungsbereiche in ihrer ganzen Fülle; Wahrnehmungen können nun über das Analysierbare und begrifflich Beschreibbare hinaus umfassender verarbeitet werden. Dies geschieht ja an sich sowieso, aber nun kann die Reproduktion aus den „vollsinnlich" verarbeiteten Wahrnehmungen unter neuen, auch emotionalen, analogischen und ganzheitlichen Aspekten beachtet und konstruktiv weiterverarbeitet werden.

Von diesem Ansatz aus kann man diskutieren, wie jeder Mensch, hier: Jedes Schulkind mit seinem individuellen Wahrnehmungsvermögen und seinen subjektiven Vorstellungen, Gedanken, Träumen, Erinnerungen und Ideen ein Wissen aufbaut, das in dieser Verarbeitungsform ein persönliches, subjektives Wissen darstellt, aber zur Grundlage objektiven Wissens werden kann.

1.3 Modell zum Wechselspiel von Begriff und Bild (Seite 73)

Ich füge ein Modell an, das noch differenzierter die seitenspezifische Arbeitsweise der beiden Hirnhälften zeigt. Nun ist einerseits eine gewisse Zurückhaltung im Umgang mit solchen Modellen durchaus geboten. Die Darstellung einer Zusammenarbeit der beiden Hälften ist in der Populärwissenschaft inzwischen häufig in vereinfachender und polarisierender Weise verarbeitet worden; dabei laufen die Funktionen der komplementär zusammenarbeitenden Hälften doch eng vernetzt und auf vielen verschiedenen Hirn- und Körperebenen ab. (Beachtenswert hierzu das kritische Interview: „Hirnhälften: Die Kooperation im Kopf"; in: Psychologie heute, April 89; S. 30 bis 35). Andererseits kommt solch plakative Darstellung einem ersten Verständnis leichter entgegen. Sie fasziniert und kann didaktisch hilfreiche Einsichten vermitteln, die wiederum nicht oberflächlich, sondern auch mit einem Bemühen um wachsende Kenntnis darüber benützt werden sollten.

1.4 Sensorische Wahrnehmung

„Sensorische Wahrnehmungen sind bewußte Wahrnehmungen, die aus Meldungen abgeleitet werden, die das Gehirn von den Sinnesorganen erhält."[28] Solche Wahrnehmungen über Sehen, Hören, Riechen, Schmecken, Fühlen, Tasten bestehen aus verschiedenen „Inputs", die auf Wahrnehmungsfelder im

Modell:[29]

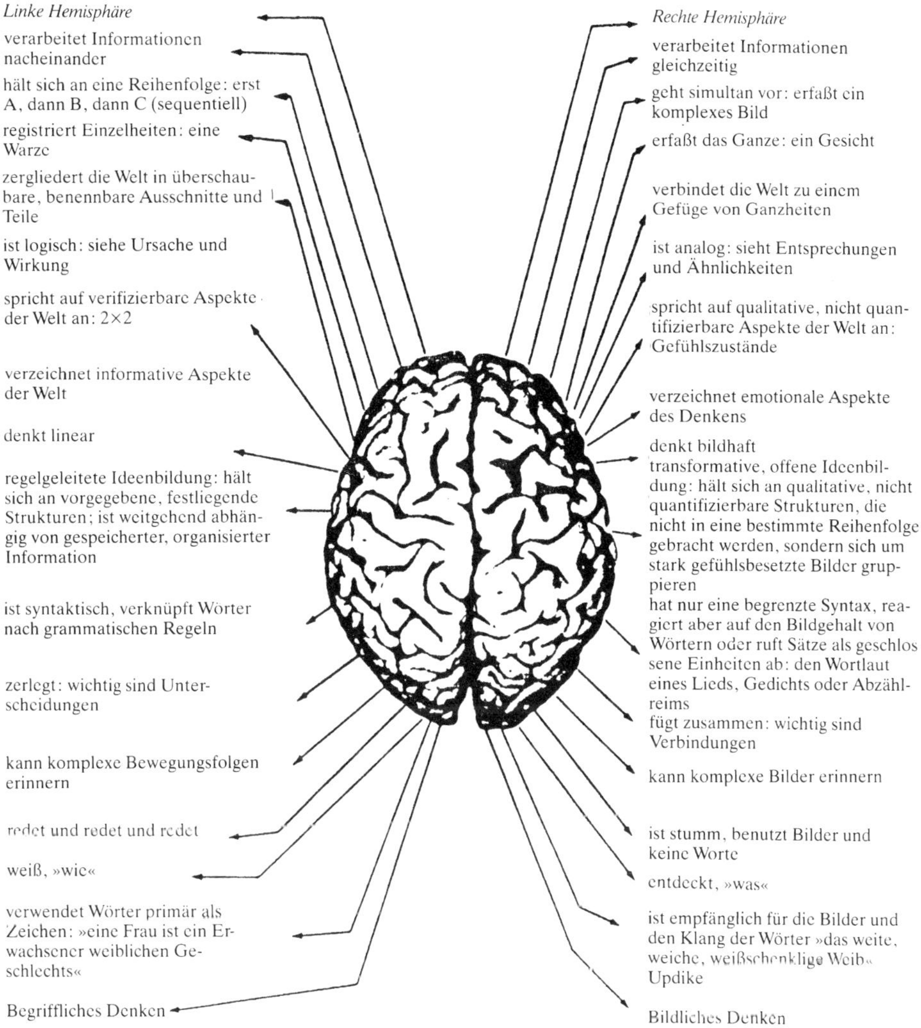

Gehirn einwirken: Auch auf mehrere zugleich, z.B. im visuellen und taktilen Bereich oder im akustischen und olfaktorischen usw. Die Wahrnehmungen verschaffen durch Umwandlung (in Licht, Tonhöhe, chemische Reaktionen ...) symbolische Informationen über die Außenwelt.

Schließlich gehört auch der Gleichgewichtssinn zu den fünf bekannten Sinnen (obwohl man ihn gerne übersieht). Das Innenohr läßt sich nicht aus der Sinnestätigkeit ausschließen; das Gleichgewichtsorgan darin informiert ununterbrochen über die Lage und Stellung des Körpers. Nach neuen Forschungen kommt diesem sogenannten „vestibulären System" eine besondere Bedeutung zu (stammesgeschichtlich ist es wohl das erste spezialisierte Sinnesorgan). Es wirkt auf die anderen Sinnesorgane in einigender, koordinierender Funktion. Vestibuläre Reize (z.B. durch Schaukeln, Wiegen, Singen, rhythmische Bewegungen, Sport, Klettern ...) regen das Gleichgewichtssystem im Ohr an.

Dadurch werden Grob- und Feinmotorik und mitbedingt Sehen, Hören und Sprechen geschult.[30] Rhythmik und Spiellieder, Sport und Raumerfahrung, körpersprachliche Äußerungen, Geschicklichkeitsübungen und selbstgewählte Tätigkeiten (s. Freispiel) werden so zu wichtigen Faktoren ganzheitlichen Lernens.

R. Jung[31] betont nun besonders die Bedeutung von Sinn und Handlung bei der Wahrnehmung: Sowohl physiologische als auch psychologische Erfahrungen zeigen zwei wesentliche integrative Wirkungen der sensorischen Wahrnehmungen:

1. Sensorische Reize wirken bei Tieren und beim Menschen hauptsächlich durch ihren *Sinn* und weniger durch ihre Intensität oder Modalität.
2. Der Organismus lernt aus Wahrnehmungen hauptsächlich beim *Handeln* aufgrund emotionaler oder instinktiver Motivationen.

Beide enthalten ein Antizipieren des sensorischen Reizes: Wir haben eine Vorstellung von dem, was auf uns eindringt und interpretieren selektiv aufgrund früherer Erfahrungen oder bestimmter Motivationen. So ist es günstig, an Vorerfahrungen anzuknüpfen oder den neuen „Gegenstand" genauer zu bezeichnen. Schließlich finden wir auch nur Dinge, von denen wir wissen, wie sie aussehen, oder wenden uns Dingen zu, die uns interessieren.

1.5 Wissen

Bekanntlich beobachten wir also nur das, was unsere Probleme, Interessen, Erwartungen, Handlungsprogramme und unsere biologische Situation bedeutsam machen: Folglich das, „was uns angeht". Nach Popper werden dabei bereits unseren Sinnesorganen vorgreifende Theorien genetisch einverleibt, da sie – über Selektion in der Evolution – Anpassungen seien, die für unser Leben günstig sind. Die Anpassungen der Organe zum bestmöglichen Überleben enthalten also nach Popper und Eccles genetisch verankerte „Theorien", die sich im Kampf ums Überleben bewährt haben (Bezug: Popper, K./Eccles, J.: 1982). Eine besondere Entwicklung hat dabei das menschliche Gehirn durchlaufen: Es ist bekanntlich für Theoriebildung und eine gedankliche Überprüfung geeignet (entsprechend „Welt zwei" und „drei").

Popper sieht „Wissen" wie folgt:

1. Als ererbte Anpassung (i. S. genetischer Grundlage in „Welt eins", seinem „Genom") steht es einer erlernten, „theorieimprägnierten" Anpassung gegenüber (vom individuellen Organismus erworben); (man könnte entsprechend deuten: „Welt zwei" in „Welt eins").
2. Bewußtes steht unbewußtem Wissen gegenüber – ein wichtiger Unterschied auf der menschlichen Stufe (man könnte deuten: „Welt zwei" und „drei" in „Welt eins").
3. Wissen steht in subjektivem Sinne (Wissen der „Welt zwei") dem Wissen in objektivem Sinne („Welt drei") gegenüber. Diese Unterscheidung ist spezifisch menschlich. Wenn wir über Lernen und Wissensvermittlung

reden, müssen wir diese verschiedenen Arten von Wissen vor Augen behalten, da die Selektion der Aufmerksamkeit sich selbst beim Kulturerwerb auch an einem Wissen in subjektivem Sinne, an unbewußtem oder genetisch verankertem Wissen orientiert. Darum kommt bei jedem Kind der Lernstoff auch anders an.

1.6 Emotionalität und Zweitinformationen

Wenn man Wörter und Begriffe in das bildliche Denken eindringen läßt, werden innere Bilder, Erinnerungen, Vorstellungen Klanggestalten, Reime, Rhythmen u. ä. nicht nur weitere überraschende Gedanken und Vorstellungen, sondern auch Gefühle wecken. Es handelt sich um emotionale Aspekte des Denkens, die den informativen Aspekten der Welt (die man sich im linken Hirnteil vorstellen kann) gegenüberstehen. Die Bilder sind gefühlsbesetzt: Märchenbilder lösen z. B. gefühlsgetönte Erinnerungen an die Kindheit aus; ein schönes Konzert oder Klanggestalten locken Erinnerungen, Bilder und Gefühle hervor; besonders auch Gerüche holen Gedanken und innere Bilder aus längst vergangenen Zeiten ins Bewußtsein; und sie sind mit negativen oder positiven Gefühlen assoziiert. Unsere so komplex verschalteten Wahrnehmungen werden immer auch über subjektive Affekte mit emotionalem Ausdruck versehen. Sie werden in der linken Hälfte nicht nur begrifflich analysiert (diese Abstraktionsstufe braucht der Mensch, sonst würde er in einer wenig reflektierten Traumwelt leben), sondern in der rechten, eher gefühlsinterpretierenden Seite noch unmittelbar wirksam, was auch dem Merken hilft oder aber Verdrängungen fördert.

Emotionalität gehört in den „Welt zwei"-Bereich, hat aber in „Welt eins" eine biologische Grundlage: Alle inneren und äußeren Sinnesinformationen werden im Zwischenhirn mit Affekten besetzt und dann so bearbeitet (im Limbischen System), daß sie in Verbindung mit Wahrnehmungen und Denkinhalten bewußtseinsfähig werden.

Begriffserklärung: *Affekte* sind angenehme und unangenehme subjektive Erfahrungen, die von ihrem *Ausdruck in Emotionen* unterschieden werden. Maclean (1970) formuliert die Beziehung zwischen Emotionen und dem Gehirn und dem Konzept des „Affektes" folgendermaßen:[32] „Im allgemeinen sprechen wir von den subjektiven und ausdrucksbezogenen Aspekten der Emotion. Da der subjektive Aspekt rein privat ist, muß er durch ein Wort wie ‚Affekt' unterschieden werden. Nur das einzelne Individuum kann ‚Affekte' erfahren. Die Kommunikation nach außen über Affekte benötigt eine Form des Ausdrucks über eine Art verbales oder anderes Verhalten. Dieser verhaltensmäßige Ausdruck von Affekt wird mit der Descartesschen Bedeutung des Wortes ‚Emotion' angemessen bezeichnet ... Affekte unterscheiden sich von anderen Formen psychischer Information darin, daß sie in einem psychischen Sinn subjektiv als angenehm oder unangenehm bewertet werden ... Es gibt keine neutralen Affekte, weil es, emotional gesprochen, unmöglich ist, emotionslos zu fühlen." (... was nicht heißt, daß ein beherrschter Mensch den emotionalen Ausdruck seines Affektes unterdrücken könnte.)

Nach dieser Definition müßte man genauer abwägen, ob man die in der Didaktik häufig verwendete Formel vom sozial-emotionalen oder vom sozialaffektiven Lernen verwendet. Nach meiner Vorstellung von multisensorischem Lernen spielt emotionales Lernen eine gewichtige Rolle; zugleich schwingen durch die Betonung der subjektiven, psychologischen „Welt zwei“ durchweg auch affektive Prozesse mit, die – wenn auch nicht bewußt – das Lernen als Begleitinformationen intensiv mitbeeinflussen und gefühlsmäßig besetzen. Das will heißen, daß Kinder beispielsweise über irgendwelche Inputkanäle Informationen aufnehmen (oder sich an früher Gelerntes erinnern), daß aber zugleich damit Gefühle assoziiert werden: Lust oder Unlust, Freude oder Angst, Neugier oder Ablehnung – entsprechend entwickelt ein Kind auch das Gefühl, gerne lernen zu wollen oder Angst davor zu haben. Die Lernstoffe sind affektbesetzt (unbewußt) oder emotional geladen – dann kann man darüber reden, warum einem dies oder jenes gefällt oder auch nicht.

Diese Gefühlsbesetzungen an Wahrnehmungen und Gedanken finden sich besonders in der rechten Hirnseite. Es ist – aus Erfahrung – keine Neuheit, daß Musik, bunte Muster und Bilder, phantasieanregende Geschichten und Gedanken, körperliches Gestalten, rhythmische Einsätze u. ä. bei Kindern mehr positive Emotionen auslösen als das Üben mit „Rechenpäckchen“, das Verfassen eines Textes nach Reizwörtern oder eine Abschreibübung – es sei denn, die Kinder wollen im „Rechenpäckchen“ stolz zeigen, was sie schon können (positive emotionale Begleitung), oder sie können ihre Phantasiekräfte freisetzen oder die Schreibübung sinnentsprechend und ästhetisch gestalten.

Affekte und Emotionen gehören zu den inneren Sinnen. Sie lassen uns bei Erlebnissen entsprechend empfinden, und zwar nicht nur während und aufgrund der Handlung, sondern auch beim Erinnern derselben und beim Vorausdenken, dem geistigen Vorgriff auf eine Situation. Solches Antizipieren wird dann auch zur Motivation, um sich beim Problemlösen anzustrengen: Vorfreude regt an. Es handelt sich dabei um Prozesse, die Regelungsfunktionen auf innere (vegetative) und äußere Tätigkeiten (im Verhalten) ausüben.[33] Wenn man weiß, ob man mit den angebotenen bzw. geforderten oder selbstgesteckten Zielen zurechtkommt, kann sich die emotionale Erregung in ihrem Ausmaß, ihrer Intensität entsprechend ausrichten. Welche Begeisterung wird doch einem Hobby entgegengebracht, auch wenn es Geduld, Beobachtungsgabe, hohe Konzentration oder intensives Studium bedeutet! Und mit welcher Lustlosigkeit bis in das körperliche Befinden hinein lernt dagegen beispielsweise ein Kind am Lesen und Rechnen herum, wenn es nicht versteht, wie man Buchstaben zu Wörtern zusammenfügt oder Zahlen zusammenzählt und voneinander abzieht! (Da setzt dann der Teufelskreis ein, in dem Unlust und Enttäuschung als emotionale Faktoren auch kognitive Prozesse und damit das Lernen herunterschaukeln.) Die Zielgerichtetheit bestimmt danach kognitive *und* emotionale Prozesse: Sie bestimmt, wie, wann und ob überhaupt gelernt wird und welche Gefühle dabei (bewußt und unbewußt) investiert werden. Man kann auch sagen: Die Zielorientierung stellt für den Menschen eine bewußte Planung der Bedürfnisbefriedigung dar. Emotionale Zustände sind danach soweit stabil, wie sie zielgerichtet gebunden sind. Selbst spontane emotionale Reaktionen sind Ergebnis zielorientierter Steuerungen, die den Erwerb von Wissen einschließen.[34] Unter diesem Aspekt sollten auch Aktionen verstanden werden wie die spontanen Rollenspiele der Kinder, ihre „Morgenpost“ und ihre vielen phantasiebetonten persönlichen Beiträge, die sich in das

Gesamt des schulischen Alltags einfügen: Sie sind Bedürfnisartikulation und dabei sinnvoll, lernfördernd und weltbilderweiternd. Schulische Praxis zeigt, daß Kinder unruhig reagieren, wenn sie ihr Ziel nicht kennen und wenn eine Orientierung fehlt. Sie fragen solange, bis sie meinen, für ihre Aufgaben, Lösungsmöglichkeiten und Ziele eine stützende Strategie gefunden zu haben, die den Weg zum Ziel weisen. Sonst fehlt die Möglichkeit eines Antizipierens auf das Ziel hin und das Kind wird unsicher, ob es das verlangte Ziel überhaupt erreichen könne. Emotionales Lernen ist nach diesen Ausführungen ein Teil kognitiv, sozial und psychomotorisch zielorientierten Lernens. Es erweitert das Weltbild des Kindes und gibt ihm eine greif- und damit be-greifbare Ordnung und Sicherheit, aus der heraus es sich immer weiter wagen kann. Wer sich einer multisensorisch und dadurch mitbedingt emotional betonten Unterrichtsmethode anschließen möchte, entgeht der Gefahr retardierender „Gefühlsduselei“, wenn er: Multisensorisch plant, Emotionalität im subjektiven Raum berücksichtigt und zugleich durch zielorientierte Planung den Unterricht voranträgt. Allerdings drängen Kinder – nach meiner Erfahrung – im allgemeinen selber ständig zur Abstraktion, wenn sie die Inhalte verstanden haben.

Noch einmal zurück zu emotionsgebundenen Zweitinformationen: In der Praxis äußert sich das dann beispielsweise darin, daß nicht nur ein Laut oder ein Ton als Wahrnehmung behandelt wird, sondern dieser auch in eine ganzheitliche Klanggestalt innerhalb einer Melodie oder innerhalb eines Wortklanges, assoziiert mit weiteren äußeren oder inneren Wahrnehmungen und Emotionen, eingebettet ist: z.B. als Teil einer Tonleiter in d-Dur, als Teil einer Komposition, als Beispiel für Notenschreiben ... Oder: Eine Information wird nicht nur als grammatikalisches Gebilde oder als Alleininformation verstanden, sondern auch in ihrem Kontext: Intuitiv oder analysierend erschlossen über Vorinformationen, Einbettung in Sätze, Bilder, Gefühle. Man erinnert sich z.B. an einen Liedtext oft nur, wenn man ihn auch singt; oder an ein Gedicht, wenn man die begleitenden Bewegungen dazu macht, mit denen es erschlossen wurde; oder an den Gesamtablauf einer Geschichte, wenn man an jedem Detail weiß, wie vom Sinn und Ziel her die Geschichte weitergeht. Oder: Man vollzieht nicht nur Bewegungsfolgen wie bei den Lautgebärden, um einen Begriff darzustellen, sondern erinnert sich dabei auch an jene komplexen Bilder, wie sie in den Einführungsgeschichten zu den Lautgebärden führten, und ordnet die Übungswörter in sinnvolle Worte und sinnvolle Gedankenzusammenhänge ein, die immer auch emotional (oder affektiv) besetzt sind. Alle diese Begegnungen mit Lerninhalten bewahren eher Sinn und Lebendigkeit und sind besser zu behalten, wenn sie über mehrere Sinne angeboten werden, emotional angenehme Begleitinformationen mitliefern und sich an Zielen orientieren.

1.7 Unterschiedliche Arbeitsweisen der beiden Hirnhälften

Obwohl Sinnesinformationen in beide Hirnhälften gelangen, werden sie – das hat jahrelange Forschung empirisch belegt – unterschiedlich verarbeitet. E. Goldberg (State University of New York) und L. D. Costa (University of Viktoria in British Columbia)[35] arbeiteten eine Fülle von Forschungsdaten auf und gelangten dadurch zu der Überzeugung, daß eine unterschiedliche „Verdrahtung“ der beiden Hemisphären die unterschiedliche Verarbeitung verursachen. Danach könne die rechte Seite durch eine ihr typische Neuronenstruktur (durch eine „interregional“ bessere Verbindung) komplexe Informationen besser verarbeiten; die linke Seite sei durch eine sequentielle Neuronenanordnung besser für die Speicherung von „eingeschliffenen Codes“ zuständig. Die rechte Seite könne besser mit neuem Material umgehen (schöpferisches Denken braucht diese Fähigkeit). Sei eine angemessene Lösungsform oder Arbeitsweise gefunden, dann gehe dieses System in die linke Hirnhälfte über. Diese mache die Vorstellungen in Mustern dann mitteilungsfähig. Der Übergang vom „rechten Bilddenken“ in das „linke Begriffsdenken“ ist danach der aus einer offenen, komplexen, experimentierfreudigen, emotionalen Seite in eine regelgeleitete, sprachgeleitete, in Kausalketten denkende Seite: Dynamisches Denken ergänzt sich mit linearem, ordnendem Denken. Daraus entsteht eine schöpferische Spannung.

Es ist inzwischen auch bekannt, daß jede Hirnhälfte vermutlich unabhängig von der anderen Seite arbeiten kann. Aber ein und dieselben Informationen werden in jeder Hälfte verschiedenartig verarbeitet: In der rechten Hälfte eher in „sensorischen Bildern“. Es gibt ja nicht nur Hörbilder oder Bilder in Formen und Farben, sondern auch Geruchsbilder (man denke an den Parfumeur oder die Feinschmeckernase) oder Geschmacksbilder (wenn der Koch ein Menue „komponiert“ ...) oder auch Bewegungsbilder (wenn man z.B. einen Tanz entwirft, einen Auftritt für mehrere Personen plant ...). Durch das Corpus Callosum werden aber die Eindrücke mit der anderen Seite ausgetauscht – oder auch gehemmt oder blockiert – und der „Gegenstand“ dadurch aus verschiedenen Perspektiven bewußt gemacht (sofern ein Austausch stattgefunden hat): Rechts mehr im ganzheitlichen Sinne, links mehr analysierend und unter logischen Aspekten. Die Unterscheidung „rechts“ und „links“ ist dabei wieder plakativ zu werten: Bei möglicher wechselnder Dominanz und Wechselprozessen mit weiteren Hirnregionen und mit dem ganzen Körper spielen sich eng vernetzte und integrierte Vorgänge ab, die sich nicht eindeutig lokalisieren lassen. Aber: So kommt es – diesen Gedankengängen folgend – zur Möglichkeit einer multisensorischen Vermittlung und zum multisensorischen Erleben, das die „Gegenstände“ eher ganzheitlich, aus verschiedenen Perspektiven erschließt. Im übrigen kann das Corpus Callosum vermitteln, verbinden oder aber so abblocken, daß rein rationales Denken (links) oder komplexes Bilddenken (rechts) eine Zeitlang die Führung übernehmen – je nachdem, ob eher abstrakt oder schöpferisch gedacht werden soll. (Diesen Versuch kann jeder an sich selber anstellen.)

In dieser kurzen Fassung fanden sich Gedanken wieder, die bisher bereits Darstellung gefunden haben und die auch den Phantasiegebilden, Märchen und Geschichten als Teil ganzheitlichen Denkens einen legitimen Platz einräumen.

Da im Zusammenhang mit Leitfiguren, freien Rollenspielen, später auch bei Märchen ständig von Phantasie, Phantastik oder dem Phantastischen gesprochen wird, soll dieser Themenkreis als nächstes genauer beschrieben werden.

1.8 Phantasie und Phantastik[36]

Phantasie kann man als Antriebskraft und Gestaltungsfaktor betrachten. Mit ihr werden innere Bildvorstellungen – gleichsam als Alternative – zur realistischen Wirklichkeit geschaffen: Im Sinne einer „anderen“ Wirklichkeit, die anderen Gesetzen gehorcht. Mit Phantasie als einer schöpferischen Kraft des Menschen wird der Geist aktiv; sie ist ein eigenständiges Erkenntnisprinzip, mit einer ihr eigenen Form der Welterkundung, die in ergänzender Weise neben der Ratio wirksam wird.

Die meisten Mythen, Märchen und Volkssagen, phantastischen Geschichten, Science-Fictions oder utopischen Erzählungen enthalten Phantastisches. Phantastik repräsentiert eine andere Welt außerhalb der rein rational-logisch geordneten Welt. Stabile Formen und Gestalten unterliegen hier einem magisch beherrschbaren Wandel, der mit Kausalität wenig zu tun hat. Irrationale naturhafte oder kosmische Kräfte, oft personalisiert, wirken und beeinflussen menschliches Denken, Wollen und Handeln. Man kann sich diesen Vorgängen nur über alternative Formen des Wissens und Verstehens öffnen. Der Mensch nimmt in jener Welt eine veränderte Stellung ein.

Phantastische Aussagen entziehen sich gewohnten Verstehensbegriffen; sie beunruhigen, belustigen, überraschen, widersprechen den Gesetzen der Logik. Gerhard Haas nennt zur Unterscheidung des Gegensatzpaares „realistisch/phantastisch“: stofflich-motivliche; handlungsstrukturelle; psychologische und argumentationsstrukturelle Bestimmungsmöglichkeiten. Im Zusammenhang mit den Leitfiguren, Rollenspielen, Märchen und Phantasien in der vorliegenden Arbeit werden Inhalte und Motive als Bestimmungsmerkmal des Phantastischen relevant. Menschliche, außermenschliche und magische, mythische Figuren bevölkern z. B. als Feen und Hexen, Zauberer und Geister, Zwerge und Riesen, Vampire, Teufel und Kobolde und als Fabelwesen, wie sie z. B. auch Schnuggel und Schnöfchen oder die „Perse“ darstellen, die Szenen. Zeitverschiebungen, magische Helferfunktionen, magische Praktiken im Verwandeln, im Bannen (durch Verstummen, Versteinern, Todesschlaf ...), im Lösen durch besondere Taten oder im Heilen durch magische Kräfte kennzeichnen z. B. das Wirken der Figuren. Die handlungsstrukturelle Sicht schließt solche Motive ein und offenbart sich im Einbruch dieser übernatürlichen Ereignisse; im Einbruch einer andersartigen, nicht mit dem Verstand erklärbaren Welt in das Geschehen. Roger Caillois bezeichnet dies u. a. als „Riß“.[37]

Interessant ist auch die argumentationsstrukturelle Ebene. Auf einer erkenntnistheoretischen Ebene wird zwischen den zwei verschiedenen Arten von Erkenntnisgewinn unterschieden, wie dies auch Eccles’ und Ricos Modell zeigen: Das rational-logische Schlußverfahren steht neben dem intuitiv-komplexen Bild. Dieser zweite Weg (als „wildes Denken“ nach Lévi-Strauss) führt über sinnliche Wahrnehmung. Die Verarbeitung scheint, wie zitiert, vorwiegend im nichtdominanten, rechten Hirnbereich zu liegen und spielt in unserem abendländischen, wissenschaftlichen Denken keine Rolle (mehr).

Wer sich für ein sinnliches Denken und Lernen offenhalten möchte, kann die Erkenntnismöglichkeiten i. S. Lévi-Strauss’ (über logisch-rationales Schlußfolgern und über affektiv-emotiv getönte komplexe Bilder[38], mit denen kategorial von nichtphantastischer Literatur unterschieden wird) nicht übersehen; er kann versuchen, diese Denkart mit in das allgemeine Denken, Lernen, Verhalten, Erleben und Handeln zu integrieren – als besondere Möglichkeit, Phantasie zu entfalten und schöpferisch zu arbeiten. Im Kapitel „Märchen" werden diese Gedanken zusätzlich dadurch verarbeitet, daß ich in den Wesensmerkmalen kindliche Welt aufzuzeigen versuche. Dabei treten bewußtseins- und erkenntnisstrukturelle Motive wieder zutage.

Phantastisches Denken stellt neue Gesetze und Ordnungen auf und gliedert „Wirklichkeit" unterordnend ein. Sie bildet durch „harte Fügung", einer Verbindung von Heterogenem, etwas qualitativ Anderes, das keiner Kausalität verpflichtet ist. Die heterogenen Bilder (wenn z.B. ein Apfel blutet, ein gefressenes Kind unbeschadet aus dem Wolfsbauch springt; Helden trotz erwarteter Gefahren im entscheidenden Moment einschlafen oder aus einem aufdringlichen Frosch ein hübscher junger Mann wird) – sie lassen sich frei und schöpferisch kombinieren, und das tun die Kinder auch mit Vergnügen: Ideenreich, innovierend, herausfordernd.[39]

1.9 Bewußtes und Unbewußtes

Was John Eccles (s. Grafik) als innere Sinne vermerkt, hat auch Verbindung zum Unbewußten (man erinnere sich auch an die Ausführungen über Emotionalität in Verbindung mit Zielorientierung und an den Gegensatz von bewußtem und unbewußtem Wissen).

Mit Verdrängtem und Vergessenem haben Erzieher und Kinder im Lernen viel zu tun – zumeist mit ungünstigen Auswirkungen für das Lernen selber, aber auch für den zwischenmenschlichen Umgang.

Zwar unterschied man schon vor 1900 zwischen dem Bewußten und Unbewußten – i. S. von automatisch ablaufenden Körpervorgängen.[40] Um 1900 dann war es das Verdienst von S. Freud, das Unbewußte neben den bewußten Bereich zu stellen. Knapp skizziert enthält seine Theorie folgendes:

Die geistige Persönlichkeit umfaßt die drei Bereiche des Bewußten (das „Ich"), des Unbewußten (das „Es") und des „Über-Ich" (als dem Gewissen). Im Unbewußten sitzen die Instinkte und Triebe (wie beim Tier). Es enthält auch Tendenzen und Wünsche, die zu unseren kulturellen Gewohnheiten, Regeln und Forderungen im Widerspruch stehen können. Sie „müssen" daher vom „Über-Ich" unterdrückt oder in sublimierter Form bewußt verarbeitet werden. „Ungehörige" Wünsche werden im allgemeinen vom Bewußtsein ins Unbewußte „verdrängt": Solche „verdrängten Komplexe" führen unter Umständen zu Neurosen (Ticks, Sonderbarkeiten, Phobien, aber auch zu seelisch-geistigen Verwirrungen bis zu Psychosen).[41]

Freuds Heilverfahren ist die Psychoanalyse. Heute gibt es noch vielfältige andere Heilverfahren, z.B. in Gruppen und mit geringerem Zeitaufwand. Auch Träume haben im Unbewußten ihren Sitz. Im Traum und unter bewußtseinserweiternden Drogen entfallen die hemmenden, teilweise neurotisierenden Zensuren und Schranken. Gerade Träume, aber auch Mythen und weltweit vorkommende Märchenmotive offenbaren Konflikte, Probleme und Entwicklungsschritte des Menschen, die in Bildern und bestimmten Motiven (nach C. G. Jung als sogenannte „Archetypen") latent vorhanden sind und in der bewußten Verarbeitung grundlegende Menschheits- und Urerfahrungen freilegen, deutbar machen und zur persönlichen Entwicklung weiterhelfen können.[42] Das von Freud intuitiv, über Beobachtungen erschlossene Unbewußte ist heute gesichertes Erfahrungsgut. Beim Vergessen geht gespeicherter Inhalt ins Unbewußte über; Erinnern bedeutet, daß unbewußte Inhalte ins Bewußtsein gehoben werden. Das Unbewußte ist es auch, das unser Gefühls- und Instinktverhalten kontrolliert. So transportieren Affekte – bewußt geworden und als Emotionen reflektiert – auch verdrängte Gedanken und Gefühle, einstmals mitgespeicherte Sekundärinformationen und Verhaltensstrukturen ins Bewußtsein. Freie Rollenspiele und projektive Äußerungen auf breiter Ebene tragen deshalb durchaus auch zur Erhaltung eines seelischen Gleichgewichts bei. In diesem Sinne sind auch die Märcheneinsätze und die freien Rollenspiele und kreativen Umsetzungen von phantasieanregenden Inhalten im Unterricht teilweise zu verstehen. Nicht nur „Verdrängtes" (im Freudschen Sinne), sondern auch Uninteressantes oder für den Augenblick „Unwichtiges" sinken ins Unbewußte ab. Unser Selektor (als Gewissen, Aufmerksamkeit, Interesse, Motivation usw.) wählt Wahrnehmungen, Befehle, Meldungen aus und schickt bestimmte Signale oder Teile davon ins Bewußte, aber auch ins Unbewußte – dieses Verfahren dient auch einem Schutz vor Überreizung. Beide Bereiche sind Speicher für Erfahrungen und Informationen; sie überschneiden sich im Raum des Vorbewußten, Halbbewußten, in dem man „Vergessenes" auch wieder aktualisieren kann.

Eine direkte Verbindung zwischen dem Bewußten und Unbewußten besteht nicht. Bewußtmachung geht nur über den Selektor: Ohne Konzentration, Aufmerksamkeit, Motivation, welcher Art auch immer, kann Unbewußtes oder latent Bewußtes nicht gehoben werden.[43] Gerade beim Vergessen sinkt ein Teil des bewußt Gelernten oder Wahrgenommenen in den Zwischenbereich. Lebendig gestaltetes Unterrichten und Lernen könnte verhindern, daß zu viel Stoff etwa als unangenehm, uninteressant oder frustrierend empfunden wird und absinkt.

Didaktische Konsequenz hat auch die Rolle des Unbewußten im Spielen, Agieren, Erzählen – durch die Aktivierung von Gedanken, Vorstellungen, Imaginationskräften und Phantasiebildern werden Affekte und Inhalte des Unbewußten oder Halbbewußten mittransportiert und bearbeitet, sie bilden einen Faktor ganzheitlichen Denkens und Lernens und dienen auch zur Stabilisierung der kindlichen Persönlichkeit.[44]

2. Interpretation eines phantasiebetonten Unterrichts

Es wurden bisher ganzheitliche Lernsituationen dargestellt, die sich gerade durch ihren ganzheitlichen Charakter nur unbefriedigend systematisch gliedern lassen: zu komplex sind die Wahrnehmungen, Phantasien, Gedanken, Emotionen, unbewußten und halbbewußten Kräfte miteinander verknüpft. Auch wurden in der Praxisbeschreibung häufig schon interpretierende Vermerke eingebracht. Ich wähle deshalb exemplarisch ganzheitliche Situationen mit ihren entsprechenden Tätigkeiten und weise in lockerer Aufzählung auf beachtenswerte Elemente hin, die in der Welt des Kindes Entsprechungen finden; und dies nur im Sinne von Akzentsetzungen ohne Anspruch auf Vollständigkeit.

Erst, wenn man die Tätigkeiten aufgliedert und überlegt, was dabei alles gelernt wird, erkennt man beinahe bestürzt, welcher Flut von Erfahrungen unsere Kinder ständig ausgesetzt sind – nicht nur beim konkret abrufbaren Erwerb von Kulturtechniken, sondern auch, unbewußt und beiläufig, beim Spielen, Agieren, Phantasieren. Die unauflöslich miteinander verwobenen Prozesse zeigen gerade auch durch ihre affektiv-emotionalen Verknüpfungen, wie viel man selbst unabsichtlich bei Kindern in ihrer Entwicklung, ihrem Lernen und ihrer Welterschließung helfen oder verderben kann.

- *Tätigkeiten*

Die Kinder haben Artefakte hergestellt; Spiele, ein Museum, Kulissen, Aquarium, didaktisches Material u. ä. entwickelt.

Sie lernen dabei: Beherrschung der Groß- und Feinmotorik (malen, zeichnen, schreiben, werken, kleben ...); Beherrschung des Wechselspiels von Planung, motorischer Ausführung und sensorischer Reizverarbeitung; des Raum-Lage- und Körpergefühls. Sie entwickeln im gemeinschaftlichen Werken soziales Lernen durch Absprachen, thematische Abstimmungen, Rücksichten, Pflegeaufgaben und Hilfsbereitschaften. Sie lernen Toleranz in der Beurteilung anderer und durch Annehmenkönnen von Kritik. Sie realisieren innere Vorstellungen; sie hören, sehen, fühlen, riechen, schmecken ... je nach Thema, Material und Verarbeitung.

- *Tätigkeiten*

Die Kinder haben Märchen gehört, Bücher gelesen und selbst Bücher getextet und bebildert (oben Erwähntes wiederhole ich nicht mehr):

Sie lernen dabei: Ein konzentriertes Zuhören, sprachliche Wiedergabe und Nacherzählung. Sie entwickeln subjektive Vorstellungsbilder und setzen Vorstellungen in Artefakte um. Sie aktivieren Gedächtnis und Erinnerung.

- *Tätigkeiten*

Die Kinder haben ein Phantasieland aufgebaut (Wüste, Schloß, Zoo, Fuhrpark, Zahlen-, Buchstaben- und Bonbonbaum ...); dazu duftende Pflanzen, Salzlecksteine, Schwefelgestein, Apfelkringelschnitten u. ä.

Sie lernen damit auch: Feinmotorisches Ordnen nach logischen Gesetzen (das meiste ist Fingerspitzenarbeit); Zusammenfügen nach Entsprechungen und Ähnlichkeiten entsprechend subjektiver Vorstellungen (in analogischem Denken); und im Einsatz aller Sinne. Sie verarbeiten innere Bilder und Vorstellungen in kreativer Weise; bilden Begriffe, erzählen, schreiben, malen, experimentieren, finden und verwenden Symbole und Zeichen.

- *Tätigkeiten*

Sie führen ein eigenes „Märchenheft"; sie schaffen Klangillustrationen beim Spielen von Märchen, phantastischen und realistischen Geschichten, freien Rollenspielen oder als Hörspiele (auch für Experimente, Wettbewerbe, Feiern, Elternabende, Kameraden; oder nur so ...).

Sie lernen also zusätzlich: Details abzuhorchen, Klangbilder aufzunehmen und feinmotorisch subtil auf Orff-, Körper- und Umweltinstrumenten wiederzugeben. Sie entwickeln als Gedächtnisstütze Zeichen und Symbole für Notationen oder Kurzpartituren. Sie sprechen und erklären, hören und verstehen; entwerfen Muster und Bilder entsprechend ihren Vorstellungen und ihres individuellen Vermögens. Im Fächerübergriff wird die Psychomotorik trainiert, z.B. durch Techniken wie Schneiden, Weben, Kneten, Lochen, Flechten, Bügeln, Binden; auch in Textverarbeitung, ästhetischem Gestalten, in Buchstaben- und Zahlenentwürfen usw. Im sozialen Feld entwickelt sich Verantwortungsgefühl für die Gemeinschaft und für sächliche Werte (z.B. für Instrumente, Gebasteltes, eigenes und fremdes Eigentum). Sie lernen, Regeln einzuhalten und Ordnung zu wahren.

- *Tätigkeiten*

Sie spielen gelenkte und vor allem freie Rollenspiele mit Leitfiguren.

Dabei lernen sie weiterhin: verschiedenartige Handpuppen zu führen, sie richtig zu bewegen und als Ausdrucksmittel für Gefühle und subjektive Vorstellungen in Rollenspiele einzubringen. Sie können damit agieren und latente Konflikte bearbeiten, dürfen Emotionalität freisetzen und im Spiel magisch-mythisches Denken und irrationale Elemente anwenden. Sie lernen, Figuren zu benützen als Medium für Darstellungen, die ganzheitliches, bildhaftes, mythisches, aber auch analytisches und sprachliches Denken fördern. Zugleich wird das Körpergefühl gestärkt.

- *Tätigkeiten*

Die Kinder verwenden eine gemeinsam entwickelte Lautgebärdensprache.

Sie lernen dabei: Kontrollierte Feinmotorik und zugleich, auditiv oder visuell Wahrgenommenes durch synthetischen Bewegungsfluß auf eine andere Sprachebene umzusetzen. Sie analysieren Wortklang und Wortbild und setzen das Ergebnis motorisch um; Bewegungsbilder werden in Wort, Schrift oder Bild wiedergegeben. Sie lernen, Sprache beim Umkodieren auf analytisch-abstrakter Ebene anzuwenden und dabei die Erinnerungsbilder (aus der entsprechenden Einführungsgeschichte) als ganzheitliche Bilder mit individueller „Bildqualität" zu bewahren.

- *Tätigkeiten*

Die Kinder führen Korrekturen durch.

Sie lernen dabei, im individuellen Tempo und regelbezogen ihre Arbeit aufmerksam zu überprüfen und zu verbessern. Jedes Kind kann um Hilfe bitten oder Hilfe anbieten; Helfer lernen, Aufgaben, Probleme und Lösungswege begrifflich klar auszudrücken. Sie lernen zu erklären.

- *Tätigkeiten*

Im Anthropomorphisieren, über Identifikationen und Projektionen, über Agieren und über die Mitverwendung magisch-mythischer Denkweisen, die das kindliche Weltbild mitformen, machen Kinder die Erfahrung, daß ihre Welt zugelassen ist und von den Erwachsenen geteilt wird.

Dabei lernen sie, daß sie nicht dümmer als Erwachsene sind und daß ihre Vorstellungen von der Welt nicht bloß „kindisch" sind, die als belanglos abgelegt oder als unwahr, als Phantasterei abqualifiziert werden. Sie machen nun die Erfahrung, daß man sie ernstnimmt und daß sie ihre Welt assimilierend und akkommodierend im Wechsel geruhsam aufbauen können, daß dabei die Darstellung der kindeigenen Vorstellungen von Welt sogar erwünscht sind.[45] (Aus dieser Sicherheit heraus kann das Kind lernen und auch Neues und Fremdes in sein bisheriges Weltbild integrieren. Die von Piaget erörterte intellektuelle Diskontinuität zwischen Erwachsenen und Kindern könnte meines Erachtens auf die vorgeschlagene Weise gemildert oder ganz überbrückt werden.)

- *Tätigkeiten*

Die Kinder veräußern im Spiel Aggressionen, Trauer, Angst, Enttäuschung, Selbstbefreiung, Selbstwertgefühle ...

Sie lernen dabei: Gelegenheiten wahrzunehmen, um bewußte, halbbewußte oder unbewußte Konflikte und Fragen im Spiel, mit einem Publikum als Verstärker, freizusetzen. Sie lernen Spielgestaltung, Empathiegabe (zu Mitspielern, Zuschauern); Interaktionsbereitschaft; und auch symbolisch über einfache Szenen mit eigenen Gefühlen konstruktiv umzugehen.

- *Tätigkeiten*

Die Kinder bringen im Zusammenhang mit flexibler Unterrichtsgestaltung unterrichtsverändernde Impulse ein.

Sie lernen – und das meiste läuft hier eher unbewußt ab –, daß sie als Mensch, als Kind, mit ihrer menschlichen, ihrer kindlichen Welt im Mittelpunkt von Denk-, Lern- und Entwicklungsprozessen stehen. Sie erfahren, daß man sie da abholt, wo sie stehen, um ihnen Hilfen zu geben, mit denen sie sich dann weiterhelfen können (i. S. von Maria Montessori: „Hilf mir, es selbst zu tun"). Sie können spüren, daß ihr subjektives Wissen zum Orientierungspunkt für Hilfe und Zuwendung wird. Sie bekommen das Gefühl, über genug Freizeit und Arbeitszeit zu verfügen, im Konsens mit Erwachsenen zu stehen und Kontinuität im durchgängigen Unterrichtsstil zu erfahren.

- *Tätigkeiten*

Sie wählen aus gezielten Angeboten, in selbstgewählter Reihenfolge Spiele und Arbeiten aus oder verfügen ganz in der Freizeitgestaltung über sich.

Sie lernen dabei, phantasiebetontes oder logisch-rationales, analytisches Denken planerisch einzusetzen und über Psychomotorik und mit Hilfe innerer Sinne und äußerer Wahrnehmungen umzusetzen. Sie lernen im sozial-emotionalen Bereich, durch Absprachen, Rücksichten und stimmlicher Kontrolle, fremde Ideenwelten zu achten. Multisensorische Einsätze haben multimediales Arbeiten zur Folge. Dabei entwickelt sich ein gewisses Wertgefühl für geschenkte, gekaufte und selbst hergestellte Dinge. Die Kinder lernen – und nicht nur hier – den Umgang mit der Zeit. Nur wer weiß, daß seine Zeit geschenkte, voll verfügbare Zeit ist, lernt ohne Streß. Er kann wagen zu fragen; noch einmal zu fragen; schrittweise zu lösen, Bestätigung einzuholen und vielleicht weniger zu schreiben und zu rechnen als andere, aber das Wenige mit dem Gefühl, es verstanden zu haben.

- *Tätigkeiten*

Die Kinder arbeiten in Kleingruppen und tragen den anderen dann ihre Ergebnisse vor.

Auch hier lernen sie – neben bereits zitierten Vorgangen – höflichen Umgang miteinander, da Teamarbeit erwünscht ist. Sie benützen hierfür eher abstrakte Denk- und Lernebenen: über begriffliches Denken, Sprache und die Anwendung vereinbarter Kulturzeichen wie Ziffern, Zeichen und Buchstaben. Sie lernen zu vergleichen, abzuwägen, zu argumentieren, Meinungen zu ändern und Konflikte verbal und argumentativ statt mit Gewalt zu lösen. Dabei wird der Wortschatz mit der Zeit differenzierter angewendet. Sie lernen, sich z. B. durch Eingangsfloskeln oder formelhaften Redebeginn („Ich bin der Meinung, daß ...“) Sicherheit in der Rede zu geben.

- *Tätigkeiten*

Die interessierte Zuwendung der Eltern wirkt positiv verstärkend.

Die Kinder lernen z. B. dabei, daß ihre eigene Welt sinnvoll, wertvoll und Teil der „großen“ Welt ist (zu der auch „Welt drei“ gehört). Dieses Wissen entwickelt sich u. a. – eher unbewußt – durch die Resonanz der Eltern auf die Produktionen der Kinder.

C. Konsequenzen

Der folgende „Katalog" von Empfehlungen bedeutet kein „Muß" und „Soll" für den Lehrer, aber doch ein „Es-ist-sinnvoll", denn es handelt sich um den Extrakt von in Theorie und Praxis gewonnenen Erkenntnissen, die zu sinnvollem Lernen führen und Lernen zum Erlebnis werden lassen.

- Ausgangspunkt didaktischer Überlegungen sollte das Kind als Subjekt sein. Jedes Kind bringt sich mit seiner eigenen Persönlichkeit; mit seinen Kenntnissen, Fähigkeiten und Fertigkeiten; mit seinen Wünschen und Nöten im Lernen und Spielen ein. Seine Welt spiegelt sich höchst individuell in seinem genetisch verankerten und erworbenen Wissen, seinem bewußten und unbewußten, seinem subjektiven gegenüber objektiven Wissen wider ... Damit wird jedes Kind zu einer Einmaligkeit.
- Man sollte jedes Kind in seinem Kontext, in seinen persönlichen Verhältnissen kennen, damit man sich ihm auf individuelle Weise zuwenden kann.
- Multisensorisches Lernen begründet sich in der Betätigung aller inneren und äußeren Sinne. Sehen, hören, fühlen, riechen, schmecken, kinästhetische und somästhetische Erfahrungen, Vorstellungen, Denkakte, Phantasien usw. mit wechselnden Schwerpunkten (es geht ja nicht alles auf einmal) können kognitive, soziale, emotionale und psychomotorische Lernbereiche umfassen. Die Welt des Kindes erweitert sich darin. Außerdem: Erfahrungen durch Handlungen bauen Operationen auf, klären Denkstrukturen ab und führen zu Begriffen und zu angemessenem Sprachgebrauch.
- Die Betonung eines ganzheitlichen Denkens und Lernens begründet sich in der komplementären Zusammenarbeit der rechten und linken (nichtdominanten und dominanten, bewußtseins- und selbstbewußtseinsfähigen) Hirnhemisphären, die identische Gegenstände auf unterschiedliche, aber sich ergänzende Weise erschließen. Der Erzieher kann von dieser Kenntnis fruchtbaren Gebrauch machen und Lernstoff ebenso begrifflich und sprachlich wie musikalisch und bildlich; ebenso logisch und rational wie analogisch und irrational; ebenso analytisch wie synthetisch; ebenso im sequentiellen Gedankenablauf wie in komplexen Gedankenmustern und ebenso in informativer und sachbezogener Datenverarbeitung wie im emotionalen und phantasiebetonten Denken aufarbeiten. So erlebt das Kind sich und seine Welt im „Stoff" wieder und der „Stoff" wird im Laufe der Zeit in einem ganzheitlichen Lernprozeß erschlossen. Das Kind hat Gelegenheit, neue Erfahrungen an eigene Erwartungen und Vorstellungen anzupassen und sie auf seine Weise einzuordnen, zu assimilieren: Danach ist es dann in der Lage, neue Reize auch objektiver zu verarbeiten. (Piaget betont, daß dieser Akkommodation ein aktives Assimilieren vorausgehen müsse, da das Kind erst ausprobieren müsse, wie weit die neuen Informationen in das hineinpassen, was es bereits weiß; und dann beginnt es, sich den Eigenheiten des neuen Stoffes anzupassen – es akkommodiert und erreicht ein neues Entwicklungsniveau [eine zeitweilige Äquilibration]; und ein Stückchen objektiveres Weltbild.)

- Die kindliche Emotionalität sollte beachtet werden: Als Teil der subjektiv-psychologischen Welt; als mitaktivierter Teil, wenn mit dem „rechten Hirn" gelernt wird (und das tun wir mehr oder weniger immer); und als Bestandteil in Form von Sekundärinformationen bei allen Wahrnehmungen und Erlebnissen.
- Begleitumstände von Lernsituationen sollten konstruktiv und freundlich sein, da Emotionen mit Kognitionen zusammenhängen. Lernen ohne positive Gefühlsbegleitung lähmt erfahrungsgemäß die Lernfreude, erzeugt Streß und Lernangst. Emotionale Situationen ohne Zielorientierung dagegen würden zerfließen und letztlich haltlos auseinanderlaufen. Günstig ist die Zielorientierung, die einem Tun und Denken Sinn, Richtung und Perspektive gibt.
- Durch Rollenspiele und Phantasieeinsätze können Kinder im Bereich ihres unbewußten oder halbbewußten Wissens durch Spiele mit Identifikationen, Projektionen, selbst durch die Möglichkeit des altersgemäßen magischen Denkens und eines Anthropomorphisierens einen gewissen seelischen Ausgleich finden (auch therapeutisch in den leichten „Alltagsfällen"; mit der Wirkungsweise einer Indikation für echte Problemfälle).
- Multisensorischer Unterricht hat multimediale Einsätze zur Folge. Gemeint ist dabei nicht ein hochtechnisierter Einsatz oder eine Arbeitsblätterflut, sondern eher ein qualitativ hochwertiges Produzieren mit einer sachgemäßen und ästhetischen Bearbeitung von Material (zu Artefakten). Dadurch wird das Wertbewußtsein für Eigen- und Fremdschöpfungen erhöht.
- Die Ganzheitlichkeit des Verfahrens bringt eine häufige Fächerüberschneidung mit sich. Fächerübergreifender Unterricht mit angemessenen Zeitanteilen für Schwerpunktfächer ist im Elementarunterricht für kreatives Arbeiten besonders günstig und auch kindgemäß. Deutsch, Kunst und Musik treffen besonders häufig zusammen, aber auch Mathematik, Sport (mit Rhythmik, Körpererfahrung) und Religion sind Elemente ganzheitlichen Unterrichtens, und Sachkunde durchzieht tragend das gesamte Spektrum (sächliche, physikalische, technische, soziale, emotionale, biologische, geologische u.a. Erfahrungen.)
- Ein Aufbau von Wissen und die Freisetzung von un- und vorbewußten Inhalten und von schöpferischen Kräften erfordert Zeit. Jedes Kind sollte bei der vorgeschlagenen Methode sein eigenes Tempo (entsprechend Begabung u.dergl.) bestimmen und solange Hilfe holen dürfen, wie es solche braucht.
- Wichtig erscheint mir der Konsens mit den Erziehern und Kameraden: Als geistig-seelische Übereinstimmung im Gefühl eines Zugelassenseins von bunten Ideen und eines Gefühls von Akzeptiertsein in einem „So bin ich" des Kindes.
- Schließlich Kontinuität: Einmal im Sinne einer Durchgängigkeit und Verläßlichkeit in Methode und Inhalten (s. Leitfiguren, Kindorientierung usw.). Sie gibt auch Leitlinie, Rahmen und ordnende Orientierung. Zum anderen, indem das kindliche Weltbild ernstzunehmender Teil der Erwachsenenwelt ist, wenn auch von anderer „Qualität" und „Quantität".

IV. Die „Welt drei“ mit ihrem Wissen in objektivem Sinne

Durch Praxisbeschreibung soll ein veränderter Erwartungshorizont in den bereits vorhandenen eingeschoben werden. Als Anteil von „Welt drei“ stehen im Rahmen des Kulturerwerbs dieses Mal Sprache und Kommunikation im Mittelpunkt. Körper-, Zeichen- oder Schriftsprache, Erzählgemeinschaft und Diskussionen öffnen dem Kind die Möglichkeit, sich vielfältig zu äußern.

Buchstaben kann man auch über Fühlen und Schmecken erlernen oder Zahlen über Riechen, Hüpfen, Beißen; und der Leser soll an Überlegungen teilhaben, wie man multisensorisches Lernen in Sprache und Schrift einführen kann: Nicht nur, indem man redet, rechnet oder malt, sondern auch, indem man schweigt, geheimnisvoll verschlüsselt die Finger und Arme bewegt oder eine Suppe rührt (wie dies bereits beschrieben wurde). Außerdem soll er erfahren, daß eine Kleisterarbeit, ein gestrickter Drachen oder ein Alligator im Museum als Artefakte ebenso ein Teil von „Welt drei“ sein können (und nicht „nur Dinge“ sind) wie Spracherwerb auf vielen Ebenen und schöpferischer Umgang mit Märchen.

A. Beispiele aus der Praxis

1. Sprache auf vielen Ebenen

Sprache in verschiedenen Systemen und Zeichen (akustisch, optisch, motorisch, symbolisch) umzukodieren, ist eine spezifisch menschliche Leistung und ermöglicht u. a. Kultur: z. B. als Ausdruck in Wort, Bild, Klang, Form, Farbe oder in literarischen Produkten. Im Unterricht kann dieser Vorgang des Umsetzens von Sprache in andere musisch-ästhetische oder technisch orientierte Formen vorbereitet werden. Poppers „Welt drei“ enthält, wie die Tabelle zeigt, viele Bereiche. Hieraus möchte ich mich unter didaktischen Gesichtspunkten besonders der Sprache, dem Erwerb von Kulturtechniken, Märchen und Artefakten zuwenden.

1.1 Lautgebärden

Wie bereits dargestellt, lernen meine Schüler alle Buchstaben auch über sogenannte „Lautgebärden“ kennen. Diese werden wechselnd realitätsbezogen oder aus märchenhaften Geschichten entwickelt und sind in der Ausformung am Inhaltlichen der Geschichten, und zwar an einem bestimmten Laut oder an einer bestimmten Form darin orientiert. Die Entwicklung der Lautgebärden geschieht vorwiegend im Interjektions- und Bedeutungslautverfahren: Zum Beispiel in einem erstaunten „o!“, einem angewiderten „i!“, einem genießerischen „m!“ bzw. am Zischen einer Schlange („s“), Sägen von Holz („ch“) usw. Dann auch im Anlaut- und Auslautverfahren: „U“, „u“ bei Uhu, „g“, „G“ bei Geistern, „d“ wie beim Deuten zum „Du!“. Schließlich auch formangelehnt: Zum Beispiel im x, t, v ...[46]

Die meisten Lautgebärden sind sinn- bzw. bedeutungsbezogen und gleichzeitig form- oder lautangelehnt. Die Fotos auf den folgenden Seiten verdeutlichen diese Zusammenhänge noch näher und geben zugleich Starthilfen.

Ich halte mich nicht an ein vorgegebenes System, sondern entwickle die Lautgebärden mit den Kindern anhand von Geschichten und Erlebnissen, wobei viele Gebärden schon seit Jahren konstant bleiben: Sie bewähren sich besonders. Varianten ergeben sich, wenn die Kinder – erfinderisch – weitere Lautgebärden vorschlagen oder wenn sich diese phonomimischen und phonogestischen Zeichen besonders originell aus neuen einführenden Geschichten entwickeln lassen.

Durch Praxis in Sonderschule, Land- und Stadtschule, bei der ich mich anfänglich an für die Heilpädagogik entwickelte Systeme gehalten hatte, kam ich im Zuge eines zunehmend phantasiebetonten und multisensorisch angelegten Unterrichts in der 1. und 2. Klasse zu der Erkenntnis, daß die Ausformung einer Lautgebärdensprache am besten über ein großmotorisches System gelingt. Solche Bewegungen lassen einen entspannenden Bewegungsfluß zu und können in eine durchgehende Geschichte integriert werden, sobald man den Mut hat, sich von genauen Vorlagen abzulösen. Die Gebärden werden nun zu Assoziationshilfen: Die Bildkraft der „mitgelieferten“ Geschichten weckt Erinnerungen und hilft über Klang, Form, emotionaler Beteiligung und Bewegung, den Buchstaben zu erinnern. Diese bewegten Buchstaben prägen sich durch den gezielten Bewegungsablauf dem sogenannten „Muskelgedächtnis“ ein. Die Buchstaben lassen sich nun in der Lautsynthese über fließende, wechselnd groß- und kleinmotorische Bewegungen zu Bewegungsgestalten zusammensetzen. Bild und Phantasie, Bewegung und Raum, Laut und Form (viele rechtshemisphärische Leistungen) fließen dabei zusammen und bilden eine „Körpersprache“, die durch das Umkodieren Konzentration und Einprägung fördern und gleichzeitig entspannend wirken, da sich die Kinder bewegen können. Im Lautgebärdeschreiben werden Klanggestalten innerlich analysiert und im Bewegungsablauf synthetisiert: Nun hohe linkshemisphärische Leistung.

Bald kann man auch einen Wortschatz bewegen, da die Großbuchstaben wie die kleinen behandelt werden; dabei wird aber zugleich gestampft. (Leselehrgänge bleiben mit ihrem Wortschatz hinter diesen Möglichkeiten zurück.)

Bei Schülervorschlägen achte ich darauf, daß die Bewegung optisch gut differenzierbar ist: Kinder müssen bei der Ausführung ein klar empfundenes Bewegungsgefühl entwickeln; die Beobachter müssen die Zeichen deutlich ablesen und von anderen Zeichen unterscheiden können. Ein Phänomen: Was ich als Lehrerin vorbewege, sehen die Kinder seitenverkehrt. Sie führen aber die Buchstaben aus einem eigenen Körpergefühl heraus „richtig“ aus und lesen auch meine „seitenverkehrte“ Schrift mit hoher Geschwindigkeit ab. Die „Engramme“ für diese Stützen müssen sehr stark sein.

Rechtshänder schreiben die Buchstaben (Gebärden) mit der rechten, Linkshänder mit ihrer linken Hand. Die laut-, gestalt- und sinnbezogenen

Zeichen wirken so stark zusammen, daß sie zu keinen Verwechslungen und Verwirrungen führen.

1.2 Anwendung

1.2.1 Sprache erfinden, oder: wie Schnöfchen mault

Der spielerische Akzent in der Verwendung der Lautgebärden ist erheblich. So entwickelten Schüler eines Jahrgangs eine Gebärdensprache, bei der Schnöfchen an der nichtdominanten Hand verschiedene Maul- und Körperhaltungen für Laute und Buchstaben einnahm, oft mit der dominanten Hand durch zusätzliche Zeichen ergänzt: Sie erfanden das Spiel in einer Pause und machten sich miteinander einen Spaß im Vormachen und Erraten von Wörtern und Sätzchen. Dazu verwendeten sie selbst ausgedachte Wörter oder solche, die zum Üben gerade an der Tafel standen – später auch aus Heften und Büchern. Ohne es zu bemerken, übten sie den aktuellen Wortschatz. Auch zum Verfassen von Kurztexten setzten wir das Verfahren ein. Zwar ergab sich dieses Spiel aus Zufall, aber anderen Klassen läßt sich diese „Übungsform" über vergnügliche kleine Inszenierungen leicht nahebringen; Schnöfchen hat schließlich oft etwas Besonderes mitzuteilen. Die dabei entstehenden Texte werden dann wort- oder wortgruppenweise vorbewegt, abgelesen, dann auch ins Heft oder als Kontrolltext an die Tafel geschrieben. Bei diesem „Schnöfchen-Maul-Spiel" beobachten die Kinder genau; beim Vorbewegen herrscht eine gesammelte Stille, in der die visuo-auditiven und kinästhetischen Reize wirken und der stete Wechsel von Groß- und Kleinmotorik entspannt. Am Ende steht im Heft ein kleiner Text, was der kleine Drachen mitteilen wollte. Dieses Übungsspiel läßt sich auch mit anderen Handpuppen oder Strumpffiguren durchführen.

1.2.2 Zeichensprache, oder: wie man sich geheime Botschaften zusendet

Im Laufe der Jahre lernen auch Geschwister diese Lautgebärdensprache. Sie senden sich selbst zu Hause geheime Botschaften zu – mit Genuß gerade vor den Eltern und anderen Erwachsenen; sie betonen ihren geistigen Eigenraum. Im Zirkus, Kindertheater, auf einer Wanderung oder überall, wo man sich ohne Geschrei Botschaften geben möchte, sind groß, deutlich und langsam gestaltete Lautbewegungen sehr nützlich: „Hast du einen Sitzplatz gefunden?"; „Wo treffen wir uns nachher?"; „Rechts abbiegen!" ...

Während der Stillarbeit oder einer Lernzielkontrolle läßt man diese Form der Kommunikation zu: In solch kontrollierten Situationen ist der unbewußte Lerneffekt sehr hoch. Dies gilt auch für spontane Mitteilungen im Morgen- oder Erzählkreis. Stumme Körpersprache, um noch schnell etwas Wichtiges „an den Mann zu bringen": Hier wird Sprache unbewußt mit hoher Intensität gestaltet, ohne zu bemerken, wie Lautanalyse und „bewegte" Synthese nebenbei ablaufen.

Vorschläge (aus eigener Praxis) zu Lautgebärden:

Linke und rechte Seite: Man beachte, daß die Kinder auf den Photos Gebärden **aus dem eigenen Körpergefühl heraus** darstellen. Viele Gebärden sind statisch. Bei Bewegungsabläufen zeigt das Photo den Ansatz; den Bewegungsfluß erläutern die Linien daneben. Diese Linienführungen sind aber **vom Körpergefühl des Beschauers aus** gedacht.

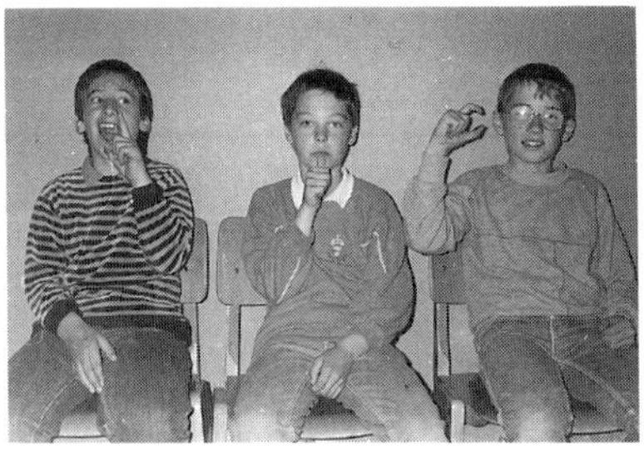

a b c

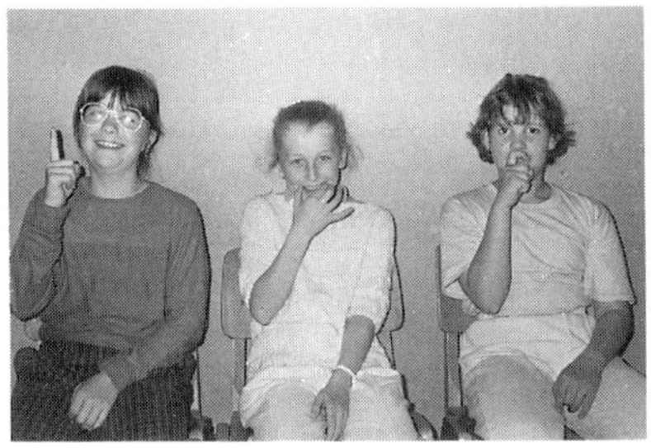

d e f

g h i

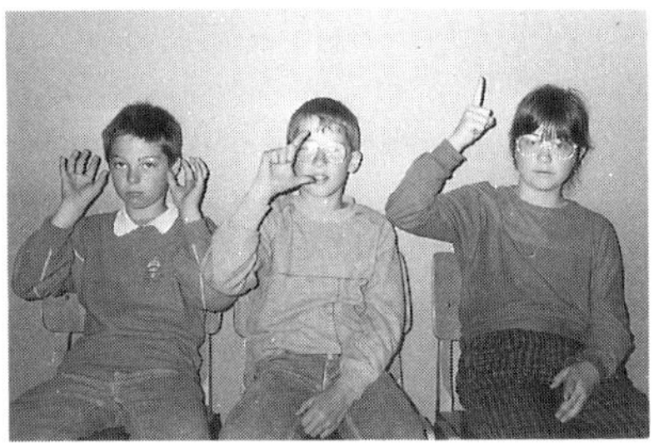

j k l

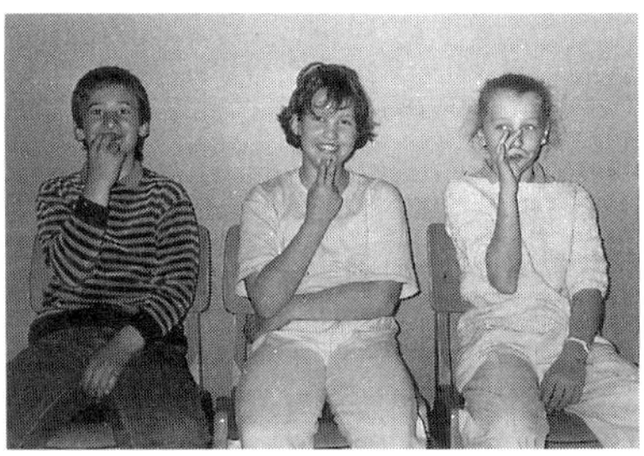

m n o

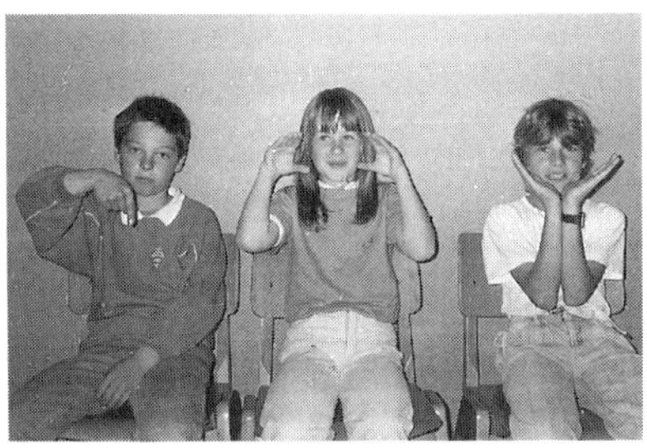

p qu: r

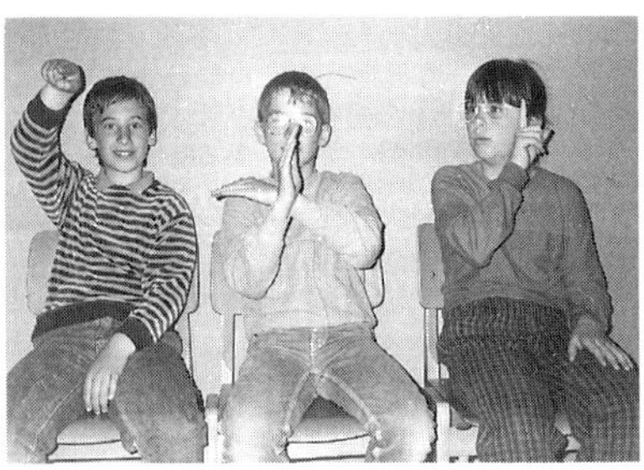

s t u

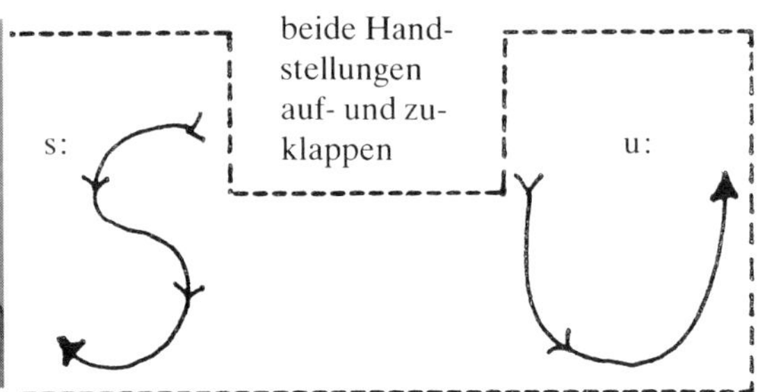

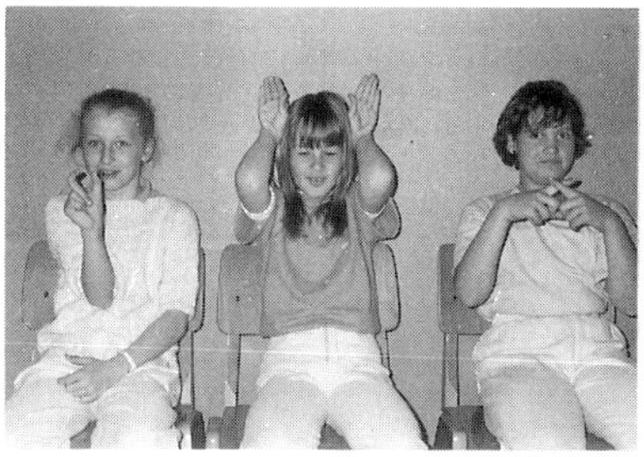

v w x

y z

z:

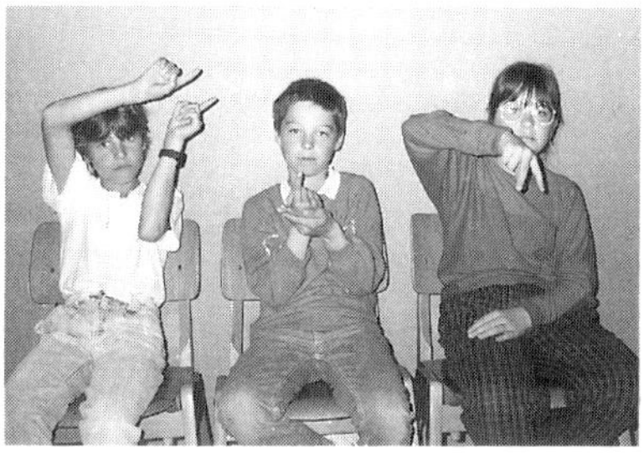

ß; ss ei sch

ß:
ss:

sch:
Drei Finger (Daumen hier nicht sichtbar) wie Pleuelstangen auf und ab bewegen; Finger dabei nach unten gerichtet.

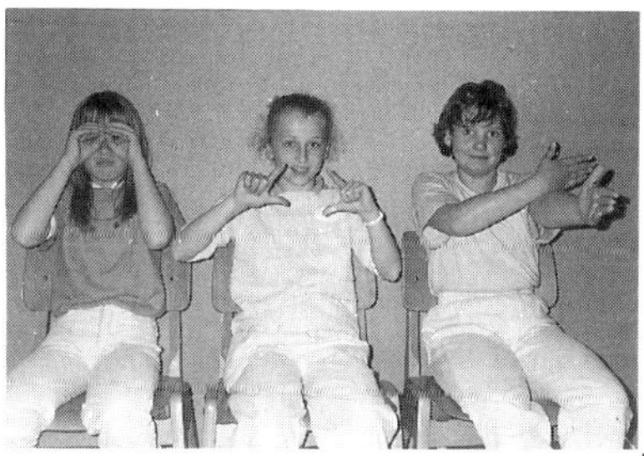

eu ck ch:

Sägende Bewegung mit rechter Handkante am linken Oberarm.

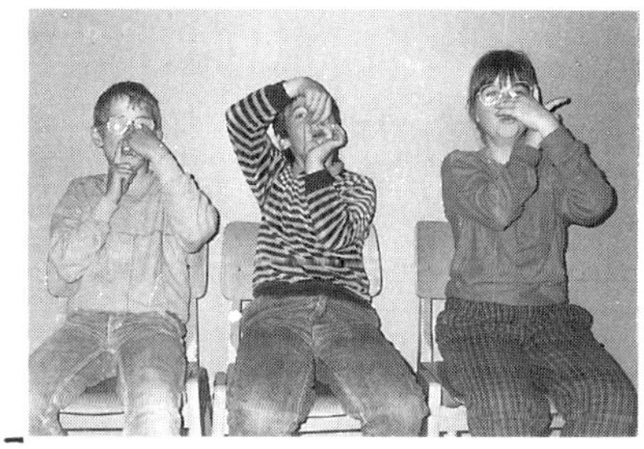

ä ö ü

Umlaute: wie a,o,u, dazu mit der anderen Hand als »Tupfen« mit zwei Fingerspitzen an die Nasenlöcher.

ie au

ie: In Lautlänge mit dem Zeigefinger ans Brustbein klopfen.

au: Erst a, dann u in fließendem Übergang gestalten.

Großbuchstaben: wie kleine Buchstaben; zugleich aufstampfen.

1.2.3 Übung, oder: wie Körper, Augen und Ohren zusammenspielen

Texte werden vertiefend durch Lautgebärden geübt. Dabei wird besonders die Rechtschreibung schwieriger Wörter herausgestellt. Diese werden z.B. am Tafeltext farbig markiert. Dann: Alle sehen die Wörter, sprechen sie langsam und deutlich mit, erinnern sich anschließend an besondere Stellen (Doppellaute, Dehnungen, Schärfungen, Umlaute) und bewegen sie über Lautgebärden, am besten mit geschlossenen Augen, damit die Sammlung nach innen geht. Nun schreiben sie das Wort ins Heft, in die Leseuhr oder mit dem Stempelkasten und machen Gegenkontrollen. Jeder entscheidet selber, welche Stellen er als schwierig empfindet und farbig markieren möchte.

Weg des Verfahrens: Vom Schriftbild über Bewegungsbild und Klangbild zur selbstausgeführten Schrift.

Oder: Man bewegt ein Übungswort vor, die Kinder benennen es, schreiben es, markieren es farbig. Ein Kind schreibt das Wort zur Kontrolle an die Tafel; Partnerkontrolle folgt zum Abschluß.

Weg des Verfahrens: Vom Bewegungsbild über das Klangbild zum Schriftbild.

Oder: Der Lehrer oder einzelne Kinder nennen ein Übungswort; andere setzen es in Bewegung um und schreiben es dann nieder.

Weg des Verfahrens: Vom Klangbild zum Bewegungsbild und Schriftbild.

oder: Ein Kind nennt ein Übungswort, eine Gruppe schreibt es an die Tafel, eine andere Gruppe bewegt es ablesend nach; erst mit offenen, dann mit geschlossenen Augen.

Weg des Verfahrens: Vom Klangbild über Schriftbild zum Bewegungsbild. Hirnphysiologisch betrachtet laufen hierbei vielfältige Lernprozesse zwischen den Sinnesfeldern ab und schlagen sich dauerhaft in ihrem Ergebnis im Gedächtnis nieder. Impulse und biochemische Prozesse setzen die Hirnzellen in Bewegung: In den Sprachzentren, Seh- und Hörzentren, den motorischen und sensorischen Feldern und im Kleinhirn, mit dem Bewegungen konkret ausgeführt werden. Die Felder stehen in enger Wechselwirkung. Es bilden sich Gedächtnisstützen im Netz der vielen Assoziationsbahnen, und zwar auf beiden Hirnhälften und verbunden mit dem emotionalen Gehirn (Zwischenhirn) bis in den Körper hinein.

1.2.4 Bewegungsspiel im Wettbewerb

Beliebt ist folgendes Spiel: Ein Kind steigt vor der Klasse auf den Stuhl (oder steht nur) und bewegt ein Wort vor. Wer von der Klasse dieses zuerst richtig genannt hat, darf seinerseits auf den Stuhl steigen.

Variation durch Lautdiskrimination: Das nächste Wort soll mit dem Laut/Buchstaben beginnen, mit dem das vorige Wort aufgehört hat. Da öfters Wörter mit „e“, „n“, „r“ u.ä. enden, gilt die Regel, daß ein Fortsetzungswort nie zweimal vorkommen darf. Man kann ja im Wörterbuch nachschlagen. Werden die Wörter geschrieben und die Kinder haben noch nicht alle Großbuchstaben erlernt, dann werden „Stampfbuchstaben“ (= große) beim Schreiben klein geschrieben, aber mit einem deutlichen Punkt darunter versehen. So prägt sich trotz allem ein: Namenwörter schreibt man groß.

Diese Übungen wirken spielerisch, lustvoll durch den Wechsel von Konzentration (im Darstellen und Ablesen) und durch die Entspannung im Erraten, Herausrufen und der klein- und großmotorischen Abfuhr von Bewegungsbedürfnis.

1.2.5 Anweisungsspiel, oder: Tue, was ich bewege

Mit Lautgebärden gibt man Anweisungen, die die Kinder ganz leise in die Tat umsetzen, ohne die Anweisung in Worte zu fassen („Öffene deinen Ranzen"; „Lächele deinen Nachbarn an"; „Spiele ein Baby"; „Bewege den Kopf wie Schnuggel"; „Winde den Bauch wie Schnöfchen"; „Gieße deine Blumen ...). Wer die Anweisung nicht verstanden hat, wird zum Schluß aufgeklärt. Wir machen ihm die Botschaft nochmals vor, und dann darf er den anderen (notfalls mit Hilfe) eine Anweisung geben.

1.3 Umkodieren, oder: wie Zeichen verwandelt werden

1.3.1 Umkodieren in andere Schriften, oder: die SM-Sprache

Bei der Bewußtmachung von Vokalen und Konsonanten eignet sich folgendes Spiel: Wörter werden auf Selbstlaute = S und Mitlaute = M hin analysiert und mit diesen Zeichen in der passenden Buchstabenfolge dargestellt; z.B.

Blume	MMSMS
oft	SMM
Biene	MSSMS
Eule	SSMS
Schnöfchen	MMMMSMMMSM
vorschauen	MSMMMMSSSM ...

Dabei werden Laute mit 2 oder 3 Buchstaben (ch, sch, ng) und Doppellaute (eu, au, ei, ai) (Diphtonge) mit einem Klammerbogen versehen; Großbuchstaben (M, S) mit einem Punkt, Vorsilben wie vor-, ver-, zer- mit einem farbigen Klammerbogen; Dehnungen (ie, ieh, ah, ih, uh, eh, oo, aa, ee) mit einem Dehnungsstrich. Nun kann man z.B. einen angebotenen Wortschatz durch Linien mit dem gleichen Wort in SM-Schrift verbinden. Dabei werden die einzelnen SM-Positionen isoliert und mit dem Wörterangebot verglichen. Wie ein Detektiv kann man sich dabei an Klammerbögen, Dehnungsstrichen und Punkten orientieren. Dieses Verfahren fördert Neugier und Konzentration. In Arbeitsgruppen kann man gemeinschaftlich lösen (dabei wird auch argumentiert: „Wenn ... dann" oder „Weil ... deshalb ...).

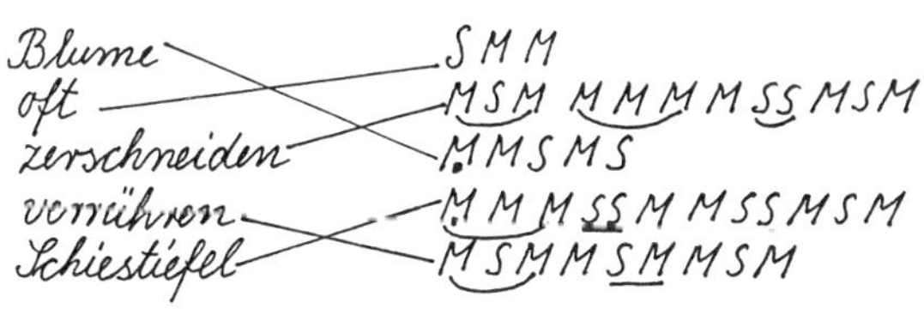

1.3.2 Umkodierung, oder: die Paprikasprache

Ähnlich wie unter 1.3.1 läßt sich mit Strichen verfahren. Diese „Strichsprache" entstand einmal als Geheimschrift des König Paprika an seine Prinzessin; ich spielte diesen Teil zu Beginn der 2. Klasse. Bald setzten wir diese „Sprache" bzw. Schrift für Rechtschreibübungen ein, da Wettbewerb, Neugier, strategische Lösungsversuche, Konzentration und das Einprägen der Wortbilder samt ihren schwierigen Stellen intensiv erlebt werden.

Jeder Buchstabe wird als einfacher Strich dargestellt, aber entsprechend Ober-, Mittel- und Unterlänge verschieden lang.

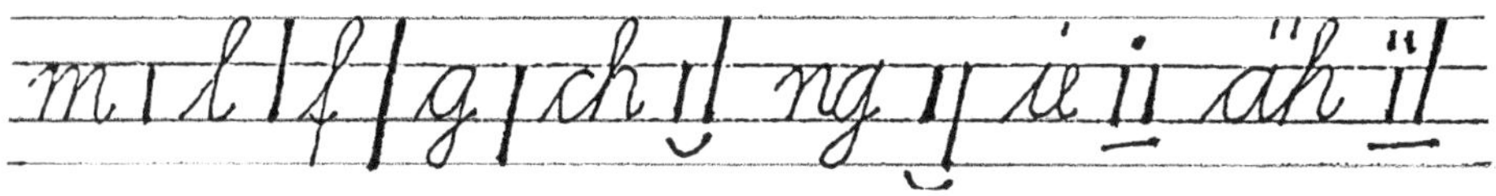

i-Punkte werden ebenso wie Punkte bei Umlauten als Orientierungshilfen eingesetzt.

Doppellaute und Reibelaute wie *ch* und *sch* werden wie in der SM-Sprache mit Bögen versehen, Dehnungen mit Strichen.

Beispiel: König Paprika gebraucht eine neue Sprache.

Damit lassen sich „Geheimbriefe", RS-Übungen, Zuordnungs-, Rate- und Wettspiele gestalten.

1.4 Schrift zum Fühlen, oder: Wie auch Fingerspitzen genau verstehen

1.4.1 Das Blinde-Kuh-Spiel

Buchstaben lassen sich auch tasten und fühlen. Wir stellten solche aus Sand (auf Karton über Klebstoffkontur gestreut und lackiert); aus Holz und aus Salzteig her. Das „Blinde-Kuh-Spiel" mit Tasten, Zurechtdrehen, Prüfen und Absuchen von charakteristischen Merkmalen reizt Kinder sehr. Die gesägten und an den Kanten abgeschmirgelten Holzbuchstaben sind besonders günstig. Nun gibt es Spielregeln: Richtig gedreht oder verdreht dem „Blinden" in die Hand geben; Orientierung dabei z. B.: Dein Buchstabe ist ein Selbstlaut oder Mitlaut; dein Buchstabe kommt in „Oma" und „Hammer" vor (= m), in Ofen und Affe (= f) usw. Der Ratende kann dann ein passendes Wort zu seinem erratenen Buchstaben nennen („Es ist ein ‚g' wie in Schnuggel oder in fegen ..."). Erschwerung dabei: Der Buchstabe soll im An-, In- oder Endlaut vorkommen.

Solche Buchstabenspiele wie auch andere multisensorisch orientierten Spiel- und Übungsformen sollten meines Erachtens nicht dadurch exponiert werden, daß sie Lernschwachen vorbehalten werden, die auf solch „manuelle Hilfe" angewiesen sind. Es dürfte besser sein, diese Form als Spiel- und Rateform allen Kindern zugänglich zu machen, zugleich aber darauf zu achten, daß keine Übungsform dieser Art überstrapaziert wird. Ein Zuviel und Zuschwer verdirbt auch die originellsten Arten, mit Sprache und Schrift umzugehen.

1.4.2 Rechnungen fühlen, tasten, greifen, bewegen

So, wie Buchstaben geformt und damit greif- und be-greifbar werden, kann man auch die Zahlenwelt gestalten. Beispiel: Ein Kind ertastet zwei Zahlen hintereinander und zählt sie dann zusammen oder zieht sie ab. Während des Tastens und Fühlens spricht es zugleich. Oder: Es bestimmt die zuerst getastete Zahl als Zehnerstelle, die zweite als Einerstelle. Daraus ergibt sich eine zweistellige Zahl, z.B.: 26. Wenn man nun bewußt die Stellen tauscht, lautet die Zahl: 62. Damit werden die Zehner- und Einerstellen noch bewußter gemacht – ganz spielerisch. Wenn diese Zahlstellen noch in Bewegung umgesetzt werden: Zum Beispiel: 26: zweimal hopsen, sechsmal klatschen; 62: sechsmal hopsen, zweimal klatschen, dann klären sich die Vorstellungen von den Einer- und Zehnerstellen (oder Hunderterstellen usw.) weiter ab.

Abstraktion: Für Zehnerzahlen reicht ein „blindes Kind" große Klötze, für Einerzahlen kleine Würfelchen. (Bei uns hat das Schnöfchen besorgt: Ein Kind ließ Schnöfchen Klötze greifen und stellte damit die Zahl her – auch in simultanen Akten – also z.B. drei Zehnerklötze zugleich; das zweite Kind bekam die Klötze in die Hande gelegt, ordnete die Zahlen sichtbar an: links die großen Zehnerklötze, rechts daneben die Einerwürfelchen – und nannte die Zahl.) Weitere Abstraktionsschritte wären: Zahl *nennen,* mit Klötzen *legen.* Schließlich: Zahl *nennen,* Zahl *schreiben.*

1.4.3 Mit Rechnungen vorsichtig umgehen

Im (selbsthergestellten) Mikado werden bunte Ringe bestimmten Zahlen zugeordnet. Beim Spielen wird addiert, mit älteren Kindern auch multipliziert. Oder: Jeder beginnt mit dem „Schuldenberg 100" und kann nun durch geschickt und vorsichtig abgezogene Mikadostäbe seine „Schulden mindern". Wer hat am Ende am wenigsten Schuldenpunkte? Konzentriertes Fingerspitzengefühl begleitet das Kopfrechnen.

1.5 Körpersprache, oder: Wie auch Arme, Beine und der Bauch etwas zu sagen haben

1.5.1 Wörter und Zahlen werden bewegt

Es ist immer interessant, wenn man die innerlich vorgestellten Zahlen, Buchstaben oder Wörter auf einer neuen Ebene nach außen projiziert. Als Luftschreiben und Fingerschreiben auf der Tischplatte oder im Heft ist das Verfahren bekannt. Neue Anregungen dürften hier die bereits erwähnten Lautgebärden sein oder das „Sandschreiben": Wenn Zahlen, Rechnungen,

Buchstaben und Wörter langsam und deutlich in Sand (Schnee, Staubschicht, ...) geschrieben werden, prägt sich das Geschriebene durch den langsamen konzentrierten Bewegungsfluß dem Schreiber ein; ebenso lernen die „Entzifferer", die „Rater", durch ihre emotionale Beteiligung und Konzentration.

1.5.2 Wörter und Zahlen bewegen die Kinder

An Zimmerecken und auf Gegenstände werden Übungskarten geheftet. Verbal oder über Lautgebärden bewegt, werden die Inhalte genannt – die Kinder laufen nach den entsprechenden Wörtern, Zeichen oder Zahlen. Erschwerung: Der Lehrer – dann auch Kinder – stellen eine Rechenaufgabe, die Kinder laufen zur angebotenen Ergebniszahl. Oder: Es werden Wörter bewegt oder an die Tafel geschrieben, die Kinder laufen sinnentsprechend zur Lösung; z.B.: Wir üben Gegensatzpaare. Ich schreibe „dick", die Kinder laufen nach „dünn". Oder wir üben, was zusammenpaßt: Ich schreibe „Sattel", die Kinder laufen nach „Pferd". Diese Aufgaben müssen vorbereitet werden, da der passende Wort- und Zahlenschatz ja auf Übungskarten vorhanden sein muß.

1.5.3 Buchstaben und Wörter in großmotorischer Verbindung

Im Freien (Schulgelände; bei einem Ausflug ...) verteilt man im voraus etwa handtellergroße Kartons mit deutlichen Buchstaben, je Karton einen. Die Schüler bilden etwa Vierer- bis Sechsergruppen und suchen die Buchstabenkarten. Dazu müssen sie einen Gegenstand mitbringen, der mit diesem Buchstaben beginnt (Stein, Gras, Blume, Holz usw.). Wer nach einer vereinbarten Zeit (ca. 20 Minuten) am meisten Buchstaben mit Gegenständen beieinander hat, ist Gruppensieger. Die Zuordnungen müssen aber begründet werden. Zwei Gruppen brachten z.B. ein Gänseblümchen an: Die einen für B (Blume), die anderen für G (Gänseblümchen). Gültig war bei uns auch, als eine Gruppe mangels eines passenden Gegenstandes, der mit M beginnen sollte, ihren Manfred aus der Gruppe beim Auszählen mit einem Bein in den Sammelkarton stellten.

1.5.4 Suchen, Greifen, Schreiben

Beliebt ist folgende RS-Übung: Ich schreibe alle Übungswörter, z.B. Diktatwörter, groß auf eine Matrize, vervielfältige sie und gebe an je fünf oder sechs Kinder (entsprechend Gruppentischen) einen „Wortsatz", der ausgeschnitten wird. Es sind z.B. 16 verschiedene Wörter. Nun knien die Kinder auf Sitzmatten gruppenweise in den Freiräumen des Zimmers zusammen, versehen mit Übungsheft und Bleistift. (Diese Versammlungsform reizt anfangs sehr. Später bevorzugen die meisten aber wieder ihre Gruppentische, da es sich dort bequemer arbeiten läßt.) Sie holen nun nacheinander möglichst viele verschiedene Wörter heraus, schreiben das jeweils gezogene Wort in ihr Heft (jeder für sich) und legen die Wortkarte dann auf den Haufen zurück. Wer hat nach 20 Minuten am meisten *verschiedene* Wörter *richtig* geschrieben? Zu Hause korrigiere ich die Arbeiten und zähle für jedes Kind die Punkte zusammen und dann noch einmal alle Punkte der jeweiligen Gruppe. Dabei tragen die Stärkeren die Schwächeren mit und jeder kann sich entweder über sein individuelles Ergebnis und/oder sein Gruppenergebnis freuen. Nicht gezählt werden bei diesem Spiel alle doppelt und alle falsch geschriebenen Wörter.

1.5.5 Das Holzwürfelspiel

Wie anfangs erwähnt, gibt es im didaktischen Spielsortiment kleine Holzwürfel (Kantenlänge ca. 2 cm), die von den Kindern in einer gesonderten Aktion auf allen sechs Seiten mit verschiedenen Großbuchstaben versehen worden waren. Ein Würfel bietet also sechs Buchstaben. Gerne wird das Spiel gemacht, bei dem jedes Kind der Reihe nach aus dem ihm zugeteilten bzw. gezogenen Würfelhaufen (oder aus Buchstabenkarten) an einen zuvor gelegten Buchstaben anlegt, sofern sich damit ein sinnvolles Wort bilden läßt. Dabei werden Synthese und systematisches Aufbaulesen geübt. Zugleich ändern sich die inneren Wortvorstellungen, weil der Nachbar vielleicht ganz anders weitermacht als man selbst geplant hatte. So beobachtete ich einmal folgenden Ablauf: Das erste Kind legte ein *H* und wollte damit das Wort *Himmel* legen – dazu hatte es alle Buchstaben. Das zweite Kind legte dann ein *A,* weil es *Hamster* im Kopf hatte. Das dritte Kind legte nun ein *Y* an, denn es hieß selber *Hayati.* Mit diesem (türkischen) Namen konnten die anderen nicht konkurrieren. Hayati legte in jeder Runde ein Stück weiter, bis sein voller Name dastand und er vier Würfel loshatte. Jede Spielrunde bietet solche Überraschungen.

Zwei Mädchen spielten einmal im Freispiel mit dem Material herum und „erfanden" dabei folgendes Spiel, das die Buchstabenkenntnisse im Alphabet zugleich (ungewollt) absicherte. Ihre Regel lief in Anlehnung an eine Übung mit „Nachbarzahlen": Eva sagte z.B.: „Ich habe ein *B.* Wer hat einen Nachbarn?" Wer nun *A* oder *C* oder *CH* besaß, legte es neben das *B.* Nun durfte der nächste entweder anlegen: Mit *D,* so daß am Ende die *ABC*-Reihe dalag; oder er durfte einen ganz neuen Buchstaben auslegen und Nachbarn abfragen. Die zweite Version ist einfacher. Die Kinder orientierten sich dabei auch am selbst hergestellten ABC-Band an der Wand.

Ein ähnliches Spiel läuft mit dem Stempelkasten: Der erste stempelt einen Buchstaben, der nächste muß dazu ein Wort (An-, In- oder Endlaut) bilden und legt dann einen (oder, falls vorhanden, beide) Nachbarn an. (Zum Beispiel *T* wie bei *T*oni, Hü*tt*e oder Hau*t,* dann die Nachbarn *S* und/oder *U.*)

1.6 Geschmackvolle Aufgaben, oder: Wie man Aufgaben schmecken, kauen und lutschen kann

1.6.1 Rechnungen kauen

Anmerkung: Daß man Kaninchen und Eichhörnchen nicht zusammenzählen „kann“ (es sei denn, z. B. unter dem Oberbegriff „Tiere“), ist bekannt. Zahlen lassen sich aber graphisch z. B. mit Balken und Punkten für Zehner und Einer darstellen. Einer Transformation von der visuellen auf die geschmackliche Ebene steht, auch wenn das Verfahren ungewöhnlich ist, nichts im Wege.

Jedes Kind erhält eine Zuteilung von beispielsweise 10 Walnüssen und 20 Sonnenblumenkernen (oder Rosinen oder ...). Das erste Kind hat nun eine selbstgewählte Anzahl von Walnüssen als Zehnerzahl und von weiteren Sonnenblumenkernen herausgegriffen. Es kaut sie und die anderen bestimmen die Zahl: 3 Walnüsse und 5 Kerne entsprechen – auch in dieser Reihenfolge gekaut – der Zahl 35. Das zweite Kind notiert die Zahl.

Addition: Das erste Kind kaut Nüsse, ein zweites Kind ebenfalls, ein drittes notiert die Zahlen in Form von Plus- oder Minusaufgaben (wenn z. B. die zweite Zahl kleiner war). Die Aufgaben werden still gerechnet und gemeinsam besprochen.

Malaufgaben: Das Kind ißt einzelne Kerne, z. B. 7; dann kaut es eine zweite Zahl, z. B. 5. Wir rechnen: $7 \times 5 = 35$. Oder es kaut als zweites 1 Haselnuß und 2 Sonnenblumenkerne: $7 \times 12 = 84$; $(7 \times 10 + 7 \times 2)$. Der Nüssevorrat reicht übrigens überraschend lang, da die Kinder zum ersten eine Weile brauchen, bis die Nüsse gekaut sind; zum zweiten, weil sie bald recht abgesättigt sind und drittens, weil die Aufgaben oft recht schwierig werden, wenn sie zu viel kauen. Nach anfänglichem Kauen großer Zahlen werden die Zahlen immer kleiner, jedes Kind im Kreis kommt gleichmäßig dran ... in diesem Stadium können dann auch drei oder vier Kinder zu Kettenaufgaben kauen ...

1.6.2 Apfelkringelrechnungen essen

Die Kringel (getrocknet und ungeschwefelt) werden auf einer Schnur quer durch den Raum aufgereiht. Sie stauen sich an einem Ende. Ein Kind (1. Klasse) erhält eine Rechnung, z. B.: $4 + 5$: Es greift nun in einem simultanen Zahlherstellungsakt – über Anschauung, nicht durch einzelnes Abzählen – vier Kringel, schiebt sie nach vorne; greift dann fünf ab, schiebt sie zu den anderen vier und nennt das Ergebnis. Ist dieses richtig (das Kind hat Zeit, sein Ergebnis zu überprüfen), dann erst darf es seine Kringel essen (man kann sie von der Schnur schneiden). Die anderen schreiben diese Aufgaben nun ins Heft.

So kann man auch Kettenaufgaben herstellen oder sich mit Phantasie weitere Variationen ausdenken.

Oder: Eine Handvoll (gewaschener) Rosinen, Sonnenblumenkerne o. ä., auch gemischter Früchte, werden in die Tischmitte gelegt und mit der Menge „100“ (oder 50 oder 20 ...) bestimmt. Das erste Kind greift sich nun z. B. 5 heraus und rechnet: $100 - 5 = 95$. Das nächste Kind nimmt vielleicht 7: Es rechnet: $95 - 7 = 88$ usw. ... Am Ende wird die Differenz bestimmt, um wieviel wir die geschätzten 100 Rosinen oder Kerne über- bzw. unterschätzt haben.

Solche Arbeitsformen sind für Kleingruppen mit 4 bis 6 Kindern geeignet.

1.6.3 Buchstaben schmecken süß

Wir leisten uns „Russisches Brot“ und teilen es – durch wechselweises Ziehen – den einzelnen in der Gruppe zu. Jeder benennt zuerst seinen Buchstaben. Wenn er an der Reihe ist, nennt er drei Wörter (auswendig, oder „besondere“ Wörter mit Hilfe des Wörterbuches), schreibt seine Wörter in eine Wörterliste und kann dann diesen Buchstaben essen. Anschließend kann man dann an dieser Wörterliste weiterarbeiten: Die Begriffe werden besprochen, Wortfamilien oder Synonyme gefunden, Artikel oder Trennungsregeln erarbeitet – je nach Erfordernis.

1.6.4 Bunte Vokale und Konsonanten essen

Bunte Smarties o.ä. bunte kleine Süßigkeiten werden Vokalen oder Konsonanten zugeordnet. Zum Beispiel: *Blau* für *a, grün* für *e, lila* für *i, rot* für *o* und *braun* für *u.*

Wörter aus einem vorgegebenen Text werden herausgesucht und die Vokale bestimmt. Aus den Smarties werden die richtigen Farben gewählt, nachdem im Text zuvor die Vokale entsprechend eingefärbt worden waren. Nun darf das Kind seine Farbe essen, etwa mit den Worten: Ich esse ein blaues *a* wie in *Ast;* oder: Ich esse zwei grüne *e* und ein lila *i* wie in *Veilchen* ... Es macht den Kindern bald Spaß, Wörter mit verschiedenen Vokalen darin zu wählen: Zwar muß man sich dabei konzentrieren, aber die Vorteile liegen auf der Hand bzw. im Mund. Nur: Richtig muß die Lösung sein, sonst gilt sie nicht.

Variation: Ein Kind darf aus einer zugeteilten (oder im Wechsel nach Wunschfarbe gezogenen) Menge 1 bis 4 Farben essen. Die Buchstaben werden in der Gruppentischmitte notiert und danach sucht die Gruppe ein passendes Wort, das man dann mit entsprechend bunten Vokalen (oder was man gerade geübt hat, z.B. Konsonanten) in eine Wörterliste einträgt.

So kann man auch weiterüben: Wir verbinden Vokale oder Konsonanten mit anderen Geschmackserlebnissen: Wir bieten z.B. S*a*hne, B*ee*ren, Z*i*tronensaft, Sch*o*k*o*lade und K*u*chen an. Vokale und Eßwaren werden einander zugeordnet. Ein Kind ißt etwas, die anderen bestimmen den „gegessenen“ Vokal und jeder muß nun ein weiteres Wort mit dem entsprechenden Vokal beitragen; z.B.: Man ißt Schokolade und sagt und notiert noch: Ovomaltine; oder Moor, Oma, Omo, Onkel, Korken, Ozean. Dann ißt das nächste Kind. So werden Wörterlisten angefertigt und die diskriminierten Laute farblich herausgeholt. Dieses Verfahren gilt – wie gesagt – auch für Konsonanten. Diese sollten aber im Wort auch eine „hörbare“, gut diskriminierbare Rolle spielen. Am leichtesten geht es mit Buchstaben, die im Anlaut stehen.

1.7 Duftende Aufgaben, oder: Wie man Rechnungen und Wörter über die Nase erkennt

Buchstaben werden mit eindeutigen Gerüchen verbunden, z. B. Ananas mit *a,* Essig mit *e,* Zitrone mit *i,* Jod, Olivenöl o. ä. mit *o,* Uhu oder Apfelmus mit *u* ..., je nach Erfindungsreichtum. Nun schnuppert ein Kind mit verbundenen Augen, bestimmt den Duft, dazu den Buchstaben und nennt noch weitere Wörter. Solche Schnupper- und Schmeckerlebnisse sind gleichermaßen konzentrierend und vergnüglich. Wenn Kinder mit verbundenen Augen schnuppern und neue Wörter entsprechend dazunennen, aktivieren sie intensiv ihr Vorstellungsvermögen und damit ihr Erinnerungsvermögen. Solche Aufgaben lassen sich auch auf Rechnungen übertragen: Bestimmte Gerüche stehen für vereinbarte Zahlen und Rechenoperationen, z. B. Zitrone: Addition von zwei verschiedenen Zahlen im Zehnerraum. Oder Ananas: Subtraktion von zwei verschiedenen Zahlen im Vierzigerraum – immer nach Wahl der Kinder.

1.8 Klänge und Geräusche, oder: Wie man mit Instrumenten Wörter und Rechnungen darstellt

1.8.1 Wie Buchstaben klingen

Vokale kann man beispielsweise mit Klangerlebnissen verbinden. Zu jedem Laut suchen die Kinder ein passendes Instrument: Den Gong (möglicherweise) für das „a“, die Schelle für „e“, die Triangel für „i“, höher klingende Metallophonplatten (g′, c′) für „o“ und tiefer klingende Metallophonplatten (c und e) für „u“, Umlaute mit einer Fingerzimbel ... (Es ist sinnvoll, die Platten wie Dreiklänge zusammenzusetzen; dann harmoniert die spätere Komposition). Interessant klingen auch: Pauke (ein sattes Schwingen); Trommel (als höherer Klang); Castagnetten, Flöte und Triangel für u, o, e, a, i ... Das Herumprobieren macht Spaß, weil jeder seine Vorschläge experimentierend einbringen kann.

Die zuerst notierten Instrumente sind lauter schwingende Metallinstrumente. Ein Text wird nun an die Tafel geschrieben, z. B.: „D*e*r B*au*m st*e*ht *a*m Schl*o*ß. W*u*sch*e*l w*i*ll *i*m Schl*o*ß w*o*hn*e*n. Er s*i*tzt *au*f d*e*m B*au*m *u*nd w*a*rt*e*t g*e*d*u*ld*i*g, b*i*s d*ie* T*ü*r*e* *au*fg*e*ht“ (1. Klasse). Die fünf verschiedenen Vokale und die Doppellaute werden mit fünf Farben nachgemalt. Je ein Kind bedient ein passendes Instrument (für „*ei*“ und „*au*“ kann man die zwei Instrumente in der Reihenfolge eng kombinieren). Der Text wird nun zur „Partitur“: Einer liest den Text und die anderen lassen parallel die entsprechenden Vokale instrumental klingen.

2. Schritt: Über Lautdiskrimination und Isolierung werden die Vokale hintereinander angeschrieben und dann abgespielt. Hier: e, au, e, a, o, u, e, i, i, o, o, e ... Wenn die Spielabfolge vertraut ist, kann man das Stück durch Rhythmisierung noch gefälliger gestalten.

3. Schritt: Ratespiel: Durch Handzeichen läßt man einzelne Instrumente von Kindern anspielen, auch in Kombinationen, und dann raten, welches Wort gemeint sein könnte. Auch Konsonanten werden auf diese Weise vertiefend erlebt (in drei Schritten).

1.8.2 Zahlen klingen

Um Zehner und Einer variiert darzustellen, werden den Zehnern z. B. dumpfe Tamburinschläge, den Einern Triangelschläge o. ä. zugeteilt. Zum Beispiel *23:* Zweimal Tamburin und dreimal heller Klang. Graphisch etwa: *00*...

Auch mit schwer klingenden Glasmurmelpäckchen (10 Stück) und eher dürr klingender Walnuß oder ähnlichen Variationen kann man zweistellige (später erweitert auch dreistellige) Zahlen verklanglichen. Wenn wechselnd zwei (oder mehr) Kinder „ihre" Zahl vorspielen, kann man damit – je nach Abmachung – addieren und subtrahieren (auch in Ketten), dividieren und multiplizieren – der Phantasie sind an Kombinationen aus Klängen, Geräuschen und Aufgabenformen keine Grenzen gesetzt.

Anmerkung: Als vergnüglich werden diese spielerischen Einsätze übrigens immer dann empfunden, wenn die klanglichen Zahldarstellungen gleich in Kopfrechnen umgesetzt werden. Allenfalls kann man die gehörten Zahlen als Merkhilfen kurz notieren – auch, um die gespielte Zahl farbig „ins Bild zu setzen". Es erscheint sinnvoll, solchen multisensorisch verknüpften Einsätzen den spielerischen Charakter zu belassen und sie nicht gewaltsam in mühsam zu erarbeitende Übungen zu ziehen.

Zudem und vor allem: Erfahrungen über das Riechen, Schmecken und über Wärmeempfindungen ordnen sich im menschlichen Lernen den zentralen Verstehens- und Lernvorgängen über Hören, Sehen und Sprechen eher unter oder bei. Gleichzeitig beinhalten aber spielerische Lerneinsätze im Riech-, Schmeck- und Fühlbereich eine hohe Motivationskraft. Sie fordern handelndes Lernen heraus und integrieren sich eng mit Seh-, Hör- und Sprechvorgängen. Abwechslung, Spaß, Neugier und aktivierter Spieltrieb wirken auf die Kinder entspannend, erhöhen Lernfreude und Motivation und tragen so zu einem positiven (und streßfreien) Lernen bei.

1.9 Warme Zahlen, oder: Wie der Wärmesinn Zahlen formt

1.9.1 Additionen und Kettenaufgaben herstellen

Eine Wärmeplatte wird angeheizt. Wer hat den Mut, die Hand darauf zu legen? (Die Platte ist warm bis heiß, nicht brennend heiß.) Der Mutige versucht, seine Hand möglichst lange auf der Platte zu halten, die anderen zählen schnell oder langsam, wie lange er es aushält. Die Zahl wird mit der „heißen Farbe rot" aufgeschrieben. Ein zweiter ist dran, alle zählen ... notieren die Zahl ... dann ein dritter ... So entstehen Kettenaufgaben mit „heißen Zahlen", die erst jeder für sich zusammenzählt. Dann vergleichen wir die Ergebnisse und tragen sie in die gemeinsame Tischliste ein. Wonnegraus und Sensationslust sind starke Motivationskräfte, immer noch eine Aufgabe mehr zu versuchen.

1.9.2 Rechnen mit Feuer und Klängen

Hierzu wähle ich eine besondere Klassensituation und Motivation mit Beispielcharakter: Die Zauberin Perse hatte Schwefelmänncheneier genascht und dabei ihr Zahlengedächtnis verloren. Das machte sie sehr unglücklich, zumal sie in den morgendlichen Spielen von einer peinlichen Situation in die andere fiel. Schließlich stahl sie im Vulkan das Zauberbuch des Teufels und fand dabei einen für sie bestimmten Spruch:

„Wenn Zehner im Feuer gefestigt sind – und Einer am Amboß geschlagen
und viele helfen dir mit – dann kannst du jede Zahl wieder gewinnen!"

Die Schüler entzifferten den Spruch und fanden folgende Lösung: Statt Vulkanfeuer: Kerzenflamme („... im Feuer gefestigt ..."). Statt Amboß: Klangplatte und Gummischläger („... und Einer am Amboß geschlagen ...). Dazu: Alle Kinder helfen mit. Die Schüler überlegten nun die weitere Anordnung (die ja vorprogrammiert war, so daß ich passendes Material dabeihatte). Sie bildeten drei Gruppen zu je acht Kindern um einen Tisch herum. Auf dem Tisch wurden Kerze, Instrument und großer weißer Karton mit Schreibzeug aufgelegt. Das 1. Kind fuhr nun mit dem Zeigefinger durch die Flammen – jedes Durchfahren bedeutete 1 Zehner. Das 2. Kind schlug die Klangplatte. Die anderen bestimmten die beobachtete und gehörte Zahl und diktierten sie dem 3. Kind.

Zum Beispiel: Sechsmal durchs Feuer und 4 Klangplattenschläge: *64.*

Ein 4. Kind schlug noch einmal in beliebiger Anzahl auf die Klangplatte (zwischen 1 und 9) und bestimmte, ob „seine" Zahl addiert oder subtrahiert werden sollte. Der Schreiber (das 3. Kind) notierte also z.B. 64 + 5 bzw. 64 – 5; dazu die Lösung, die von allen gerechnet und kontrolliert wurde. Dann Wechsel in der Gruppe: Entweder wurden Kerze, Klangplatte und Schreibzeug weitergeschoben, oder – ein bißchen Bewegungsabfuhr – rückte jeder nach rechts auf des Nachbars Stuhl. Die nächsten vier waren an der Reihe.

Bei den ersten Versuchen ging es laut zu; die Kinder waren stark angeregt. Am zweiten Tag herrschte große Konzentration, die Kartons füllten sich mit Aufgaben, nebenbei malten die Kinder bunte Bildchen und Muster darauf – die Rechenbögen wurden zum Aufhängen schön. Am dritten Tag hatte Perse schon wieder viele Zahlen im Kopf – jede, die einmal berechnet worden war. Nun galt es, jede noch nicht verwendete Zahl mitzurechnen – danach war der Hunderterraum bereits breit erschlossen. Dann sollten im Ergänzungsrechnen alle vollen Zehnerzahlen erreicht werden (aber mit zweistelligen Zahlen). Schließlich mußten die Rechnungen über die Zehnerstellen hinausgehen. Als der Perse auch das gelang, feierte sie ein Freudenfest.

Nach vier Tagen war zugunsten von Perse mit Hilfe von Phantasie, Kerzenflammen und Klangplatten in konzentrierter und angeregter Atmosphäre ein großes Rechenprogramm spielend erfüllt worden. Es wurde laufend weiter vertieft, wobei bewußt auch Rechenbrücken benützt wurden.

1.10 Wechselspiel im Gehirn, oder: Wie Phantasie und Abstraktion sich fügen

1.10.1 Rechenpuzzle

Auf einer Holzplatte wird ein interessantes Motiv gemalt, z. B. eine Märchenszene, etwas aus einer aktuellen Phantasiegeschichte oder eine sachliche Information (eine Schlange, versteinerte Ammoniten und Trilobiten, ein geschwungenes Dinosaurierskelett; Feuerwehr beim Löschen, Polizist mit Hund ...). Am besten malt man mit Tempera, Deckfarben o. ä. Am Ende wird das Bild zum Glanz und Schutz lackiert. Dann wird es in Puzzleteile geschnitten, die Kanten werden glattgeschmirgelt; und schließlich schreibt man auf jeden Teil eine Rechnung. Auf einem Grundbrett in Größe des Bildes werden die Konturen der Puzzleteile genau nachgezeichnet und mit der entsprechenden Lösung der passenden Aufgabe versehen. Die Kinder ziehen ein Puzzleteil, lösen die Aufgabe und legen dann ihren Bildteil auf die passende Kontur auf dem Grundbrett (Grundkarton). Wenn alle Lösungen stimmen, entsteht ein vollständiges Bild. Es geht auch umgekehrt: Rechnung auf dem Grundbrett, Lösung auf dem Puzzleteil.

Variation: Ein Kind bestimmt die Ergebniszahl, die anderen suchen die dazugehörige Rechnung.

Rechenpuzzles haben den Vorteil, daß die Kinder Fehllösungen unmittelbar durch Unstimmigkeiten im Bild bemerken.

1.10.2 Von der Phantasie zum abstrakten Rechnen

Wählen wir hierzu wieder ein Beispiel, das nicht unbedingt bewußt den Einsatz mehrerer Sinne plant, sondern aus der kontinuierlichen Geschichte und dem phantastischen Kontext entsteht. Der Schritt von der Phantasie zum abstrakten Arbeiten macht – durch die enge neuronale Vernetzung aller Hirnbereiche untereinander, besonders auch der rechten mit der linken Seite – keine Schwierigkeiten. Im Gegenteil, Motivation und Spieltrieb, die das logische Denken unterstützen, sind besonders stark.

Es war zur Zeit des Erwerbs der „Viererreihe" und „Fünferreihe". In unserer Geschichte hatte die Zauberfamilie auf der Regenbogeninsel alle Felsenspalten zubetoniert, da sich an deren Rändern die goldgelben Schwefelmännchеneier bildeten. Diese wanderten dann in die Spalte, reiften aus, schlüpften als Schwefelmännchen und arbeiteten sich als solche bis zum Vulkan durch, von wo aus sie das Zauberland verwüsteten – der Teufel schickte sie, und: – so ergaben es die Bilder und Texte der Kinder – besonders die Drachenstadt zerstörten sie immer wieder. Als der Teufel nun merkte, daß der Nachschub ausfiel, bohrte er sich bis zur Insel durch und evakuierte die immer neu entstehenden Eier (die aber nicht mehr in die Spalte fallen konnten), um sie vor dem Austrocknen zu retten.

Er packte immer vier Eier, je zwei in einer Klaue. Ein Kind spielte uns das dramatisch vor, und die anderen rechneten mit:

1. Rettungsrunde: 4 Eier

2. Rettungsrunde: 8 Eier

9. Runde: 36 Eier ...

Nach der 5. Erddurchquerung brach ein intellektueller Spieltrieb durch. Vergnügt trieben die Kinder die Handlung voran, indem sie gleich rechneten: Bei 6mal: 24 Eier; bei 7mal: 28 Eier ... bei 10mal: 40 Eier; bei 20mal: 80 Eier ...

Nun spielte ich den „Abend“: Der Teufel sinnierte: Ein hartes Tagwerk lag hinter ihm. Als er dreimal durch die Erde gefahren war, hatte er: ?... Eier gerettet. Doch das war nicht genug! Ach ja, als er neunmal durchgefahren war, fühlte er sich schon recht schlapp. Aber immerhin: Er hatte schon: ?...36 gerettet. Stolz wurde er aber, als er schon 15mal gefahren war: ?... Da waren bereits 60 gerettet usw. Und andersherum: Er wandte sich den zappelnden Schwefelmännchen zu, die gerade aus den geretteten Eiern geschlüpft waren und meinte: „Da seid ihr nun ausgeschlüpft, die ersten 8. Wißt ihr, wie oft ich dafür durch die Erde fahren mußte?“ (die wußten es nicht, aber die Kinder in der Klasse: zweimal!). Ein Schwefelmännchen wollte das nicht verstehen, da legten wir die gebackenen Figuren auf den Tisch; ein Kind, von dem ich wußte, daß es die Anschauung brauchte, packte immer vier in seine Hand und merkte, daß es das zweimal machen mußte, um die 8 Männchen zu versorgen. *4 paßt in die 8 zweimal.* Wenn 8 Eier gerettet waren, mußte der Teufel also zweimal durch die Erde fahren und zupacken.

Jeder durfte nun je vier Schwefelmännchen packen: aus Mengen von 16, 24, 32 usw. Der nächste Schritt war bereits abstrakt: Im Tagebuch des Teufels stehen die Berechnungen:

1. Bei jeder Fahrt hat er 4 gerettet: $1 \times 4 = 4$
$2 \times 4 = 8$
$3 \times 4 = 12$ *usw.*

Dann: Viele wurden gerettet, wie oft mußte der Teufel fahren?

$4:4 = 1$; Sprachlich veranschaulicht: 4 Eier, alle 4 gepackt, dafür fährt er 1mal (Sprache handelnd begleiten!).
$8:4 = 2$; 8 Eier, immer 4 gepackt: dafür fährt er 2mal...
$40:4 = 10$; 40 Eier, immer 4 gepackt: dafür fährt er 10mal...

Die Zehnerreihe

Karin hatte eine Art Schnöfchen aus einem Kniestrumpf gebastelt, das auf Schwefelmännchenfressen spezialisiert war. Alle Hamster des Landes halfen mit. Immer 10 wurden in einen Käfig gesperrt. Die malten wir und die Kinder setzten bunte Kuller ein: Deutlich wurde sichtbar: in drei Käfigen waren 30 Männchen, in sieben Käfigen 70, denn 3 (Käfige) mal 10 (Männchen) gibt 30 (Männchen ...) usw.

Diese Rechnungen wurden wieder sauber aufgeschrieben, streng untereinander: Die Zehner- und Einerstellen, Hunderterstellen, die Zeichen ... diese saubere Ordnung hilft, Gedanken zu ordnen und zu strukturieren.

Natürlich malten die Kinder, wenn sie mit Rechnen fertig waren, daneben die Geschichte.

Die Fünferreihe

Andreas beschloß, auf einem Bild genau gemalt und von ihm erläutert, daß immer fünf Schwefelmännchen in eine Rakete gepackt und dann auf einen anderen Stern geschossen werden sollten, um sie endgültig loszuwerden.

5 in die 1. Rakete: 5 sind schon fort. 5 in die 2. Rakete: 10 sind schon fort ... 1 × 5; 5 × 5; 12 × 5: Wir schreiben die Aufgaben als Malaufgaben ins Heft – wie Schnuggel in sein Tagebuch. Auch das läßt sich spielen. Man kann dabei Fragen abklären: Moment mal, was bedeutet diese 10 und diese 8 hier ...?

Auch die „Durchaufgaben" werden entsprechend gerechnet und sprachlich abgeklärt: schließlich muß man die Rechnungen auch verstehen ...

Manche Kinder rechneten sogar geduldig zeichnerisch aus, wieviele Raketen benötigt wurden, wenn 200 Männchen weggeschossen wurden. Da sie nicht so viele Raketen malen wollten, aber noch Anschauung brauchten, reduzierten sie die Darstellung auf einfachste Symbole: Rakete = ein Oval. 5 Männchen = Ziffer 5. Bald war die Lösung gefunden und sie empfanden das abstrakte Spiel mit den Zahlen interessant. Daniel formulierte das so: „Ich male nicht mehr, sondern denke mir das, was passiert, im Kopf. Dann schreib ich die Zahlen, das geht schneller als malen." Deutlicher kann das lockere Spiel zwischen Bild und Zeichen, Handlungsmustern und Begriff gar nicht werden. Phantasie stört nicht logisch-abstraktes Denken; es erweitert das Denken.

1.10.3 Vorgreifende Motivation: Der Zeitraffer

Die Bilder, Texte und Sprechblasen zeigten mir die nächsten Erzählinhalte: Schnuggel wollte zur Milchstraße reisen, um zu sehen, ob und wo die Schwefelmännchen gelandet waren und warum die Milchstraße gerade Milchstraße heißt. Start und Flug wurden gespielt (Count-down), und dann war er eine Woche unterwegs. In dieser Zeit rechneten die Kinder intensiv und ausgiebig im Sinne von Rechentraining, Übung und Vertiefung: Dazu dienten Seiten im Rechenbuch, das kleine Arbeitsheft und Arbeitsblätter. Jeder hatte bestimmte Aufgaben in jedem Fall zu erledigen, viele arbeiteten weit voraus, soweit sie es bewältigten; auf Wunsch erklärte ich manchen auch bereits die kommenden Aufgaben (den Achter, den Siebener, bestimmte Rechenspiele ...). Aber: Da Schnuggel durch den Weltraum raste, verging bei ihm die Zeit viel schneller. Alle fünf Minuten mußten wir die große Spieluhr um eine Stunde vorlaufen lassen. Erst bezeichneten wir volle und halbe Stunden. Am nächsten Tag alle viertel Stunden, am dritten Tag bereits die durchgezählte Zeit (wie im Rundfunk) im 5-Minuten-Abstand. Am vierten Tag kam die Formulierung dazu, wie wir im Alltag sprechen: Es ist 1 Uhr 30; wir sagen aber: halb zwei. Es ist 5 Uhr 20. Wir sagen aber: 10 vor halb 6 ...

Am Ende der Woche waren nicht nur alle bisherigen Rechenoperationen schriftlich und mündlich abgesichert, sondern die Kinder kannten auch, motiviert durch den Zeitraffer, die Uhrzeit. Diese Kenntnisse wurden spielerisch erworben; schließlich gehörte die Motivation zu einer spannenden Geschichte. Das Thema „Uhrzeit" selber kommt erst in drei Wochen dran; bis dahin sind die Kenntnisse durch die Spiele so abgesichert, daß wir auch schwierigere Zeitprobleme bald lösen und Möglichkeiten zu vertiefenden Übungen haben, ohne daß die Erfahrung eines mühsamen Erwerbes neuer Kenntnisse sich störend auswirkt.

Nach einer Woche landete Schnuggel in einem Urweltmeer. Er wurde von riesigen Trilobiten, Wasserschnecken und haiartigen Fischen bedroht; nach Vorstellung der Kinder mußten am Ufer auch „gräßliche Dinosaurier" stehen.

Schnuggel konnte nicht aussteigen, nicht starten; er rief um Hilfe, wollte sich wegzaubern: Nichts half. Veronika fand den Grund: Die Luft ist so dünn, daß Stimme und Zauberkraft nicht wegschwingen können. Nur einer auf der Erde hörte ihn: Der Teufel mit seinen feinen Antennen in seinen Hörnern. Der schlug nun den Kindern einen Handel vor:

Da er unter die Menschen gehen und ihnen Streiche spielen wollte (es gibt zahlreiche „Märchen" vom Teufel), durfte er dort nicht auffallen: Er kann sich da zum Beispiel nicht einfach nach Bedarf etwas zaubern, er muß es kaufen. Wie geht man mit Geld um? Was für Geld gibt es? Natürlich wollten ihm die Kinder erst nicht helfen, aber sogleich ging es Schnuggel auf dem fremden Stern noch schlechter. Nur der Teufel konnte helfen! Also wollten sie ihm den Umgang mit Geld zeigen. Ob er dann umgekehrt Wort halten und helfen würde? Der Teufel schlug einen „Kompromiß" vor; und nach dem wurde dann gespielt:

1. Die Kinder (alle haben Spielgeld) zeigten ihm Papiergeld und Münzgeld, boten Beispiele zur Kaufkraft und zeigten ihm (auf großen, vorbereiteten Bögen an der Tafel, die der Teufel als „Spickzettel" mitnehmen wollte), wie man mit möglichst wenig Geld bezahlt: Eine Mistgabel kostet z. B. *16 DM,* also muß er *10 + 5 + 1 DM* bezahlen ... Wenn eine Rechnung falsch war, protestierte der Teufel gleich, weil er kein unnötiges Geld mit sich herumschleppen wollte. Nach acht Beispielen (durch acht verschiedene Kinder) war er zufrieden und zauberte im Gegenzug die Ungeheuer auf dem Planeten klein; die Kinder halfen natürlich beim Zaubern mit.

2. Der Teufel wollte wissen, wie das mit dem Wechselgeld sei, wenn er nur mit *einem* großen Schein unterwegs sei. Zum Beispiel: Er wollte frischen Lavendel für *12 DM* kaufen (für den Beutel, den er am Gürtel trägt) und mit *20 DM* bezahlen: *20 DM – 12 DM = 8 DM.* Er soll sich die *8 DM* mit *5 DM + 2 DM + 1 DM* in Münzen geben lassen. Oder: Mehrere Kilo Kernseife (um den Schwefelgeruch abzuwaschen) für *19 DM* und einen geblümten Umhang für *34 DM:* Er gibt *19 DM + 34 DM = 53 DM* aus. Er will mit *100 DM* bezahlen: *100 DM – 53 DM = 47 DM.* Dieses Wechselgeld soll er sich in *2 mal 20 DM + 5 DM + 2 DM* geben lassen.

Nun zauberte der Teufel, entsprechend Kompromiß, weiter: Er ließ alle Ungeheuer versteinern.

Und diese Versteinerungen zeigte ich: Versteinerte Trilobiten, 1 cm bis 12 cm groß, aus Gotland und Marokko; versteinerte Fische (Sollnhofen), Ammoniten (auch von dort) und Orthoceras von Öland und Marokko. Diese zum großen Teil von mir selber gefundenen und präparierten Stücke breitete ich auf einem Hocker aus und ließ sie besehen. Danach war die Stunde zu Ende und ich versprach, die Fossilien zum nächsten Morgen wieder mitzubringen. Am nächsten Tag besprachen wir das Arbeitsverfahren, damit jeder rechnen und Fossilien sehen konnte.

Die Kinder erhielten über Tafelanschrieb klare Arbeitsanweisungen für *Stillarbeit:* 1. Geldbeträge mit möglichst wenig Zahlen, die als Scheine oder Münzen vorkommen, zusammenzusetzen (graphisch und mit Zahlen).
2. Wechselgeld berechnen: von 100 und von 50 DM weg, und die Lösung noch mit möglichst wenig Einzelgeldern zeichnen.

3. Nach einer halben Stunde fügten wir vereinfachtes Rechnen hinzu: Bei zweistelligen Zahlen rechnen wir erst das „Papier", dann die „Münzen": Also z.B.:

37 + 46: 37 + 40 = 77
77 + 6 = 83

Das Thema Geld war am Anfang des Jahres schon einmal behandelt worden und diente heute der Vertiefung; das Rechenverfahren unter Nr. 3 hatten wir im Rechentraining oft im Kopf geübt und vertieften es nun (und am nächsten Tag noch einmal). Mit der Raketen- und Teufelsgeschichte deckten wir also ein breites Übungsfeld ab.

Parallel holte ich jeweils vier bis sechs Kinder vor und erklärte ihnen die Fossilien genauer. Zwei Kinder hatten Jugendbildbände über Dinosaurier und Erdgeschichte mitgebracht. In einem Band war die Entwicklung der Erde, der Kontinente und des Lebens in großen Spiralen dargestellt: Daran ließ sich vieles gut erklären; auch die sachliche Information, daß Trilobiten schon viele Millionen Jahre ausgestorben waren, als Dinosaurier auftauchten; und daß es noch lange keine Menschen gab, als diese Giganten ausstarben; und ich erklärte den Versteinerungsprozeß, um die ausgestellten Fossilien zu erläutern und zu zeigen, daß das Wissen um die Geschichte von der Entwicklung des Lebens über solche versteinerte Funde möglich ist. Alle Kinder konnten so im ersten Durchgang etwa 10 Minuten lang informiert werden. Da in den nächsten Tagen noch sechs Kinder prächtige Bildbände mit verschiedenen Schwerpunkten mitbrachten, arbeiteten wir im gleichen Verfahren weiter: Stillarbeit (wir kamen in dieser Zeit in Mathematik stofflich gut voran) und parallel in kleinen Gruppen mit Arbeit an Fossilien und Büchern. Dabei waren z.B. Beobachtungen und Informationen spannend, welche Saurierelemente sich bis in unsere heutige Tierwelt erhalten haben, welche Formen sich nicht durchsetzen konnten, welche sich verändert haben usw.

Wenn auch viele Informationen nicht dauerhaft gespeichert werden können: Das aktuelle Interesse war aufgegriffen und Neugier und Bedürfnis waren geweckt worden, in diesen Büchern zu lesen; ein Staunen vor den Wundern der Natur erwachte.

Ausblick: Die Kinder brachten anknüpfende Bildgeschichten mit Dialogen in Sprechblasen und Texten voller reizvoller Ideen mit. Ein Bild zeigte dabei

Schnuggel in einem Netz von Fäden; daraus wurde die nächste Geschichte gemacht: Er startete wieder, fiel dann aber wegen übermäßiger Anziehungskraft auf den Planeten mit den Riesenspinnen und geriet dort in einen tiefen Schlaf. Dabei wurde er wie ein Kokon eingesponnen. Auf dem Spinnenplaneten arbeitete ich mit Arbeitsblättern, die das Thema „Zeit“ wiederholten und vertieften.

Die Abenteuer auf diesem Planeten fanden schließlich ein gutes Ende, weil unsere Geschichten erstens prinzipiell am Ende gut ausgehen, und weil die Kinder auch bald in die 3. Klasse kamen, wir also unser Phantasieland „in Ordnung“ bringen mußten.

1.11 Ästhetisches Gestalten

Das Dargelegte möchte exemplarisch zeigen, daß – in einem ganzheitlichen Lernen und Erleben – die schriftliche Fixierung besonders phantasievoll und liebevoll erfolgt. Die Schreib- und Rechenhefte sind voller bunter Illustrationen. Um ein Verhältnis zwischen Schrift und Text herzustellen, bitte ich immer, daß keine Wachsfarben verwendet und daß die Bildteile nicht zu groß werden sollen. So bemühen sich auch Kinder, deren Feinmotorik und Sinn fürs Detail noch etwas grob sind, um Bildchen, die nicht in die große Fläche, sondern durch dünne Stifte wie Bleistift, Filz- und Holzstifte ins Feine, Detaillierte gehen. Manche überziehen ihre Seite zart in Regenbogenfarben ... Neben den bunten Heften entwerfen die Kinder auch Geschichten, Rechnungen und Bilder für die „Morgenpost“, die ich vorstelle und dann im Leitz-Ordner abhefte. Dieses „Morgenpostbuch“ ist prächtig und informativ – schließlich wissen die Kinder aber auch, daß sie nicht „für den Papierkorb“ arbeiten.

1.12 Anmerkungen

Zum ersten: Fehler in frei vom Kind gestalteten Texten verbessere ich nicht; es würde seine Spontaneität zerstören. Wenn ich Wörter wirklich nicht verstehe, lasse ich sie vom Verfasser vorlesen und frage dann, ob er einverstanden sei, wenn ich einige Fehler verbessere, damit die anderen Kinder auch die schöne Geschichte verstehen können, wenn wir sie aushängen.

Schwieriger wird es, wenn es sich nicht um spontane Phantasiestückchen, sondern gezielt um Beiträge in Deutsch handelt: Schließlich müssen irgendwann Fehler verbessert werden. Nach meiner Erfahrung wird dieses diffizile Problem günstig dadurch gelöst, daß man den Text erst vorliest oder vorlesen läßt, um ihm Geltung zu verschaffen. Privat sagt man dann dem Kind, daß einige Wörter nicht ganz richtig geschrieben seien; man könnte sie mißverstehen. Auf die Frage „Soll ich dir zeigen, wie man sie schreibt?“ antwortet eigentlich jedes Kind mit „Ja“. Ich schreibe nun die entsprechenden Wörter auf ein Extrablatt und zeige nochmals die Fehlerstelle im Text. Ich möchte nicht in diese kleinen Phantasieprodukte „hineinpfuschen“. Fast immer korrigieren dann die Kinder ihre Texte, indem sie meine Vorlage zu Hilfe nehmen. Manche sind zu bequem, ihren Text zu verbessern. Die frage ich, ob ich es ihnen verbessern solle. Ich übernehme dann einen Teil der Korrektur, wobei ich das Kind zusehen lasse und die Verbesserungen erkläre; dann überlasse ich dem Kind den (nun überschaubaren) Rest.

Dann: Alle Spiele und Übungen, die ich vorgestellt habe, sind im Unterricht durchgeführt worden und haben sich bewährt. Der Lehrer möge diese Formen als Bausteine, Impulse für eigenes Tun verwenden; ich bezweifele, daß ein mechanisches Übertragen in einer fremden Klassensituation hilft, solange nicht auch ein gemeinschaftlicher Kontext dahintersteht: Sei es durch kontinuierliche Leitfiguren, durch phantastische Geschichten, durch Spiele oder – wer es mit der Phantasie nicht wagt – mit realistischen Geschichten: Unsere Welt bietet genug Abenteuerliches: In der Tierwelt, sozialen Welt, auf Reisen, in der Technik ...

Dann: Alle vorgeschlagenen Arbeitsformen können mit verschiedenen Schwierigkeitsgraden durchgeführt werden – auch noch in der 3. und 4. Klasse. Wichtig sind die Motivationen, aus denen heraus dann gelernt wird.

Weiter: Der hohe (nachweisbare) Lernwert entsteht aus der Kombination von erschlossener, denk- und weltbilderweiternden Phantasie; der Aktivierung wechselnder Sinnesfelder und verschiedener Handlungs- und Erfahrungsformen und auch aus dem Spieltrieb, der offenkundig nicht da aufhört, wo die Puppen gewissermaßen eingepackt werden.

Schließlich: Diese Spiele integrieren sich zwanglos in den Unterricht; aber sie werden nicht täglich so durchgeführt – da würden sie ihren Reiz verlieren oder gar verkrampft wirken. Es gibt Tage, an denen wir reine Kopf- und Schreibarbeit machen – einfach, weil es gerade sinnvoll und wichtig ist: Und die Kinder arbeiten gerne auch so, denn sie zeigen mit Vergnügen, was sie schon alles können (wie im Bild, so auch in Zeichen und im abstrakten Bereich).

1.13 Und zum Schluß

Zu all diesen Vorschlägen möchte ich folgendes feststellen: Es gibt heute – in Übungs- und Trainingsheften, im Rahmen von Lese- und Schreiblehrgängen, als Programme oder Vorschläge für eigene Ausgestaltungen – eine Fülle von Angeboten mit „üblichen", aber auch abwechslungsreichen Vorschlägen zum Rechtschreiben; zur Sprachkunde, zur Aufsatzerziehung usw. Dazu gehören z.B. Lückentexte und Wortbildungsübungen, Wortungetüme, Schlangenbilder, Suchspiele und Konzentrationsspiele; Übungen mit Silben und Klängen; Silbenrätsel, Kreuzworträtsel, Wörterlotto; Buchstabensalat, Wortauf- und -abbau; Formschreiben, Lautvariationen; Wort- und Bildkarteneinsätze; optische und akustische Arbeit am Einzelbuchstaben über Schreiben, Malen, Hantieren, Reime, Bilderrätsel, Laut- und Klangmalerei; Entdecken nichtpassender Wortteile; Finden von Zusammengehörendem; Was paßt? – Spiele zur Übung von Morphemen (-ung, -er, -zer-, be-, ge-, ver- ...); Wortkarten zusammensetzen; verschiedene Schriftarten lesen; Zuordnungsspiele als Übung zur Bedeutungserschließung; Übungen mit Satzstellungen, zu Ausrufe- und Fragesätzen ...[47] Wie diffizil der Weg zum Lesen und Schreiben ist, zeigt beispielsweise Hans Brügelmann[48], wobei er überaus vielseitig und interessant über diesen Themenbereich informiert und zugleich viele Hilfen bietet. In Mathematik kann sich jeder Lehrer an den Begleitheften zu den Mathematikbüchern orientieren, zumal viele begleitende Übungsbücher eine Fülle auch origineller Aufgaben anbieten. Viele Übungsformen führe ich also durch, ohne sie gesondert zu erwähnen. Die Auswahl meiner Beispiele orientiert sich lediglich an dem Gedanken, multisensorische, phantasiebetonte Einsätze zu zeigen, in denen Kinder ihre eigene Welt durch subjektive Vorstellungen in der Gemeinschaft spielerisch und erfinderisch zur Geltung bringen; neue Ideen in alte Muster einordnen, aber auch durch Neugier und kontinuierlichen Umgang in dieser Arbeitsform neuen Erkenntnissen objektiv gerecht zu werden versuchen. Ihre geistig-seelisch-körperlichen Aktivitäten tragen zu einer weiteren Welterschließung bei.

2. Kommunikation

2.1 Einführende Gedanken

Dieses äußerst umfassende Thema möchte ich auf Beispiele beschränken, die Aspekte der „Welt drei" (eng verbunden mit „Welt zwei") im Elementarunterricht erhellen mögen. Sprache ist eine spezifisch menschliche Fähigkeit, die sich in Poppers Gedankenmodell in die Welten „eins", „zwei" und „drei" einordnen läßt. Nicht der subjektive Gebrauch, um sich selbst zu artikulieren (s. freie Rollenspiele; Kapitel „Welt zwei"); aber auch nicht die Kommunikation mit Hilfe verschiedener Techniken und Sprachebenen (z.B. mit Lautgebärden) möchte ich hier in den Mittelpunkt stellen, sondern Beispiele von Situationen, in denen die Kinder lernen, zuzuhören, innerlich Anteil zu nehmen, Gesprächs- und Verhaltensregeln anzuerkennen und für andere konstruktiv offen zu sein. Damit gewinnt die soziale Komponente und die Aufnahme von Kultur und Wissen im Sinne von „Welt drei" über Kommunikation einen besonderen Stellenwert.

2.2 Die Erzählgemeinschaft

Damit meine ich nicht den allgemein bekannten Morgenkreis[49], sondern die Gemeinschaft, die von Alters her aus der Gruppierung von Erzähler, Zuhörer und Erzählgegenstand lebt, wie dies mit Märchen und Mythen, Fabeln, Sagen und Legenden, Abenteuer- oder Alltagsgeschichten der Fall war und ist. Der Erzähler steht im Mittelpunkt. In unserem besonderen Rahmen übernehme diese Rolle fast immer ich, wenn ich z.B. ein Märchen (wieder-)erzähle. Der Rahmen dazu ist festgelegt. In der „Erzählecke" sitzen oder liegen die Kinder bequem und entspannt auf Polstern und Teppichflecken. Sie sind auf stilles Zuhören eingestellt. Zuhören und innerliches Verarbeiten des Gehörten zu eigenen Vorstellungsbildern, die in ihrer Vielfalt bildhafte Ganzheiten wecken und innerlich subjektiv wahrgenommen werden, erfordern eine geistige Anstrengung. Wahrnehmungen stellen Tätigkeiten dar. Es ist ein Tun über akustische und zusätzlich über optische Wahrnehmungen, da ich das Erzählte auch mit Gesten, Mimik oder mit beispielsweise stilisierten Märchenwollebildern bereichere. Aber das Wort steht im Mittelpunkt.

Viele Kinder haben anfangs Schwierigkeiten, sich auf das Erzählte voll einzustellen und „nur“ zuzuhören. Sie finden Abfuhr innerer Spannung in Bewegungen, im Herumrutschen oder durch Zwischenrufe. Solche Bewegungsabfuhr sollte toleriert werden, und Zwischenrufe im Sinne einer Verstärkung des Erzählten wirken sogar motivierend. Schwieriger wird es mit assoziativen und dann ablenkenden Äußerungen, die vom Erzählgut wegführen. Sie sollten nicht streng abgeschnitten, eher gelenkt und für ein späteres Gespräch „abgelegt“ werden, denn sie zerstören die aufgebaute Stimmung, die Spannung, die Stille und das innerliche Mitgehen der anderen. Bewährt hat sich der einfache, leise Hinweis, verbunden mit einem zuwendenden Lächeln, daß ich jetzt erst einmal meine Geschichte fertigerzähle. Ich erzähle gerne. Erzählen ist unmittelbarer als Vorlesen, da Hände, Gesicht, Blickkontakt und Stimme sich freier entfalten können und leichter und überzeugender ihren „Adressaten“ finden als beim Lesen. Textbeherrschung und Stimmkontrolle (und damit intensive Vorbereitung auf diese Situation) sind wichtig. Aber damit wird der Erzählkreis auch zum Erlebnis. Bald genießen die Kinder diese Situation von körperlicher Entspannung und wechselnder geistig-seelischer An- und Entspannung. Über Erzählgemeinschaften mit Märchen und phantastischen Geschichten folgen im Kapitel „Märchen“ noch konkrete Hinweise, die mir sehr wichtig erscheinen, weil sie das Weltbild der Kinder mitbestimmen können. Es hat sich auch herausgestellt, daß die Anerkennung von Regeln und Ritualen nicht nur einen äußeren, sondern auch inneren Rahmen stecken, der Halt und Sicherheit gibt, da jedes Kind nun weiß, woran es ist, indem es seine Freiheiten und Grenzen erfährt; und in dem es sich bewegen lernt, ohne „anzustoßen“ und Enttäuschungen durch unangenehme Konflikte zu erleben. Gewohnheiten helfen, eine innere Ordnung aufzubauen, die befreiend wirken kann, da man in einer Ordnung alles besser findet (z.B. Gedanken, Verhaltensweisen) als im Durcheinander.

Zum Ritual gehört beispielsweise, für den Erzählkreis einen bestimmten Platz zu wählen, der gemütliches Sitzen erlaubt und ein Gefühl der Geborgenheit in dieser Gemeinschaft vermitteln kann (in der Spielecke, am Raumteiler, hinter dem Pult ...). Die Kinder lernen mit der Zeit, wie sie sich in einer bestimmten Zeit die Sitzpolster teilen und die Beine gemütlich „auslegen“ – und wenn man dann z.B. die Hände leicht anhebt und eventuell noch den Finger an den Mund führt und lächelt, wird alles still, denn jeder weiß: Es geht los. Diese sparsame Geste wird mit der Zeit von den Kindern als Bestandteil der Erzählgemeinschaft verstanden. Zur Regel gehört bei uns u.a. die Abmachung, daß während meiner Erzählung keine „andere Geschichte“ erzählt wird. Auch den Kindern wird mit der Zeit klar (ich parodiere da notfalls ein bißchen, um Verständnis für unsere Regel zu finden), daß unsere Geschichte doch leiden würde, wenn bei den „Sterntalern“ Volker vom neuen Katzenwurf erzählt oder Juliane bei „Schneewittchen“ dazwischenfährt, daß sie ein neues Playmobil bekommen habe. Das sind auch wichtige Ereignisse, über die wir noch reden werden, aber hier und jetzt sind Sammlung und Konzentration auf eine Sache wesentlich; im Sinne von Qualität anstelle von Quantität in Form abschweifender Phantasiefülle. Sprache ordnet das Denken bereits im Zuhören und subjektiven Verarbeiten.

2.3 Körpersprache als Ausdrucksmittel

Der Mensch teilt sich nicht nur verbal und schriftlich mit, sondern auch über seinen Körper.[50] Gemeint sind nicht die Assoziationshilfen z.B. der Lautgebärden, sondern die Ausdrucksfähigkeit durch Körperhaltung, durch Gestik und Mimik, auch Tonfall und den Abstand zwischen Kommunikationspartnern. Dabei können Körper, Gestik und Mimik bewußt und gezielt eingesetzt werden, um Botschaften zu signalisieren (Wünsche, Befehle, Mitteilungen, Befindlichkeiten). Die anderen lernen im täglichen Gebrauch und lebendigen Umgang, diese Signale richtig zu interpretieren. Gleiches geschieht mit unbewußt „versandten" Signalen, die z.B. Angst, Verschlossenheit, Wut oder Freude ausdrücken. Neben dem aktiven Alltagsgebrauch in der Klassengemeinschaft lassen sich Kommunikationsformen auch üben. Ich setze hierfür gerne Märchen und ähnliche Geschichten ein, die mir von ihrer Welthaltigkeit, Bildkraft und Kindgemäßheit her besonders geeignet scheinen. Ausdrucksstark verläuft das beispielsweise bei Hänsel und Gretel, wenn sie im Wald umherirren; wenn sie dabei immer ängstlicher werden, in Panik geraten und dann voller Erleichterung ans Lebkuchenhaus gelangen, bis sie verzweifelt die Hexenpläne erkennen. Doch Erlösung und Freude demonstrieren sie beim guten Ende. Oder im „Sterntaler": Das einsame Mädchen wird auf dem Feld angebettelt. Der Bettler kommt in demütiger Haltung, vom Hunger geplagt; er eilt aber mit dem erbettelten Brot rasch fort: Nicht nur erleichtert, etwas zu essen zu haben, sondern vielleicht auch mit der Angst, es zurückgeben zu müssen. Und dann streift das Kind ein abgebetteltes Kleidungsstück nach dem anderen ab; im Wald blickt es gottergeben zum Sternenhimmel hoch. Es staunt über das neue feine Hemdchen, streichelt den warmen weichen Stoff, dreht und schwingt sich in Wohlbehagen, staunt angesichts der herabprasselnden Taler.

Stimme und Wortwahl sollten dann jeweils zu den Bewegungen passen. Noch differenzierter wird Körpersprache, wenn man Pantomimen einübt, bei denen der Körper deutlich genug ausdrücken muß, was sonst die Sprache ergänzend besorgt. Nach anfänglichen Schwierigkeiten (Kinder kommentieren gerne ihr Handeln) sind bereits Kinder im Schulkindergarten in der Lage, klare Handlungssequenzen darzustellen wie z.B. die glücklosen Prinzen und dann den Helden beim Durchqueren der Dornenwand in „Dornröschen"; die Wolfsszenen in den „Sieben Geißlein"; den trickreichen gestiefelten Kater im Schloß des Zauberers; die draufgängerischen und zugleich mitleidigen Räuber im „Teufel mit den drei goldenen Haaren" ...; Märchen bieten eine Fülle von Motiven, die durch ihren emotionalen Gehalt helfen, sich in die Rollen zu versetzen. Im Elementarbereich läßt sich Körpersprache gut in ganzheitliche Zusammenhänge eines ausdrucksvollen Spieles stellen. Dazu sind Märchen meines Erachtens eben besonders geeignet – auch aus Gründen, die noch dargestellt werden, da sie viele Elemente der Welt des Kindes widerspiegeln.

Im Gegensatz zum körpersprachlichen Einsatz in Spiel und Pantomime verwenden die Kinder im selbstgewählten freien Rollenspiel vor allem ihre Sprache und projizieren zugleich Gedanken, Gefühle und Handlungen in die Handpuppen hinein. Zwischen Märchenspiel und freiem Rollenspiel in zitierter Ausführung besteht hier ein beachtlicher Unterschied.

Auch Lieder, Gedichte, Balladen lassen sich über Worte, nonverbale Lautmalerei und Körpersprache darstellen. Diese Formen unterstützen zugleich das Merken der Texte.

Spielerisch lassen sich auch mimische Signale verarbeiten: In Blinzel- und feinabgestimmten Signalspielen (Botschaften über Hände weitergeben; ins Ohr flüstern ...). Auch in „Spiegelspielen" über Vormachen und Nachahmen lassen sich feine Nuancen oder witzige Szenen als Handlungen oder Gefühlsäußerungen erarbeiten, z. B.: Man wartet nervös auf den Bus; man sucht seine Armbanduhr; man putzt sich die Zähne, aber die Borsten gehen aus; man begegnet jemandem mit Mißtrauen, versucht eine erste Annäherung, dann ersten Körperkontakt und schließt endlich Freundschaft ...

Diese Spiele sind besonders für den Morgenkreis geeignet, dazu im gezielten Unterricht; bei Literaturarbeit und Rollenspielen, in Sport, Musik und Rhythmik. Ein eigenes Kapitel dabei ist, daß kleine Kinder wegen ihrer Sehnsucht nach Körper- und Hautkontakt oft distanzlos reagieren. Mit der Zeit müssen sie durch behutsame Führung lernen, Distanz zum Partner zu wahren und seine Intimsphäre nicht zu durchbrechen – z. B. durch überbetontes Schmusen, Kleiderziehen, Beklopfen usw. Werden sie größer, so wird dieses Verhalten dann nicht mehr als niedlich, sondern als Aggression oder Belästigung gewertet, und diese Erfahrung möchte man den Kindern doch ersparen. Die Einhaltung körperlicher Distanz gehört zur Beherrschung von Körpersprache.

2.4 Gespräche und Diskussionen zur Entwicklung einer Kommunikationsfähigkeit

Im Morgenkreis, über Gespräche, Spiele und Lieder stimmen sich die Kinder ein; sie stehen durch die gemeinschaftliche Aktion in Beziehung zueinander. Kommunikation ist das im eigentlichen Sinne allerdings noch nicht. Einzelne Kinder berichten über Erlebnisse, Gedanken und Ideen. Erste Regeln müssen dabei entworfen werden, denn die Erzähler sollten ausreden dürfen. Diese Regel muß immer wieder bewußt gemacht werden, damit auch Ausländer mit geringen Deutschkenntnissen oder Sprachgehemmte sich in Ruhe darstellen können.

Kinder im Elementarstufenalter berichten vorwiegend aus persönlicher Lage und persönlichen Interessen heraus. Aber erreichen diese Berichte überhaupt alle? Dem Erzähler tut die Exponierung gut, vielleicht hören auch alle bereitwillig zu, weil sie gelernt haben, daß immer nur einer redet. Aber fühlt sich jeder bereits wirklich angesprochen? Häufig wechselt der nächste Redner das Thema auf ganz subjektive Weise und greift den ersten Faden nicht auf. Es fehlt an echter Kommunikation untereinander, wenn auch vielleicht über die Ausführungen des Vorgängers Assoziationen für eigene Gedanken freigesetzt werden. So kommt, an einem unbewußten Leitfaden entlang, in der Gesprächsrunde ein Kind nach dem anderen auf Ideen; erzählt, fragt, animiert andere, und der Lehrer bereichert die Diskussion, um Einzelthemen auszubreiten und zu vertiefen: Über Ferienerlebnisse, Feste und Spiele; über Krankheit, Unfälle und Tod; über Freundschaften, Feindschaften und persönliche Gedanken; über Bücher, Geschenke und Geheimnisse; über Tiere,

Steine und die Welt... kaum ein Thema wurde und wird da ausgelassen. Mit der Zeit lernen die Kinder auch, beim Thema zu bleiben, wenn es spannend ist. Ich habe z.B. meine Urlaube als Reisebericht zusammengestellt, habe für die Kinder Steine, Lave, Muscheln gesammelt – wir bildeten damit Erlebnisgespräche. Mit der Zeit taten dies auch andere Kinder, unterstützt von den Eltern; brachten Haustiere und Bilder, Geräte und Pflanzen mit; und das Interesse stieg daran, sich mit einzelnen Themen gründlicher auseinanderzusetzen, wobei immer nur einer im Mittelpunkt stand. So gelang es nach und nach, thematisch „am Ball" zu bleiben, immer nach der Regel: Ausreden lassen, zuhören, sachbezogen rückfragen. Dann: Die Reihenfolge der Redner beachten, die sich melden, und ungeduldiges Unterbrechen steuern. Auch die Frage „Gehört dein Beitrag zum Thema?" ist oft angebracht. Eine Diskussion im Sinne eines (rationalen) Diskurses ist das nicht – kann es in diesem Alter nicht geben –, aber es ist ein Weg dorthin durch sachbezogene Arbeit mit Regelbewußtsein und Rücksichten auf andere.

Der tägliche Umgang mit Kindern offenbart dabei ein großes Problem: Nach Regeln diskutieren und mit anderen kommunizieren – das sind erstrebenswerte Ziele. Aber in der Praxis erlebt man immer wieder einen Bruch zwischen erlerntem und spontanem Verhalten: Solange Kinder gleichberechtigte Mitglieder einer (Gesprächs-)Gemeinschaft sind, bringen sie erfreuliche Beiträge im gewünschten Sinne. Sobald sie im Freispiel sind und darin zu individuellen Rollenträgern werden und Rollenzuschreibungen machen, spielen viele Kinder – vielleicht aus einer noch unbewältigten Notwendigkeit heraus – weiterhin körperliche und verbale Aggressionen aus, sprechen überlaut; bevorzugen Spiele mit Gewehren, Krach und einem extremen Gut-Böse-Klischee. Kinder müssen in unserer komplizierten Gesellschaft (Gefahren, Beeinflussungen, Normen, Tabus – oft widersprüchlich gehandhabt) täglich von einer Rolle in die andere steigen: Vom Kind ihrer Eltern zur Geschwisterrolle, vom Spielkind zum Schulkind, vom Freund zum Feind, vom selbstbestimmten zum fremdbestimmten Kind ... Dabei schafft es einen Transfer erlernter Verhaltensweisen auf neue Situationen oft noch nicht. Es könnte ein Ziel der Schule sein, durch Kommunikationspflege Kinder zu befähigen, daß sie nicht in verschiedene Rollen auseinanderfallen, sondern sich über ein Selbsterlebnis als ganzheitliche Einheit im Lernen, Spielen und im Gespräch, in jeder Interaktion reflektiert und aus innerer, gewachsener Einstellung heraus äußern und verhalten. Mir erscheint der kindorientierte Ansatz („Welt zwei") mit einer wachsenden Erschließung von „Welt drei" gerade mit Poppers Modell hilfreich, denn damit kann die Wahrung der Ganzheitlichkeit unter Integration der „drei Welten" aufgewiesen werden.

Es ist nicht einfach, im Elementarbereich Kinder von der reinen, subjektiv getönten Plauderei (angesiedelt in „Welt zwei") zur sachlichen Diskussion zu führen. Diese verlangt „Tugenden" wie Geduld, Zuhörenkönnen, Einhaltung vereinbarter Regeln und das Eingehen auf die Gefühle und Interessen anderer. Mit der Zuwendung im Sinne des letzten Punktes aber könnten Kinder auch empathiefähig werden und sich in die Lage anderer versetzen: Warum simuliert z.B. Dietmar immer wieder Ohnmachtsanfälle? Warum stellt F. seine Mutter so böse dar? Warum erscheint Daniela nach ihrem Unfall so behindert? Wie kommt es, daß Renato und Peter immer etwas Spannendes zu zeigen oder zu erzählen haben und warum ist Markus so stumm, obwohl er ein kluger Junge ist? Warum erzählt Tatjana so viel von Blut und warum macht die Lehrerin heute selber Fehler?

Ein Erwerb von Empathiefähigkeit; die Erfahrung eigener und fremder Gefühlswelten bis hin zum Verständnis ungewohnter und neuer Gedanken und Sachverhalte ist wohl eine Grundlage von späterer Diskursfähigkeit und rein argumentativem Vorgehen.

Ich erwähnte bereits, daß es Kindern offenbar nicht leichtfällt, erworbene Kenntnisse im Kommunikationsbereich auf andere, selbstgesteuerte Bereiche zu übertragen. Gesprächskreise in der Schule leben oft von aufgezwungener Demokratie – kraft Gewohnheit, Regelbewußtsein und der Autorität des Lehrers, der Diskussionen auch als Übungsfeld betrachten mag. Ich nehme an: Ein höflicher, streß- und angstfreier Umgang miteinander in der Klassengemeinschaft wird demokratische Umgangsformen nachhaltiger entwickeln als nur gezielte Übungen. Gerade, wenn Kinder in ihrer Einmaligkeit respektiert werden, haben sie eher die Möglichkeit, auch auf andere einzugehen, Meinungsvielfalt zu ertragen und nicht nur ich-, sondern auch du-, wir- und sachbezogen zu reagieren. Meinungsmanipulation scheitert dann – hoffentlich – am Widerstand der anderen. Darin liegt auch eine Zukunftsperspektive. Statt sich zu prügeln und anzuschreien; statt anderen die eigene Meinung aufzuzwingen oder sie lächerlich zu machen, werden Gedanken, Ideen und Vorschläge sachlich und kritisch abgewogen, dargelegt und weiterentwickelt: auf verbaler, argumentativer Basis, ohne den anderen an Leib oder Seele zu verletzen. Entwicklung von Kommunikationsfähigkeit ist so ein Stück Friedenserziehung, die ihren Anfang in einfachen Gesprächen schon im Kinderzimmer und Klassenzimmer der Grundschule findet.

Entsprechend Praxisbeobachtungen und gelenkten Versuchen betrachte ich es als eine Möglichkeit, Kinder in die soziale Gemeinschaft und Kulturwelt hineinzuführen, indem sie 1. sich in ihrer subjektiven, psychologischen Welt („zwei") entfalten und als ernstgenommene Persönlichkeiten empfinden können; indem sie sich 2. über Gespräche, Phantasieentfaltung, Rollenspiele und freie Spiele in eine Gemeinschaft hineinentwickeln, wobei Bedürfnisse, Wünsche und Ansichten respektiert werden, und indem sie 3. im Umgang miteinander und z.B. durch den bergenden Rahmen von Erzählgemeinschaften in neue Welten („Welt drei") treten.

Der subjektbezogene Ansatz zur Entwicklung von Kommunikationsfähigkeit würde auch verhindern, daß Erwachsene: Eltern und Lehrer beispielsweise – eigene Vorstellungen und Wünsche auf das Kind projizieren und es „nach ihrem Bilde" formen wollen.

Selbstreflexion, Distanzfähigkeit und differenzierter, konstruktiver Sprachgebrauch können Wege öffnen in Welten von Kultur, Kunst, Wissenschaft, die der Menschheit auch eine Zukunft auf dieser Erde erhalten könnten. Wir Erwachsenen sollten kommunikatives Verhalten vorleben, dann könnten Kinder – schon daheim und im Elementarbereich – diese Form als „natürliche" Umgangsform erleben und selber anwenden.

2.5 Texte verfassen

2.5.1 Einleitende Gedanken

Über dieses Kapitel möchte ich Ausführungen machen, da Schreiben und Texteverfassen im Rahmen dieser Arbeit Leistungen aus dem Bereich von „Welt drei" darstellen, zugleich aber die kindliche Welt in diese Geistesarbeit integriert wird. Kinder sollten Sinn und Zweck in ihrer Arbeit sehen und zugleich Freude und Spaß („Welt zwei"-Bereich) an den ästhetischen, fertigen Produkten (als Artefakte in „Welt eins") finden. Eine Betrachtung über „Texte verfassen" kann also besonders schön die Integration von Poppers „drei Welten" zeigen, wobei ich hier von „Welt drei" als einer Welt des objektiven Wissens und der Kultur ausgehe. Vom Kind aus gesehen kann man ein Texteverfassen besonders unter den Aspekten betrachten: Macht diese Arbeit Freude und/oder kann das Kind bei dieser Arbeit einen Sinn und Zweck erkennen?

Als Lehrerin betrachte ich folgende Richtlinien als sinnvoll:

1. Mit Texten bezweckt man etwas. Man hat sich etwas zu sagen, will sich etwas mitteilen; der Adressat soll durch die Mitteilung erfreut oder informiert werden.
2. Inhalt und Form sollten ästhetischen Gesichtspunkten genügen; außer der Zweckfunktion sollten also auch ästhetische Bedürfnisse erfüllt werden: Inhalt und Form sollten korrespondieren.
3. Beim Texteverfassen sollten die Kinder lernen, Rechtschreibkenntnisse und sprachkundliche Bereiche abzusichern und themenbezogen zu arbeiten (z.B. mehr sachlich; eher unterhaltend; eher auf Spannung gearbeitet usw. ...)

Es gibt viele Arbeitsmaterialien zum Thema „Texteverfassen" und Aufsatzerziehung im Schulbuchbereich. Ich will hier nicht über vorgegebene Erkenntnisse und Bearbeitungen diskutieren, sondern Beispiele aus der Praxis bieten, die sich in allen möglichen Varianten unter den vorgenannten Aspekten (Sinn und Zweck, Ästhetik, Lernerfahrung und Übung) bewährt haben und zugleich die Integration der „drei Welten" (aus Poppers Perspektive) darstellbar machen.

2.5.2 Wir schreiben Briefe

a) Ein Brief an Angelas Vater (Ende 1. Klasse)

Er hatte uns viele gleiche Holzwürfel hergestellt (entsprechend einer Absprache beim Elternabend). Die Kinder zählten in ihrem Lesebuch die Häufigkeit von einzelnen Buchstaben aus – entsprechend mehr oder weniger häufig wurden auf die sechs Würfelseiten große Druckbuchstaben mit Filzstift gemalt. Als nun das Holzwürfelspiel fertig war, schrieben wir einen Dankeschönbrief an Angelas Vater. Die Kinder entwarfen den Text, ich schrieb ihn an die Tafel und jedes Kind denselben in sein „Märchenheft".

Dazu ging ein Bogen Papier mit vorgezeichneten Bleistiftlinien reihum – jeder schrieb ein bis zwei Worte. Anrede, Dank, Grußformel – alles muß seine Form haben. Dann unterschrieben alle außenherum, bis ein bunter Briefrand voller Namen entstanden war. Das sah hübsch aus; dazu Couvert, mit Adresse – Herr Roser freute sich so über den Brief, daß er ihn rahmen ließ und in sein Büro hängte.

Lieber Herr Roser!

Die Holzwürfel sind so schön glatt und man kann gut mit ihnen spielen. Wir haben mit Filzstiften gedruckte große Buchstaben draufgeschrieben. Man kann jezt Wörter legen und Rätsel machen und neue Regeln erfinden.
Sie haben sich viel Arbeit für uns gemacht. Vielen Dank!

Ihre Klasse 1b

b) Ein Brief an das DAHW

Nach einer Spendenaktion von Eltern und Kindern für das Deutsche Aussätzigen-Hilfswerk Würzburg (DAHW) schrieben die Kinder einen begleitenden Brief, in dem sie ihre Spende begründeten: Ich hatte ihnen mit viel Anschauungsmaterial von der Lepra erzählt. Ein Dankesbrief kam vom DAHW zurück; samt Aufklebern und Prospekten. Diese und Kopien des Briefes wurden ins Heft geklebt, in dem bereits der Entwurf des ersten Briefes stand. So wurde ein abgerundeter Vorgang festgehalten. Solch positive Reaktionen wie im vorliegenden Falle motivieren die Kinder: Sie erleben sinnvolles Tun und eine Korrespondenz, die wichtige Ziele verfolgt.

c) Ein Brief an die Zoohandlung

Die Zoohandlung hatte unsere Klassenfische während der Osterferien übernommen. Die Klasse bedankte sich:

Liebe Frau Prinz!

Wir freuen uns, daß Sie in den Osterferien unsere beiden Fische gepflegt haben. Leider hatte von uns keiner die Möglichkeit, die Schleierschwänze zu hüten. Wir glauben, daß die Fische sogar ein bißchen gewachsen sind, weil Sie sie so gut gefüttert haben. Wir danken Ihnen herzlich, daß Sie unsere Tiere so gut versorgt haben. Viele Grüße

von Ihrer Klasse 2b

Dieser Brief war wieder mit bunten Unterschriften und Bildchen verziert, und bei jedem stand im eigenen Heft der gleiche Text, wobei sich die Kinder auch gegenseitig ihre Unterschriften gaben. Ähnlich ein Brief an die Mutter einer Mitschülerin, die der Klasse zu Weihnachten wegen des veralgten Plastikglases am Aquarium einen magnetischen Schreibenreiniger geschenkt hatte, wobei die Kinder ihre Freude formulierten, daß uns nun die Fische „nicht mehr als grüne Männchen sehen".

d) Ein Brief an Daniela ins Krankenhaus

Das Kind war schwer verunglückt und lag drei Wochen bewußtlos im Krankenhaus; schrittweise wurde es ins Leben zurückgeführt. Die Kameraden besuchten Daniela und schrieben ihr Briefchen. Nebenbei entstand ein etwa drei Meter langer Gemeinschaftsbrief: Jedes Kind dachte sich zu Hause etwas aus und schrieb für Daniela Grüße, Wünsche, Fragen, Witze, Gedichte, kleine Geschichten, was es Neues in der Klasse gab ... Dazu malten sie die Texte und Leerflächen bunt aus. Im Morgenkreis trug jeder sein Werk vor. Dann klebten wir die Briefe aneinander, rollten das mehrere Meter lange Stück zusammen und banden es mit einer Schleife zu. Daniela war sehr beeindruckt. Da sie noch nicht wieder schreiben konnte, kam als Antwort ihre Mutter in die Klasse, spendierte Saft und Kuchen, berichtete von ihrer Tochter und beantwortete alle Fragen der Kinder. So war das Briefeschreiben auch hier keine reine Übung, sondern sinn- und zweckgebundene Aktion mit Antwort. Eine Antwort gab auch die Zoohandlung: Neben einem Dankeschön, das ich den Kindern auszurichten hatte, überreichte die Besitzerin der Klasse ein Geschenk: Einen schwarzen Goldfisch, der wohl noch lange leben wird und besonders dick ist.

Briefe kann man an Eltern, Mitschüler, an Behörden, Vereine usw. schreiben: Dabei wird am Stil gefeilt (Vermeiden von Wortwiederholungen, guter Satzbau; variierende Zeitwörter ...). Das Schreiben wird zum sinnvollen und ästhetischen Geschäft und meist kommt vom Adressaten dann auch eine Antwort, die man vervielfältigen oder anderweitig auswerten kann. Das macht Spaß.

2.5.3 Wir legen eine Wandzeitung an

Die Kinder brachten immer wieder Zeitungsausschnitte und kleine Texte oder Fotos mit. Ich schlug vor, sie auf DIN-A-1-formatiges Tonpapier zu kleben und dieses an der Wand aufzuhängen, damit alle etwas davon hätten. So entstand, täglich sich weiter füllend, eine Wandzeitung, die wir erst monatlich, dann wöchentlich auswechselten. Rezepte waren da zu lesen, Mitteilungen (über Ferien, Ausflüge, Filme, Einkäufe ...); Rätsel, deren Lösung man eintragen konnte; Witze, Vorschläge oder Kritik; Wünsche für die Rollenspiele, Theaterspielliste und Warteliste ... Mit der Zeit standen dort auch, im Sinne einer Bewertung mit Zeichen versehen, die Titel der Rollenspiele, die aufgeführt worden waren. Wöchentlich wurden auch für Schnuggel und Schnöfchen Speisekarten geschrieben, mit Vor-, Haupt- und Nachspeise. Später kamen Speisepläne für einen Geist mit ausgebissenen Zähnen und einen vegetarisch lebenden Bären dazu.

Unsere Wandzeitung wurde ein Mitteilungsblatt für alle, und am Elternabend betrachteten die Eltern interessiert die Nachrichten ihrer Kinder.

2.5.4 Wir schreiben Texte ins Märchenheft

Viele Ideen aus den Rollenspielen oder aktuellen Erlebnissen wurden als Texte ins Heft eingetragen – nach Möglichkeit stilistisch klar, aber kurz, um den Spaß zu erhalten. Entweder wurde der Text an der Tafel erarbeitet, von wechselnden Kindern geschrieben und von allen im eigenen Heft mitgeschrieben, oder Texte entstanden in der Gruppenarbeit als Werk von jeweils etwa sechs Kindern. Sie wurden den anderen vorgetragen und zum Abschreiben herumgereicht, oder ich tippte die Geschichten ab, kopierte sie, und die Kinder klebten sie ein und illustrierten sie passend – oder sie übertrugen den Text noch einmal handschriftlich, weil sie damit eine Text-Bild-Gestaltung vorhatten. Fette und magere Wörter, bunte, geschriebene und gedruckte, einzelne und dicht gesetzte Wörter, fallende und aufsteigende Linien wechselten ab; oder Wörter (wie „Geist", „Kürbis", „Feuer", „Vulkan", „Fisch" ...) wurden gemalt statt geschrieben, so daß Pictogramme entstanden.

So gab es Themen wie: „Ein Kürbis ist verfault", „In der Oase wurde eine Tonscherbe gefunden", „Ein Vulkan ist ausgebrochen", „Christoph hat aus Teilen ein Fahrrad gebastelt", „Ein Goldfisch ist gestorben", „Collie Inka ist zuckerkrank", „Rumpelstilzchen hat sich mit der Perse verbündet", „Wie Schnuggel sein Zauberbuch verloren hat", „Was unser Klassentannenbaum erlebte", „Na sowas! Aus der Larve kam kein Schmetterling!" ...

2.5.5 Museumstexte

Das Museum wurde in einem dreiteiligen Regal eingerichtet, als die Kinder immer mehr Anschauungsmaterial mitgebracht hatten. Jede Woche beschrifteten wir ein bis zwei Stücke mit Hilfe von Gesprächen, Informationen einzelner, Lexika und Sachbüchern. Im Kurztext standen: Spender, eventuelle Besonderheiten, Fundort, dann kurze Objektbeschreibung. Diese Kurztexte ließen sich an die Seiten oder Rückwand oder auf Faltkarten am Objekt befestigen. Die Entwürfe entstanden an der Tafel, jeder übertrug den Text, mit Rahmen, ins Märchenheft, und abwechselnd schrieb immer einer den Text noch für das Museum. Beispiele:

Museumsstücke Nr. 26

Name: Weiße Korallen
Spender: 1. Liane, 2. Paola
Fundorte: 1. Irgendwo im Meer, 2. italienische Küste.

Museumsstücke Nr. 28

Spender: Eva
1. Name: Fossilie; Korallenspitzen
Fundort: Mexiko
Alter: Etwa 180 Millionen Jahre
2. Name: Polierte Marmorplatte
Fundort: Baustelle (ursprünglich: Carrara in Italien).

Museumsstück Nr. 19

Spender: Frank
Name: Steinpflanze, Sukkulente
Fundort: Mexiko
Besonderheit: Sie braucht wenig Wasser und kann es lange speichern.

Museumsstück Nr. 14

Name: Sparrennagel
Spender: Wolfgang
Fundort: In einem Balken auf dem Dachboden daheim
Besonderheit: Sehr lang und stabil; aus Metall. Dieser hier ist am Kopf verbogen und etwas rostig.

2.5.6 Wir verfassen Bücher

Diese Bücher sind besonders kreative Produkte; auch die Nachfolgeklassen profitieren davon und mir dienen sie als Anschauungsmaterial und zum Vorlesen bei anderen Klassen: Vom Schulkindergarten bis zur 4. Klasse und gelegentlich auch bei Älteren. Es folgen einige ausgewählte Beispiele:

1. Erde, gute Erde:
Ein besinnlicher Erntedanktext wurde geschrieben und gemeinschaftlich durch Collagen jeweils dem Inhalt und der Textseite entsprechend illustriert. Die Kinder hatten von mir Druckschriftkopien erhalten, die sie in Schreibschrift umsetzten: Jeder in sein eigenes Heft und wechselnd in der Gemeinschaftsarbeit, wobei die Texte und Bildteile auf solidem marmoriertem Papier geschrieben bzw. geklebt wurden (1. Klasse, fächerübergreifend Deutsch, Kunst und Religion).

2. Die Kristallkugel:
Drittkläßler (meine ehemaligen Erst- und Zweitkläßler) texteten eine Kurzfassung zu diesem Grimm-Märchen (KHM 197). Dies geschah in einer fächerübergreifenden Aktion von Deutsch, Kunst und Musik (ausgehend von Musik als meinem Fachunterricht in dieser Klasse). Es bildeten sich nach

Wunsch drei Arbeitsgruppen: Die erste stellte auf Elefantenhaut (Buchbinderpapier) Wachsschmelztechniken her und klebte darauf weiße Scherenschnitte (für die Heldenfiguren) und schwarze auf (für die düsteren Figuren oder Unhelden). Die zweite Gruppe verfaßte für die verschiedenen Seiten kurze, bunt geschriebene Texte. Eine dritte Gruppe bildete sich aus der ersten und zweiten heraus (wer fertig war) und entwarf mit Orff-Instrumenten eine Klangillustration. Die Kinder trugen das Ergebnis anderen Klassen vor. Bei der Herstellung des Buches war betont soziales Lernen durch Gruppen- und Partnerarbeit im Spiel. Texte wurden redigiert, Themen abgestimmt, Partituren erklärt und Tonbandprotokolle beurteilt und verbessert.

3. Die wundersame Schildkröte:
Zwölfjährige stellten eine Kurzfassung aus dem japanischen Märchen her und illustrierten es mit Temperafarben auf Wachsschmelzgrund. Die Untergrundbearbeitung erfordert gut abgestimmte Partnerarbeit, die Pinselarbeit Alleinarbeit. Jeder textete hier seine eigene Seite zum Bild. In diesem Buch begannen immer schon die Erstkläßler zu lesen, weil die Bilder spannend wirken (fächerübergreifend Deutsch und Kunst).

4. Die Sterntaler:
Erstkläßler bildeten jeweils fünf- bis sechsköpfige Arbeitsgruppen und verfaßten gemeinschaftlich eine Nacherzählung des Märchens (KHM 153). Mit verschiedenfarbigen Leuchtstiften markierte ich dann in jeder Geschichte die parallelen Szenen. Jede Gruppe las nun hintereinander z.B. ihre gelb markierte Eingangsszene, dann die orangen Bettelszenen, die grüne Waldszene usw. Die Fassungen wurden verglichen, beurteilt und die Klasse entschied sich für den Text, der ihnen am besten gefiel. Jede Gruppe hatte einmal Besonderheiten zu bieten. Die ausgewählten Textfassungen wurden nun zusammenhängend aufgeschrieben – es entstand aus den fünf Gruppenarbeiten nun ein endgültiges Gemeinschaftswerk. Den an die Tafel geschriebenen Text übertrug dann jeder in sein eigenes Heft, außerdem schrieb wieder wechselweise jeder auf Tonpapier für das Gemeinschaftsbuch. Die Illustrationen entstanden als Hintergrundgestaltung durch Wachsmalerei auf Tonpapier (das ergibt einen sanften Farbton) und darauf konnte sich wieder jeder mit eigenen Bildteilen einbringen, die zusammengeklebt zu Bildszenen wurden: Durch gemalte und ausgeschnittene Bäume, Tiere und Pflanzen des Waldes, Gestirne, Häuser, Grabsteine, Briefkästen, Zäune, Sterne und Goldfolientaler.

5. Der Drache mit den roten Augen und Hänsel und Gretel:
Erwachsene hatten in einem Arbeitskreis (übungshalber) für Kinder die Drachengeschichte (von Astrid Lindgren) gestaltet und Studenten in ähnlicher Weise das Grimm-Märchen (KHM 15). Auf dem dekorativen Schmelzgrund wurden die Szenen in Materialkollagen geklebt: Aus Stoff, Stroh, getrockneten Blumen, Rasierklingen, Fellen, Spitzen usw. Diese schönen Bilder zum Fühlen wurden noch mit Texten versehen. Diese Bücher wurden von den Schulkindern verschiedener Klassen angesehen und gelesen; sie dienten als Anschauungsmaterial für eigene Versuche und gerade die Textgestaltung gab zusätzlich Anregungen: Wie man die Schrift traurig und mager oder aufregend und fett, fallend oder steigend oder durch Bildelemente ergänzt gestalten kann. Obwohl

alle Collagebücher empfindlich sind, hat selbst das Drachenbuch als das empfindlichste bisher keinerlei Schaden genommen, so zart und sorgsam gehen die Kinder damit um. Bücher, Quelle so vieler „neuer Welten“ und aufregender Abenteuer, werden auf diese Weise als etwas Schönes erlebt.

6. Ferien-, Oster- und Zirkusgeschichten:
Das waren lose Textsammlungen, die in einem bestimmten Zeitraum in einer 2. Klasse entstanden waren. Sie wurden im Morgenkreis vorgelesen und zum Schluß – thematisch geordnet – zu einem „Buch“ gebunden.

7. Neues von Rumpelstilzchen:
Die Kinder setzten (in der 2. Klasse) Geschichten fort, wie es mit Rumpelstilzchen weitergegangen sein könnte. Im Gesprächskreis lasen sie einander ihre Geschichten vor. Am Ende wurden die Geschichten nach Oberthemen geordnet: „Rumpelstilzchen wird glücklich“, „Rumpelstilzchen wird unglücklich“, „Rumpelstilzchen vermehrt sich“. Im Stützkurs Deutsch fabulierten die Kinder phantasievoll weiter; dabei tauchte Rumpelstilzchen endgültig unter, stieg durch den Erdkern, wurde im Magma schwarz und eisenhart und tauchte auf der anderen Seite der Erdkugel wieder auf (unser Globus half bei der Vorstellung mit). Dort wurde er der Stammvater der sieben Zwerge. Davon hatte er auch bald genug und tauchte in unserer Schnuggel- und Schnöfchen-Geschichte wieder auf. Diese Idee fand ich gut und erzählte von da an neue Abenteuer, die auszudenken mir Spaß machten. Die Kinder malten Bilder dazu und setzten in Untertexten und Sprechblasen Kommentare ein. Rumpelstilzchen war ein Teil unserer kontinuierlichen Phantasiewelt geworden.

8. Die Geschichte vom Schäfchen und der Baumwollfee entstand als Buch vor allem im Förder- und im Stützunterricht bzw. in der freien Arbeit. Die Verfasser lasen immer am nächsten Tag die fortgesetzte Geschichte vor, abwechselnd malten die Kinder daheim zu den Inhalten (Deutsch und Kunst).

9. Reizwortgeschichten: Themen hierzu habe ich bereits genannt; sie entstanden vorwiegend aus der emotionalen Gedankenwelt der Kinder; aus Rollenspielen, Gesprächen, spontanen Ideen, Sachinformationen. So sammelten wir Geschichten und klebten sie in ein Heft.

Beispielsweise wurden Museumsstücke lebendig: Der Kaiman wanderte durchs Schulhaus, bis er mich und meine Kollegin fraß. Ein Sparrennagel heiratete eine indische Münze, weil sie beide aus Metall waren. Sie hatten aber wegen ihrer unterschiedlichen Form und Größe Probleme miteinander. Der Sparrennagel ertrank im Aquarium und die Münze bewunderte sich in einem Lexikon und wohnte von da an in der Buchseite (Stichworte waren: Kaiman, Museum, fressen, Münze, Sparrennagel, Lexikon).

10. Ballade: Herr von Ribbeck auf Ribbeck im Havelland: Ich „riskierte“ diese Ballade (Fontane) im Schulkindergarten (im Alter also entsprechend Erstkläßlern). Ich trug sie im Erzählkreis vor. Erstes Zuhören, klärendes Nacherzählen und nochmaliges Hören mit gleichzeitiger Bildbetrachtung in einem Balladenbilderbuch (Ellermann) folgten. Dann malten die Kinder selber: Nach freier

Rechenpuzzle: Fertig! Aber am Baum sieht man, daß ein Fehler gemacht worden ist.

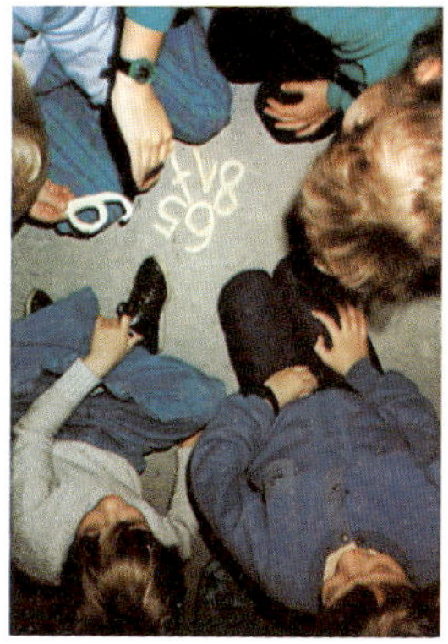

Zahlen blind ertasten und nennen

»Die weiße Schlange«: Symbolischer Ablauf des Märchens mit Wegwerfmaterial in Gips.

Gemeinschaftsarbeit: Rechenpuzzle und Aufgaben im Heft stimmen.

Selbstgemachtes Bilderbuch: »Der Drache mit den roten Augen«: Zum Schmökern …

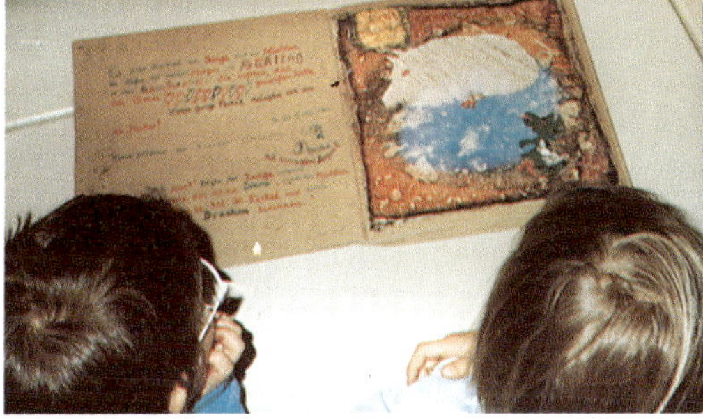

Ein langer Gemeinschaftsbrief für Daniela ins Krankenhaus

Wahl – eben das, was sie beeindruckt hatte. Nach und nach, dabei erzählend, entstand eine bunte Bilderfolge. Die großformatigen, in satten Farben gehaltenen Bilder wurden von den Kindern zum Buch geordnet. Dabei ergab sich im Sprechen, Ordnen der Abfolge und Begründen eine erste vertiefende Interpretation. Danach diktierten mir die Kinder zu den Bildern gemeinsam – in einem sich ständig ergänzenden Wort- und Gedankenspiel – den Text. Ich hielt mich an die Diktate und brachte nur die Sätze in eine geglättete Form (besonders in eine einheitliche Vergangenheit). Die Kinder interpretierten ihre so vielfältig eingebrachten Ideen und Variationen zum Thema auf die Ballade hin nach, schufen dabei ein geschlossenes Ganzes, blieben aber bei aller Subjektivität, die sich in jedem Bild äußerte (z. B. in Babybäumen, einem trotz seines Geizes weinenden jungen Ribbeck; im Schutzengel des alten Ribbeck; der Überalterung des Birnbaumes und seiner Ablösung durch die nächste Baumgeneration ...) am Leitfaden der Ballade. Sie trugen ihre subjektive Welt in die Ballade hinein und lernten zugleich klassische Literatur kennen. Wir ließen uns Zeit. Die Texte wurden mit Faltschnitten, gepreßten Blättern und Sprühtechnik ausgeschmückt; und nach den Weihnachtsferien, als die Kinder wieder im Buch blätterten, hatten sie das Bedürfnis nach Ergänzungen: Sie diktierten mir Zusatztexte, die ich in Sprechblasen (nach Anweisung) noch in die Dekorationen einsetzen mußte. Es war überraschend, wie diese schreib- und leseunkundigen Kinder aus ihrem Bilddenken heraus so eindrucksvolle Texte verfassen konnten; der Schreiber war ja im Lehrer vorhanden. So haben sie Gelegenheit, das Texteverfassen schon vom ersten Beginn der Schulzeit an als etwas Schöpferisches zu empfinden – eine gute Voraussetzung, „Welt drei" zu erobern.

11. Herr von Ribbeck auf Ribbeck im Havelland wird der Beschützer im Indianerland:
Das anthropomorphe Thema beschäftigte die Kinder weiter, zumal sie die Ballade längst auswendig mit ausdrucksvollen Gesten vortragen konnten. Anläßlich eines Wettbewerbes schickten sie den von Daniel ins Bild gebrachten Schutzengel auf Reisen. Nach einigen Irrflügen – die Kinder fabulierten im Erzählkreis – kam er nach Südamerika, wo er am Ende, nach einem unerfreulichen Intermezzo mit wilden Cowboys, ein ertrinkendes Indianerkind rettete und beschützte; es auf eine Kraftprobe mit der Bevölkerung ankommen ließ und endlich zum „Kulturbringer" wurde: Er nahm alte Gewohnheiten auf, setzte sich auf eine Kokospalme und warf den Jungen Kokosnüsse, den Mädchen Bananen, den Frauen Orchideen und den Männern Bärenkrallenketten (... „Damit sich jeder wie ein Häuptling fühlt ...") und gute Gedanken (!) zu: Wie man Stühle, Tische und Kühlschränke baut ... Die Kinder diktierten mir den Text, ich tippte ihn, vergrößerte ihn und jeder malte dann themenbezogene kleine Motive an den Rand. Die Geschichte wurde für einen Wettbewerb eingereicht und auch den Eltern vorgetragen. (Am Ende, als ich das Produkt noch einmal vortrug, meinte Simon erschrocken: „Was nützt denn ein Kühlschrank, wenn es im Urwald keinen Strom gibt!" ...)

Anmerkung: Das Bücherverfassen erscheint mir besonders geeignet, Ästhetik; Sinn und Zweck; emotionale, soziale und psychomotorische Lernerfahrungen und Übungsformen zu realisieren. Wer die Möglichkeit hat, Texte zu drucken – und es gibt auch zunehmend Druckerschulen – ist noch ein

Stückchen besser dran. Zudem machen die Kinder die Erfahrung, daß ihre Arbeiten nicht einfach im Heft „verschwinden“, sondern von anderen beachtet und gelesen werden. Das gibt ihren Arbeiten eine gewisse Bedeutsamkeit als kulturelle Objekte. Sie schreiben nicht nur, weil sie etwas lernen sollen, sondern: als Mitglieder einer größeren Gemeinschaft produzieren und gestalten sie geistiges Gut, das auch anderen Spaß macht.

3. Artefakte in „Welt drei“

Die für die Welten „zwei“ und „drei“ dargestellten Artefakte sind mit Geist geformte, mit objektiven Denkinhalten besetzte Gegenstände. Dazu möchte ich für den Elementarbereich zum Beispiel die „Gegenstände“ zählen, die Ausgangspunkt zum Erwerb objektiven Wissens werden können: Wahre Kunstwerke, philosophische Gedankengebäude; von anderen wiederspielbare Kompositionen oder überprüfbare Theorien sind das beileibe noch nicht. Aber: Unser Museum ist zwar ein primitives, einfach gestaltetes, unentfaltetes Objekt, das aber, in einer gleichsam „be-griffenen“ Vorläuferfunktion, den Zugang zu einem öffentlichen Museum schenken kann: Ein Sammeln, Ordnen, Beschriften, das Wahrnehmen der erhaltens- und beobachtenswerten Besonderheit; das Schauen, Staunen, Ehrfurcht haben; ein Bedenken, Pflegen, Bewahrenwollen – das alles sind gleichsam Bausteine, die zum späteren Verständnis führen, wenn ein Kind durch eine Kunstgalerie, ein Volkskundemuseum oder ein technisches Museum wandert ... Ähnlich die „Wüste“ mit der „Oase“, oder Schnuggels geordnetes „Paradies“ mit Schloß, Zoo, Fuhrpark, Möbeln, Schatztruhe: Diese Gegenstände sind sehr einfach; sind geklebt, genagelt oder geschichtet; und doch stecken darin meines Erachtens materialisierte Ausgangspunkte für geistige Arbeit, die zu Kultur und Zivilisation führen bzw. sie erhalten und wissenschaftliche Problemstellungen aufwerfen können. Wüsten- und Oasengeschichten führen z.B. zu mitteilungsfähigen Gedanken und geordneter Sprache. Sie fordern zu sachlicher Auseinandersetzung heraus: Mit Werkzeugen beim Planen und Bauen; mit einem Wissen über Geologie und Geschichte beim Hineininterpretieren von Geschichten (anhand von Fossilien, Scherbenstücken, Grundwasser, Succulenten, von Berichten über Tierarten, Hitze- und Kälterhythmen usw.). Sie können in der Auseinandersetzung damit zum Ausgangspunkt eines späteren wissenschaftlichen Verständnisses und Arbeitens werden. Auch forcieren solche Tätigkeiten im Klassenzimmer einen Umgang mit Lexika, Bildern, Büchern: Um sich zu informieren; und weil man fasziniert ist ... Es braucht hier gewiß nicht weiter ausgeführt zu werden, wie auch Requisiten, künstlerische Gebilde aus gehörten und erspielten Märchen oder Sachgeschichten zu Produkten führen, die zur entwicklungsfähigen Grundlage für ein Verständnis von Literatur und Kunst werden. Papier, Farbe, Klebeband; Holz, Lack, Schmirgelpapier; Schere, Lineal oder Sand: Material im Sinne von „Welt eins“ wird geistig umgeformt; mit Sinn besetzt; mit Regeln, Symbolen und Zeichen, die in neuer, bearbeiteter Form allen zugänglich gemacht werden. Im Buch steckt geistiges Gut; im Spiel Sinn, soziale Beziehung und Regel; im künstlerischen Produkt Aussage, Idee, Symbolkraft ... als Elemente von „Welt drei“.

4. Märchen

4.1 Einleitende Gedanken

Märchen zählt Popper ausdrücklich zur „Welt drei". Es handelt sich um Kulturgut, das fast allen Völkern eigen ist und Züge von „Unsterblichkeit" besitzt: In die Kinderstuben verbannt; totgesagt, zerzählt, manipuliert, parodiert; für pädagogisch bedenklich oder gar schädlich erklärt, feiert es heute eine Renaissance, wobei man annehmen kann, daß diese keinen Trend, sondern eher Ausdruck menschlicher Grundbedürfnisse darstellt; eine Renaissance, die uns neue Chancen gibt, Märchen ganzheitlich und schöpferisch zu erleben.

Mir geht es hier nun darum,

1. an Märchen aufzuspüren, was sie für Kinder so geeignet macht;
2. an Märchen darzustellen, wie multisensorischer und ganzheitlicher Unterricht durch dieses Medium besonders günstig gestaltet werden kann;
3. an Märchen gleichzeitig aufzuweisen, daß selbst im Raum Schule das Märchen zugleich wegen seiner Welthaltigkeit Probleme indizieren und seelisch stabilisierend wirken kann (wobei ich „Märchen als Therapie", z. B. im Sinne der Psychotherapie, aus dem pädagogisch-didaktischen Raum herausnehme und in die Tiefenpsychologie verweise; für eine tiefergehende Therapie fehlt dem Lehrer die Kompetenz).

Ich werde im folgenden einige Projekte – nur streiflichtartig – darstellen, um die Vielfalt im Umgang mit Märchen sichtbar zu machen. In der Interpretation möchte ich mich dann mit dem Märchen selber auseinandersetzen, wobei – entsprechend früherer Definition zu Phantasie und Phantastik – phantastische Geschichten mitzudiskutieren sind. Ob phantastische Geschichten oder Zaubermärchen: Ich werde, für beide Bereiche geltend, nur noch – im weit definierbaren Sinne von Märchen – eben von „Märchen" schreiben. Dabei behandle ich das Thema „Märchen in der Schule" auf der pädagogisch-psychologischen und auf der bewußtseinsstrukturellen Ebene.

Mein Umgang mit Märchen geht auf eine langjährige Praxis mit Kindern zwischen etwa 4 und 14 Jahren zurück, wobei ein Schwerpunkt im Elementarbereich liegt. Konstruktiver Umgang mit Märchen setzt voraus, daß man Märchen mag; und ich meine: diese raum- und zeitsprengenden Gebilde, die alle Aspekte des Lebens irgendwie und irgendwo widerspiegeln; die Trost, Mut oder Angst bescheren, die einen anspannen und entspannen – die muß man irgendwie lieben. Man kann es meines Erachtens auch auf der Basis einer „Welt eins"- und -„zwei"-Interpretation sagen: Sie spiegeln sich in gewissem Maße in den Grundlagen des Gehirns und seinen geistig-psychischen Funktionen wider: Im Reich der Träume, der Bilder, der ganzheitlichen Eindrücke und Gefühle; aber auch in der Art und Weise zu denken, sich zu verhalten und mit seinen Erfahrungen umzugehen.

Es folgen einige Anregungen, die exemplarisch zeigen wollen, was man mit Märchen alles anfangen kann. Natürlich sind die Anregungen auf andere entsprechend geeignete Märchen übertragbar.

4.2 Von der Märchenrezeption zur Märchenproduktion (Beispiele aus der Praxis)

4.2.1 Die Sterntaler

Dieses Märchen (KHM 193) eignet sich gut, um Körpersprache zu schulen (Pantomimen ...). Am Anfang steht, wie bei allen Märchen, der Erzählkreis, das Zuhören und gemeinsame Nocheinmalerzählen.

In einer 2. Klasse stellten wir das zitierte Textbilderbuch her, mit Kollagematerial und Schrift auf Tonpapier. Dieses Buch diente als Vorlage zum Erzählen und bildhaften Gestalten im Schulkindergarten.

Das Märchen wurde gespielt: Die Kinder übten das Spiel mit wechselnden Rollen ein, indem ein Schwerpunkt in der Körpersprache lag: Bettelgesten, Frieren, körperliches Gefühl des Verlassenseins, das An- und Ausziehen, das wärmende Wohlbehagen in der Schlußszene ...

Eine Klangillustration dazu: Mit Tamburin, Rasseln und Klangplatten lassen sich die einzelnen Szenen gut verdeutlichen.

Variation: Jedes Kind spielt das Ende auf eigene Weise. So stürzten sich einmal die Dorfbewohner auf das Kind und bettelten es an. Das Kind gab alles her und war wieder arm. Damit war der nachfolgende Spieler nicht einverstanden. Er brachte als Sterntalerkind seine Taler auf die Sparkasse, vermehrte sie durch Zinsen und half damit den Hungrigen in armen Ländern. Ein weiteres Kind schloß sich ins Haus ein und verheimlichte seinen Reichtum. Dadurch blieb es aber einsam. Ein weiteres Kind spielte ein hübsches Ende: Es ging aufs Feld und lud den alten Mann und die anderen Bettelkinder in sein Haus ein, um mit ihnen zu leben und den Reichtum zu teilen.

Diese Spiele wurden zum Gesprächsanlaß über Teilen und Schenken, aber auch über das Recht, an sich selber denken zu dürfen. Das einfach gereihte und damit gut überschaubare und spielbare Märchen bietet Bilder mit ästhetischem Reiz: Violett-schwarzer Nachthimmel mit weiß-goldenem Sternengefunkel. Moosig-grüner und brauner Waldboden mit Gold und Silbertalern. Graugrünes Feld mit kaltem, türkisfarbenem Himmel ...

4.2.2 Schneewittchen

Ein freies Rollenspiel mit selbstgebastelten Stockpuppen im Schulkindergarten mit parodistischen Zügen wurde bereits geschildert, wobei der Junge mit Schneewittchen sich selbst hineinspielte und geistreich-manipulierende Monologe und Dialoge führte.

Da das Märchen (KHM 53) lang ist, wurde es wechselnd in den Eingangsszenen erzählt; wurden die Wege über die sieben Berge im Sprechgesang rhythmisiert dargeboten und die Szenen bei den Zwergen voll gespielt, während der Schluß vom Auftreten des Prinzen ab wieder erzählt wurde.

Andere Kinder kneteten aus Plastilin Zwerge und spielten mit ihnen Schneewittchen in einer Ranch mit vielen Tieren, einer Ritterburg und mit Play-Mobil-Figuren.

Weitere Zwerge stellten wir aus kleinen Webteppichen her, die an einer Schmalseite zugenäht, dann mit Schafwolle oder Watte gefüllt und als Taille mit einer selbstgedrehten Kordel abgebunden werden. Das Ergebnis ist reizvoll, und die Kinder lernen viel im psychomotorischen Bereich. Eindrucksvoll ist auch ein Kartontheater: Der Karton, mit einer offenen Seite, bekommt aus Rupfen oder Streugut auf Kleister o. ä. einen Boden. Mit Holz, Rinden und Trockenpflanzen kann man das Zwergenhäuschen gestalten, dazu einen Berg aus kleistergeformtem, bemaltem Zeitungspapier. Der Phantasie sind keine Grenzen gesetzt; gestalten lassen sich alle Märchen und Geschichten damit.

4.2.3 Frau Holle

Das Märchen (KHM 24) verklanglichten wir am Beginn einer 1. Klasse. Dann setzten wir es als „geschriebene Geschichte" in farbige Zeichen um: Ein Kind spielt z. B. mit Klanghölzern die Wanderungen von Gold- und Pechmarie; eines mit Triangeln die Schneeflocken, eines mit Gong den Goldfluß und eines mit der Trommel den Pechstrom. Die anderen Kinder notierten, was sie hörten, in hellblauen dichten oder vereinzelt gesetzten Schneesternchen, goldgelben Wellen, schwarzen, streng gezogenen Abstrichen, grünen Trittspuren usw.

Erzählen mit Märchenwolle: Diese ist naturgefärbte Schafwolle, die sich immer wieder umformen und zurechtzupfen läßt, ohne wie Watte zu klumpen. Im Erzählen werden die Figuren und Dinge farb- und formentsprechend auf Teppichboden, auf hochgestellte Teppichfliese oder an die Flanelltafel gelegt, gebogen, wieder abgenommen, neu gesetzt – je nach Verlauf des Märchens. Die Kinder entwickeln durch die sparsamen, fast abstrakten Figuren als Handlungsträger eine starke innere Vorstellung (i. S. einer freien Sinngebung). Sie sehen atemlos zu. Es bedarf von seiten des Erzählers einer guten Vorbereitung, da er innerlich den Handlungsweg im Märchen nachvollziehen, das Märchen sprachlich flüssig und erzähltechnisch ausgereift bieten und zugleich die Figuren legen muß. Deshalb bietet sich als günstigstes Verfahren an, einfache, flache Figürchen mit der Wolle im voraus zu formen, dabei die verschiedenen Farben mit Fingerspitzen so ineinanderzuweben, daß sie nicht auseinanderfallen und mit Wollstreifen Figuren zu binden, zu gestalten, zu verändern. Nun kann man mit voller innerer Beteiligung erzählen und die kleinen Gebilde der Handlung entsprechend zu relativ statischen Bildern auslegen, die nur sparsam (und damit um so eindrucksvoller) verändert werden. Durch die Möglichkeit einer freien Sinngebung und durch den ästhetischen Reiz von Bild, Material und im Selberfühlen und Selbertun können bei dieser Erzähltechnik wieder günstig subjektive Vorstellungen freigesetzt werden.

4.2.4 Die drei Federn

Neben bereits vorgestellten Verfahren führten wir dieses Stück (KHM 63) den Eltern einmal als Tischtheater vor: Als Untergrundkulisse diente DIN-A-1-formatige Elefantenhaut in Wachsschmelztechnik (mit Stockmar-Farben). Dieser Arbeitsgang ist sehr lernintensiv: Je zwei Gruppen müssen ihre Motive spiegelbildlich aufeinander abstimmen. Die eingewachsten Seiten werden dann aufeinandergelegt, mit dem Bügeleisen abgeschmolzen und rasch wieder auseinandergezogen. Es ist immer wieder ein aufregendes und ästhetisches Vergnügen, die zarten geschmolzenen und geronnenen Wachsstrukturen zu beobachten.

Dann ging es mit Origami weiter: Die Kinder lernten über einfache Falttechniken, Frösche (als Itschen), Körbchen (für die Kutsche) und Menschen und Pferdchen zu falten: dazu kamen Konturschnitte für Federn, Teppiche und Ringe. Dann erzählte z.B. Gerd mit seinem dramatischen Erzähltalent das Märchen allen, die um den Tisch herumstanden. Wie sehr Märchen auf der Subjektstufe wirken, zeigte sich hier beim Erzählen. Gerd sprach bei den beiden „klugen" Brüdern, den Unhelden, von den „wirklich Dummen" und stellte sie unbewußt so dem sogenannten „Dummling" als Helden des Märchens gegenüber. Solche Interpretationen im Erzählen hört man bei Kindern oft. Ein andermal legten wir mit kleinen Dingen (Hölzer, Trockenfrüchte, Ringe, Metalle, Gewebe usw.) symbolisch in Spiralen den Weg des Helden in eine noch feuchte, holzgerahmte Gipsplatte.

4.2.5 Die Bremer Stadtmusikanten

Sie (KHM 27) lösten besonders viele fach- und klassenübergreifende Aktionen aus. Kinder vom Schulkindergarten stellten jeweils zu zweit große Pappmachéfiguren für Esel, Hund, Katze und Hahn her. (Sie gelingen sehr gut, wenn man Zellstoffwindeln in die Kleistermasse untermischt.) Nach dem Anmalen mit Dispersionsfarben schmückten sie die Figuren mit Besenborsten, Schafwolle, Lederriemchen, Perückenteilen, Hühner-, Hahnen- und Fasanenfedern (für Mähne, Barthaare, Schwanz, ...). Die Kinder arbeiteten mit großer Hingabe und Ausdauer – vielleicht auch, weil „Bauchlernen", wie es sich hier vollzog, mit körperlicher Verausgabung und emotionaler Hingabe verbunden ist. Räubermasken entstanden durch Kleisterarbeit über Luftballons. die Kinder spielten das Märchen (gleich in doppelbesetzten Rollen, da alle Figuren zweimal vorhanden waren), dem Inhalt entsprechend durch und führten es dann den Zweitkläßlern vor. Die liehen sich die Figuren aus und inszenierten für eine Abschlußfeier mit den Eltern auf einem Bauernhof ein Spiel mit choreografischem Charakter und streng rhythmisiertem Sprechgesang. Dazu zeichneten wir als Gedächtnisstütze die Bewegungsabläufe auf großem Karton auf. Erwachsene übernahmen in einem Seminar die Figuren und parodierten das Märchen; zugleich brachten sie neue didaktische Vorschläge ein (aufgrund eigenen Tuns und kritischer Auseinandersetzung mit den Ergebnissen). Die letzten zwei Jahre gehörten diese Bremer Stadtmusikanten zum Leben von Schnuggel und Schnöfchen und halfen beim Lesen- und Schreibenlernen mit; bald sind sie „nur noch" Dekoration, weil neue Figuren gebastelt werden.

4.2.6 Hänsel und Gretel

Das Märchen (KHM 15) wird frei im Raum gespielt; die nichtspielenden Kinder sind Zuschauer und kommentieren das Spiel im Nachgespräch, um dann im Rollenwechsel selber zu spielen. Das verwirrende Waldesdickicht läßt sich gut mit zusätzlichen, sich anfassenden und bewegenden Kindern, mit Orff-, Körper- oder Umweltinstrumenten darstellen.

Gemeinschaftsarbeit: Nachdem jedes Kind eine Szene für sich gemalt hat, kann man das Lebkuchenhaus groß in Gemeinschaftsarbeit aus Karton basteln und mit Papier, Trockenfrüchten und Pflanzen, Seidenpapier, Wellpappe, Salzteig, Wolle, Stoff usw. dekorieren. Fenster und Türen kann man dabei aufklappbar basteln.

Die Hexe wird beispielsweise von den Kindern aus Wegwerfmaterial, aus Wolle, Lumpen usw. aufgebaut und dann „angegriffen". „Hänsel und Gretel" läßt sich gut als Bilderbuch gestalten, mit selbstgemalten Bildern und bildbezogenen Texten. Das Malen, Schreiben, die Materialerfahrungen im gemeinschaftlichen Werken und Erzählen gehören zum sinnlichen Lernen.

4.2.7 Das Wasser des Lebens

Dieses Märchen (KHM 97) setzten wir einmal in einer 4. Klasse in ein Rollkino bzw. Erzählkino um (s. Praxis Deutsch, 1981).[51] Das Märchen wurde inhaltlich erschlossen, in wesentliche Szenenfolgen eingeteilt und graphisch (einschließlich Legende) mit seinen Interaktionspunkten verbunden. Damit wurden die Wege der glücklosen und des glückhaften Bruders verdeutlicht. In Gruppenarbeit malten die Kinder ihre Szenen. Die Bilder wurden dann zu einem langen Band aneinandergeklebt und an jedem Ende an einem Gymnastikstab befestigt. Das ganze Bildermärchen wurde auf einer Stange aufgerollt. Erzähler bekamen Textkopien und lernten, ihren Text frei vorzutragen. Zwei Kinder hielten die Stangen hoch, und während das erste langsam aufrollte, gab das zweite in gleichem Maße abrollend die Bilder frei, zu denen die wechselnden Erzähler etwas der Klasse zu berichten hatten. Mit Erstkläßlern übte ich in Musik eine Klangillustration ein, und die wurde nun zusammen mit der 4. Klasse der Erzählung hinzugefügt. (Bei diesem Märchen waren zwei Klassenstufen beteiligt, zugleich waren Elemente aus Deutsch, Religion [bei der Sinnerschließung], Kunst und Musik bearbeitet worden.)

4.2.8 Dornröschen

Neben gebundenen Rollenspielen gelingt Dornröschen (KHM 50) besonders schön auf farbiger Lichtbühne. Schattenfiguren werden hinter der Leinwand wie im Schattentheater bewegt, aber im Hintergrund sind farbige (rote, gelbe, blaue, grüne, lila, orange) Dispersionsleuchten in verschiedenen Positionen aufgebaut, die über.Dimmer gedämpft, verstärkt und so zusammengeschaltet werden, daß auch Einzelfarben oder mehrere Farben zugleich aufstrahlen. Hohe gelbe und orange Werte lassen Konturen dunkler und stärker hervortreten, während andere Farben entsprechend bunte Schatten und gleichsam Gloriolen um einen schmalen Kernschatten schaffen. Sie verleihen den Figuren im Bewegen weiche, fließende Effekte. In dieser Technik lassen sich, womöglich mit Klangkörpern unterstützt, besonders günstig Stimmungen und Gefühle mitinterpretieren. Farbige Lichtbühne wirkt am eindrucksvollsten, wenn die Leinwand etwa 3 m lang und 2 m hoch ist (mit Hilfe von

Kartenständern und Zeltgestänge) und sich ganze Personen dahinter bewegen. Lyrik und phantastische Geschichten eignen sich für diese Technik besonders. Zudem ist der Verfremdungseffekt so hoch, daß auch scheue Kinder (und Erwachsene) sich hinter die Leinwand wagen. Diskussionen, Bewegungskontrollen, die mit Kontur und Profil arbeiten; Zusammenspiel von inhaltlicher Darstellung und Rezitation oder Erzählung und Klangillustration, dazu die Möglichkeiten des technischen Einsatzes sorgen für ein multisensorisches Vergnügen bei multimedialem Einsatz, der von realistischer Technik bis zu phantastischen Kreationen reicht. Dornröschen eignet sich z. B. gut für solches Spielen auf farbiger Lichtbühne: Bei der Rosenhecke wird orange, rot, grün und lila verwendet; bei den zwölf Feen z. B. blau und lila; bei der 13. Fee und beim Stich mit der Spindel das Konturschärfe erzeugende Gelb und Orange ... Bei jüngeren Schülern muß der Lehrer mehr technische Vorarbeit einbringen, während ältere Schüler hier in ganzheitlicher Weise, mit Realitätssinn und Phantasie, mit symbolischem und analogischem Denken und logischer, technischer Realisierung; mit Sprache, Bewegung, Klängen und Farben arbeiten. Neben Märchen wie Dornröschen, der Froschkönig u. a. läßt sich auch Lyrik wie das „Gawa, Gawa Usedump" von M. Ende u. a. hervorragend darstellen.

4.2.9 Rotkäppchen

Dieses Märchen (KHM 26) lockt vor allem durch die Möglichkeiten, durch die sich Kinder mit verschiedenen Rollen identifizieren können: Als „liebes Kind", das nicht mehr vom Wege abgehen will; als „schlaues Kind", das den Wolf von sich ablenkt und zu seiner Vernichtung beiträgt; als reißerischer oder scheinheiliger oder einfach normaler „wölfischer" Wolf; als beschützender oder draufgängerischer Jäger; Mutter und Großmutter bleiben dabei eher blasse Figuren. Im freien Rollenspiel werden zahlreiche Gefühle freigesetzt, und bald beginnen spielgewohnte Kinder, die Rollen zu manipulieren. Rotkäppchen tritt dem Wolf selbstbewußt und trickreich entgegen, fordert seine Wildheit sogar heraus, legt ihn herein ... Kinder greifen hier selber zum Fabulieren und Parodieren. Das ist um so interessanter, als es zahlreiche Rotkäppchengeschichten gibt, die weltweit verbreitet seit Jahrhunderten erzählt werden. Diese verschiedenen Fassungen zeigen zugleich jene Entwicklung, in der die Frau ihre emanzipierte Rolle zunehmend verliert: Handeln frühere Versionen (z. B. im italienischen und französischen Raum) noch von einem selbstbewußten jungen Mädchen, das das Erlebnis mit dem Wolf (Mann) wagt und gewinnt (es wählt den „Nähnadel-" und nicht den „Stecknadelweg"), so wird es später zunehmend kindlich gehalten; es kommt zu keiner konstruktiven Begegnung bzw. Auseinandersetzung mit dem Wolf und es kehrt in die behütende Abhängigkeit von Mutter und Vater (Jäger) zurück.

Charles Perrault z. B. (1697)[52] verpaßt erst dem Mädchen die rote Kappe und Rotkäppchen wird vom Wolf schlicht aufgefressen und nicht gerettet. Die Brüder Grimm holen es mit Hilfe des Jägers ins Kinderleben zurück; viktorianische Prüderie läßt in anderen Versionen nicht einmal eine Berührung von Kind und Wolf zu:[53] Der Bogen von erotisch konstruktiver Auseinandersetzung und Wandlung vom Kind zur Frau über eine vernichtende Begegnung mit dem Wolf/Mann; zu verklemmter Vermeidung und zur Rückführung ins Behütetsein eines Kindes, das eine schlimme Begegnung hinter sich hat, läßt aus psychologischer Perspektive bunt aufblitzen, wie Entwicklungsprobleme und Krisen im Leben sich auf der ganzen Welt spiegeln, zugleich aber auch, wie sich gesellschaftliche Verhältnisse und Moralvorstellungen in den verschiedenen kulturkreisabhängigen Märchen erkennen lassen. Das Spannende ist nun, daß Kinder in verschiedenem Alter und wenn sie genügend Zeit und Entfaltungsmöglichkeit haben, unbewußt die verschiedenen Rollen durchspielen; ihre persönliche Welt wird in das Spiel eingebracht und subjektiv bearbeitet. Außerdem eignen sich Märchen mit Angstfiguren (Hexen, Zauberer, Geister, Ungeheuer wie Wölfe und Drachen) günstig für eine Auseinandersetzung mit der Angst.

4.2.10 Die Bienenkönigin

Dieses zweigliedrige, in schönen Dreierrhythmen aufgebaute Märchen (KHM 62) läßt sich in vielen Techniken darstellen. Eine hübsche Arbeit ist das Seidenpapierfensterbild: Dabei wird auf Scheibe oder auf Folie mit Kleister und Seidenpapier ein buntes Bild gelegt. Man kann das feuchte Papier ziehen, überlappen, gefältelt legen, glatt oder runzelig ... je nachdem, ob man Wald, Wasser, Figuren, einen Vogel ... darstellen möchte. Man rahmt es mit Tesaleinenband und befestigt es am Fenster. Dann stellt man kleine, märchenbezogene Schattenfiguren aus stabilem schwarzem Papier her, befestigt sie an Holzstäbchen (Schaschlikstäbchen o. ä.) und kann nun erzählen, während man die Figürchen vor dem bunten Fensterbild bewegt. Es genügen wenige Figuren, da das Wort einen hohen Stellenwert einnimmt. Zum Beispiel: die drei Brüder, der Alte, eine oder alle drei Prinzessinnen, Ente, Ameise und Bienenkönigin. Nun kann man entweder von Bild zu Bild gehen und erzählen, wenn in der Klasse eine Serie hergestellt worden ist, oder man verbleibt an einem entsprechend aufgebauten großen Einzelbild, das bereits alle Szenen eingefangen hat: im Mittelpunkt das Schloß, außenherum Weg, See, Wald. Die Figuren, die man gerade nicht braucht, werden ins „Abseits“ gebracht: Der Alte wird unter das Bild (mit Tesafilm) an die klare Scheibe geklebt; die versteinerten Brüder neben den Wald liegend usw. So lassen sie sich auch erzählend rasch wieder ablösen. Die Herstellung der Arbeit mit viel Fingerspitzengefühl und das Planen des Erzählablaufes erfordern klare Strategien. Das Ergebnis hat einen hohen ästhetischen Reiz.

4.2.11 Der Geist im Glas und Die goldene Gans

In Musik in der 3. Klasse gestalteten wir den „Geist im Glas“ (KHM 99). Die Kinder, die bereit zum Lesen waren, erhielten Textkopien und bereiteten ihren Abschnitt vor. Andere Kinder ergänzten den Text mit Körper- und Umweltinstrumenten (Schlüssel, Stühle, Töpfe, Fensterbank, das Telefon, Wasser, Glas ...). Ein technisch versierter Junge übernahm die Aufnahmen. Zuerst waren die Aufnahmen unsere Tonbandprotokolle, die dann geschnitten oder gelöscht und in Teilszenen wiederholt wurden. Am Ende entstand eine durchgehende Aufnahme. Nicht nur Hörerfahrungen und Umgang mit Technik wurden hier erlebt: Viele Kinder hörten zum ersten Mal ihre Stimme auf Band, und oft wurde ihnen dabei bewußt, wie schleppend und tonlos sie lasen. Sie wünschten dann ein Löschen des Bandes, übten daheim erneut ihre Texte und lasen mit bedeutend mehr Betonung und flüssiger als zuvor. Das Ergebnis am Ende machte Spaß, und die Kinder wünschten ein zweites Tonbandmärchen. Sie stimmten mehrheitlich für die „Goldene Gans" (KHM 64). Dieses Mal wurde in verteilten Rollen frei erzählt, es wurden Orff-Instrumente eingesetzt und wir legten eine Partitur mit Zeichen als Gedächtnisstütze für die Erzähler und die Instrumentalgruppen an. Dieses zweite Kassettenmärchen „schafften" wir durch die Vorerfahrungen mit dem „Geist im Glas" in der halben Zeit.

Mit anderen Kindern haben wir schon Märchenfiguren gebacken. Der Geist im Glas ist wie geschaffen für Blätterteig, der sich so schön aufbläht. Auch Hefeteig ist gut geeignet, und das Dekorieren ist ein sinnliches Vergnügen, ebenso das Verspeisen von Hexen und Drachen, Wölfen und Zauberern. Selbst bei Hänsel und Gretel oder Schneewittchen wird einmal der Kopf abgebissen.

Es gibt so viele konstruktive Möglichkeiten, mit Märchen und vielen anderen Geschichten schöpferisch umzugehen, daß sie hier nicht alle beschrieben werden können, obwohl in allen Techniken hohe Lernerfahrungen mit wechselnden Schwerpunkten stecken; auch z.B. beim nicht beschriebenen Dichten und Reimen, Herstellen von Puzzles oder Kartenspielen, beim Rätselmalen, bei Spielen im Freien, beim Plastizieren mit verschiedenem Material für Handpuppenspiele, beim Marionetten- und Marottentheater (Marotten sollten aus Pappmaché nachgebildet werden, da Gemüse und Obst zum Spielen zu schade sind).

4.2.12 Der Teufel mit den drei goldenen Haaren

Dieses Märchen (KHM 29) eignet sich – wie andere auch – aufgrund klarer Charakterzeichnungen für ein Ausdrucksspiel: Kinder setzen sich z.B. bei diesem Märchen besonders mit dem Kind mit der Glückshaut, mit dem Teufel und seiner Großmutter (der Ellermutter) auseinander, auch mit den Räubern. Der gierige König dagegen findet weniger Liebe, die Müllersleute und die Prinzessin bleiben fast anonym; Stadtwächter und Fährmann werden eher als Randfiguren empfunden. Nun werden keine Rollen zugeschrieben, sondern die Kinder wählen sie aus (das gilt prinzipiell für alle Märchen). Dabei kann das Kind mit der Glückshaut auch drei- oder viermal vorkommen, der Teufel beispielsweise fünfmal und die nette teuflische Großmutter zweimal, dagegen zahlreiche oder nur ein Räuber ... Und nun spielen die Kinder gleichzeitig ihre Rollen, aber sinnvoll aufeinander abgestimmt; drei Teufel kommen ins Gespräch, mehrere Glückskinder laufen herum und arrangieren sich untereinander – oder auch nicht. Diese Rollenidentifikationen, die gleichzeitig Partner und das Gesamtgeschehen bei aller subjektiven Spielgestaltung nicht aus dem Auge verlieren, tragen in sich auch eine kathartische und therapeutische Funktion, und sie fördern in Sprache und Spielgestaltung schöpferische Kräfte zutage.

4.2.13 Das Waldhaus und Schneeweißchen und Rosenrot

Eine wertvolle Möglichkeit der Märchengestaltung bietet das Figurentheater.[54] Es handelt sich hierbei um Figürchen aus gefärbter Schafwolle. Sie sind weich, leicht und ästhetisch und mit behutsamer Hand zu führen. Sie werden in einem Tischtheater bewegt, in dem eine Landschaft mit einfachen Mitteln aufgebaut ist: Zum Beispiel mit Tannen- und Kiefernzapfen, in Plastilin verankert; mit blauen Chiffontüchern für Bach und See; mit Moos, Steinen, Muscheln als verbindenden Elementen. Hütten werden aus Holzstückchen und Rinden gestaltet, Geschirr aus Knetwachs (von Stockmar); Mobiliar kann geschnitzt oder geleimt sein – und im Spiel werden nun die Figuren darin geführt.

Die Figuren gehen fast immer von einem längs gestrichenen Krempelwollestreifen aus,[55] der in der Mitte zu einem lockeren Knoten geschlungen wird – als Kopf (1). Mit einem weiteren, vielleicht andersfarbigen Streifen werden die Arme eingelegt (2), deren Enden als Hände zurückgeführt und mit einem dünn ausgesponnenen Wollfädchen festgewickelt werden (3). Das hält ohne Verknotung. Dann wird z. B. das Röckchen gewickelt (4); dies in mehreren Lagen, so daß die Figur stehen kann. Das Mieder wird kreuzweise um Oberteil und Schultern gelegt (5), schließlich fertigt man als Perücke eine Frisur an, die auf den Kopf gesetzt und mit einem dünn ausgezogenen Fädchen am Hals durch Wickeln befestigt wird (6). Bei männlichen Figuren werden die anfänglichen Schleifenenden zu Hosenbeinen oder festgewickelten Strümpfen mit extra gewickelten Schuhen verarbeitet.

Jungen Kindern kann man fertig gewickelte Figuren in die Hand geben, aber einfache Dinge können sie bei schrittweiser Erklärung schon selber machen: Einfache Schmetterlinge, Vögel, Schnecken, Fische …

Ergänzt werden solche Figuren z. B. durch gestrickte und gewebte Stücke. Die Grundmuster sind dabei einfach; Köpfe, Arme, Beine werden an den entsprechenden Stellen abgebunden und eventuell ausgestopft oder verziert. Als Beispiel möge hier der bereits erwähnte Zwerg aus Webteppich (1), Kordel (2) und Stopfwolle (3) dienen. Gesichter brauchen im allgemeinen nicht eingesetzt zu werden. Geeignet zum Spiel erwies sich nun z. B. „Schneeweißchen und Rosenrot" (KHM 161). Drei weibliche Püppchen sind nötig (sie gehören zum Grundrepertoire, wenn man mit Figurentheater plant). Ein gestrickter Bär (aus zwei gleichen Quadraten entwickelt) und ein gewebter Zwerg; dazu allerlei Getier (Schnecken, Vögel, Hasen, Minizwerge). Vier bis sechs Kinder können beim Spielen das Tischtheater umstehen. Wenn Zuschauer da sind, stehen sie nur auf drei Seiten. Auf dem Tischtheater sind alle passenden Bestandteile des Stückes angeordnet: Häuschen, Wald, Bach, Felsen, Schloß …

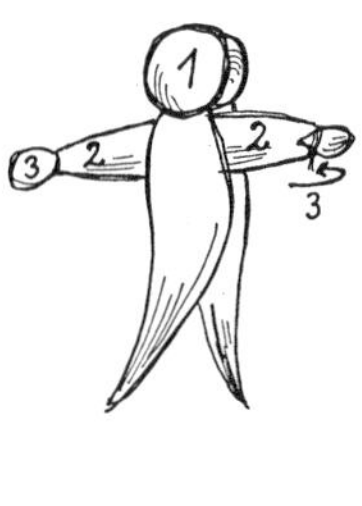

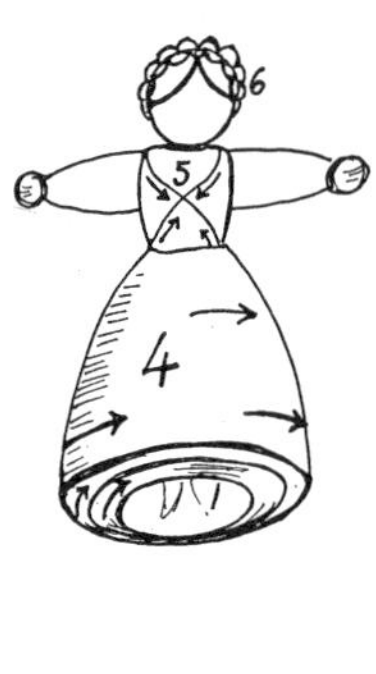

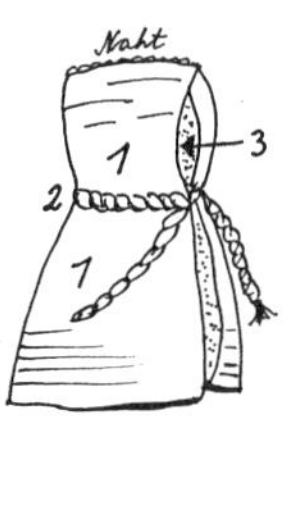

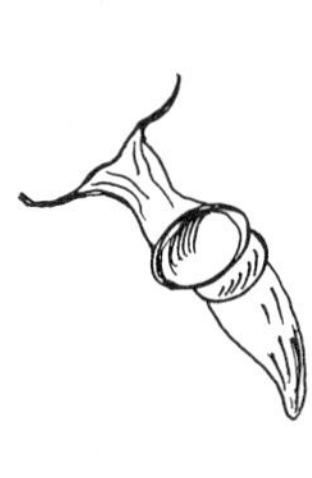

Hübsch läßt sich auch von Leo Tolstoi „Die drei Bären" spielen: Damit kann man bei ausgedehnten Spielszenen im Wald in je etwa Vierergruppen gut 10 bis 15 Kinder beschäftigen. Ein Teil spielt, tritt dann zurück; die nächste Gruppe spielt ... Weitere Kinder sorgen mit Orff- oder anderen Instrumenten für eine Klangillustration.

Empfehlenswert ist ein Spiel des Märchens „Das Waldhaus" (KHM 169). Zuerst spielten die Kinder das hübsche, die Tierliebe thematisierende Märchen im freien Rollenspiel aus. Gleich nach dem Erzählen setzten sie spontan das Stück in Szene. Schnell hatte sich das Verschen eingeprägt: „Schön Hühnchen, schön Hähnchen, und du, schöne bunte Kuh, was sagst du dazu?" Der Dreierrhythmus kommt den Kindern entgegen, gibt Halt und baut eine einprägsame Bilderfolge auf. Wir verdoppelten die drei Tiere auf sechs. Mit drei Töchtern, den Eltern und dem Alten waren bereits 12 Kinder beschäftigt, dazu kamen eine Eule für die unheimlichen Abendszenen und vier Kinder als Musikanten und Vögel, die die Körner wegpickten, den Mitternachtsspuk verklanglichten, das Unheimliche beim Verirren usw. Die Kinder reagierten sehr spontan, sprachen ihre Texte frei und aus der Situation heraus. So bekam der Holzhacker täglich mehr Rückenschmerzen von der Arbeit. Die Mutter sorgte sich nicht nur um ihre verirrten Töchter, sondern auch um die mitverlorenen neuen Kochtöpfe. Die dritte, tierliebe Tochter, nun junge Königin, telefonierte mit ihren Eltern und lud sie zur Hochzeit ein. Die gedankenlosen beiden ersten Töchter verschwanden im Keller, indem sie auf zwei Tischen schliefen und dann durch den Spalt dazwischen nach unten rutschten. Es war für mich ein Erlebnis, wie diese Sechs- und Siebenjährigen Lösungen fanden, wann und wie sich der Alte in den Prinz verwandelte, wie Tag, Abend, schicksalhafte Mitternacht und neuer Tag wechselten (ein großer Gong ist sehr effektvoll); wie sich überhaupt die Märchenbilder von einem Interaktionspunkt zum anderen gestalten ließen. Es liegt auf der Hand, daß man sich dabei nicht genau an die Vorlage halten kann. Nach diesen Spielerfolgen (es wurde dreimal vor Eltern und Mitschülern aufgeführt) setzten wir das Märchen in Figurentheater um; das machten die Kinder sogar während des Freispiels, da das Tischtheater ständig spielbereit im Zimmer steht. Die männliche Figur war vorhanden, ihr wurde nur ein langer Bart angehängt. Als Kühe wurde Wolle zwischen den Handflächen zu lockeren Kugeln geformt (1), Hörner, Ohren und Schwanz wurden herausgezwirbelt, der Kopf nur andeutungsweise abgebunden (2). Hühnchen und Hähnchen waren Kugeln mit abgebundenen Köpfen, wobei rote Kämme und Schnäbel angeklebt wurden. Den Schwanz bildeten bunte, zwischen den Fingern geglättete Wollestreifen (3). Oder als Vogel: Wollstreifen mit lockerem Knoten in der Mitte als Kopf (4); als Flügel einen Streifen querlegen (5), Schwanz abbinden (6), Flügel und Schwanz ausfächern. Die restlichen Figuren gehören zum Grundrepertoire.

Die Kinder spielten am Tischtheater das Märchen gut koordiniert, da sie sich beim freien Rollenspiel schon konstruktiv ausspielen und ausagieren konnten. Nun hatten sie einen Stand erreicht, in dem sie nicht nur den Inhalt spielten, sondern sich auch „verspielten", fabulierten, umänderten, ja parodierten. Dabei wurden viele subjektive Vorstellungen umgesetzt.[56]

Figurentheater ist auch ein therapeutisches Mittel. Es wirkt sprechanregend und sprachbereichernd. Wenn man einem Kind eine Figur reicht, sollte diese Figur sogleich verlebendigt werden, indem man ihr Worte: eine dem Kind zugewendete Äußerung unterlegt und die Haut des Kindes streichelnd berührt ... So werden Beziehungen hergestellt; das Weiche stimmt zärtlich und wirkt auf das Kind konzentrierend. Sprachdefizitäre, ungeschickte Kinder und Ausländer mit geringen Sprachkenntnissen finden beobachtungsgemäß schnell den Mut, ins Spiel einzusteigen: Sie können handeln, einfache Dinge sagen, sich vorläufig im Schutze ihrer Figur und der vorgegebenen Handlung bewegen. Soziales Lernen: Hier findet es intensiv, aber in nicht belastender Weise statt: Die Kinder müssen mit anderen zusammenspielen und sich sinnvoll einzubringen lernen; und dennoch können sie eigene Vorstellungen, subjektive innere Bilder in sich bewegen und nach außen gestalten: Sie stellen sich selber dar. Eine notwendige Begrenzung von Selbstdarstellung erfolgt wiederum durch die Gruppe und das gemeinschaftliche Spiel. Scheue Kinder spielen erst für sich alleine, halten Monologe, erzählen sich etwas. Dann steigen sie, etwas mutiger geworden, in Dialoge ein: Mit ihrer eigenen Figur als Gegenüber, oder mit anderen Figuren. Figurenspiel und gleichzeitiges Erzählen in einem sinnvollen Handlungsbogen sind ein weiterer Schritt, bis sie sich voll in ein laufendes Spiel mit einer spezifischen Rolle einbringen. Dabei wird Sprache in lebendigen Zusammenhängen erlebt und stimmliche, mimische und gestische Ausdrucksfähigkeiten werden erhöht.

Man muß den Stellenwert der Puppen beachten: Fingerfiguren sind Partner; Tischtheaterfiguren werden eher ganzheitlich erfahren – mit ihnen agieren die Kinder, indem sie sich mit der Figur in manchen Zügen verbinden. (Man beachte beim Figuren- und Tischtheater das intensive Wechselspiel der „Drei Welten" durch Wollfiguren, psychologischer Welt und Sprache!)

Figurentheater hat eine psychologische und therapeutische Wirkung; es entspannt die Kinder, bereichert kognitive Erfahrungen in vielfältiger Weise, schult Handgeschicklichkeit und Erfindungsgabe. Diese Spielform, kontinuierlich gepflegt, wirkt sprachbereichernd und sprachtherapeutisch. Interessant auch, daß diese Spielform die Kinder irgendwie beruhigt. Sie lernen, Dauer zu ertragen. Die sensationelle Fernsehwelt macht eigenes Kinderleben unbedeutend. Fernsehwelt ist so sensationell, daß Kinder schon nach einer halben Minute Dauereinstellung nervös werden. Im Figurenspiel aber werden sie gelassener, lernen ein Warten, Zusehen, Genießen; sie lernen, Erlebnisspannen länger zu ertragen.

4.2.14 Die Nixe im Teich

Dieses spannende Märchen (KHM 181) soll mit einem letzten Beispiel zu ganzheitlichem Lernen und schöpferischen Umgang mit phantastischem Erzählgut verbunden werden. Es handelt sich um eine Gemeinschaftsarbeit, in der der Handlungsablauf in seinen Bildern nach und nach gegenständlich als Kollage zu einem großen, im Uhrzeigersinn ablesbaren Bilderkreis gefügt wird: Auf einer Korkwand von ca. 2 m Länge und 1,5 m Höhe, die im Schulflur, mit Rahmen, aufgehängt wurde. Die Gemeinschaftsarbeit dauert etwa zwei bis sechs Wochen, je nach Stundeneinsatz, Stundenzahl und Alter der Kinder. Sie läßt sich in allen Altersstufen durchführen. Die Zeitspanne ermöglicht zugleich eine stetige innere Auseinandersetzung und subjektive Weiterarbeit an Einzelszenen und am Gesamtmärchen. Dabei wechseln auch die Sympathien zu einzelnen Figuren und die Bevorzugung einzelner Szenen. Das Märchen beeindruckt durch seine tiefgründigen Bilder. Im Schulkindergarten ergaben sich folgende Arbeitsgänge (in verteilten Rollen innerhalb der Gemeinschaft):

Untere Bildseite, von der Mitte zur linken Ecke

Aus Karton wurde ein Haus mit Tür und Fenstern ausgeschnitten und bemalt. Jedes Kind fertigte gleichgroße Dachplatten an, gemeinsam wurde dann damit – Lücke auf Lücke – das Dach „gedeckt" (geklebt). Einer schnitt ein Mühlrad aus und drei Kinder klebten viele diagonal gefaltete Papierquadrate an einer Kante zu Dreiecken zusammen, blähten sie als Tütchen auf und klebten sie richtungsgleich als Wasserschaufeln auf das Rad. Jedes Kind nähte ein Säckchen aus Jute, füllte einige Körner ein und band es mit selbstgedrehter Kordel oben zu.

Alle Teile wurden mit Reißzwecken befestigt. Links davon folgten mit angekraustem Seidenpapier der Mühlbach und der Teich.

Linke Seite von unten nach oben

Jeder malte und schnitt aus festem Papier Schilf und Wasserpflanzen aus (ca. handlang). Sie wurden nebeneinander auf ein Kartonrechteck geklebt, das durch einen geklammerten Zwickel in der Mitte etwas hochstand. Das waren Wohnung und Kleiderschrank der Nixe.

Eine Nixe mit Fischschwanz wurde als Papierpuppe (aus Karton) ausgeschnitten und mit gelben und grünen Wollehaaren beklebt. Sie bekam Papierkleider (z.B. Mantel, Sommerkleid, Schlafsack, Mütze, Handschuhe, Schal, ein Schleierkleid), die man der Nixe mit Büroklammern „anziehen" konnte.

Darüber wurden gemeinschaftlich viele Häuser zum Dorf und viele Bäume zum Wald gefügt. Neben einem Weiher aus Seidenpapier mit einem roten „Blutfleck" kniete ein Jäger aus Karton. Er hatte Pfeil und Bogen (mit Holz und Schnur, einem Köcher aus Papierrolle und Zahnstochern mit roten Spitzen) neben sich; daneben lag aus Fell das erlegte Wild.

Obere Kante von links nach rechts

Zentral wurde ein Berg (aus Pappe) mit Ausläufern befestigt. Der Berg war mit Hölzchen, Trockenpflanzen, Blumen u. a. beklebt. In den Ausläufern lagen ein Kamm, eine Flöte und ein Spinnrad, aus Karton geschnitten und mit Goldlack besprüht. Für die Tage und Nächte zogen sich oben bunte Sonnen, Sterne und weiße Monde hin. Rechts vom Berg hing blaues Seidenpapier als stürzende Woge nach vorne, darunter war eine rennende Jägerfigur mit seiner Frau an der Hand auf der Flucht. Dann ein blauer Seidenpapierfleck, auf dem in Falttechnik ein Frosch und eine Kröte saßen.

Rechte Kante von oben nach unten

Zwei Schafherden (aus Papier, mit dunkler und heller Schafwolle beklebt) vereinigten sich zu einer großen Herde weiter unten. Darunter ein Feuer aus Seidenpapier, das in spitzen Flammen nach vorne abstand. Von da aus vermittelte ein üppiger Baum mit vielen Blättern und Früchten wieder zur Mühle hinüber. Das Bild wurde viel bewundert. Nie wurde es beschädigt – wer es ansah, erzählte dazu oder fragte, was da geschehe.

Während und nach der Arbeit lernten die Kinder, das Märchen abschnittsweise zu erzählen. Es ging mir neben den vielen Lernvorgängen im Herstellen des Bildes besonders auch darum, daß Kinder lernen, ruhig zuzuhören, während andere erzählen. Das bei vielen vorhandene unruhige Bewegungsbedürfnis sollte entspannter Konzentration weichen; die Erzähler sollten folgerichtig, verständlich und mit Betonung sprechen. Noch hängt das Gemeinschaftswerk. Wenn ich es abnehme, werde ich die Szenen auf Karton kleben und zum Bilderbuch fügen: Als Märchenbuch zum Tasten, Fühlen und Spielen.

4.3 Abschließende Gedanken

Märchen, Lyrik, Sachgeschichten, Sagen, Legenden, besonders aber Geschichten mit phantastischen Elementen, zu denen vorrangig Zaubermärchen gehören, sind in umfassender Weise für ein musisch-ästhetisches Gestalten in vielen Fächern geeignet: In Deutsch, Kunst, Musik, Sachkunde, Religion, Rhythmik, im Freispiel, in freier Arbeit ...

Im bildhaften Gestalten gibt es zahlreiche verschiedenartige interessante Techniken, die besonders das Vorstellungsvermögen, Auge und Hand schulen. Sie kennenzulernen, anzuwenden und zu variieren stellt eine sinnvolle Grundlage für schöpferischen Umgang mit phantastischer und anderer Literatur dar.[57] Ähnliches gilt für Rhythmik und elementare musikalische Erfahrungen, die das Hören und Horchen über viele Medien, Klangerfahrungen und in Verbindung mit anderen Wahrnehmungsbereichen wie dem Taktilen, dem Visuellen und überhaupt dem Psychomotorischen in differenzierter Form erschließen.[58] Viele Erfahrungen theoretischer und praktischer Art kann man sich aus Büchern zum Figurentheater, Schattenspiel, Menschen- und Puppentheater holen.[59] Sinnvoll ist es, wenn man mit den Kindern gemeinsam plant und ihre Gestaltungsideen mitbearbeitet, so daß jedes Produkt als Gemeinschaftsarbeit den Teamgeist in sich trägt: dadurch interessiert sich auch jeder für die Arbeit. Vorschläge zum Umgang mit Märchen können aber nur Bausteincharakter haben, denn jeder Erzieher, jedes Kind, jede Gemeinschaft hat andere Ideen, Voraussetzungen und Mittel.[60] Für das schöpferische Gestalten von Märchen, diesem „Welt drei"-Produkt in „Welt zwei", kann es meines Erachtens keine Rezepte und vorgefertigte Stundenbilder geben – jeder ist zugleich auf sich und auf die Schöpferkraft und Ideenwelt der Kinder hin bezogen. Lehrer, die Märchen und in betontem Maße phantastische Elemente im Unterricht und beim Erwerb der Kulturtechniken einsetzen, sollten – auf der Basis guter Vorkenntnisse – Mut zu sich selbst und zur eigenen Kreativität und außerdem Vertrauen in die Schöpferkraft ihrer Kinder haben.

4.4 Vom Erzählen in der Erzählgemeinschaft

Nachdem ich bisher versucht habe, die Wichtigkeit einer schulischen Gemeinschaft im Spielen, Lernen, Arbeiten, Erzählen und Hören hervorzuheben, möchte ich noch einige Praxiserfahrungen zum Erzählen anfügen, die einem inneren Nacherleben und einem Gemeinschaftsgefühl förderlich sein können. Vilma Mönckeberg, die große Märchenerzählerin, bezeichnet das Märchen als ein akustisches Kunstwerk, das entsprechend gehört (und nicht gelesen) werden sollte. Märchen wurden von altersher erzählt, bis sie im Druck fixiert wurden. Vilma Mönckeberg meint: „Das Märchen braucht den Interpreten, der es aus dem toten Druckbild erlöst. Dieses ist eine Art Notenschrift, die vom einfühlsamen Erzähler entziffert und in Klang zurückversetzt wird."[61]

Die Kunst des Märchenerzählens läßt sich günstig von der Sprecherziehung herleiten. Everhard Drees nennt als Bereiche, Märchen spielerisch zu erarbeiten: Grundton, Rhythmus, Melodieführung, dynamische Nuancierung und Artikulation, und er bietet in seinem Beitrag „Wie kann man mit Schülern Märchen erzählen?" konkrete Hilfen.[62] Ebenso sei auf Jürgen Janning verwiesen, der wie Drees das Märchenerzählen zur Kunst geführt hat,[63] und auf Felicitas Betz.[64] Diese pflegt – als Schülerin von V. Mönckeberg – das Sprechmusikalische weiter. (Dazu zählt V. Mönckeberg das Gefühl für Rhythmus und Melodik, für das Tempo und die zum Inhalt gehörenden Gesten.) F. Betz übt dies – sie vermittelt das in Erzählkursen – mit Hilfe der Lemniscate, indem die Hand eine liegende Acht ausführt und so das Erzählen (mit der Zeit nur noch innerlich) begleitet. Dadurch kommt man in einen Rhythmus, in eine Schwingung, die den Märchentext bestimmt und die zum tragenden Element wird.

Aus eigener Praxis kann ich folgende Leitlinien anbieten:

- Man muß Märchen und phantastische Geschichten selber mögen, wenn man sie Kindern erzählen will.
- Erzählen ist immer besser als Vorlesen, da Blickkontakt, Gestik, Mimik und klangliche Gestaltung intensiver zum Zuhörer gelangen: da im Blick Zuwendung empfunden wird und Einwürfe der Zuhörer flexibler verarbeitet werden können.
- Die Erzählgemeinschaft (die auch aus nur einem Zuhörer und dem Erzähler bestehen kann), steht in einem Gemeinschaftserlebnis, das sozial und emotional binden kann.
- Der Erzähler sollte den Text beherrschen, mit innerer Beteiligung, kontrollierter Stimme und gezielter Bewegung erzählen.
- Der Erzähler muß sich in der Vorbereitung aus dem geschriebenen Text für einen Grundton entscheiden. Felicitas Betz nennt hierzu Fragen wie: „Ist er (der Grundton) humorvoll, heiter oder sachlich, oder ernst, ist er verschmitzt oder beschwörend, unruhig, erregt oder beruhigend, ist er zart oder derb, lyrisch oder prosaisch, warm oder unterkühlt? ..." (S. 15).
  Wenn man beim Üben des Textes mehrere Töne ausprobiert hat, erhorcht man einen Grundton, der dann aber auch bis zum Ende durchzuhalten ist.
- Bei aller Begeisterung für das Märchenerzählen sollte nicht zu übertrieben erzählt werden: Nicht zu grausam, zu komisch, zu traurig, zu geheimnisvoll

... Kindliche Phantasie braucht keine belastende Übertreibung und Erhitzung seiner Phantasie.

- Die manchmal altertümliche Sprache schadet nicht – im Gegenteil: Der Geist, der aus der Sprache spricht, schafft Atmosphäre und teilt sich den Kindern als etwas Besonderes, Erhaltenswertes mit.
  Dies betrifft besonders textgebundenes Erzählen. Unverständliche Begriffe können erläutert oder umschrieben werden. Märchenerzählerinnen berichten, daß Kinder aus dem Gesamten trotz unverständlicher Worte den Inhalt erfassen können.
- Bei jüngeren Kindern ist es angezeigt, Personalpronomen häufiger durch den entsprechenden Namen, Titel, Begriff oder Gegenstand zu ersetzen.
- Beim Erzählen in einheitlicher Vergangenheit entsteht ein guter Sprachfluß. (Das gilt nicht für Dialektstücke.)
- Muß die Erzählung ein andermal fortgesetzt werden, dann sollte man nach einem abgerundeten Bild, nicht aber an einer besonders dramatischen Stelle abbrechen. Das letzte Bild erzeugt eine Erwartungshaltung und Spannung, die emotional belasten könnte.
- Die Medienwelt hat oft die ersten prägenden Eindrücke hinterlassen. Man sollte im Erzählen vorsichtig solche Versionen integrieren, nicht einfach ablehnen, um nicht zwei getrennte Erlebniswelten zu einem Märchenthema aufzubauen. Das kindliche Vertrauen könnte verunsichert werden.
- Anfangs- und Schlußformeln, Reime, rhythmische Wiederholungen sind für Kinder besonders wichtig: Sie können bald miterzählen und erfahren im Wiederholen Sicherheit, Bestätigung und eine Konstanz ihrer Vorstellungswelt.
- Gestik und Mimik sollten sparsam eingesetzt werden. Vorgreifende Gesten und Bewegungen (z.B. eine ausladende Geste, verkrallte Hand, gekrauste Stirn, fallende Schultern ...) ermöglichen so ein unbewußtes Vorverständnis und eine Vorinterpretation dessen, was Sekunden später erzählt wird. Die Kinder lernen dabei zugleich, feine Impulse zu übernehmen und sie zu deuten. Bei der präzisen Märchensprache kann man davon ausgehen, daß angesprochene Dinge dann auch eine wesentliche Rolle spielen werden: Der Gang der Entwicklung wird nun vorgreifend durch vorwegnehmende Andeutungen geregelt; es entsteht ein Erwartungshorizont.

B. Interpretation

Um das bisher Beschriebene besser zu legitimieren, sollen Karl Bühlers und Karl Poppers Gedanken über Sprache dargestellt werden. Auch einige klärende Worte über Anatomie und Funktion des Gehirns (bezüglich der Sprache) werden gemacht, um die engen Zusammenhänge von Handeln, Vorstellung, Bild und Sprache (in verschiedenartigen Äußerungsformen) vor Augen zu führen. Damit dürften sich dem Leser auch wieder jene ganzheitlichen Lernprozesse erschließen, mit denen das Kind schrittweise „seine" Welt erobert. Die Gedanken fügen sich sinnvoll in Poppers „Drei-Welten-Theorie". Schließlich soll das Thema Märchen für den Unterricht fruchtbar gemacht werden. Eine Märchendiskussion auf der Ebene der bewußtseinsstrukturellen Funktion (die mit der Art des Denkens und dem Gehirn zu tun hat) erscheint mir geeignet, auch in der Schule schöpferischen Umgang mit Märchen zu pflegen. Dieser Themenbereich erweist sich für ein ganzheitliches Lernen als besonders günstig.

1. Sprache auf vielen Ebenen und Kommunikation

1.1 Anmerkung

Sprache ist subjektiv durchformt. Dennoch werden mit ihr über den Gebrauch allgemein verbindlicher Begriffe und Satzkonstruktionen Mitteilungen gemacht, die dem allgemeinen Verstehen dienen, in schriftlicher Form aus Symbolen und Zeichen nach Vereinbarung bestehen, umkodierungsfähig sind und zum tragenden Element für Kultur werden (z.B., um Theorien zu formulieren, Bücher zu schreiben, Kulturobjekte näher zu bezeichnen oder Notenzeichen deutbar zu machen ...). Ähnlich Märchen: Sie sind ja ein „Welt-drei"-Produkt. Aber sie werden subjektiv rezipiert und emotional verarbeitet, bewegen sich also auch in „Welt zwei"; und sie werden mit Hilfe von Material („Welt eins") umgesetzt. So werden sie zu neuen literarischen Kunstwerken, die für alle im festgeschriebenen Text erhalten bleiben, für andere mitteilbar werden und gelegentlich auf psychologischer Basis Lebenshilfe zu leisten vermögen.

1.2 Kommunikation – einführende Gedanken

Ich versuchte darzustellen, wie wichtig es für heranwachsende Menschen selber, aber auch in ihrem Bezug zu Kultur, Gesellschaft und sozialer Umwelt ist, kommunikationsfähig im kritischen Sinne zu werden. Ein Kind erlebt zuerst im Primärkreis der Familie verbale, mimisch-gestische, emotionale und körperlich geäußerte Sprachformen; und diese um so konstruktiver, wenn das Kind von einem Gefühl des Akzeptiertseins in gerade dieser seiner „Einmaligkeit" getragen wird und in einem Gefühl des Urvertrauens eingebettet leben und sich empfinden darf. Diese zuerst vermittelten Sprachformen bilden die Grundlage, wenn es in der Schule in einem neuen Lebenskreis mit mehr Menschen, mehr Meinungen und Problemen zusammenkommt und sich mit ihnen konstruktiv auseinandersetzen soll.

1.3 Einige Betrachtungen über die Sprache

Karl Bühler[65] klassifizierte Sprache in die zwei niederen Sprachformen, die Tier- und Menschensprache gemeinsam haben, und eine höhere: 1. Die „Ausdrucksfunktion" oder „bezeichnende Funktion" (innere Gefühle, Zustände werden ausgedrückt) und 2. die auslösende oder „Signalfunktion" (ein „Sender" regt durch Kommunikationsmittel Reaktionen im „Empfänger" aus: Warnung, Aufmunterung ...). Als höhere Form, vermutlich rein menschlich, nimmt er 3. die „Darstellungsfunktion der Sprache" an, in der Mitteilungen gemacht und Gedanken ausgetauscht werden, die richtig oder falsch sein können, einschließlich der Lüge. Karl Popper fügt als 4. Form die „argumentative Funktion"[66] als höchstes Sprachniveau hinzu. Kritische Argumentation ist mit dem rationalen Denken verbunden und phylogenetisch sicher die jüngste Stufe – darum fällt sie vielen schwer und muß besonders erlernt werden

– unter anderem in der Schule. Die Entwicklung der vier Sprachebenen vom Säugling bis zum Erwachsenen erfolgt stufenweise und schließt selbst auf der 3. und 4. Ebene die beiden ersten Ebenen mit ein: Gefühlsäußerungen, Signale und Gesten begleiten jede lebendige Diskussion. Mit diesen Kommunikationsmitteln angemessen umzugehen, könnte ein Ziel bereits im Elementarbereich sein; ich versuchte, dies im Praxisteil zu belegen.

Kommunikation hält die Gesellschaft zusammen. Sie spiegelt in der praktizierten Form die Wechselwirkungen zwischen „Welt zwei" und „Welt drei" (i.S. der Sprachebenen 1 bis 4), wobei subjektive Gedanken einen objektiven Status erreichen können; subjektive Gedanken und Vorstellungen werden in der Kommunikation und durch verbale Deskription oder durch „üblichen" Gebrauch vergleichbar gemacht. Gedanken und Vorstellungen sind dabei aber auch mit genetischen und aus Erfahrungen gewonnenen Informationen verbunden. Diese Tatsache färbt über die Sprachebene hinaus die ganz persönliche Sicht über Wahrgenommenes und Erlebtes. Dabei benützt das Kind von Natur aus die Sprache gerne und vielfältig – Eltern und Erzieher kennen aus der Praxis den Drang zu frühen ersten Lautbildungen, dann zum Nachplappern und zum eigenschöpferischen Umgang mit Worten und Aussageformen.

Es gibt keine Sprachgene, aber die Neigung und Empfänglichkeit für Sprache hat beim Menschen eine genetische Grundlage – dies nach dem heutigen Forschungsstand. Das bedeutet, daß vermutlich Gene über kodierte Anweisungen den Aufbau der Sprachzentren in der Großhirnrinde veranlassen, einschließlich aller verbindenden Strukturen, die zur Verbalisierung nötig sind.[67] Sprechen erfordert die schwierigste aller motorischen Koordinationen, wobei es vom Hören gelenkt wird. Chomsky hält die Konstruktion von Sätzen für etwas Einzigartiges und für eine künstlerische Schöpfung. Zum Sprechen bedarf es eines angemessenen, verständlichen Vokabulars (Lexik, Wortschatz), dazu der korrekten Zusammenstellung der Wörter nach Regeln der Grammatik (Ebene der Syntax), und schließlich müssen Sätze als sinnvoll empfunden werden (Ebene der Semantik).

1.4 Kleiner anatomischer Exkurs

An sich ist Sprache kein Kriterium für eine höhere Stufe des Bewußtseins – man denke an Tiersprachen wie die der Bienen. Erst, wenn man über das Wahrgenommene sprechen, sinnvolle Aussagen machen und mit Begriffen frei umgehen kann, wird Sprache ein Stück spezifisch menschlicher Kultur und damit z.B. auch Teil von „Welt drei". Hierfür gibt es Strukturen im Gehirn, die beim Menschen zu besonderen Leistungen im oben genannten Sinn führen.[68] Wer sich mit den komplexen Vorgängen von Wahrnehmung, Denken, Sprache, aber auch mit dem analytisch-rationalen und komplementär ganzheitlichen Denken beschäftigt, wird mit Interesse feststellen, daß zwar Sprachzentren auf beiden Hirnhälften angelegt sind, daß es aber nur in der linken, dominanten, selbstbewußtseinsfähigen Seite zum bewußten und aktiven Sprachentwurf und Sprachvollzug kommt, während rechts mehr nonverbale Verstehensprozesse ablaufen (s. Rico-Modell S. 73). Das aktive Sprechen geschieht vorwiegend mit Hilfe der hinteren Sprachrinde (dem Wernickeschen Sprachzentrum); mit den evolutionär spät entstandenen (und menschenspezifischen) Feldern 39 und 40, die mit crossmodalen Beziehungen beschäftigt sind, indem sie Assoziationen von einem sensorischen Input in einen anderen umsetzen können, die so dann verstanden, auf den Begriff gebracht und ausdrucksfähig gemacht werden; und schließlich mit dem vorderen Sprachzentrum (Brocasches Sprachzentrum), in dem der Sprachentwurf entsteht: Mit einem geordneten Satzbau, der sich dann über motorische Hirnfelder, die gleich „benachbart" liegen, in die Sprechwerkzeuge weitervermitteln (Atmung, Kehlkopf, Rachen- und Mundraum). Aber auch tieferliegende Regionen sind beteiligt.

Das Hemisphärenmodell von Rico offenbart in seiner Gegenüberstellung der komplementären Leistungsbereiche die linguistische Überlegenheit der dominanten Seite; zugleich aber fördert es die Einsicht, daß Bild- und Klangsprache, ganzheitliche Zusammenhänge und analogisches, eher emotional getöntes und intuitiv ablaufendes Denken sich mit der dominanten Seite und deren semantisch und syntaktisch klaren Sprachvollzügen ergänzend verbindet (über den Balken und tiefere Hirnregionen). Unter diesem Aspekt scheint es sinnvoll, im multisensorischen Lernen nicht nur „im Bild" und unveräußerten Phantasieraum zu verbleiben, sondern innere Sinnenerlebnisse auch in Sprache zu fassen: So werden passende Begriffe gefunden und allgemein verständliche Aussagen gemacht; gefühlsbetonte und subjektive Bilder werden über Sprache „gefaßt" und dadurch abgeklärt. Auf diese Weise kann subjektives Wissen auch objektiviert werden: „Welt zwei" bewegt sich – unter den Aspekten von Psychobiologie und „Drei-Welten-Theorie" – in neuen, für andere erkennbaren Rahmen und kann Anteil an „Welt drei" haben, wenn Gedankenaustausch oder kritische Argumentation stattfinden; bis hinein in Bereiche, die als Wissen in objektivem Sinn auch von anderen verstanden und geteilt werden. Im Elementarbereich spielen subjektive Gedanken noch eine wesentliche Rolle. Doch setzt bereits hier, in der Kunst eines lebendigen Sprachgebrauchs, Kommunikationspflege ein, die sich sachbezogener Begriffe und kritisch abwägender Aussagen bedient; getragen von einer Einhaltung der Gesprächsregeln, von Toleranz und Einfuhlungsvermögen in andere Personen, aber auch in Sachverhalte. Es erscheint mir dabei wichtig, Gesprächsübungen und regelgebundene Mitteilungen in eine allgemeine Spielerziehung und in schöpferische Arbeitsprozesse einzubetten, wie ich dies an Rollenspielen, Morgen- und Erzählkreis und den verschiedenen Gruppenarbeits- und Gruppenspielformen bereits gezeigt habe.

Kritisch möchte ich anmerken: Eingeengte Spiel- und Entfaltungsräume; Reizüberflutung durch Fernsehen, Kassettenkonsum und Umwelt (Verkehr usw.) und eine erhöhte Aggressions- und Regressionsbereitschaft, verbunden mit körperlichen Schädigungen, machen es Kindern immer wieder schwer, ihre spielerische Lernwelt schöpferisch und vielschichtig auszuleben, ohne ihr Sprach- und Spielverhalten in verschiedene Rollen auseinanderfallen zu lassen, da Wahrnehmungen, Verarbeitungen und Reaktionen häufig mit Veränderungen oder Störungen ablaufen.[69]

Die spielerischen, phantasie- und/oder sachbetonten und gemeinschaftlichen Lernprozesse, die ich geschildert habe, bieten Grundlagen, um daran Sprachkompetenzen zu entwickeln.

Planen, Handeln, Wahrnehmen, Fühlen, Umsetzung von subjektiv getönten Vorstellungen und Denkprozessen werden im lockeren Gedankenaustausch oder im gezielten Gespräch sprachlich mitteilbar gemacht, und ich möchte es als Ziel betrachten, daß aus der emotional positiv getönten Lern- und Erlebnisgemeinschaft heraus die Darstellungsfunktion der Sprache (Bühler) eine angemessene Verwendung findet und zur guten Gewohnheit wird, und daß die Kinder wachsend auch Poppers Form der „argumentativen Funktion" erreichen. Diese „argumentative Funktion" bzw. eine Diskursfähigkeit wären danach geboren und geborgen im lebendigen Spiel-, Lern- und Erlebnisrahmen einer Gemeinschaft, wie sie z.B. im Elementarunterricht entstehen kann. Neben dieser emotionalen Komponente von Entwicklung einer Kommunikationsfähigkeit stehen kognitive Aspekte: Sprache sollte in Form von Handlungsbeschreibungen (z.B. im spielerischen und schöpferischen Umgang über treffende und angemessene Begriffe), und auch als Artikulation von Gefühlen den Wortschatz erweitern, subjektive Befindlichkeiten mitteilbar machen können und die Ausdrucksfähigkeit (semantisch und syntaktisch) erhöhen. Auch bildorientierte, emotionale Vorgänge können so abgeklärt, sogar analysierbar gemacht und durch Sprache objektiviert werden.

Ein weiterer Schritt wäre der Gebrauch von Zeichen wie Buchstaben und Zahlen; synthetisiert, zu Worten, Texten, zur Schriftsprache und allgemein zu Kulturzeichen ausgeformt. Schrifttexte schaffen Distanz zur psychologischen „Welt zwei": Man schreibt „über" etwas. Die Kinder lernen daran, sich in Ruhe mit fixierten Gedanken kritisch auseinanderzusetzen (im Gegensatz zu Gesprächen oder Phantasiebildern); Aufgeschriebenes läuft nicht mehr davon. Texte zu verfassen, zu lesen und sich mit fremden und eigenen Texten kritisch auseinanderzusetzen gehört zur Kommunikationspflege.

Der Gebrauch von Sprache ruht in multisensorischen Vermittlungsformen. Die zitierten Hirnfelder 39 und 40 machen dabei die Verknüpfung verschiedenster Sinnestätigkeiten (Inputs) möglich: Ein Wissen um diese crossmodale Funktion gibt uns die Möglichkeit, ganz bewußt Sprache aus vielen Sinnestätigkeiten heraus zu erschließen: Seh-, Hör-, Fühl-, Riech- und Schmeckeindrücke, auch in mehrfacher Verknüpfung, werden sprachlich dabei verarbeitet, aber auch die inneren Sinne drängen durch ihre Verknüpfung mit den Sprachfeldern zur Artikulation von Gedanken, Gefühlen, Vorstellungen ... Vielfältige Sinnestätigkeit im Rahmen von Geborgenheit, aber auch Sachlichkeit und Weiterverarbeitung auf abstrakter Stufe möchte ich hier als Möglichkeiten im Elementarbereich nennen, um Sprachvermögen und Kommunikationsfähigkeit zu entfalten.

Ich möchte hier feststellen: Eine Ausformung von „Welt drei" ruht in „Welt zwei" und „Welt eins". Wer nun (als „Emanzipierter" [Habermas]) Sprache und Kommunikation beherrscht, kann z.B. Theorien bilden, kann aber auch Theorien statt seiner selbst sterben lassen – die Welt bräuchte nicht mehr Aggression, Gewalt und Krieg, sondern könnte Konflikte verbal und diskursiv austragen. Kommunikationspflege wird unter diesem Aspekt ein Teil von Friedenserziehung; Elementarunterricht könnte diesen Prozeß vorbereiten. Allerdings: Ein solchermaßen „Erzogener", „Unterrichteter", „Gebildeter" könnte nicht mehr bedingungslos gehorchen und nicht mehr ohne kritische Reflexion Gesetze, Erlasse, Meinungen und Tabus akzeptieren – er wäre ein friedenswilliger, aber unbequemer Geist – unbequem für die, die kritiklose Anpassung wünschen. Aber auch: Wer sich solche Kompetenzen erworben hat, müßte eigentlich immer neugierig und innovationsfreudig bleiben, was wiederum die Annahme voraussetzt, daß Kinder von Natur aus neugierig, lern- und wißbegierig sind. Und dieses Spiel- und Lernverhalten zu bewahren, betrachte ich als ein wichtiges Anliegen des Erziehers – nicht nur im Elementar- und Grundschulbereich, sondern in allen folgenden Schuljahren auch.

1.5 Sprache und Denken

Daß Sprache über Körper- und Gebärdensprache hinausgehen muß, liegt also auf der Hand, da Mimik, Tonfall und Handlungen zwar augenblicklich beobachtbare Situationen klären (als „situative Sprache"), nicht aber Wesentliches, Ordnungen oder Beziehungen strukturiert und verallgemeinerungsfähig darstellen können. Hierzu bedarf es einer begrifflichen Sprache, die auch Abstraktes auszudrücken vermag. Bildgeprägte Sprache; Sprache in Metaphern und Körpersprache werden heute ziemlich vernachlässigt. Solche Sprache muß aber geschult werden, um ikonisches Denken wachzuhalten und kreativen, lebensvollen und emotionalen Aspekten Rechnung zu tragen, die den Adressaten unmittelbar, auch „zwischen den Zeilen" ansprechen und die Möglichkeit bewahren, Zeichen, Symbole und Bilder zu verstehen. Aber erst, wenn Sprache in kodierter Form Sachverhalte abstrakter Art zu erfassen und zu formulieren vermag (eine eher linkshemisphärische Leistung), ist der Mensch in der Lage, auch abstrakt, logisch und formal zu denken. Sprache und Denken hängen eng zusammen. Forschung verweist hier auf interessante Beobachtungen; ein Zitat möge das näher erläutern:

„... Im Laufe der Analysen (Verf.: gemeint sind Sprachprotokolle) wurde es immer deutlicher, daß der Lernprozeß lernbehinderter Kinder an der Stelle seine Grenze findet, wo die sprachlichen Mittel zur Strukturierung und Reflexion der gegenständlichen Erfahrung nicht mehr ausreichen. Ein Mitglied der Arbeitsgruppe, Dr. Alfons Strattmann, widmete sich speziell diesem Zusammenhang und stellte fest, daß der Lernprozeß dort endet, wo die sprachlichen Möglichkeiten das logisch-schlußfolgernde Denken, das Verallgemeinern und formelhafte Zusammenfassen nicht mehr erlauben."[70,71] Diese kurzen Ausführungen machen auch bewußt: Eine Pflege des bildhaften Denkens und wachsende Betonung begrifflicher Sprache im zitierten Sinne ohne Vernachlässigung der Bildsprache und eines ikonischen Denkens machen formales Denken möglich, ohne lebendige Aspekte von Sprache und Denken zu verlieren. Wird aber eine begriffliche, klar strukturierte und abstraktionsfähige Sprache vernachlässigt: zugunsten eines vorwiegend bildlichen Denkens und Sprechens, dann werden eine Entwicklung formalen Denkens und damit das geistige Leistungsvermögen eher behindert.

Es gilt, für alle Sprachebenen offen zu sein, sie zu kultivieren; bewußt und differenziert einzusetzen – der Elementarbereich gibt hierfür genügend Möglichkeiten.

Seidenpapier am Fenster: Der Feuervogel aus der »Kristallkugel«

Märchenbuch: »Die wundersame Schildkröte«

Farbige Lichtbühne mit Menschenfiguren

Tischtheater mit Figuren aus gefärbter Schafwolle

»Schneewittchen«: Erzählen mit »Märchenwolle« auf Teppichfliese (Flanelltafel)

2. Märchen

2.1 Märchen heute

Wenn sich Volkskundler, Religions- und Literaturwissenschaftler, Psychologen, Soziologen, Germanisten oder Pädagogen mit dem Märchen beschäftigen, so hat das heute eine erfreuliche Neubelebung des vormals in die Kinderstube abgesunkenen Märchens zur Folge. Zugleich droht Gefahr, das Märchen in Klischees und Massenkonsum „abschwimmen" zu lassen durch Medien wie Filme, Kassetten, Bilder; in Werbung, im Spielzeug, als Nahrungsmittel – mit Teilmotiven aus den Kontext gerissen ... Interessanterweise „schwimmen" sie aber auch weitgehend unbeschadet aus dem Konsumstrom wieder heraus, sobald Märchen in einer sinnvollen Begegnung zwischen Erwachsenen und Kindern als ganzheitliche Gebilde erfahren werden. Wenn dazuhin ein kontinuierlicher Gebrauch und ein Konsens zwischen Kindern und vermittelnden Erwachsenen besteht, kann gerade der Raum Schule dem Märchen einen angemessenen Stellenwert einräumen.

Was macht Märchen so faszinierend? Es muß über Wesensmerkmale verfügen, die dem Kind und der menschlichen Art zu denken entsprechen. Dabei waren sie ursprünglich gar nicht für Kinder gedacht – selbst Jakob und Wilhelm Grimm waren über die hohe Resonanz bei Kindern erstaunt und stellten sich dann durch „Reinigung" oder Herausnehmen „ungeeigneter" Märchen auf Kinder als Märchenleser ein.

Über die Ursprünge gibt es keine gesicherten Erkenntnisse: Merkmale und Formen weisen aber darauf hin, daß Märchen bereits eine hochentwickelte Spätform darstellen, also alles andere als naiv oder primitiv sind. Diese hochentwickelte Literaturform finden wir vor allem im Abendland. Ob Märchen für das Volk oder vom Volk geschaffen wurden, ist ungewiß. Aber: Zerzählte, verarmte Motive wurden (und werden) durchaus in lebendigen Erzählgemeinschaften unbewußt wieder „zurechterzählt": Entwicklungserfahrungen, Grundbedürfnisse; Lebensrhythmus, Vertrauen auf den guten Gang der Dinge; Rückblick, Gegenwartserlebnis und Zukunftserwartung in bunter Bilder- und Handlungsfolge treten dem Hörer und Leser entgegen und finden in dessen Inneren Resonanz.

Legenden-, Tier- oder Novellenmärchen; mit Sagen- und Mythenmotiven oder als Schwank; ja, auch mit ganz realistischen Darstellungen kommen im Gebilde „Märchen" vor und machen dieses in solchen Mischformen schwer definierbar – im außereuropäischen Raum noch stärker als in Europa. Selbst die „Gattung Grimm" enthält in der Gesamtausgabe nur etwa ein Drittel jener Zaubermärchen, die typische Wesensmerkmale mit Elementen des Phantastischen besitzen. Gerade diese Märchen aber sind bei Kindern (und Erwachsenen) so beliebt – sie sind offenbar ein Spiegel kindlicher Bedürfnisartikulation. Außerdem spielt meines Erachtens eine exakte Definition über Märchen für die GS-Didaktik letztlich keine Rolle. Die Frage ist doch, ob Kinder diese Geschichten mögen; und ob und wie man mit diesen bildhaften, symbolisch verdichteten literarischen Gebilden umgeht, in denen fast jeder Satz von Schicksal, Weisung, Fügung „spricht".

Spuren von Märchen lassen sich bis ins Indogermanische oder gar in vorindogermanische Zeiten zurückverfolgen – aufgeschrieben wurden Märchen, Schwänke, Geschichten und Erzählungen in Europa z.B. von Giovan Francesco Straparola. In seiner Sammlung „Dreizehn ergötzliche Nächte“ sind Erzählungen, Schwänke und Rätsel ähnlich wie im Boccacio verbunden. Unter den 74 Stücken (1550 und 1554 erschienen), befinden sich bereits 21 Märchen. Im 17. Jahrhundert erschien in Neapel eine Märchensammlung, genannt das „Pentamerone“, herausgegeben (1637) von Giambatista Basile. Sehr viele Märchen im Pentamerone stimmen im ganzen mit der deutschen Sammlung überein. Dann wurden Märchen hof- und salonfähig: Charles Perrault gab u.a. 1697 am Hofe Ludwigs XIV. seine „Histoires ou Contes du temps passé“ heraus; häufig – da nun literaturfähig geworden – von Hoffräuleins nachgeahmt oder neu erfunden. Im deutschen Rokoko von Musäus und Wieland aufgegriffen, auch von Goethe, vom Romantiker Novalis ua. – wurden Märchen schließlich über eine Reihe von „Gewährsleuten“ von Jakob und Wilhelm Grimm in den erstmals 1812 und 1815 erschienenen „Kinder- und Hausmärchen“ in eine schriftlich fixierte Endform gebracht. Wilhelm Grimm stutzte sie in späteren Ausgaben (1857/58) pädagogisch zurecht, um sie auch gesellschaftlichen Normen und geltenden Wertvorstellungen anzupassen. Allerdings sind darin auch das Bildungsklima der Romantik und Gesellschaftsstrukturen, Ideale, Normen und Wertungen eingefangen, die nun jene Zeit widerspiegeln. Märchen in der Grimm-Fassung können also nicht das Etikett zeitloser Gültigkeit tragen. Unter diesem Aspekt – hielte man die in Märchen tradierten Werte für zeitlos gültig – würden Kinder zu Trägern einer Ideologie des vorigen Jahrhunderts. Sollten sie z.B. die im Märchen vermittelten Erziehungsziele wie Gehorsam, Fleiß und Sauberkeit, Demut, Treue und Tapferkeit übernehmen müssen; und würden sie Vorurteile und Rollenklischees weiterreichen wie die z.B. oft nicht emanzipierte Rolle der Frau oder die des völlig von den Eltern abhängigen Kindes, wobei die Autorität des Vaters besonders überhöht ist (obwohl es durchaus auch gegenteilige Beispiele gibt). So sind manche Märchen einfach für Kinder nicht geeignet: Zum Beispiel das von „Frau Trude“ (KHM 43), wo die Neugier (heute würden wir sagen: Die gesunde Wißbegier eines Kindes) grausam bestraft wird; oder in „Das eigensinnige Kind“ (KHM 117), in dem ein Kind wegen seines Ungehorsams von „Gott“ (resp. den Eltern) mit Krankheit und Tod bestraft wird. (Da heißt es am Ende: Als das Kinderärmchen immer wieder aus dem Grab ragte, mußte die Mutter das Ärmchen mit einer Rute schlagen, da war das Kind endlich gänzlich tot – es „hatte nun erst Ruhe unter der Erde“.

Dieses Märchen ist ein pädagogisch-psychologisch interessantes Paradestück an „Schwarzer Pädagogik“, wobei besonders klar herauskommt, wie Märchen Ideologieträger sein können; und außerdem, daß sie nichts mit jenen Zaubermärchen gemein haben, die doch vom guten Ende, von Zuversicht und Optimismus künden: Mit ihrem „Achtergewicht“ (Axel Olrik) vermitteln Zaubermärchen dem Kind den Eindruck, daß das Glück auf seiten der Dummlinge, der Armen und Schwachen, aber auch der Kinder steht. Unter einem Aspekt, der auf der Ebene der gesellschaftlichen, politischen und ideologiekritischen Funktion diskutiert, Märchen in der Schule einzusetzen, wäre verfehlt. Anders ist es, wenn man – trotz vorhandener Rollenklischees und Ideologie – z.B. die psychologisch-psychotherapeutische Funktion und die der pädagogischen Funktion aufgreift. In Märchen werden dabei seelische Vorgänge – unabhängig vom gesellschaftlichen Rahmen – in Bildern geschildert und interpretiert; Grundprobleme und Grundbedürfnisse der Menschen zu allen Zeiten werden dargestellt und deutbar gemacht, denn wo Geschichten erzählt werden, da werden vom Erzähler, je nach seinem Bedürfnis, seinem Erzähltalent oder seiner Zuhörerschaft, auch individuelle Details hinzugefügt oder weggelassen. Gerhard Haas nennt sechs Ebenen, auf denen die vielschichtigen Märchen interpretiert, untersucht, gedeutet, erforscht werden (und dies zum Teil recht widersprüchlich):[72]

1. Die Ebene der gesellschaftlichen, politischen und ideologischen Funktion.
2. Die Ebene der psychologisch-psychotherapeutischen Funktion.
3. Die Ebene der pädagogischen Funktion.
4. Die Ebene der kulturwissenschaftlich-volkskundlichen Funktion.
5. Die Ebene der literarischen Funktion.
6. Die Ebene der bewußtseinsstrukturellen Funktion.

Im Elementarbereich erscheinen mir die 2., 3. und 6. Ebene von besonderer Wichtigkeit für eine Begründung, Kinder mit Märchen vertraut werden zu lassen. Die Ebene der bewußtseinsstrukturellen Funktion wurde erst von Gerhard Haas explizit in die Diskussion um das Wesen des Märchens gebracht. Entsprechende Aspekte sollen hier näher ausgeführt und auch begründet werden.

Wenn ich hier im weiteren von Märchen und einem positiven Umgang mit ihnen spreche, so meine ich Zaubermärchen, auf die noch auszuführende besondere Wesensmerkmale zutreffen; die von den Kindern gerne gehört werden und die sich durch ihre Eigenart, die ich im Kapitel über Phantasie und Phantastik bereits erläutert habe, für einen schöpferischen Umgang und ein ganzheitliches Lernen besonders eignen.[73]

2.2 Wesensmerkmale im Spiegel kindlichen Denkens und Erlebens

Max Lüthi[74] schuf idealtypische Charakteristika der Märchenstruktur (europäischer Volksmärchen), die ich in der Folge näher beleuchten möchte. Heinz Rölleke[75] hat im Zusammenhang mit diesen Wesensmerkmalen festgestellt, daß von den über 200 Grimm-Texten[76] nur etwa ein Drittel der allgemeinen Vorstellung von Märchen entspricht. Es handelt sich dabei vorwiegend um Zaubermärchen; und eben diese werden in allen möglichen Sammlungen und Ausgaben heute zugänglich gemacht, da sie am meisten „ankommen". Zaubermärchen spiegeln viele (meist nicht alle zugleich) von Lüthis Strukturmerkmalen wider und finden dabei nach meiner Beobachtung eine gewisse Korrespondenz im kindlichen Denken und Wahrnehmen. Hirnphysiologische und entwicklungspsychologische Kenntnisse im Bereich von Denken und Wahrnehmen, Sprache und Handeln sind dabei hilfreich. Damit ist neben der psychologisch-pädagogischen Diskussionsebene (2 und 3) auch die bewußtseinsstrukturelle (Ebene 6) angesprochen. In seinem bewußtseins- bzw. erkenntnisstrukturellen Ansatz betont G. Haas das komplexe Bilddenken im

Märchen, das eine Form vorwissenschaftlichen Denkens darstellt: Nicht vereinfachtes, „sondern ein qualitativ anderes, eben ein komplexes Bilddenken vom Hundertsten ins Tausendste, intensiv, spontan, sprunghaft – dem entspricht das Märchen in vielerlei Hinsicht.“[77]

Dieser Gedankengang erinnert an das komplementäre Denken der beiden Hirnseiten, wie es im Rico-Modell besonders deutlich ersichtlich wird.

2.2.1 Die Eindimensionalität

Im Gegensatz zu Sage und Legende verkehren die Menschen des Märchens mit den Jenseitsfiguren in einfacher Selbstverständlichkeit. Diesseits- und Jenseitswelt sind nicht streng geschieden – einen inneren Abstand zwischen Menschen und den von „jenseits kommenden“ Helfern oder Schädigern wird nicht wahrgenommen. Diese Figuren sind vielleicht örtlich – bis ans Weltende – fern, und dies als Mittel, das geistig ganz Andere darzustellen; aber geistig-psychologisch und erlebnismäßig sind sie nah (in Sagen eher umgekehrt). Der Held wundert sich auch nicht über seine seltsamen Begegnungen, und Jenseitsreiche lassen sich zur gegebenen Zeit (auf der nichtörtlichen Ebene) erreichen. Dabei begegnet der Held (Unheld) dem Jenseitigen nicht als einem Numinosen; dieses hat für ihn keine andere Dimension als das Diesseitsreich – daher der Begriff der Eindimensionalität als Wesensmerkmal. Die äußere Wirklichkeit wird offenbar zugunsten einer inneren, seelischen Wirklichkeit ausgeblendet. Ich deute nun aus einer mir sinnvoll erscheinenden und märchendidaktisch relevanten Sicht:

In der Eindimensionalität finden wir aus hirnphysiologischer und bewußtseinsstruktureller Sicht jene Möglichkeiten der Denkarten wieder, wie sie durch die integrierte Wechselwirkung der rechten und linken Seite im Gehirn möglich werden. Die Handlung rollt in Situationen und Episoden ab, ohne daß der Rezipient Brüche empfindet (s. „der Riß“ als Kennzeichen von Phantastik, der im Märchen nicht trennend wirkt). Phantasie ist ein Teil menschlicher Denkform. Man kann die bereits geschilderten Vorgänge ganzheitlichen Denkens und einer Bildlogik, die von eigenwilligen Bildverknüpfungen und Analogien lebt (und nicht logisch, kausal und rational begründbar sind), zum Verständnis heranziehen. Wie oft haben wir Wunschvorstellungen, Tagträume, Assoziationen, die die üblichen Dimensionen brechen und dabei inneren Genuß verschaffen; und die uns doch keineswegs das Gefühl geben, daß unser Bewußtsein gespalten sei. Dabei haben Erwachsene immer wieder die Tendenz, bei Kindern Phantasien als „schlechten“ Teil des Denkens zu verurteilen und auszumerzen, indem sie Phantastereien und Wunschdenken oder Tagträume als Lüge bezeichnen.

Ist aber phantastisches Denken erst einmal zugelassen, so bilden sich neue, bunte Welten und Möglichkeiten aus, die von anderen Gesetzen leben, Raum und Zeit sprengen und doch gerade dadurch Erkenntnisse transportieren, die psychologisch nah und wahr sind.

Im intuitiven Verstehen der Bilder kann ein Kind sich wiederfinden, unanalysierte Teile seines Ichs und seines Unbewußten einbringen, bearbeiten, freisetzen, weiterentwickeln: wie in der Klasse z.B. Bernd als rebellisches Schneewittchen (KHM 53) oder viele Kinder in der Zuversicht, eine „Glückshaut“ zu tragen, wie das Kind im „Teufel mit den 3 goldenen Haaren“ (KHM 29). Ein entsprechendes Gespräch zeigte überraschend, daß Kinder die „Glückshaut“ als Symbol für eigenes Lebensgefühl nahmen (in einer 1. Klasse, 1987). Gewendete und veränderte Bilder: Ein realistisch denkendes Schneewittchen mit Campinghocker, Lasso und Putzlappen; umgekehrt Schulkinder in unserer realen Welt, die eine „Glückshaut“ tragen (alle sagen, sie sei golden): Diese Vorstellungen übersteigen gängiges Verstehen. Als psychologische Wahrheit läßt sich formulieren: Hier wehrt sich ein Kind (als Schneewittchen) und dort erleben Kinder das Gefühl ihres Geborgen- und Behütetseins (mit der Glückshaut).

Wir denken und fühlen nicht in der Trennung von Diesseits und Jenseits bei solchen Phantasien, Vorstellungen oder Aktionen: Wir tun nicht bewußt so, als ob ... Wir sind, fühlen, denken jetzt gerade wirklich so eindimensional; denn es gibt unter dieser Perspektive viele verschiedene Welten und Wahrheiten. (Nebenbei: Auch Erwachsene leiden mit Roman- und Filmfiguren und kommen vom Buch oder Film nicht mehr weg, obwohl sie doch wissen, daß hier eine Scheinwelt abläuft, die man mit Knopfdruck abschalten oder mit einem Buchzuklappen beenden könnte, um in unsere Jetztwelt und „Realität“ zurückzukehren. „Eindimensionalität“ heißt hier nicht Enge, Einbahnigkeit, sondern zugleich Tiefe, Fülle durch die Integration auch anderer Welten (psychologische Welt, Phantasiewelt, subjektive Welt ...)

Ich bin der Meinung, daß die Märchenwelt keinen Scheinoptimismus aufbaut. Märchenhafte Geschichten, die den Kindern im Augenblick nichts zu sagen haben, verarbeiten sie nicht intensiv. Sie hören sie und „legen sie ab“. Aber wenn das Märchen bewegt oder aufregt, dann hat es latente Probleme und ungehobene Konflikte oder Gedanken und Emotionen angerührt, die in verschiedener Form bearbeitet werden können. Die Bildkraft, die symbolischen Verdichtungen in Bildern und die nicht rational-kausal begründbaren Vorgänge als psychologische (mögliche) Wahrheiten leben dann im Hier und Jetzt und werden im Kopf nicht ins Jenseits und in bewußt andere Dimensionen verdrängt. Sie werden aktuell und wichtig. In der Schule läßt sich die Eindimensionalität im Nacherleben von Geschichten ständig beobachten. Die Beispiele im Zusammenhang mit freien oder teilweise gebundenen Rollenspielen dürften das gezeigt haben. Ein weiteres Beispiel sei hinzugefügt: Als ich einmal zu meinen Erstkläßlern ins Klassenzimmer kam (Mathematik, um Weihnachten 1986), stürzte mir Andreas, ein aufgeschlossener und intelligenter Junge, aufgebracht entgegen und hielt dabei Schnuggel hoch. Er streichelte ihn, und gemeinsam mit den Klassenkameraden berichtete er, daß B. (ein etwas robustes Mädchen) Schnuggel aus dem Schrank gezerrt und dann mit dem Kopf nach unten herumgeschleppt habe. B. lachte und sagte: „So ein Quatsch. Das ist doch bloß eine Puppe und nichts Echtes.“

Ernst und temperamentvoll meinte Andreas unter Zustimmung der anderen: „Natürlich ist das hier eine Puppe. Aber das ist doch unser Schnuggel, mit dem macht man sowas nicht!“

B. hatte den Kindern eine Phantasiewelt in lebendige und tote Welt, in Phantasieland und Realität auseinandergerissen. Das schien wehzutun. Gerade mit etwa 7 Jahren können Kinder sehr wohl bereits erkennen, daß hier in Handpuppen unlebendiges Material verarbeitet worden ist; aber für sie ist die Puppe zugleich offenbar materialisierter Ausdruck lebendiger Gedankeninhalte. Unter diesem Aspekt trennen sie nicht nach einer Realität, in der magisch-mythisches und animistisches Denken und Erleben keinen Platz mehr hat; und umgekehrt in phantastische Bereiche, in denen keine logischen und kausalen Bezüge zur Realität herstellbar wären. Entsprechend Phantasiekraft und Bedürfnissen laufen die verschiedenen Denk- und Erlebnisprozesse offenbar auf einer Ebene ab, in reicher, bunter, fülliger Eindimensionalität, die sich dennoch analysieren und in verschiedene Lebenswelten auseinanderdifferenzieren läßt.

Ein andermal sagte Katrin plötzlich mit überraschtem Gesichtsausdruck mitten in meine Erzählung: „Die Geschichte ist nicht echt passiert! Die denkst du dir ja aus!“ Anlaß war, daß ich ein Schnuggel- und Nixe-Abenteuer in einer Nachbarstadt spielen ließ, wo die Figuren während einiger Tage zum Fotografieren für ein Werkheft gelegen hatten. Märchen sind nicht ortsgebunden; und nun solch märchenhafte Abenteuer plötzlich in der Nachbarstadt? Das konnte nicht wahr sein! Ich erklärte: „Natürlich denke ich mir die Geschichten aus – das hier sind doch Handpuppen. Aber in meinem Kopf stelle ich mir die Geschichte so vor und in meinem Phantasieland sind alle Figuren lebendig. Jeder kann sich solche bunte Geschichten ausdenken und dann anderen erzählen.“ Darauf Katrin: „Ich verstehe jetzt; also erzähl' schnell weiter!“ Daniel aber meinte ungeduldig: „Also Katrin, ich habe das schon längst gewußt, daß sowas in echt nicht passieren kann.“ Und zu mir gewandt: „Also los, erzähl' jetzt, wie die Nixe in das Spülbecken gekommen ist. Wer hat ihr denn dann geholfen?“ (Den Dialog habe ich gleich danach wörtlich notiert.)

Ich möchte so formulieren: Kinder (und Künstler) denken „märchengerecht“ und dabei rational und magisch-mythisch; logisch und analogisch; bildlogisch, phantastisch. Komplexes Bilddenken und begriffliches Denken und Sprechen ergänzen sich weitgehend bruchlos.

2.2.2 Die Flächenhaftigkeit

Damit ist (nach Lüthi) das Fehlen jeder Tiefengliederung gemeint. Den Gestalten fehlt die Beziehung zur Zeit – Dornröschen schläft, ohne zu altern, hundert Jahre; Helden wandern bis zu den Sternen und die Prinzessin läuft auf der Suche nach dem Liebsten drei Paar eiserne Schuhe durch. Verletzungen (blutlos), Tötung (ohne Verwesung), Verstümmelungen oder Versteinerungen (die abstrakt und anorganisch wirken) werden – wenn es an der Zeit ist – einfach wieder aufgehoben. Wenn etwas blutet, rostet, versteinert, welkt, so hat das eine klare Funktion und Beziehung zur Handlung. Die Figuren scheinen kein Innenleben zu haben; Gefühle werden nicht ausführlich geschildert, sondern eher dinglich oder im Handeln dargestellt; Gefühlswallungen kennt das Volksmärchen kaum; elementare Gefühle wie Liebe, Freude, Zorn werden in erster Linie mit einfachen Begriffen oder klarem Handeln beschrieben. Magische, offenbar doch aus „anderen Welten“ stammende Gegenstände werden nicht erstaunt hinterfragt oder später ins Alltagsleben übernommen, sondern zum gegebenen Zeitpunkt gebraucht. Die wesentlichen Figuren und Gegenstände bleiben in sich isoliert, Eigenschaften und Gefühle werden auf die Handlungsebene projiziert und besitzen damit offenbar keine seelische Tiefe. Der klaren Zeichnung kommt auch entgegen, daß verschiedene Verhaltensformen auf verschiedene Figuren verteilt dargestellt werden. So wird aus dem differenzierten Menschen eine flächenhafte Darstellung seiner selbst – getrennt in Held und Unheld, gut und böse, weise und unbelehrbar, klug und dumm ... Selbst, wo innere Kräfte zur Bewältigung einer Aufgabe nötig werden, sind die Hilfsmittel – z. B. als Ausdrucksmittel des Willens – durch äußere Mittel ersetzt. Innenwelt wird auf die Ebene äußeren Geschehens projiziert. Lutz Röhrich korrigiert allerdings Lüthis These, daß die Figuren kein Innenleben hätten, insofern, als die Figuren ohne Innenleben beschrieben werden, weil sie selbst Innenwelt seien. Das Äußere ist dann der sichtbare Ausdruck der Innenwelt.[78] Nach Röhrich wird (im Gegensatz zur Sage beispielsweise) im Märchen die äußere Wirklichkeit zugunsten einer inneren, seelischen Wirklichkeit dargestellt.

Heimatliche Verbundenheit fehlt im Märchen. Rückkehr finden wir nur, wo es nötig wird: Kinder finden zu den Eltern heim, weil sie der großen Welt noch nicht gewachsen sind (Hänsel und Gretel, Rotkäppchen); ein Prinz kehrt nach Bewährungsproben zurück, um das Reich des alten Vaters zu übernehmen. Meist verläßt der Held sein Heim, um sich kühn in der Welt umzutun: Aus Abenteuerlust, Armut, um unerträglichen Verhältnissen zu entfliehen, um ein neues Königreich – durch die Erlösung einer Prinzessin z. B. – zu gewinnen. Im flächenhaften Nebeneinander, ohne innere Gliederung, muß der Held wandern, um seinem Schicksal schrittweise zu begegnen. Der flächenhafte Stil entsteht durch den Verzicht des Märchens auf räumliche, zeitliche, geistige und seelische Tiefengliederung und durch ihre Darstellung auf einer Ebene im Nebeneinander. Körper und Dinge werden figürlich, Eigenschaften als Handlungen, Beziehungen zwischen den Wesen als äußerlich sichtbare Dinggabe dargestellt. Handeln und das anschauliche Element sind für alle Phantasieleistungen sehr bezeichnend. Das Märchen kommt da einer vorstellenden und „anschauenden Phantasie" (Ch. Bühler),[79] die Bild um Bild, Situation um Situation weiterwandert, in besonderer Weise entgegen.

Zur Flächenhaftigkeit möchte ich aus didaktischer Sicht folgendes ausführen:

Das Unkörperliche ist ein Merkmal, das den Kindern den Umgang gerade mit Märcheninhalten erleichtert. Wenn Tiefenschichtungen, räumliche Perspektive und eine zeitliche Entwicklung fehlen; wenn psychische Vorgänge reihend durch Handlungen, Ereignisse, Figurenkonstellationen und klare Kontraste dargestellt werden, dann kann jedes Kind nach subjektiven Bedürfnissen manipulieren, ohne die Figuren des Märchens zu „verletzen"; kann sie dafür aber in neue Reihungen nach persönlichen Bedeutsamkeiten setzen. Es kann diese Figuren „benützen". Sie sind so unkörperlich und plakativ, daß sie Distanz ermöglichen. Gleichzeitig sind (i. S. von Röhrich) seelische und geistige Eigenschaften so flächenhaft in die Figur projiziert, daß sie subjektiv bedeutsam werden und zur Identifikation oder zur Projektion auffordern können. Es ist geradezu faszinierend: Zugleich vermag man mit der Figur oder gewissen Handlungen alles Beliebige anzustellen, und doch sind sie aus subjektiver Sicht mögliche Anteile des Individuums.

Flächenhafte Bilder sind klar und eindeutig gezeichnet. Kinder können mit ihnen frei umgehen: Analogistisches Denken wird in dem Maße mit subjektiven Vorstellungen, Gefühlen und Kenntnissen besetzt, wie es der emotional getönte geistige Erfahrungsschatz des Kindes erlaubt. Flächenhaftigkeit entsteht – hirnphysiologisch und damit auch bewußtseinsstrukturell gesehen – u. a. durch die bildhafte Denkweise der rechten Hemisphäre. In ihr bilden sich (den bisherigen Forschungsstand vorausgesetzt) transformative, offene Ideen, die sich ohne Regelleitung, aber assoziativ um gefühlsbesetzte Bilder ordnen. Folgt man diesem Gedanken, so kann man sich vorstellen, wie das kleine Kind – im Geiste wandernd, über „anschauende Phantasie" – in der ihm bis dahin bekannten inneren Bilderwelt umgeht, wobei mit wachsendem Alter dann auch Kombinationen auftreten, die die Inhalte sinnvoll verändern können.

Ich glaube nicht an den Vorwurf, daß Märchen eine Scheinwelt und einen Scheinoptimismus aufbauen. Dazu sind die Handhabungen der Inhalte zu frei. Im Märchen werden keine unumstößlichen Gesetze oder Behauptungen aufgestellt, die übernommen werden müssen, als „ewige Wahrheit" oder „Weisheit aus alter Zeit", die es unkritisch zu akzeptieren gilt. Märchen sind als phantastische Literatur das Medium, mit dem man sich auf vielfältige Art auseinandersetzen kann. K. Doderer[80] drückt das so aus: „... daß der adäquate Umgang mit den Konstrukten der Phantasie die Bewegung der eigenen Phantasie ist ... Diese einfache Erzählform ist zur freien phantasievollen Ausgestaltung unseres geistigen Fassungsvermögens aufnahmebereit, sie ist als ein sozialhistorisch bedingtes Kunstprodukt anzusehen, das uns erfreut und beeindruckt und jedermann zum adäquaten Spiel anregen soll, jung und alt, Schriftsteller und ‚Laien'."

Kinder beschreiben Gefühle auch als Handlungen: „Jetzt mußt du weinen", „Jetzt tät ich mich im Kreis drehen und tanzen ...", so hört man Kinder Regie anweisen. Die „Unsterblichkeit" und physische Schmerzunempfindlichkeit erzeugt bei Kindern offenbar irgendwie Vertrauen – man kann rücksichtslos spielen, wie man gerade fühlt, und man kann als Erzieher dieses Phänomen beobachten, wenn Kinder im Rollenspiel Identifikationen, Verschiebungen, Projektionen oder Distanzierungen vornehmen. Sie „fallen tot um" und kosten ihre Rolle dabei gründlich aus. Sie können aus der Rolle aussteigen, umsteigen, Macht über die eigene Rolle oder die der anderen gewinnen. Das Unverletzbare, Überschaubare, klar Erkennbare läßt sich wunderbar handhaben – Kinder können damit modellieren und wie an Papierfiguren herumschnippeln.

„Es war einmal": Das ist hörbar, lesbar, nacherzählbar, nachspielbar, modellierbar nach eigenen Bedürfnissen; sei es aus unbewußten Impulsen oder aus einer geistreichen Spielerei heraus: So wird das „Es war einmal" zu einem „Es ist": Nämlich hier, im Klassenzimmer, im Kinderzimmer oder Spielkreis; oder in der stillen Ecke, wo man einmal ganz alleine mit seiner Welt sein möchte.

Ein kleines Kind kann von seiner Entwicklungsstufe her bereits nachvollziehen, daß differenzierte Charakterstrukturen flächig, gleichsam stück- und scheibchenweise auf einzelne Rollenträger verlegt werden. Etwa mit dem Schuleintritt kann es – langsam wachsend – auch die Ambivalenz, das „Sowohl-als-auch" einer Figur verstehen. Eine geliebte Mutter, die manchmal schlecht gelaunt ist oder ihr Kind zurechtweisen muß, ist für ein kleines Kind schwer zu ertragen. So spaltet es unbewußt auf: in die rein gütige, bergende Mutter und in die böse Stiefmutter oder gar verschlingende Hexe. Märchen spiegeln in ihrem flächenhaften Stil menschliche Denkweise wider: Wenn man jemanden „zum Fressen gern hat“ oder „liebevoll umklammert“, so wird die Ambivalenz sprachlich deutlich: Im Lieben und Vernichten und im liebenden Erdrücken. Märchen und andere Geschichten werden da dramatisch, wo Figuren ein Stück Innenleben als ein Stück wesentliches Menschenleben darstellen. Eindimensionalität ermöglicht u.a., dies nachzuerleben, Flächenhaftigkeit macht eine konstruktive Auseinandersetzung damit möglich. So kann sich jeder auch mit dem Bösen auseinandersetzen, er lernt daran Umgang, Wandlung, Sieg. Kinder erleben die Auseinandersetzung in Bildern des Bösen (Hexen und Stiefmütter, Zauberer und Geister, Teufel und Drachen ...) zugleich als Möglichkeit des Sieges. Märchen stellen das Böse symbolisch verdichtet dar, so daß Kinder damit umgehen können. Märchen umzuschreiben und alles Grausame wegzulassen wäre aus dieser Sicht ein nutzloses Unterfangen. Kinder wollen gerade jene Stellen, in denen das Böse besiegt wird, immer wieder wortgenau hören. Die Wiederholung schenkt Zuversicht, daß man wohl mit dem Bösen fertig werde und das Gute siegen wird. So kann die Vorstellungswelt optimistisch geordnet werden; wer aber optimistisch ins Leben geht, hat auch mehr Kraft, Widrigkeiten zu besiegen.

2.2.3 Der abstrakte Stil

Die fehlende Tiefenwirkung läßt Wesentliches konturenscharf und klarflächig heraustreten. Bildstarke Szenen werden durch klare, stetig fortschreitende Handlungen verbunden. Kontraststarke Adjektive kennzeichnen die Figuren: Ein alter Mann oder eine steinalte Frau; eine kluge oder schöne Prinzessin oder ein tapferer Jüngling ... Farben, edle Metalle und Minerale, Behausungen wie Hütten und Schlösser, magische Gaben mit wundersamer, eindeutiger Wirksamkeit; Praktiken im Zerstückeln und Heilen, im Lieben und Hassen, im Helfen und Schädigen ... sind klar, konturenscharf und von eindeutiger Funktion und treten aus dem Gesamtgefüge heraus, wo sie eine Funktion erfüllen; dann verschwinden sie wieder. Da wird der Held ans Ende der Welt oder in Jenseitsreiche geschickt; er hat gewaltige Mutproben oder Kulturaufgaben zu erfüllen. Diese Taten stehen scharf im Vordergrund – es fehlt jene sagentypische Verwobenheit, die Hintergründiges andeutet, verdeckt, die beunruhigt ...

Seltsam, wie sich die Helden zur rechten Zeit auf genau die rechte Art der magischen Gaben oder zauberischen Mächte bedienen – die Unhelden aber entsprechend versagen – schicksalhaft im Sinne klarer Bestimmung. Auch das Belohnungs- und Bestrafungssystem ist extrem und deshalb eindeutig. Über Ursache und Wirkung der Geschehnisse raisonnieren die Helden, Unhelden oder Randfiguren nicht – es geschieht eben so; im Schicksalsgang. Extrem auch: Das Schwache, Kleine, aber Geistesscharfe überwindet oft das Plumpe, Große oder Rohe. Die Abstraktion bezieht sich in einem wörtlich zu nehmenden „abstrahere“ auf eine knappe Passung aller Handlungen, Motive und Situationen, die Wirklichkeitsferne erzeugen und zugleich wundersam und faszinierend wirken.

Zum abstrakten Stil gehören die formelhaften Wiederholungen, Reime und Sprüche und die häufige Verwendung der Einer-, Dreier-, bisweilen der Vierer-, der Siebener- oder Zwölferzahl. Die isolierte Stellung des Helden oder

Unhelden wird durch das Wunder im Zusammenhang mit seiner Existenz erhöht. Das Wunder ist der Gipfel des Extrems, Ergebnis des abstrakten Stils – und kein Miraculum oder Rückgriff auf Magie und Zauberei. Der abstrakte Stil macht das Märchen klar und formsicher, leicht und in der Handlungsform dynamisch.

Zum abstrakten Stil möchte ich aus didaktischer und bewußtseinsstrukturеller Sicht folgendes anmerken: Kinder denken noch ganzheitlich und beachten nur bei deutlichster Betonung der Gegensätze die Eigenschaften und Charaktere. Aus komplizierten und vielschichtig aufgebauten Darstellungen kann es wegen mangelnder Abstraktions- und auch Kombinationsgabe noch keine Einzelzüge herausabstrahieren. (Auf diesen Sachverhalt geht auch Charlotte Bühler in „Das Märchen und die Phantasie des Kindes" ein.) Die Wunder, Extreme und Kontraste im Märchen kommen dem kindlichen Denken entgegen, etwas Wesentliches gleichsam „rechtwinklig" darzustellen.

Die Handlungs- und Wesensstrukturen sind klar und damit leicht erinnerbar oder durchschaubar (wie beim Lernen das, was man verstanden hat); Ungenauigkeiten, wie sie durch ambivalente Charakteristika, aber auch durch willkürliche Textänderungen entstehen, werden durch den abstrakten Stil ausgegrenzt. Diese Kontrastschärfe in Handlung und Personen trägt zu einer inneren Ordnung und damit zur inneren Sicherheit und Verfügung über ein subjektives und – möglichst altersgemäßes – Weltbild bei: Man könnte so vergleichen: Kinder malen in diesem Alter (zwischen ca. drei und sieben Jahren) ähnlich wie sie denken. Kamine, Arme oder Baumäste z.B. sind rechtwinklig abgespreizt, weil das Kind so am besten den andersgerichteten Verlauf des Wuchses oder der Konstruktion darstellen kann. Die größtmögliche Richtungsunterscheidung im rechten Winkel finden wir wieder, wenn im abstrakten Stil Dinge und Personen einfach benannt werden; wenn dabei die Eigenschaften sich polar gegenüberstehen in gut und böse, klug und dumm, schön und häßlich, ehrlich und betrügerisch – mit einem möglichst klaren Abstand voneinander. Ebenso die Figuren als klar voneinander abgegrenzte Rollenträger: Liebevolle Mutter und verschlingende Hexe, sorgender Vater und egoistischer Zauberer, Geist, Hexenmeister; Prinzessin und dienstleistende Magd; alternder König und ins Leben drängender Prinz; Held und Unheld; wunderbare Schätze, Schönheit und dagegen Bestrafung, Pech, Kröten, Schmerz und Häßlichkeit. Solche polarisierende Charakteristik wendet sich an die einfachste Fähigkeit der Abstraktion und entspricht dem Kind.

Die lineare Reihung im Märchen ermöglicht Überschaubarkeit von einem Interaktionspunkt zum anderen, von einem Prozeß zum anderen, von einem einprägsamen Bild zum anderen. Die Sprache der Seele ist eine Sprache der Bilder und diese Bilder werden im Hören sinnvoll verknüpft und in ihrer Dynamik und subjektiven Emotionalität erinnerbar gemacht.

Kinder lernen durch Wiederholung, und in Märchen unterstützen formelhafte Wendungen und Wiederholungen (in drei aufeinanderfolgenden, oft gleichsam rituell ablaufenden Umritten, Mutproben, Befragungen, Begegnungen) das Behalten, so daß Kinder bald miterzählen können. Und: Die Kinder bestehen auf der zuerst gehörten Darstellung, denn diese hat ihre Vorstellung geformt und eigene Phantasiekräfte freigesetzt. Sie haben sie in ihr Denken, in ihre augenblicklichen Vorstellungsmuster integriert und assimiliert. Wird ein

Märchen nun anders erzählt, dann wird vielleicht das Weltbild verunsichert. Es bedarf deshalb von seiten des Erzählers eines besonderen Geschickes, Einwürfe von Kindern: „Das war aber im Fernsehen anders“, ... freundlich und kurz in seine Erzählung zu integrieren: Die Fernsehsendung z. B. war hier der erste Garant für Geschichten, die dem Kind wichtig erscheinen; das Vertrauen darauf sollte nicht erschüttert werden; doch sollte dabei der Stellenwert der erzählten Originalfassung bzw. der pädagogisch-psychologisch durchdachten Geschichte im Rahmen einer Erzählgemeinschaft nicht verlorengehen, sondern eher aufgewertet werden. Wiederholungen wirken wie Garanten für: „So war es, genau so ...“, und das Kind findet in den Wiederholungen, den Reimen, Sprüchen, Anfangs- und Endformeln innere Sicherheit und auch Ordnung. Solche Faktoren aber stabilisieren das geistige und seelische Weltbild des Kindes. Alle Märchen und ähnlichen phantastischen Geschichten, die ich Kindern in der Schule geboten habe, mußte ich auf Wunsch der Kinder immer wieder erzählen; möglichst wie beim ersten Mal und dabei oft ganz bestimmte Szenen, die besonders präzise, klar, scharf gezeichnet sind und die Welt wieder „in Ordnung bringen“.

Wir kennen das Phänomen, daß Gerüchte wachsen; und wissen auch, wie Kinder etwas erzählen, was sie bewegt. Man teilt dabei Wesentliches, Spannendes, Bedeutsames mit, neigt zum Übertreiben und Untertreiben und macht die Geschichte so konturenscharf wie möglich: Sie wird ein richtig spannender Extrakt. Es entstehen Extreme und Kontraste, die die Realität und ursprüngliche Aussage nicht mehr korrekt wiedergeben. Aber in ihrer abstrakten Form enthalten solche Geschichten und Gerüchte komprimierte Aussagen, die offenbar jeden interessieren. Man könnte sagen: Gedankenstrukturen werden bei solchen Vorgängen von allem Unwesentlichen „gereinigt“ und bilden scharfe, gut erinnerbare Muster.

Tröstlich ist für ein Kind schließlich sicher auch, daß es mit Verstand und Witz das Plumpe oder Böse überwinden kann – eine Identifikation mit dem Helden fällt dabei leicht; und die Übersteigerung bis zum Wunder kommt der abstrahierenden Denkart entgegen, denn es wird ja kein Glaube an schwer einzuordnende Magie und Zauberkraft verlangt, sondern einfach klares „rechtwinkliges“ Denken.

Bemerkung: Gerade intelligente Kinder gehen nach meiner Beobachtung besonders gerne und konstruktiv mit Märchen um. Märchen sind hohe Kunstwerke, die von ihren Wesensmerkmalen her eher zum Strukturieren von Gedanken neigen als zum Verweilen im unbegrenzten Raum der Phantasiebilder, die ein solches Strukturieren kaum möglich machen. Frei können die Kinder mit den phantastischen Geschichten umgehen, sich der Inhalte, der mitvermittelten „Welt“ im Wiederholen versichern; und dann kommt oft von selbst eine weitere Bearbeitung über Sprache, Rollenspiele, künstlerische Gestaltung, Pantomime, Klänge usw. So integrieren sich im vielseitigen Umgang mit Märchen die komplementär zusammenarbeitenden Hirnhemisphären zu ganzheitlichen Lernvorgängen.

Eindimensionalität, flächenhafte Konturenschärfe und abstrakter Stil heben die Diesseits- und Jenseitswesen, Gegenstände, Situationen und Handlungen so hervor, daß diese irgendwie isoliert erscheinen und in keinem lebendig-warmen Beziehungsgefüge stehen. Augenfällig und seltsam wirken häufig die wortgleich sich wiederholenden (meist drei) Handlungen an entscheidenden Stationen, in denen der Held und der Unheld offenbar keinen Lernprozeß durchmachen (i. S. von: So war das doch schon einmal. Dieses Mal reagiere ich anders ...); sie erinnern sich nicht an vergangene Erfahrungen und Taten. Schädiger z. B. sprechen auch am Ende ihr eigenes furchtbares Todesurteil, ohne zu merken, daß ihr eigener Fall verhandelt wird (genannt seien als Beispiel: „Die drei Männlein im Walde" [KHM 13] und „Die Gänsemagd" [KHM 89]). Zwischen gegenwärtiger Lebenssituation und vergangenem Tun besteht keine Verbindung.

Die Handlungsabschnitte zwischen zwei Begegnungssituationen erscheinen ebenso isoliert wie die Begegnungspunkte selber und dennoch fügen sie sich wie in einem präzisen Timing.

Alles geschieht zur rechten Zeit, nichts ist dem Zufall überlassen. Wiederholungen bei Taten und wörtliche Wiederholungen von Formulierungen helfen dem Hörer bei der Orientierung und sie isolieren zugleich durch die klaren Sequenzen. Später treten auch (in der Literatur und im persönlichen Gebrauch) Verkürzungen auf: „Beim 2. und 3. Mal geschah es genauso ...", schließlich setzt an bestimmten Punkten Fabulierlust ein, die wir in der Schule ebenfalls pflegen.

Nun würden die isolierten Motive auseinanderfallen, wenn sie nicht trotz allem miteinander verbunden wären. Nur so kommt es dann zum harmonischen Zusammenspiel aller Teilszenen. Isolation entsteht durch eine Fähigkeit, Bindungen beliebig motiv- und handlungsgerecht einzugehen und wieder zu lösen – vermittelt durch Aufgaben und Ziele der Helden; mitgeformt durch die Rolle der Unhelden oder Schädiger.

Diese Märcheneigenschaften machen es Zuhörern auch möglich, mit Märchenelementen nach eigenen Bedürfnissen zu spielen, zu variieren und sich auf psychologischer Ebene darauf einzulassen. Dabei sind die Figuren nicht trotz, sondern gerade wegen ihrer Isolierung allverbunden – es kommt einem vor, als ob die Figuren auf der Folie eines sinnvollen Lebensmusters geschoben würden und durch ihre isolierte Position nicht an bestimmten Plätzen festgewachsen, sondern soweit bindungslos frei sind, wie es die große Folie zuläßt. Die Isolierten gehen mit Sicherheit ihren Weg, unsichtbar von anderen Wesen und Mächten gelenkt. Nicht Zufall, sondern Präzision im stimmig verlaufenden Schicksalsgang bildet den Untergrund der Allverbundenheit, die das Ganze zusammenhält und den Begnadeten trotz aller Widrigkeiten von Anfang bis Ende begleitet. Dazu gehören auch die magischen Gaben und die Wunder, die dem Helden als dem Begnadeten gleichsam selbstverständlich zugeteilt werden. Gaben, Sprüche, Elemente, Tiere – sie werden zur rechten Zeit benützt, aber kaum ausgenützt – in ihrem isolierten Auftreten wirken sie als stumpfes Motiv: Die scharfe Zeichnung der handlungs- oder gegenstandsbezogenen Elemente ohne Aufdeckung von Ursprung und jenseitigem Existenzraum und einer versteckten Gesetzmäßigkeit gerade der Handlungsbeweger (ob Gabe, Wunder oder Personen) sind märchentypische stumpfe Motive. Die Sicherheit des Helden, mit der er einfach seinen Weg bis zum Ziel geht, schenkt dem Hörer und Leser eine tiefe Beruhigung, daß alles am Ende schon gutgehen werde. Stumpfe Motive – allverbunden und ins Märchen hineinragend, erscheinen wie Inseln auf einem lebendigen Urgrund, die auf kurze Strecke sichtbar werden. „Jenseitige" und „Jenseitiges", eindimensional integriert, werden wirksam und treten wieder zurück – Ursprung, Schicksal, Bestimmung oder eine weitere Ausschöpfung im „Diesseitigen" bleiben unbekannt und werden in ihrem Wesen nicht durchschaut. Zu diesem Wesensmerkmal möchte ich etwas aus meinem langjährigen Umgang besonders mit jüngeren Kindern heraus sagen. Es handelt sich um persönliche Eindrücke und Meinungen:

Kinder kommen mir wie kleine Märchenhelden vor, die ihren Weg gehen müssen – ob sie wollen oder nicht. Kinder müssen alle Erfahrungen selber machen – gute und schmerzliche – und sie brauchen diese ja auch für ihre Entwicklung. Sie erleben Freude und ertragen Einsamkeit, und ob eine entsprechende familiäre Umwelt diese Gefühle auffängt und mit dem Kind gemeinsam trägt, ist von Fall zu Fall ganz verschieden. Kinder müssen sich ständig umstellen – ob sie ihren Eltern und Geschwistern, Oma und Opa oder der Pflegerin oder Nachbarin begegnen; ob sie fremdbestimmt werden oder über sich selbst entscheiden dürfen; ob sie sich mit fremden Erziehungspersonen wie Kindergärtnerin oder Lehrer oder gar mit Ämtern auseinandersetzen müssen ... Wie ein Isolierter tritt das Kind auf dem Muster seines Lebensteppichs in viele Beziehungen, paßt sich an oder auch nicht, knüpft Verbindungen und löst sie; muß weiterschreiten, weiterhandeln, weiterleben; Freundschaften versuchen und Feindschaften ertragen.

Im Grunde genommen sind Kinder auf all diesen geistigen, seelischen und körperlichen Schritten ins Leben allein – auch, wenn man sie behutsam an die Hand nimmt und ihnen hilft, Konflikte zu lösen, Strategien aufzubauen, sich durchzusetzen. Kinder haben eine schwache Lobby. Es muß schon sehr viel passiert sein, bis Polizei, Nachbarn, ein Gericht oder das Jugendamt wirksame Veränderungen zugunsten des Kindes vornehmen. Viele Kinder erleiden ihr Schicksal auf einem Lebensweg, den sie nicht verlassen können. Sie drohen mit Suizid und sehen darin unbewußt einen Hilfeschrei an die Umwelt – oder tun es wirklich. Sie dürfen nicht weglaufen; nicht aus ihrem „Muster", von ihrem „Teppich" steigen – sie werden zurückgeholt – oft genug in die alten Verhältnisse. Sie können nur – wie der Märchenheld bei unüberwindlichen Hindernissen oder nach Fehlentscheidungen, regredieren, „schlafen", „versteinern", „alt und häßlich werden".

In diesen Phasen können sie reifen oder zerbrechen: Als Isolierte, aber Allverbundene mit den vielen Möglichkeiten des Lebens und mit dem Untergrund gerade dieses eigenen Lebenskreises und Lebensweges, der auch von seiner Biographie, seiner sozialen Stellung und seiner Bestimmung durch Menschen seiner nächsten Umwelt mitgeformt wird.

Märchen wecken Zuversicht durch das gute Ende. Gerade Kinder, die glückhaft und selbständig auf dem Untergrund sozialer und psychischer Geborgenheit fortschreiten, können diesen Lebensoptimismus teilen. Für einsam „Isolierte" können Märchen meines Erachtens Lebensmuster und Wege weisen: Böse schlägt das Schicksal den Märchenhelden; aber Optimismus, Hoffnung und Vertrauen darauf, daß alles gutgehen werde, kann ihm inneren Halt geben – ohne Hoffnung hat das Leben keine Perspektive.

So ist auch der „kleine Held" in seiner Zuversicht nicht wirklich allein – vielleicht schon durch die Tatsache, daß er Märchen in einem geborgenen Rahmen erfährt: In stiller Zurückgezogenheit, im Erzählkreis oder durch den Erzähler. Der optimistische Wesenszug des Märchens kann unbewußt wie die Rolle eines positiven Verstärkers wirken. Der Märchenheld kann kämpfen oder sich führen lassen; er kann den rechten Weg gehen, zumindest aber einen Weg, der hoffnungsvoll ist, wenn der Held sich nicht aufgibt. Und Helfer hat der Märchenheld: Tiere, Menschen, magische Gaben, geheimnisvolle Mächte; so wie auch das vereinsamte Kind: Zum Beispiel durch Kräfte von innen, die ihm durch Aggressionen den Weg bahnen oder durch regressives Verhalten Signale setzen. Neurosen, Verhaltensstörungen und psychosomatische Erkrankungen sind starke Helfer für unglückliche Kinder: Zeichen und Hilferufe an die Umwelt, die nun sinnvoll reagieren könnte. Der Isolierte schlägt gleichsam aus seinen kritischen Lebenssituationen heraus in den Untergrund seines Lebensmusters – in persönliche, soziale, gesellschaftliche Verhältnisse und in die unsichtbare Ordnung hinein. Hilfe könnte er theoretisch von vielen Seiten bekommen und auch annehmen – wie der Märchenheld in seiner Allverbundenheit. Er kann seinen Weg mit neuer Kraft weitergehen, bis er wie der Märchenheld sein Königreich gewonnen hat, was heißen will, daß er zu einer inneren Autonomie gefunden hat. Das Märchenmerkmal von Isolation und Allverbundenheit spiegelt meines Erachtens etwas vom menschlichen Lebens- und Schicksalsweg wider: Im glückhaften Verlauf ebenso wie im unentrinnbaren Unglück. Über schöpferischen Umgang mit Märchen haben Kinder Gelegenheit, unbewußte Signale, Rufe auszusenden. Beispiele dafür habe ich in der Praxisbeschreibung gebracht; ebenso dafür, daß Kinder im schöpferischen Umgang eine ganze Menge lernen, um mit diesen Kompetenzen ihr Weltbild und ihr Leben zu verstehen, abzusichern, zu erweitern und auch zu verändern.

2.2.5 Sublimation und Welthaltigkeit

Das Märchen nimmt Motive aus dem Alltagsgeschehen ebenso auf (Liebe, Hochzeit, Geburt, Trauer, Tod, Feindschaft, Freundschaft) wie Anteile von magisch und numinos erlebter Wirklichkeit (z.B. mythisch-magische Motive wie Zahlenmagie, Zaubereien usw.). Sie werden im Märchen verändert, geschehen nun ohne Anstrengung und bewußter Planung. Alte Sitten und Gebräuche (volkskundliche Motive) werden durch Isolation und Abstraktion im Märchen verändert, entwirklicht. Das Erotische erscheint unkörperlich und auch gewalttätige Motive des Alltagslebens werden eher sachlich und ohne „wilde Emotion" dargestellt.

Dadurch werden die Märchenmotive gleichsam entleert – sie entbehren nun der Realität, der Tiefe, Differenzierung und einer lebensvollen Schwere und Faßbarkeit. Dafür treten sie in den Szenen klar geformt und flächig auf: Sie werden leichter und transparenter; sie spielen zusammen und geben die Möglichkeit, das Menschsein mit all seinen Nuancen darin zu spiegeln (s. psychologische Kraft des Märchens im kreativen oder gar therapeutischen

Spiel). Auf diese Weise sublimiert das Märchen die Inhalte und nimmt die Welt (abstrakt) in sich auf. Max Lüthi sagt, daß es an sich keine eigentlichen Märchenmotive gebe. Jedes profane oder jenseitige, magische oder realistische und alltägliche Motiv könne vom Märchen aufgenommen und durch es gestaltet werden. So können Kinder auch ihre eigene Welt gedanklich und im Spiel einbringen; finden als Hörer oder Leser Teile eigener Welten im Märchen wieder, z.B. darin, was sie erlebt haben und fühlen; was sie ängstigt oder kränkt, was ihnen gefallen würde; Begegnungen mit Dingen wie Schlössern, Wäldern, Bäumen, Tieren, dem Wasser, Feuer, dem Wetter, der Nacht und dem Tag, dem Pech und dem Goldglanz; dem Unglück, der Krankheit und dem Krieg; dem Reichtum und der Armut... Die Welt des Kindes findet sich bei der Rezeption in wechselnden Motiven (je nach subjektiver Wichtigkeit) in Märchen wieder. Märchen sind unter diesem Aspekt zugleich welthaltig und kindentsprechend. Das Märchenhafte entsteht u.a. durch die Abstraktion und Passung untereinander. In der Hochstilisierung und Darstellung in Kontrasten und Extremen wird eine Welthaltigkeit sichtbar, die alle Situationen menschlicher Existenz und der sozialen Gemeinschaft beinhalten kann, und dies im möglichen Rahmen von Enge oder Weite: bis ans Weltende oder zu den Sternen; bis zur Ruhe, selbst als Erstarrung und Todesschlaf. Dazwischen liegt die Bewegung im Handeln. So kann sich jeder auf seine eigene Weise und entsprechend individueller Erfahrungen von bestimmten Märchen angerührt fühlen – oder auch nicht; denn nicht immer bringen Märchen etwas im Innern zum Klingen.

Märchen strömen durch ihre Formkraft und Klarheit und durch ihre Art, Fragen des menschlichen Seins aufzufangen und sinnvolles Wirken zu zeigen, eine Sicherheit aus. Vieles bleibt im Dunkeln und unbekannt; aber in der sichtbaren Darstellung findet der Leser bzw. Hörer eine Welthaltigkeit in sublimierter Form, die ihm eben eigene Welt widerspiegeln mag. Die Psychologie profitiert von dieser angebotenen Lebenshilfe, denn diese entwikkelt sich unter anderem über Assoziationen, Identifikationen, Projektionen, Rollendistanzierung und einer Aktivierung der Phantasie aus der angebotenen Bilderfülle und Aussagekraft der Märchen heraus. Die Möglichkeiten, die den Märchenfiguren geschenkt werden, können auch auf veränderter Ebene von dem genützt werden, der die Klarheit, Ruhe und Fülle der Märchenaussagen auf sich wirken läßt. Die Bilder enthalten Verdichtungen und (psychologisch gesehen) symbolische Kräfte; etwas Allgemeines (vielleicht archetypisch und aus Urerinnerungen heraus) spricht aus ihnen. Kinder und Erwachsene können unbewußt oder halbbewußt nicht nur die konkrete Bildkraft, sondern auch mitschwingende eigene Bilder der Seele spüren. Ausführliche Märchenanalysen und Ausdeutungen würden da möglicherweise eher subjektiv verarmend wirken.[81] Auch im Elementarbereich sollte nicht interpretiert werden; hier ist es doch besser, das ganzheitliche Gebilde zu genießen.

Zur Welthaltigkeit gehört die menschliche Innenwelt. Man kann in den Märchen Darstellungen von Reifungsvorgängen sehen; überindividuelle seelische Vorgänge spiegeln sich darin. Nach C. G. Jung sind Märchen und Mythen der „Königsweg zur Erkenntnis des kollektiven Unbewußten" und weisen damit entwicklungspsychologische Schritte auf.[82]

Motive wie Geschwisterrivalitäten, Ablösung von den Eltern, Gestaltwandel oder die Annahme der eigenen Geschlechtsrolle, oder Übergänge von einer

Entwicklungsstufe zur anderen, die mit Schrecken, Angst und Abholphantasien verbunden sind, finden wir in vielen Märchen, wobei vor allem ödipale Konflikte, Pubertäts- und Adoleszentenprobleme behandelt werden.[83] Im freien Rollenspiel setzen sich die Kinder damit unbewußt und mit Regelmäßigkeit auseinander (sofern man ihr Verhalten im tiefenpsychologischen Deutungsmuster sieht). So werden im Märchen innere, seelische Wirklichkeiten mit psychologischen Wahrheiten ausgedrückt, die einen Weg von einem Ausgang über existentielle Bedrohung, Rückzug bis zum Todesschlaf oder einem Gestaltwandel (z.B. als Tier) zur endlichen Erlösung zeichnen: Den Entwicklungsweg des Menschen ganz allgemein, und dies auf allen Lebensstufen. Jeder macht, wie im Märchen, Krisen durch, kann aber darin durchaus reifen, „zu neuem Leben erwachen", zu einem neuen Verhältnis zu sich selbst, zu seinem Ich und zur Gemeinschaft gelangen. Das Märchen vermittelt Vertrauen in diesen Entwicklungsgang. Neben „Seelenlandschaften" und Entwicklungskonflikten zeigt das Märchen mit Figuren und Handlungen auch die edlen und unedlen Seiten des Menschen; Kampf und Ausgleich bzw. Beherrschung der verschiedenen Aspekte der Persönlichkeit – ein Stück jeweils individueller, aber auch allgemein menschlicher Reifungs- und Entwicklungsvorgänge. Dabei sind Kinder besonders von Notsituationen mit dem anschließenden Sieg des Guten und damit vom glücklichen Ende beeindruckt. Begabung und Begnadung gegen Schwäche und Roheit: Das läßt sich vielfach umsetzen. Märchen mit schlechtem Ausgang sollte man deshalb nicht einsetzen (sie sind oft nur noch „zersagte" Stücke oder Trümmerformen).

Fasziniert sind Kinder immer wieder vom Glück unter Abstrich der „kleinen Verluste": Zum Beispiel beim Opfer des Fingers in den sieben Raben, oder beim bleibenden Flügel des Jüngsten unter den zurückverwandelten sechs Schwänen. Der „Makel" wird nicht verlacht, sondern wird zum Zeichen für Heldentum, Tapferkeit, Opferbereitschaft. Kinder demonstrieren solche Verluste und spielen zugleich ihre Allmachtsphantasie, ihre „Unsterblichkeit" und „Unverwundbarkeit" aus: Sie übertreiben die Rollen gerne dramatisch und ändern dann nach eigenem Wunsch den Verlauf so, daß sie wieder „gesund" sind. Jedes Stückchen gespieltes Sterben und Wiedererwachen, jedes Leiden und dann Heilen scheint den Kindern gerade in der Wiederholung das Gefühl von Stärke und Selbstvertrauen zu geben.

Das Märchen umfaßt auch die äußere Welt. Wir lesen von Pflanzen und Tieren und anorganischer Natur in edlen Metallen und Mineralien, von Menschen aller Art und von Dingen, die sie schaffen: Schlösser, Waffen, Geschmeide ... dazu Kulturleistungen wie Ackerbau, Forsten, Viehhaltung, Urbarmachung ... Die Elemente Wasser, Erde, Feuer und Luft und jenseitige Mächte, die helfen und begaben oder hindern und vernichten: sie wirken und weben in der „Außenwelt" mit. Kinder spielen darin gerne Tiere, Menschen und zauberische Wesen mit all ihren wechselhaften Beziehungen untereinander, und sie bedienen sich der Umwelt als Requisiten: Jener sächlichen „Menschenwerke" wie Tafeln, Stühle, Farben, Teppiche ... die zwanglos in die Phantasiewelt integriert werden.

Bis ein Kind allerdings auf dieser Spielstufe steht, hat es bereits einen langen Weg hinter sich gebracht. Man beachte, daß erst allmählich das Interesse des kleinen Kindes an Märcheninhalten und allgemeinen Erzähl- und Vorlesestoffen wächst. Es ist ein besonderer Entwicklungsschritt, wenn es sich aus seiner Ichbezogenheit heraus überhaupt dritten Figuren zuwendet. Hier spielen Verse, Reime und Wiederholungen eine gewichtige Rolle: Diese kann sich das kleine Kind zuerst merken, ob sie nun durch extreme Darstellung, durch Reime, Rhythmik oder Textgleichheiten erinnerbar werden. Spielfreude lenkt es in den Text hinein, und langsam wächst das Vermögen, sich auch mit anderen Figuren und Vorgängen auseinanderzusetzen. „Märchenpraktikern" wird sicher immer wieder auffallen, daß das Kind oft Freude an einzelnen Elementen empfindet, die dem Erwachsenen eher unbedeutend erscheinen. Bevor es ein Erzählganzes strukturieren kann, befaßt es sich mit solchen Einzelheiten, die ihm gerade jetzt durch persönliches Interesse oder eindrucksvolle Beschreibung auffallen. Diese Liebe zum einprägsamen Besonderen, Kleinen oder Detail sind entsprechend gefühlsbesetzt und fordern Wiederholungen heraus – mit lustvollem Wiedererkennen, Mitmachen und langsamem Integrieren der Einzelheiten in den Gesamtzusammenhang.

Märchen bieten aber nicht nur Umgang mit ihren Inhalten, sondern können auch Ausgangspunkt für variiertes, verändertes Spiel sein. Dabei wird ein märchentypisches Moment umgekehrt: Im Märchen werden die Figuren nicht durch eigene Entschlüsse geführt, sondern durch Anstöße von außen. Kinder beginnen mit einer Märchenszene, aber bereits im Spielverlauf deuten sie durch Eigenkommentare, durch „lautes Denken", durch Zuwendung zum Publikum oder durch Regieanweisungen an die anderen die phantastische Geschichte nach eigenen Bedürfnissen um. Das erinnert an die „Deutung auf der Subjektstufe", einer Deutungstechnik, wie sie Traumdeutung und die tiefenpsychologische Märchendeutung verwenden. Bei dieser Deutungsform sind Nebenfiguren Persönlichkeitszüge der Hauptfigur, z.B.: „Wenn also ein Mann einer Hexe begegnet, dann begegnet er einer seiner eigenen hexenhaften Seiten. Je nachdem, welche Figuren wir als Hauptfiguren bezeichnen, ergeben sich zusätzlich verschiedene Deutungsmöglichkeiten."[84]

Durch die Zuweisungen und Rollenveränderungen im spontanen Weiterspielen kann man kindliche Wünsche und Bedürfnisse oder Versuche, durch bestimmte, selbst aufgebaute Rollen Wesenszüge zum Ausdruck zu bringen, erkennen. „Reine" Märchen werden im spontanen Rollenspiel nach meinen Beobachtungen nicht gespielt – offenbar drängt sich bereits im Handeln zu intensiv ganz Persönliches mit hinein. Die spontane Inszenierung trägt bereits einen (wünschenswerten) identifikatorischen und projektiven Charakter, in dem das Kind ein Stück eigenen Denkens, Fühlens und Wünschens einwebt. Inhaltlich kann der Beobachter dabei die gleichen Urkonflikte, wie sie das Märchen schildert, erkennen – bei aller persönlichen Überformung. Selbst dem psychologisch nicht Geschulten werden sich Deutungen auf der Subjektstufe aufdrängen, die ihm Aufschlüsse und nebenbei auch didaktische Anregungen geben.

Es wird gelegentlich kritisiert, daß Märchen erschrecken, Ängste erzeugen oder zu Grausamkeiten anleiten könnten. Hierzu darf gesagt werden: Kinder erleben die im Märchen entwirklicht dargestellten Grausamkeiten, die nur lakonisch erwähnt werden (man muß ja nicht gerade den Blaubart, Machandelboom oder Fitschers Vogel erzählen), nicht in ihrer Brutalität, sondern eher im Sinne von „gerechter Strafe" und als wirkungsvollen Kontrast zum guten Prinzip und zum guten Ende. Vielleicht kommt daher auch das Bedürfnis von Kindern, diese Text- und Erzählstellen – einmal gehört – genauso wieder hören zu wollen: Nicht aus Sadismus, sondern weil dieser Kontrast eine klare, überschaubare Struktur bildet. Auch die Erkenntnis von den dunklen Seiten des Lebens, die zum Gesamtleben gehört wie die Nacht zum Tag oder der Schatten zum Licht, muß erfahren werden. Daß das Leben und der Alltag genügend Grausamkeiten bieten, erleben Kinder ständig: Seelisch und körperlich durch Enttäuschungen, Einsamkeit, Familienkonflikte, Mißhandlungen, Krankheit, Unfälle, Tod ... Nicht, daß Märchen nun Hilfen böten, mit solchen Grausamkeiten fertig zu werden, aber erschreckende oder brutale Motive können Auslöser für subjektive Verarbeitungen werden und Ängste können dabei objektiviert werden. Außerdem sind meines Erachtens solche Märchenteile „ehrlich“: Die Welthaltigkeit des Märchens beinhaltet thematisch auch die Schattenseiten des Lebens, und die Welt des Kindes korrespondiert mit solchen Erfahrungen. Im Märchen kann das Kind spielerisch den Umgang mit dem Bedrohlichen üben; ja, sich gleichsam zum Herren seines Schicksals machen. Bedrückendes erfährt der Heranwachsende in der Pubertät z.B. in Abhol- oder Austreibungsphantasien, in Lebensängsten oder depressiven Grundstimmungen. Sogenannte „zweigliedrige“ Märchen (Scherf), bei denen nach einem scheinbaren Abschluß und Stillstand der Held erneut und endgültig herausgefordert wird, schildern solche Phantasien in klaren, sublimierten und symbolisch verdichteten Bildern (ähnlich wie in Träumen). In sogenannten „eingliedrigen“ Märchen, in denen Helden wie Rotkäppchen oder Hänsel und Gretel ins Elternhaus zurückkehren, handelt es sich – hier immer aus tiefenpsychologischer Sicht – eher um erste Ablösungsprobleme von den Eltern, vor allem um die Auflösung der Mutter-Kind-Symbiose. Ahnungen vom Geheimnis vollen Lebens, des Lebens der Erwachsenen, werden bei Kindern spielerisch erprobt: In Wonnegrausspielen vom Jagen und Fangen, von Hexen und schwarzen Männern – es gibt viele Kinderspiele, -reime und -lieder hierzu. Kinder „riskieren“ spielerisch aus dem Behütetsein heraus ein Stück vollen Lebens. Ähnlich die Märchen, die mit ihren Helden scheinbar grausam umgehen und sie doch zu einer ersten oder gar endgültigen Selbständigkeit (als „König“) führen. Den herausfordernden Spielen und Liedern gleich beeindrucken auch Märchen die Kinder oft – eben als ein Stück möglichen Lebens. Märchen sind auch mit ihren Schattenseiten welthaltig. (Mit dem Grausamen in Märchen hat sich die Literatur schon ausgiebig auseinandergesetzt. Umfassend hierzu ist das Werk von W. Scherf).[85] Man beachte einmal die symbolische Sprache der Märchen und halte sie dem Leben gegenüber: Märchenhelden, die in Not geraten, fallen in Todesschlaf oder versteinern; sie werden zu Tieren; werden als Dummlinge behandelt, verrohen ... Kinder, die in seelische Not geraten, fallen auf, indem sie in frühere Entwicklungsstufen zurückfallen, regredieren und unzugänglich werden; indem sie sich aggressiv, hinterhältig oder primitiv benehmen; indem sie gehemmt und tolpatschig werden oder andere manipulieren und beherrschen wollen. So schwierig der Umgang mit solchen Kindern ist: Ihr Verhalten darf man wie ein Notsignal verstehen. Märchen zeigen uns, wie trotz aller Not, aber mit Hilfe magischer Kräfte, mit Helfern, Mut oder Vertrauen der Schritt in die Autonomie, „zum Königsein“, zum Selbständigwerden gelingen kann. Im Leben sind es verständnisvolle Menschen, die sich mit Geduld, Liebe und auch fachlichem Können dem Kind zuwenden. Vorsicht ist aber geboten, wenn Grausamkeiten im Bild (auf Illustrationen), im Film (durch die Abfolge von

Bewegungen noch dazu) oder mit Ton (auf Filmen, Kassetten, Videos, Schallplatten) aufgenommen werden. Bei Filmen und Kassetten kommt die Zeitdimension hinzu, die zusätzlich manipulierend bis angsterregend auf die Phantasie wirken kann. Was über die märchentypische Darstellung durch reine Begrifflichkeit hinausgeht, hebt den entwirklichenden Charakter auf und kann in einzelnen Fällen bedenkliche Wirkung zeitigen. Und wenn durch Wölfe, Hexen und Geister, Stiefmütter oder andere Schreckfiguren Ängste beim Kind wach werden, so kann man annehmen, daß die Ängste latent bereits vorhanden waren und „nur" über die Bilder geweckt worden sind. Hier setzt die Therapie ein, die über Phantasie-, Traum- oder Märchenbilder – symbolisch gedeutet – auf unbewußte Konflikte hinweisen können. Schule ist nicht der Ort für konsequente Therapie, aber der Umgang mit Märchen und anderen Geschichten trägt durch kreative Ausdrucksmöglichkeiten – wie ich sie in der Praxis geschildert habe – u.a. zur seelischen Stabilisierung bei.

2.3 Zusammenfassung: Vom Wert des Märchens im Elementarunterricht

Märchen sind „welthaltig". Sie schließen viele Elemente aus äußerer, innerer und „anderer" Welt ein, die dem Kind Gelegenheit zur Auseinandersetzung geben können: Dies konkret an der manifesten Form oder eher unbewußt mit latenten Inhalten des Märchens.

Am Medium Märchen lernt es, Kompetenzen zur Bewältigung von Wirklichkeit zu erweitern.

Kindliches Erkenntnisinteresse richtet sich vor allem auf Vorgänge, die es unmittelbar angehen: Entwicklungsprobleme, die Bewältigung eigener Emotionen; eine Suche nach Identität und Autonomie. Märchen sind „menschennah", „kindnah".

Märchen sprechen in Bildern. Solche Bilder sind geduldig, laufen nicht davon. Sie warten auch in der Erinnerung, abgerufen und subjektiv verarbeitet zu werden. Märchen leiten so langzeitliche, auch unbewußte Entwicklungen und Möglichkeiten innerer Auseinandersetzung ein.

Kinder werden heute von „Welt" überflutet. Komplizierte technisierte Umwelt, Konflikte in den aktuellen primären und sekundären Lebenskreisen und hohe geistige Anforderungen schaffen genugend Probleme. Fernsehen mit seinen perfekten, schönen, raffinierten, spannenden oder grausamen Bildern bedrängen Kinder durch ihre Intensität und durch die unwiderrufbar abrollenden Szenen, die un-, halb- oder falschverarbeitet irgendwo im Gedächtnis hängenbleiben und kontextlos verunsichern, verwirren, bedrücken, ablenken, unkonzentriert machen. (Biologisch ausgedrückt handelt es sich um Informationsfragmente und Erinnerungsstücke, die durch längere Einwirkungszeit, Wiederholung oder durch ihre Einprägsamkeit im Langzeitgedächtnis gespeichert wurden.) Die wenigsten Kinder haben das Glück, daß Fernsehsendungen nebenher und hinterher mit Bezugspersonen besprochen werden.

Märchen wurden ursprünglich in Erwachsenenkreisen erzählt. Sie tragen inhaltlich in ihrer verdichteten Bildersprache Erwachsenenwelt in sich. Dadurch erscheinen sie realistisch, „ehrlich", spannend, lebensnah, das menschliche Leben umfassend. Märchen zeigen in sublimierter und abstrakter Form harte Realität. Kinder stoßen dauernd an Realitäten aller Art. Märchen machen diese Welt auf abstrakte Art erlebbar, ohne daß ein künstlicher Schonraum geschaffen wird.

Durch den typischen Märchenstil kann das Kind gerade so viel an Informationen, Dramatik, Ängsten aufnehmen, wie es verarbeiten kann. Es lenkt durch Hin- oder Weghören sozusagen den eigenen Konsum (wobei für den Therapeuten auch interessant ist, wo das Kind weghört, in die Flucht geht). Aufkommende Ängste nach einer Märchenrezeption aktualisieren latente Konflikte, die aufgearbeitet werden müssen.

Damit tragen Märchen auch zur emotionalen Bewältigung von Wirklichkeit bei. Sie wecken Optimismus und Vertrauen in das gute Ende selbst bei schlimmen Schicksalsschlägen. Der Held (das Kind) verkörpert in seiner flächenhaften Darstellung Innenleben, und dieses emanzipiert sich aus mehr oder weniger notvoller Ausgangslage heraus zu einer Autonomie – das Bild des Königs, des Reichtums, der Heirat (in einer Vereinigung des männlichen und weiblichen Prinzips, von „animus" und „anima") steht für seelische Autonomie.

Das Märchen benützt sinnvoll geordnete Bilderfolgen, die durch das Bilddenken des Menschen nachvollziehbar und ebenso logisch und analogisch, rational und irrational verknüpfbar und verstehbar werden. Die Art menschlichen Denkens und Erinnerns korrespondiert mit dem Stil des Märchens: Nicht nur durch dessen Wesensmerkmale, sondern auch durch die ordnende Kraft, die kein phantastisches Bildergewirr erzeugt, sondern Verbindung mit dem Unbewußten und dem Bewußtsein, mit Rationalität und ordnender Sprache schafft.

Märchen sind geeignet, subjektiv aufgenommen und verarbeitet zu werden. Während oder nach dieser Phase kann auf gemeinschaftlicher Ebene ein schöpferischer Ausdruck folgen. Im Spiel wird das Kind zum „Herren des Märchens"; es kann aus eigener Kraft und nach eigenen Bedürfnissen (auch ästhetischen) gestalten, vertiefen, verändern, sofern man ihm dazu genügend Zeit läßt.

Märchen werden im vorgeschlagenen Rahmen zum Gemeinschaftserlebnis. Erzählkreis und Gemeinschaft fördern eine Atmosphäre der Geborgenheit; soziale Reifung; Gesprächs- und Kommunikationsfähigkeit und schöpferisches Umsetzen auch kognitiver Erfahrungen und Handlungskompetenzen.

Die Praxisbeispiele zeigen, daß man Märchen über alle Sinne, über Phantasie und Vorstellungskraft; sprachlich, planend und handelnd erleben und gestalten kann. Dabei schwingt auch das Unbewußte mit. Das Konzept des multisensorischen Lernens läßt sich ausgezeichnet am schöpferischen Umgang mit Märchen realisieren.

Das Praxiskapitel zeigte an verschiedenen Beispielen die vielen Möglichkeiten, innere und äußere Sinne zu aktivieren. Kreativer Umgang mit Märchen erschließt ein ganzheitliches und fächerübergreifendes Lernen, in dem kognitive, emotionale, soziale und psychomotorische Kenntnisse, Fähigkeiten und Fertigkeiten geschult werden, und dies auf der Basis multisensorischen Lernens und multimedialen Umgangs: Über Erlebnisse mit dem Körper, den Gefühlen, Gedanken, Vorstellungskräften; über Hören, Sehen, Tasten, über Schmeck- und Riechreize; besonders aber über Form-, Farb-, Klang-, Tast- und Bewegungserlebnisse.

Bei diesen Aktivitäten und Lernprozessen entstehen Artefakte, die Erfolgsgefühl und Lernfreude erhalten und Wertbewußtsein und Sinn für Ästehtisches wecken können.

Die klaren, rhythmischen, bildstarken Märchen sind ein Medium, das sich gut zur ordnenden Ausbildung von Regeln, Ritualen und Gewohnheiten eignet. Märchenstrukturen tragen dazu bei, im konkreten Umgang mit ihnen äußere Ordnungen und im Verarbeiten innere Ordnungen zu entwickeln – damit tragen sie zugleich zur Ausbildung von klaren Denkstrukturen bei.

Märchen spiegeln die Einheit der „drei Welten" in sich wider: Als Produkt menschlicher Geistestätigkeit werden sie über Sprache, Schrift, Bild, Zeichen, Symbole („Welt drei") mitteilbar; sie werden auch von subjektiver Phantasie und mit individueller psychologischer Bedeutung („Welt zwei") ausgedrückt und als Kunstwerke, Bücher, Plastiken, Spiele, Bewegungen usw. (als Artefakte „Welt eins" und „Welt drei") sichtbar gemacht, materialisiert, in Prozessen umgeformt.

Märchen haben Auslösefunktion für weiterführende Tätigkeiten, z.B.
a) im Hören und Erzählen „eigentlicher Märchen – mit bergender und unterhaltender Wirkung:
b) im freien oder gelenkten Spiel – mit sprachgestaltender, emotional und psychologisch bedeutsamer Wirkung;
c) im kreativen Umgang bis hin zu Umgestaltungen (Parodien u.ä.) – mit didaktisch breit gefächerten schöpferischen Möglichkeiten und Wirkungen. Dabei werden Märchen auch in verschiedener Hinsicht zu Lernmodellen,[86] die zu einem offenkundigen kognitiven Gewinn mit beitragen;[87]
d) in kulturbewahrender Funktion, mit der „Welt"; Denken der Völker; Sprache und Bräuche eingefangen werden – jeder einzelne trägt auf seine Weise solches Kulturgut fort, erhält, tradiert – oder negiert es;
e) Märchen haben also eine integrierende Funktion aus verschiedenen Bereichen. Sie zeitigen psychologische Wirkung; sie enthalten hohe Motivationskraft für Schüler und Lehrer (bzw. allgemein für Erzieher); sie wirken als Medium für ganzheitliches Lernen; sie werden zum Medium für Welterschließung: für äußere und innere Welt.

Märchen entsprechen schon rein formal den Bedürfnissen des Geistes. Kindlicher Animismus und ein Hang zum Anthropomorphisieren sind Denkformen, von denen man heute annehmen kann, daß sie ihre Ursache in der Unerfahrenheit des Kindes haben. Neues wird an Grunderfahrungen assimiliert, z.B. die Annahme: Was sich bewegt, ist lebendig: Ein rollender Apfel lebt also. Der eindimensionale, abstrakte Märchenstil ermöglicht es dem Kind, auf einfache Schemata zurückzugreifen und die assimilierten, später auch akkommodierten Erfahrungen in sinnvolle neue Ordnungen zu bringen. Analogisches Denken macht es auch Erwachsenen möglich, animistisch erscheinende Annahmen nachzuvollziehen: als eine Form „anderer Wahrheit" und eigener Kausalität, die auch dann wirkt, wenn z.B. das Kind über magisch-animistisches Denken hinauswächst und sein Erfahrungshorizont größer wird. Animistisches Denken aus Unerfahrenheit und als Ergebnis von Assimilationsprozessen steht also vermutlich als eigener Vorgang neben dem psychobiologisch-anthropologischen Aspekt, auch bildhaft, analogisch und irrational denken zu können: Entwicklungspsychologische Aspekte ergänzen sich danach mit einem eigenständigen Erkenntnisprinzip. So sind Märchen nicht nur Kindersache, sondern – wie ursprünglich – auch Erwachsenensache. Ich möchte behaupten, daß Lehrer, die sich konstruktiv Märchen öffnen, auch einen persönlichen Gewinn davontragen.

Märcheneinsatz im Elementarbereich erleichtert es dem Kind, sich mit Phantasie und altersentsprechend auch auf magisch-mythische Weise mit den Inhalten schöpferisch auseinanderzusetzen, ohne daß Denk- und Verhaltensstrukturen zu früh zu Normen erstarren. Äußere und innere Wirklichkeit können vollsinnlich erfahren werden.

Da Denkformen und Verfahren im Umgang – z.B. bei einer Praxis meiner Vorschläge – von Erwachsenen akzeptiert werden, entsteht eine Kontinuität zwischen kindlichem und Erwachsenenweltbild. So werden die verschiedenen Generationen zu Partnern, die sich gegenseitig ernstnehmen und sich auch gegenseitig viele Anregungen geben können. „Sich eins sein“, miteinander arbeiten; im Konsens stehen; und dazu Zeit haben: sinnvoll verbrachte Zeit mit Spiel und Arbeit: Darin sehe ich Voraussetzungen, junge Menschen voller Neugier in die Welt gehen zu lassen; vielseitig anregbar und produktiv, dabei kritisch und frei in der Entscheidung im Rahmen von Gemeinschaft und von Bindungen, wo es allgemeine Interessen und Rücksichtnahmen erfordern.

2.4 Lyrik für Kinder

Das Beispiel von der Ballade (des Herrn von Ribbeck) soll für Lyrik stehen. Lyrische Erfahrungen können Kinder wieder in ganzheitlicher Weise erleben – im Spiel; über Klänge und Farben (z.B. durch Rezitation zum Schattenspiel auf farbiger Lichtbühne); mit Worten und Silben „zum Kauen und Lutschen“;[88] in Lyrik zum Spielen, Bewegen, Tanzen, in Körpererfahrungen ...

Erst seit etwa 200 Jahren gibt es eine spezifische Literatur für Kinder – in vorwiegend pädagogischer Funktion entworfen; während Kinder zuvor die Literatur der Erwachsenen adaptierten. (Allerdings ist noch heute das Interesse universitärer Wissenschaften für Kinder- und Jugendliteratur mager.) Nach einer Stagnation in den 50er Jahren dieses Jahrhunderts sind erste pädagogische und didaktische Neubewegungen Ende der 50er Jahre und Anfang der 60er Jahre zu beobachten (durch Autoren wie Ringelnatz, Kästner, Brecht, Krüss, Baumann, Rechlin, Guggenmos u.a.). Es zeigen sich Tendenzen, mit denen Kindergedichte an Strukturen der Lyrik für Erwachsene Anschluß fanden. Autoren schreiben nun für Kinder und Erwachsene, und moderne Strukturen mit poetischen Bildern, mit Klang, Reim, Rhythmus, auf das Wesentliche reduziert, werden für Kinderlyrik verwendet. Die herablassende Kindertümelei verschwindet, die Grenzen zur Erwachsenenlyrik werden offener, Sprachspiele und Reflexionslyrik erlauben neue Zugriffe.

Nach Protest- und Emanzipationsthemen der 70er Jahre ist in den 80er Jahren eine Wende zur Individualität, Privatheit, zur Entdeckung von Ich und Du zu bemerken. Unmittelbare Umwelt, Wärme, Wir-Gefühl weisen Wege „nach innen“. Der kindliche Rezipient wird dabei ernstgenommen als autonomes Mitglied der Gesellschaft. Er soll selbst zum Urteil kommen, soll „sehend“ werden und reflektieren.

Als Lehrer hat man gute Möglichkeiten, Lyrik in einer Weise anzubieten, daß Kinder gerne „zugreifen". Die Ballade von Herrn Ribbeck ist für Kinder ein spannendes Beispiel, über Nacherleben, Geschmackserlebnis (im Birnenessen), über Bilder mit Formen und Farben, über Wort und Sprache die verschiedenen darin möglichen „Welten" zu erleben. Es gibt zahllose Lieder und Gedichte, die Alltägliches und die bunte Welt ansprechen: Berufe und Arbeiten, Jahreszeiten, Feste und Feiern, Religiöses, Gefühle und Wünsche, verschiedene Menschen, Bräuche und Ereignisse ... Selbst „kindisch" erscheinende Texte sind letztendlich lebensnah; nehmen wir z.B. „Zehn kleine Negerlein": Wer hätte nicht schon Schwarze gesehen? Oder vom Jäger und der Jagd gehört? Einen Unfall gehabt und gestohlen? Wer wäre nicht schon „erwischt" worden oder hätte Angst vor Geistern und Hexen gehabt? Wäre nicht schon im Sumpf und Morast steckengeblieben, hätte am Alkohol genippt oder sich den Mund verbrannt? Hätte einen Sonnenstich bekommen oder geschrien, bis ihm die Luft wegblieb? Oder hätte jemanden zum Liebhaben gefunden? „Da waren's wieder zehn": Babies kommen zur Welt – man erlebt es in der Familie, in der Nachbarschaft ... Kinderlyrik zeigt ähnlich wie Märchen in mehr oder weniger überspitzten Unmöglichkeiten gerade das Mögliche, Alltägliche im Leben: In Schwarz-Weiß-Zeichnung, polarisiert nach Brutal und Banal, Bizarr und Normal. Unter diesem Aspekt lohnt es sich, Kinder beim Singen, bei Spielliedern und beim Gedichtvortrag zu beobachten: Man spürt, daß sie einem Stück „Welt" in der Lyrik begegnen, mit der sie sich spielerisch auseinandersetzen: Scherzhaft, ernsthaft, distanziert – immer aber engagiert.

C. Konsequenzen für didaktisches Handeln

Ein neuer „Katalog" – er möchte sich als weitere didaktische Hilfe verstanden wissen, um kindorientierten, vielseitigen Unterricht planen und durchführen zu können. Am Ende steht die Vorstellung vom kritischen, emanzipierten jungen Menschen, der konstruktiv und schöpferisch – auch zum Nutzen anderer – aktiv wird.

Die folgenden 21 Punkte sind wieder als Leitgedanken mit dem Charakter von Empfehlungen aufgrund der bisher dargelegten Gedanken zu sehen. (Gelegentliche Sollensformulierungen – aus stilistischen Gründen – sind als Empfehlungen, nicht als Forderung zu betrachten!)

- Schule sollte möglichst viele Gelegenheiten wahrnehmen, um Gespräche zu pflegen und Kommunikationsfähigkeit zu entwickeln (durch Morgenkreis, Planungen, Projekte, Konflikt- und Problemlösungsversuche ...).
- Bereits im gesammelten Zuhören wachsen Konzentrationsfähigkeit und die Fähigkeit, subjektive, innere Bilder zu bewegen. Der Lehrer sollte schon auf dieser Ebene beachten, daß emotionale Faktoren eine wesentliche Rolle beim Erleben und Lernen spielen.
- Sprache entwickelt sich u.a. aus verschiedenen Sinneseindrücken heraus. Welterschließung sollte also nicht nur verbal, sondern auch über Bewegungsabfuhr, Hören, Sehen, Fühlen, Riechen und Schmecken erfolgen. Dadurch ergeben sich viele Assoziationsmöglichkeiten, die beim Lernen,

Behalten und Erinnern und bei der Fähigkeit zum Umkodieren von einer Mitteilungsebene auf die andere helfen.

- Gespräche, Spiele und spielerische Lernsituationen schaffen eine gelockerte Atmosphäre, in der die Kontrolle von Tonfall, Gestik, Mimik, Körperhaltung, Distanz und angemessener Wortwahl vorbereitend geübt werden, ohne daß die Kinder darin Lernprogramme sehen.
- Kommunikationsfähigkeit (im Sinne von Darstellungsfunktion und argumentativer Funktion) kann sich günstig aus der Geborgenheit des Erzählkreises und der Gemeinschaft entwickeln.
- Kommunikationspflege ist ein Beitrag zur Friedenserziehung, da Konflikte auf sprachlicher Ebene statt mit roher Gewalt bewältigt werden können.
- Über Kommunikation lernen die Kinder, Anteil zu nehmen, für andere offen zu sein, dabei Gesprächs- und Verhaltensregeln einzuhalten und ebenso die Intimsphäre des anderen zu respektieren wie die Eigensphäre zu bewahren.
- Sprache und Sprechen entwickeln in vielfältiger Anwendung Lexik, Syntax und Semantik: Man lernt, auch „über etwas" zu sprechen und sich kritisch und sachlich distanziert zu äußern. Angewendete Sprache in dieser Form hilft, eigenes Denken abzuklären und zu ordnen.
- Durch Gesprächssituationen entwickeln sich Regeln und Rituale, die ihrerseits in weiteren Gesprächssituationen dadurch äußere und innere Ordnung, einen Rahmen und damit geistigen Halt geben und das Gefühl von Sicherheit und Geborgenheit (in einem bekannten Muster) erhöhen können.
- Eine Lernzielvorstellung könnte sein, über die Sinne zu einem flexiblen Denken zu gelangen, da die „Gegenstände" (beziehungsweise „Welt") in ihrer Perspektivenvielfalt erfahren werden.
  Multisensorische Einsätze als Grundlage für ein flexibles Denken, das Sachverhalte und Probleme von verschiedenen Perspektiven aus angehen kann, erscheint mir eine günstige Grundlage für schöpferisches Denken und Arbeiten.
- Das Umkodieren von einem (schriftlichen oder mündlichen) Mitteilungssystem zum anderen kann nicht nur geistig beweglicher machen, sondern ist leibfreundlich. Spannung und Entspannung stehen in rhythmischem Wechsel; Ängste werden durch die vielen Differenzierungsmöglichkeiten abgebaut. Lernfreude und Neugier haben eine Chance, erhalten zu bleiben.
- Kinder wenden sich dem Schreiben und Texteverfassen gewiß lieber zu, wenn sie in dieser Tätigkeit etwas Lebensnahes: Sinn und Zweck erkennen können, wenn das Ergebnis Freude bereitet und wenn für ästhetisches Gestalten Raum bleibt.
- Im Schreiben entstehen Artefakte (Bücher, Museumsbeschriftung, Zeitung, Briefe ...) als kulturelle Beiträge aus und für „Welt drei". Ich betrachte diese Produkte als wesentliche Faktoren im Bildungsgeschehen.
- Im fächerübergreifenden Unterricht (durch Rollenspiele, Hörspiele, künstlerisches Gestalten) lernen die Kinder neben dem sinnlichen Lernen auch den Umgang mit Medien (durch Materialbearbeitung, im Umgang mit Technik, Anschauungsmaterial usw.). Im gemeinschaftlichen Herstellen von Werken lernen sie konstruktives soziales Verhalten, die Übernahme von

Verantwortung; auch, Kritik zu ertragen oder Kritik zu üben, ohne zu verletzen.

- Märchen eignen sich besonders im Elementarbereich für den Unterricht. Sie sind konstruktiv über alle Sinne erschließbar und bilden multisensorische und multimediale Erlebnismöglichkeiten.
  Kinder erfahren durch Märchen und phantastische Geschichten andere Welten, andere Wahrheiten und andere Wirklichkeiten als die nur rein rational und kausal begründbare Welt und Wirklichkeit.
- Märchen eignen sich für fächerübergreifenden Unterricht besonders gut. Dabei machen die Kinder in den Projekten reichhaltige kognitive, emotionale, soziale und psychomotorische Erfahrungen.
- Märchen sind in ihrer Welthaltigkeit eine Hilfe, kindliches Weltbild zu erweitern; sie können zur emotionalen und kognitiven Bewältigung von Wirklichkeit dienen.
- Typische Wesensmerkmale des Zaubermärchens machen es geeignet, auf vielfältige Weise mit den Inhalten umzugehen. Ein Umgang mit ihnen kann zum schöpferischen Lernen und Arbeiten beitragen – zugleich lernen die Kinder dabei, (altes) Kulturgut zu bewahren. Märchen eignen sich zum ästhetischen Gestalten, zu differenzierenden und individualisierenden Maßnahmen, zur freien Arbeit und zum Freispiel.
- Märchen sind für Kinder besonders geeignet, da sie – von ihren Wesens- und Strukturmerkmalen her – kindlicher (menschlicher) Denkart entsprechen. Neben einer Korrespondenz im Denken werden im Märchen psychologische Bedürfnisse artikuliert, werden rechtshemisphärische Hirnleistungen vollwertig aktiviert und werden über solchen Umgang (sinnlich, psychologisch, erkenntnis- und bewußtseinsstrukturell) bewußt und unbewußt Lebenshilfen geboten.
- Sprache; Kommunikation; Erzählkreis und schöpferischer Umgang mit Märchen ... das alles kann sich günstig entfalten, wenn Kontinuität und Konsens gesichert sind und genügend Zeit bleibt, um nicht nur qualitativ gute Arbeit zu leisten, sondern – entsprechend dem kindorientierten Ansatz – jedem Kind mit seinem Eigenrhythmus Gelegenheit zu geben, sich vollwertig einzubringen.
- Durch den kindorientierten Ansatz kann man von einer engen Wechselwirkung zwischen „Welt zwei" und „Welt drei" ausgehen; ebenso zwischen „Welt drei" und „Welt eins" über „Welt zwei". Geist braucht Körper (Gegenstand, Prozeß), um sich zu realisieren. Ein gesundes, psychisch einigermaßen ausgeglichenes Kind kann geistige und kulturelle Welt besser, aktiver, kritischer durchdringen als ein überfordertes, ängstliches Kind.
  „Welt drei" mit Kultur, Wissenschaft, Gesellschaft, Normen und Gesetzen umgeben das Kind und wirken auf es ein. Wissenschaft; Erziehung und Bildung könnten das Kind nun befähigen, aus einem sinnenarmen und linearen Denken auszusteigen, um selber aktiv auf die umgebende Welt einzuwirken; sich mit dieser zu befassen – auch kritisch. Vielleicht geben die didaktischen Leitlinien günstige Ansätze ab, Kinder dadurch auch zu emanzipieren und zu Innovationen zu befähigen.

V. Die „Welt eins" mit ihren physischen Gegenständen und Zuständen

In die bisher über Praxisbeschreibungen geschaffenen Horizonte soll im Sinne der „Drei-Welten-Theorie" neben Artefakten auch das Körperliche gefügt werden: Ein Bereich, den Popper zur „Welt eins" zählt. So wenden wir uns hier bewußt dem Gehirn und den Hormonen, den Sinnen und dem Körper „bis in den Bauch hinein" zu; ohne Körper schließlich kein Geist und ohne körperliches Wohlbefinden kaum ein geistiges und seelisches Wohlbefinden.

Aus diesem Aspekt heraus soll auch etwas über Ordnung und Regeln gesagt werden; über Sprache und Handeln in Verbindung mit sensorischen Wahrnehmungen: Das eine hängt eng mit dem anderen zusammen. Von Gefühlen und Ängsten, vom Lerntyp und einer appetitlichen Lernumwelt soll die Rede sein – dieses Mal unter dem Blickwinkel von „Welt eins".

A. Ein Beispiel aus der Praxis

1. Vorbemerkung

Die sogenannte „Welt eins" kann im Erziehungs- und Bildungsprozeß gar nicht ohne die enge Verbindung mit den Welten „zwei" und „drei" dargestellt werden; Materie und Geist sind im Lern- und Arbeitsprozeß eng miteinander verbunden. Das dürften bereits die zahlreichen Beschreibungen in den Kapiteln über „Welt zwei" und „Welt drei" gezeigt haben, in denen „Welt eins" fast immer in irgendeiner Weise integriert war.

Popper zählt das Gehirn und biologische Prozesse zu seiner sogenannten „Welt eins". Hier kann die Psychobiologie einen ausgezeichneten Ansatz finden, über Lernen und Verhalten zu forschen, um Grundlagen für eine Lerntheorie zugunsten eines biologisch sinnvollen Lernens und einer subjektorientierten Didaktik zu legen.

In meinem vorliegenden Gedankengebäude habe ich die „Welt zwei" mit der Darstellung von Bewußtseinszuständen zum Ausgangspunkt gewählt, um einen kindzentrierten Ansatz für Unterricht, für Erziehung und Bildung zu finden.

Anmerkung, um Mißverständnissen vorzubeugen: „Erziehung" ist ein umstrittener Begriff, da eine „falsche" Vorstellung von Erziehung bis zum Psychoterror führen kann – man denke nur an all die seelischen Verbiegungen, wie wir sie in der „schwarzen Pädagogik" finden! Ich verstehe unter Erziehung ein Unterstützen, Helfen und Begleiten des Kindes auf seinem Weg in die Selbständigkeit.

Das menschliche Gehirn besteht im Aufbau aus Materie, Strukturen und Aktionen, die Popper der „Welt eins“ zuweist; ebenso verfügt es aber über Sinnestätigkeiten zum Aufbau eines subjektiven Wissens und beinhaltet eine individuelle psychologische Welt („zwei“); und schließlich ermöglicht es einen Aufbau von objektivem Wissen entsprechend „Welt drei“: Kulturelles Erbe ist hier ebenso in materiellen Substraten (z. B. als Eiweißmoleküle und in Synapsenmembranen im neuronalen Netz) niedergelegt wie in Artefakten eingefangen.

Im folgenden möchte ich nun eine allgemeine Schulsituation beschreiben, wie sie einem Unterrichtsprotokoll zu entnehmen war. Aus dieser Situation sollen dann Teilbilder herausgelöst und unter auch hirnphysiologischen Akzentsetzungen kommentiert werden. Ziel ist hier, die unlösbare Verflechtung von Körper, Geist und Seele darzustellen. Gerade die Hirnforschung bietet meines Erachtens allen, die mit Bilden und Erziehen zu tun haben, begründbare Möglichkeiten, um Lernen zum geistig-sinnlichen Vergnügen zu machen, wobei dann Lernen, Erfahrungen und Übungen von Lust und nicht Leid, von Vergnügen und nicht Streß, von Neugierverhalten und nicht Abwehr oder Flucht geprägt werden.

2. Unterrichtssituation

2.1 Erster Stundenteil

Auf dem Stundenplan steht Deutsch für eine 2. Klasse. Unterrichtsthema sind Übungen zur Umlautbildung für Mehrzahl und Verkleinerungsformen, wo aus „au“ „äu“ wird. Dabei geht es um eine erste Erfahrung im spontanen Sammeln und im Bewußtmachen der Regel. Eine Aufteilung nach 1. Mehrzahl oder 2. Verkleinerung erfolgt später. (Eine Gegenüberstellung von äu und eu ist Thema des 4. Schuljahres.) Anja und Marie-Ev bieten zu Beginn ein Rollenspiel. Alle tragen ihre Stühle in die Theaterecke, wo sie einen Halbkreis bilden. Die Schüler wissen: die Stühle muß man tragen, dabei ist jeder Streit zu vermeiden. Gleichzeitig wird leise abgesprochen, wer neben wem sitzen will. Nach dem Eingangsapplaus kündigt Anja das Stück an: „Wir spielen jetzt, wie Schnuggel einen Kellergeist zum Freund bekommt.“ Große Erwartung – die Exposition ist wirklich gut: ein lustiger Dialog der beiden Mädchen mit den Puppen am Arm leitet die Geschichte ein. Dann verlieren sie ihr Konzept. Sie artikulieren spontane Ideen, die sie aber nicht konsequent durchhalten, sie vergessen ihre Zuschauer und fügen Szenen ein, die keinen Zusammenhang mehr haben. Einige Kinder stehen jetzt gelangweilt auf, weitere folgen, nach kurzer Zeit sitzen nur noch die „Höflichen“ im Theater.

Jetzt erschrickt Anja und fragt Schnuggel – noch in das Spiel integriert: „Schnuggel, wo sind denn alle Zuschauer?“ Niemand reagiert. Nun ist auch Marie-Ev bestürzt: „Also ... also ... wir wollten doch etwas vorspielen ...!“ Ich habe den Ablauf mit Spannung verfolgt. Nun bitte ich beide, das Spiel offiziell zu beenden. Sie verstehen: schnell fallen sich Schnuggel und der Geist in die Arme, sie schwören sich ewige Freundschaft, solange es Geister geben darf. Anja dichtet noch: „Unser Spiel ist jetzt aus. Geht aus meinem Theater ’raus!“ Die wenigen verbliebenen Zuschauer und einige neugierige Rückkehrer applaudieren. Dann werden die Stühle an die Stammplätze zurückgetragen, Schreibzeug, Heft, Lesebuch und Wörterbuch werden bereitgestellt.

Ich spreche kurz mit den beiden Mädchen und sage, was sie wohl falsch gemacht haben könnten. Anja rekapituliert und erkennt, daß dem Stück ein sauberer Handlungsablauf – mit einem Spannungsbogen – gefehlt habe. Sie bittet um eine neue Spielmöglichkeit am nächsten Morgen. Marie-Ev reagiert eher bedrückt. Sie ist über den Fehlschlag ärgerlich und wertet ihn offenbar als persönliches Versagen. Anja muntert sie auf. Beide Schülerinnen haben dann am nächsten Tag ein Stück vorgeführt, das mit viel Applaus bedacht wurde: zügig, lustig mit „Anfang, Mittelteil und Schluß“ – mit einem Spannungsbogen, wie ihn die Kinder durch Vor- und Nachgespräche zu beachten gelernt haben. (Sie trafen sich nachmittags, um das Spiel zu planen und zu üben.)

2.2 Zweiter Stundenteil

Nun führe ich zügig ins Thema ein; stelle einfach – rein verbal – einige Wörter gegenüber: Haus – Häuser; Laus – Läuse; Baum – Bäumchen; Maus – Mäuschen ... Die Kinder erkennen die Veränderungen: Aus Einzahl wurde Mehrzahl; etwas Großes wurde verkleinert. Ob jemand hört, welche Buchstaben sich verändern? Gewiß ... Nun schreibe ich diese Wörter an die Tafel. Verschiedene Kinder markieren die Veränderungen: Das *„au“* wird gelb gefärbt, das *„äu“* und die verlängerten Endungen werden rot. Anja drängt dabei aktiv in die Arbeit hinein, Marie-Ev wirkt verschlossen. Durch das Färben gesellt sich zum akustischen Eindruck der optische und präzisiert die Erkenntnis, daß die Endungen in der Mehrzahl und Verkleinerung ohnedies gut zu hören (und bekannt) sind und daß außerdem aus dem „au“ immer ein „äu“ wird. Da die Wörter sauber untereinanderstehen, bietet sich die Regel vom Umlaut förmlich an.

Schriftliche Übungsphase: Eine Schreibheftseite wird längs halbiert. Einzelne Kinder notieren an der Tafel ein „au“-Wort, andere setzen die Verkleinerung oder Mehrzahl hinzu und markieren den Umlaut rot. Parallel schreiben die Kinder alle im Heft mit. Dann *Gruppenarbeit:* Tischgemeinschaften sammeln aus dem Wörterbuch Wörter heraus, besprechen sie und notieren sie, nun aber dreispaltig, sortiert nach Einzahl, Mehrzahl und/oder Verkleinerung. *Vertiefte Übung:* An jedem Gruppentisch stehen eine c-, e- und f-Klangplatte mit einem Schläger. Wörter mit „au“ werden beim Sprechen mit der Terzfolge „c–e“ begleitet, Wörter mit „äu“ mit der Quartfolge „c–f“. Bald ist der Spieltrieb geweckt. Wie von selbst entwickelt sich ein *Regelspiel:* Der Reihe nach (wir vereinbarten grundsätzlich den Uhrzeigersinn) schlägt einer „c–e“ oder „c–f“ an, die anderen finden entsprechend „au“- oder „äu“-Wörter. Ich schlage vor, die gefundenen Wörter in eine gemeinschaftliche dreiteilige Tabelle einzutragen; nach Einzahl – Mehrzahl – Verkleinerung sortiert. So arbeiten alle Gruppenmitglieder am gleichen „Werk“, und da keiner das Gefühl hat, sich zu „überarbeiten“, sind alle freiwillig mit Vorschlägen und Überlegungen dabei: Einer schlägt die Klangplatten an, alle suchen im Kopf oder Wörterbuch ein passendes Wort, einer schreibt in die Liste und einer färbt den Doppellaut bzw. Umlaut gelb bzw. rot. *Zum Schluß* vergleichen die Kinder ihre Listen – wer hat noch etwas Besonderes gefunden? Ich lege die Listen vor der Tafel auf dem Boden aus. *Auftrag zur Stillarbeit:* Jeder soll sich mindestens 6, besser noch 8 Wortpaare bzw. „Drillinge" (wie: Baum – Bäume – Bäumchen) genau ansehen, merken und auswendig ins eigene Heft eintragen. Es können auch Wörter sein, die schon vorher versucht worden waren; jetzt aber wohlgeordnet und sauber gerahmt.

(Wortschatz: Gaul, Maul, Raum, Laus, Maus, Haus, Schaum, Traum, Kraut, Haut, Sau, Rausch, Baum, Strauch, Bauch ...)

2.3 Freie Arbeit und Freispiel

Wer fertig ist und mir seine Arbeit zur Durchsicht gegeben hat, kann sich in die Spielecke zurückziehen; anderen helfen; das Fischbecken reinigen, seine Blumen pflegen; drucken; lesen. Drei Kinder gestalten ein Rechenpuzzle, indem sie ein bereits begonnenes Bild auf Karton weitermalen, um es dann zu zerschneiden und mit Rechenaufgaben auf der Rückseite zu versehen. Das Grundbrett fehlt noch. Katrin schreibt eine Geschichte, die ich den anderen am nächsten Tag vorlese und dann aufhänge (Katrin hat sie zu Hause fertiggeschrieben und textintegriert miniaturartig und phantasievoll illustriert. Hier das unkorrigierte Produkt einer spontanen Schreiberin:

Auf dem Einband (als Buch mit 6 Seiten) steht bunt: *„Schnukel und seine Familie"* und als Untertitel auf der ersten Seite: *„Ruft doch mal die Feuerwehr"*. Dann:

> „Schnöfchen Wo bist du. Er er er wirt doch kein Drache geworden sein meint Schnukel das were eine katastrofe. Sonst stelt er wider so schlimme sachen an.
>
> hi hi hi gleich brenst du Bauernhöfchen und der Stal auch, ich hab schön fiell Feuer in mir sagt Schnöfchen. Hi hi hilfe ein Drache schreit die Bauers Frau. Was ist den los du weist doch Susane schläft das Bebi sagt der Bauer. Im Zauberland macht sich Schnukel weiter sorgen. Da komt Schnüpfel nach hause, halo Schnukel sagt er stel dir for wir sind zum essen eingeladen bein Bauern sie haben ein Kind gekrikt es heist Susane es ist in 3 Tagen um 3 Uhr. Vor ein parstunden bin ich ferbei geradelt. Fon dem ganzen zuhörn fergist Schnukel Schnöfchen ganz. 3 Tage speter kamen sie zum Bauernhof, aber wo dafor der bauernhof war waren nur noch flamen. Schnukel rannte soschnel wie er blos kontte zur Telefonzele, da entdekte Schnüpfel Schnöfchen er hate sich wider zurukferwandelt.
>
> Mit Tatut tata komt die Feuerwer, sie löscht den Brant, inzwischen hat Schnukel sich beruikt und ludst Bomboms ein Grünes und Blaues ein Gelbes und ein Rotes. Jetzt gehen alle heim.
>
> 4.12.1987 geschrieben und Bilder und gedichtet von Katrin"

Interpunktion und Rechtschreibung sind zwar noch nicht gesichert, aber Katrin hat spontan, relativ lauttreu und mit Phantasie gerne für die anderen ihre Geschichte geschrieben. Ein halbes Jahr später schrieb sie fehlerlos – vielleicht mitbedingt dadurch, daß ihre Spontantexte nicht nach Fehlern abgesucht und ihre Freude so gedämpft wurde.

Rollenspiel, Rechtschreibung, Gruppenarbeit und Freiarbeit wurden von einer kleinen Pause unterbrochen. Die nächste Stunde gehörte also noch zur guten Hälfte zur Deutschstunde. Dabei hatten alle im eigenen Tempo mit und ohne Hilfe und persönliche Betreuung ihr Pensum bearbeitet, auch Marie-Ev hatte ihre Frustration überwunden, nachdem ihre unsicher vorgetragenen Vorschläge positiv aufgegriffen worden waren. Beim Verklanglichen von *„au"* und *„äu"* lachte sie wieder und ließ gerne die anderen raten.

B. Interpretation

In diesem Kapitel werden Zusammenhänge zwischen biologischen und geistigen Prozessen und Zuständen erläutert; damit kommt die Psychobiologie noch einmal zur Sprache.

1. Vorbemerkung

Solch beschriebener Unterricht spielt sich täglich ab – „normale" Vorgänge bestimmen den Alltag: Im Planen, Handeln und Spielen; Lesen, Schreiben, Regeln einprägen; im Verklanglichen und Begründen; in Allein- und Gruppenarbeit; in Freiarbeit und Freispiel; mit Freude und Frust, Erfolgsgefühl und Mißerfolg. Es lohnt sich aber ein Elementarisieren in Teilbilder: Dabei werden viele lernwirksame oder lernhemmende Motive aufgedeckt.

2. Psychomotorik, oder: Wie der Körper beim Denken hilft

Was ist geschehen? Zwei Mädchen haben Handpuppen geführt und sich mimisch-gestisch mitgeäußert. Die Zuschauer haben sich in vereinbarter Weise versammelt (und ohne Vereinbarung abgewandt). Alle Kinder haben geschrieben, markiert, ein Instrument gespielt, im Buch geblättert ... einzelne Kinder haben geputzt, gemalt, ausgeschnitten ... Für alles dies waren detaillierte, gezielte Bewegungen nötig, um erfolgreich zu sein: eine kontrollierte Motorik ist vonnöten.

Unter Motorik versteht man die Gesamtheit der Bewegungsabläufe bei Mensch und Tier, einschließlich unwillkürlicher Bewegungen wie die von Herzmuskel, Zwerchfell und reflektorischen Motilitäten wie Bewegungen der Magen- und Darmwand. In der Psychomotorik wirken auch psychische Faktoren mit. Sie verläuft weitgehend willkürlich und läßt auch persönliche Eigenarten erkennen.[89] Die Koordination aller gewollten und ungewollten Bewegungen muß erst erlernt werden. Wir sehen es an den mühsamen Versuchen des Kleinkindes, um stehen, gehen, selbständig essen oder später z.B. malen, Schuhe binden oder knöpfen zu können – bis hin zum differenzierten Zeichnen, Schreiben und „handwerklichen" Tun, wie es im U-Bild beschrieben wurde. Da auch die Organe, die Muskeln und besonders die Handwurzelknochen Zeit zum Ausreifen brauchen, müssen wir uns vor Überforderungen des Kindes hüten: Nicht zu früh kontrollierte Schreibleistungen erwarten, nicht zu früh dünne Stifte in die Hand geben, nicht zu früh kleinformatig arbeiten lassen. Die psychomotorische Entwicklung steht in enger Beziehung zur Entwicklung des Gesamtverhaltens des ersten Lebensjahres. Sie findet besonders in den Experimentierbewegungen mit den eigenen Gliedmaßen und später mit Dingobjekten ihren Ausdruck. Geordnete und kontrollierte Greifbewegung hängt weitgehend von der Koordination von Hand und Auge ab. Taktilmotorischer und visueller Bereich werden schrittweise durch Übung koordiniert – ebenso wie die Koordination auch der anderen Wahrnehmungsfelder untereinander und jeweils in bezug auf den sensomotorischen und taktilmotorischen Bereich, z.B.: Vom Sehen zum Greifen und Bewegen; oder vom Riechen zum gezielten Hinlaufen zur Geruchsquelle; oder vom Hören über rhythmisiertes Gehen zum Schwingen und rhythmischen Mitschreiben ... Im Kleinhirn ist das Zentrum für einen koordinierten Bewegungsablauf zu sehen; es steht mit dem Körper einerseits und dem Großhirn andererseits in engster Verbindung. Finger, Sprechwerkzeuge (wie Zunge, Rachen usw.) und Gesichtsmuskulatur sind dabei aufgrund entsprechend detaillierter Repräsentation (s. Abb. S. 183, 184) in der Großhirnrinde besonders entwicklungs- und differenzierungsfähig: sowohl handwerklich als auch sprachlich und mimisch-gestisch. Die enge Verbindung von Sprache und Psychomotorik besonders im Bereich der Hand erklärt auch das Wort „Vom Greifen zum Begreifen". Geordneter Bewegungsablauf steht schließlich in engstem Zusammenhang mit dem Gleichgewichtssinn – dem vestibulären System im Ohr.

Im übrigen hat neue Forschung festgestellt, daß Kleinhirnbahnen auch direkt ins emotionale Gehirn (ins Zwischenhirn) führen und daß solche Bewegungen als lustvoll empfunden werden.[90] Man weiß es aus Erfahrung: Kinder behalten einen Text besser, wenn sie ihn mit interpretierenden oder rhythmisierenden Bewegungen unterlegen. Mit großer Wonne warten sie immer auf jene bestimmte Stelle, bei der sie hopsen oder auf Zeitlänge herumlaufen und pünktlich zurückkehren müssen; oder wo sie als originell empfundene Bewegungen einsetzen oder rhythmisch mitklatschen dürfen. Man kann die geistige Sammlung auf diese Stellen hin beobachten und deutlich den mimisch-gestisch-gesamtkörperlichen Lusteffekt beobachten.

Absicht, Planung, Ausführung, Kontrolle, Korrektur und neue Ausführung stellen einen komplexen Vorgang dar, der von seiten des Kindes Geduld und Durchhaltevermögen erfordert. Wenn es Zeit genug hat, kommt jedes erfahrungsgemäß nach seinem individuellen Vermögen ans Ziel und lernt auch, Zeichen zu schreiben, eine Handpuppe ausdrucksvoll zu führen, Lautgebärden zu gestalten oder z.B. einen in der Natur beobachteten Baum in seinem Wachstumsfluß genau zu zeichnen. Zeit zum Üben und Wiederholen, bis der Vorgang „klappt" – das muß jedem Kind gegönnt sein. So konventionell es klingen mag: Es wachsen im Üben und Wiederholen Sicherheit, Konzentration, die Beherrschung der Feinmotorik und damit die Freude am Arbeiten, weil das Gelingen anspornt. Schule und Unterricht bestehen aus zahllosen Gelegenheiten, um solche Lernprozesse zu fördern: Schon das Unterrichtsbild zeigt das in seiner Kette verschiedenartigster Tätigkeiten. Es ist sinnvoll, Bewegungen solange zu üben, bis sie automatisiert ablaufen, denn diese Automatismen machen frei für kreative Tätigkeiten, die Konzentration erfordern. Wer nicht übt und wiederholt, dessen geistige Kraft wird gebunden: Es käme letzten Endes nicht zu einem Handeln, das Bereiche eines Tuns mit hohem Grad der Bewußtheit und der Zielgerichtetheit darstellt.

Übungen und Wiederholungen können phantasievoll gestaltet werden, so daß gerade schulische Tätigkeiten in diesem Bereich zu ästhetischem Genuß zu führen vermögen (Zierblätter, Illustrationen, harmonische Flächengestaltung, bunte Schrift, besondere Schriftgestaltung, kalligraphische Übungen; Instrumentenspiel; sachkundliche Zeichnungen und Beschriftungen; Handpuppenspiel und personales Spiel; Handarbeiten; Geschicklichkeitsübungen ...).

Übungen und Wiederholungen – abwechslungsreich und sinnvoll gestaltet – führen also zu Sicherheit und Geläufigkeit und machen frei für höhere geistige Tätigkeiten und für Kreativität. Solche geplanten Bewegungseinsätze brauchen eine Entwicklungszeit im individuellen Rhythmus des Kindes, da jedes Kind andere geistige, physiologische und z.B. feinmotorische Anlagen mitbringt: Diese Überlegungen gelten auch aus ökonomischen Gründen, da fremdbestimmte Denk- und Planungsprozesse und Bewegungsabläufe letzten Endes nicht individuell ausreifen können, damit weniger Selbstbestätigung ermöglichen und eine volle Entfaltung verzögern. (Heute hat jeder Lehrer die Möglichkeit, durch innere und äußere Differenzierung auf die vorgeschlagene Weise individuell auf die Kinder einzugehen und nicht alle an die gleiche Zeit- und Meßlatte zu legen.)

3. Sinnliches Lernen – ein komplexes Erlebnis

3.1 Zum Unterrichtsbild

Anja und Marie-Ev sprachen, handelten, bewegten sich (Psychomotorik, Körpersprache); sie betätigten als geplantes Spiel mit phantastischem Inhalt die Sprach- und motorischen Hirnrindenbereiche beider Hemisphären. Sie reagierten auf das Desinteresse der anderen und auf die Nachbesprechung über das Hören und Sprechen teils eher kognitiv und rational orientiert (Anja), teils eher emotional (Marie Ev) – beide Hemisphären einschließlich tieferer Regionen wurden aktiv. Die RS-Erarbeitung provozierte wechselnd Hören, Sehen, Sprechen, Fühlen und Bewegen. Bei der Gruppenarbeit wurden im Hören von Klängen (mehr rechts), deren Analyse, Umkodierung und Umwandlung in Laut, Sprache und Schrift (eher links); durch emotionale Beteiligung; durch Suchen, Sprechen, Begriffsbildung und Schreiben und insgesamt durch handelndes Vorgehen im ganzen Prozeß wechselweise beide Hemisphären angesprochen. Ähnlich in der freien Arbeit und im Freispiel, wobei die Reinigung des Fischbeckens auch den Geruchssinn ansprach (unmittelbare Projektion in das emotionale Gehirn); das Bildermalen und Katrins bunte Phantasiewelt, in Schrift niedergelegt, beide Seiten aktivierte.

Groß-, Klein- und Zwischenhirn (einschließlich anderer Bereiche) bis in den Körper hinein (Muskeln, Finger, Körperhaltung usw.) werden wechselnd und sich ergänzend in Gebrauch genommen. Sinnvoll ist das natürlich nur, wenn die Begleitinformationen dabei positiv getönt sind.

3.2 Wahrnehmen und Lernen in der Landkarte des Gehirns

Erklärung: In der Großhirnrinde kann man eine Anzahl unterschiedlich gebauter Bezirke, die Rindenfelder, unterscheiden. Die einzelnen Felder unterscheiden sich durch Zelldichte, Größe, Zelltypen u.ä. Die Abgrenzung der Felder nach solchen Kriterien nennt man Zytoarchitektonik. Mit ihr läßt sich auf der Oberfläche der Hemisphären wie bei einer Landkarte eine Karte der Rindenfelder zusammenstellen. Korbinian Brodmann entwarf diese Karte – sie gilt als vielfach bestätigt und allgemein anerkannt.[91]

Einige Informationen seien noch vorausgeschickt, um das Wunderwerk Gehirn bei seiner Arbeit: Beim Wahrnehmen, Denken, Lernen und Erinnern – noch besser zu verstehen: Nachdem ein Sinnesorgan gereizt worden ist, erfolgt eine sequentielle (kaskadenartige) Aktivierung von den primären (zuerst gereizten) sensorischen Arealen über Assoziationsfasern zu den sekundären, dann tertiären und quaternären Feldern (Arealen). Ein Beispiel: Vom Auge aus wird der Wahrnehmungsreiz zuerst im Sehzentrum (Feld 17) kodiert bearbeitet, dann umkodiert nach den Feldern 18 und 19 weitergeleitet, dann zu Feld 39 (dem Gyrus Angularis, ohne den z.B. kein Lesen und Schreiben möglich ist); dann zum Wernickeschen (hinteren) Sprachzentrum, wobei eine Verknüpfung mit dem Hören und Horchen erfolgt, und vor zum Brocaschen Sprechzentrum und zur motorischen Rinde für die Sprechmuskulatur bzw. zum entsprechenden Feld für Schreibbewegungen. Dabei spielt die Verbindung zum Frontallappen eine grundlegende Rolle. Vermutlich liegt in diesem Stirnlappen das Zentrum der bewußten Steuerung und Kontrolle einzelner Aktivitäten (z.B. als „absichtsvolles" Handeln). Die Felder 39 und 40 sind spezifisch mit crossmodalen Assoziationen beschäftigt; d.h.: Dort kann ein sensorischer Input mit einem anderen verknüpft werden: als Grundlage menschlicher Sprache und Begriffsbildung. Zum Beispiel: Höreindrücke verknüpfen sich mit visuellen, Tastwahrnehmungen mit auditiven und motorischen Wahrnehmungen ... (Tiere haben diese Felder nicht.) Dabei ordnet sich der Geruch beim Menschen dem Sehen, Hören und der Somatosensibilität, die in den Arealen 39/40 konvergieren, unter.

3.3 Sensorische Wahrnehmungen und Assoziationen – Kreuz und quer durch das Gehirn

Die folgenden Ausführungen sind Ergänzungen zu Beschreibungen in Kapitel „Welt zwei", B 1.1.1 bis 1.1.9. In der Hirn-Abbildung auf der folgenden Seite (s. Brügelmann, 1986, S. 47 und Popper/Eccles, München 1982, S. 285) ist die dominante (linke) Hirnrindenseite gezeigt. Viele Felder sind unsichtbar, da sie in tieferen Schichten liegen. Die Abbildung wurde nun mit Texten vom Verfasser weiterbearbeitet.

Durch die intensiven, dichten Querschaltungen von einem Wahrnehmungsbereich in den anderen und zugleich in der komplementären Wechselwirkung zwischen rechter und linker Hemisphäre kann man sich eine Vorstellung von der Komplexität sensorischer Wahrnehmungen machen. Andererseits wird man nun auch ahnen, wie einseitig Lernvorgänge wirken, die nur über den Seh- und Hörkanal laufen: Begriffliche Sprache mag davon profitieren, aber es fehlen die vollsinnlichen Erschließungsvorgänge und Erlebnisse, zumal ja der rechten, nichtdominanten Seite auch die Interpretationsfähigkeit von Gefühlen und Intuitionskraft zugeschrieben wird.

motorische Felder (4;6)
für Bewegungen (z.B.: schreiben, laufen...)

Sensomotorische (taktilsensible) Felder (3;1;2) für Empfindungen aus dem Körper (Rückmeldungen aus dem Körper)

An der starken Linie entlang ist die Körperrepräsentation:
Von der Zehe, den Beinen, Armen, den Fingern, dem Kopf, Gesicht usw. bis zur Zunge...

Die linke Seite dieser Abb. ist für Rechtshänder dominant und differenziert ausgeprägt.

Sehrinde (17):
Links mehr für Wörter, Zeichen, Buchstaben; rechts für Figuren, Muster, Formen (visuelle Bilder hier nicht als Bild, sondern als grafische Formelemente und Merkmalskombinationen)

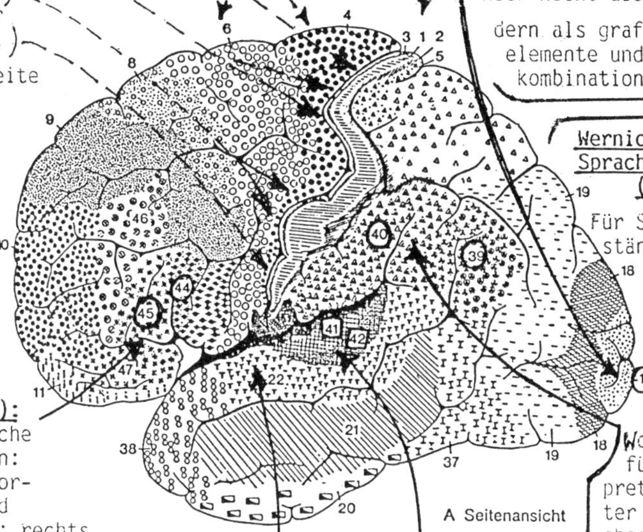

Rindenfelder der Hemisphäre

Brocasches Sprachzentrum (44/45):
Die motorische Sprachregion: Links zum Formulieren und Aussprechen; rechts für klangliche, nichtverbale Aspekte (auch ihre bildliche Qualität wie in Wortbildern, Metaphern...)

Wernickesches Sprachzentrum (39/4o):
Für Sprachverständnis: Ein Integrationszentrum, unentbehrlich für die ständige Verfügbarkeit erlernter Wortbilder und für die Interpretation gehörter oder gesprochener Rede (Störungen beeinflussen auch taktile, optische oder akustische Wahrnehmungen). Links: Symbolisches Denken, z.B. für Buchstaben- und Zahlenverständnis. Rechts: "Versteht" u.a. bildliche und klangliche Aspekte und deren emotionale Untertöne; Satz- oder Liedeinheiten, aber kaum Syntax.

Geruch: direkt ins Zwischenhirn, von da zum Großhirn.

Hörrinde (41;42)
Links mehr für sprachliche Äußerungen, rechts mehr für Geräusche, Musik oder Klanggestalten

Optische, akustische und sprechmotorische Bereiche hängen eng zusammen. Ohne sie ist es nicht möglich, aus Schriftzeichen Klanggestalten zu erschließen und umgekehrt. Unsere Schrift ist keine Bilder-, sondern Lautschrift!

Übrigens: Die assoziative Vernetzung von Erinnerungen (manche haben wenig mit dem Gegenstand zu tun, helfen aber, z.B. als Eselsbrücken oder Gefühlsassoziationen) nennt man das episodische Gedächtnis.

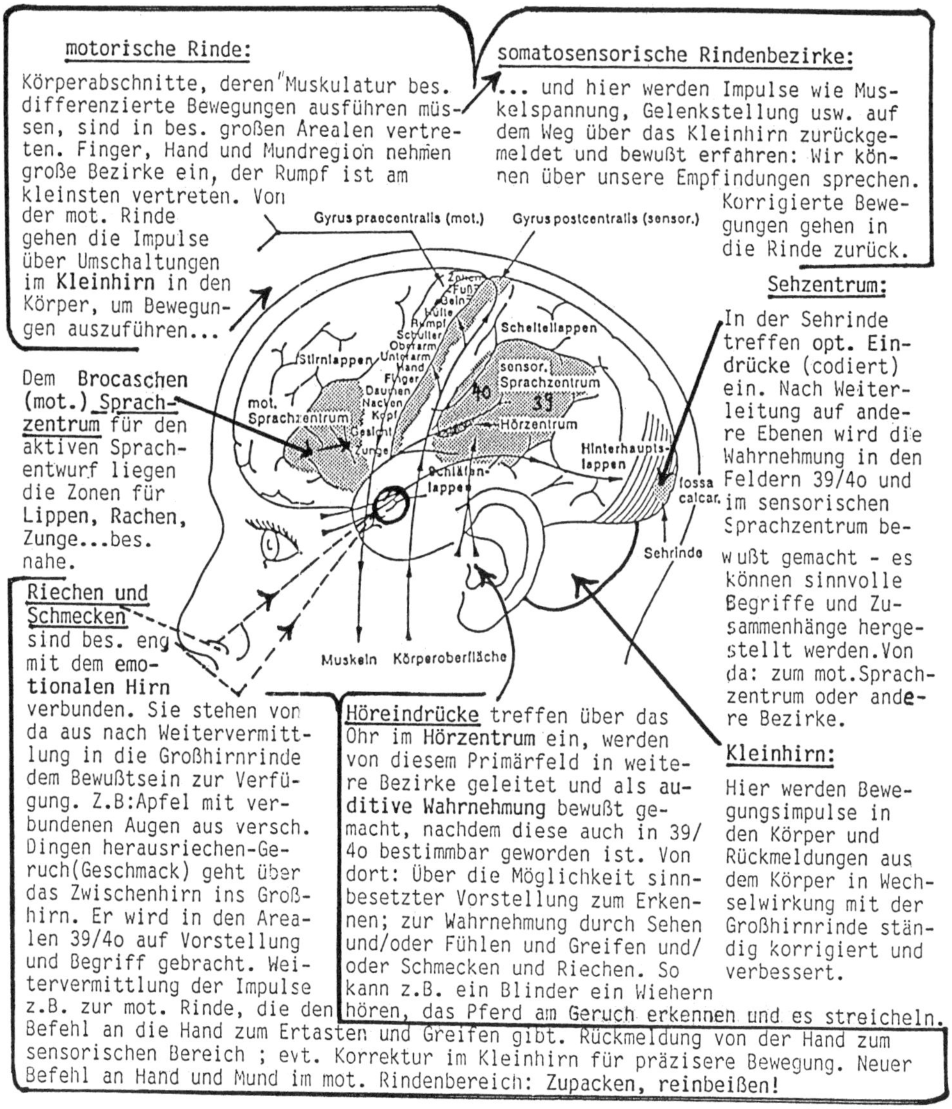

4. Zugang zur Welt über den ganzen Körper, oder: Wie Spielen zum Lernen und Lernen zum Spielen wird

4.1 Das emotionale Klima

Das Unterrichtsbild zeigt, wie Marie-Evs Konzentration durch ihren Mißerfolg, den sie sich sehr zu Herzen gehen läßt, beeinträchtigt wird. Entsprechend sinkt ihre Leistung; erst beim Hantieren mit den Klangstäben wird sie lockerer. In der RS-Übung profitieren die Schwächeren besonders da, wo ihnen in der Gruppenarbeit von anderen geholfen wird; die Teilerfolge ermutigen und öffnen sie zunehmend für die Thematik. Die Langsamen haben genügend Zeit, um im eigenen Rhythmus erfolgreich die Arbeit abzuschließen. So kann jeder ohne Nervosität und Streß dem Unterricht folgen. Die einen begeben sich dabei fast spielerisch bereits in den Schritt des farbigen Markierens, des Wörterbuchblätterns, der Verklanglichung. Andere entspannen sich im Erfolgsgefühl, fertig zu sein und ihrem Freund ein bißchen zu helfen; wieder andere „erholen“ sich in frei gewählten Spielen oder Arbeiten.

Vom Spielen sagt man, daß es u.a. zweckfrei und ein unabgeschlossener Vorgang sei (stets fortsetzbar, aber auch unterbrechbar). Doch sind diese Kriterien wirklich schlüssig, wenn man beobachtet, wie Kinder aus freien Stücken (z.B. in der sogenannten „freien Arbeit“ und im Freispiel) ihr Kartonschloß mit Papierstücken täfeln, auf denen Wörter und Rätsel stehen; wenn sie ein Rechenpuzzle basteln; oder wenn sie zum Unterrichtsbeginn ein Rollenspiel durchführen, in dem sie geschickt ihre Zuhörer in die Handlung einbeziehen, sie zum Mitsprechen und Mitreimen anregen? Wenn sie für Schnuggel und Schnöfchen Briefe mitbringen, die phantasievoll verpackt sind und Bilder, Geschichten, Rechnungen und Spielideen enthalten? Kinder erleben diese Situationen als nach ihren Wunschvorstellungen geschlossene Ganzheiten; die Grenzen von Spielen und Lernen sind fließend. Dabei spielen Gefühle mit Auswirkungen auf den ganzen Körper eine wesentliche Rolle: Die Wechselwirkungen über das emotionale Gehirn (bzw. Zwischenhirn, s. Kapitel „Welt zwei“, B 1.6) mit dem Großhirn einerseits und dem Körper durch hormonelle Steuerung der inneren Organe andererseits verweisen auf einen ganzkörperlichen Prozeß.[92] Jeder reagiert mit einem eigenen Körperhaushalt, also auf subjektive Weise. Er interpretiert auch subjektiv: Aggressiv der eine, eher pessimistisch der zweite, du-bezogen und extravertiert ein dritter. Was den einen erschreckt, spornt den anderen an; was den einen kränkt oder einfach kalt läßt, darüber lacht der andere oder ist begeistert. Erzieher stehen verschiedenen Sensibilitäten gegenüber, die einer entsprechenden individuellen Begegnung bedürfen.

Denken und Gefühle bilden eine Einheit und Intellekt und Organismus beeinflussen sich gegenseitig (Erzieher erleben es deutlich, wenn ein Kind bei einer Klassenarbeit überfordert „durchdreht“ und wenn es aus Angst Bauchweh bekommt ...): Verschiebungen in der Gefühlslage wirken sich auch körperlich und geistig-seelisch aus.

Im Unterricht begegnen wir ständig emotionalen Reaktionen – je nach kindlicher Eigenart, aber auch nach Klassenklima und Lehrerverhalten in verschiedener Form – man sieht es z.B. bei Anjas und Marie-Evs unterschiedlicher Reaktion zur gleichen Sache. Es ist ein „natürlicher“ Vorgang, wenn Kinder ihre Wut in Tränen, Schreien, Zittern, Umsichschlagen und Unansprechbarkeit abreagieren. Ebenso, wenn sie bei Freude sich stärker bewegen, jubeln, laut sprechen und sich Partnern zuwenden. Wir erkennen daran, daß sie im Augenblick körperlich stark beansprucht sind – man gönne ihnen sinnvollerweise die Zeit, bis sich die Hormone und Streßreaktionen wieder abgebaut haben – rascher Rückruf in geistige Arbeit wäre eher „naturwidrig“. (Das gilt gleichermaßen für Jugendliche und viele Erwachsene. Am Rande sei bemerkt, daß Gefühle eng mit dem Unbewußten verbunden sind und in der Evolution von den Urgefühlen her wenig modifiziert wurden: Sie waren und sind den Instinkten als Lust im Freß- und Paarungsverhalten, als Wut bei Aggressionen und als Angst in der Flucht erhalten geblieben. Von einer ständigen Steuerung durch das Bewußtsein in allen Lebenslagen ist also nicht allzuviel zu erwarten.

In einem positiven Lernklima, das nicht durch Streßfaktoren wie Angst oder Unlust belastet wird, entwickelt sich eher eine Lernbereitschaft, die von Interesse und Neugier getragen ist. Diese Faktoren aber bilden Motivationskräfte, die dem Lernen und Spielen gleichermaßen zugrundegelegt werden können. Zum „Spielen", das sich so schwer vom „Arbeiten" und „Lernen" trennen läßt, seien nun einige unterrichtsrelevante Ausführungen erlaubt:

4.2 Spielen und Lernen

John Huizinga trennte noch die Bereiche Spiel und Ernst. Im „Homo Ludens" heißt es: „... Ernst ist Nicht-Spiel und nichts anderes. Der Bedeutungsinhalt von Spiel dagegen ist ... etwas Eigenes. Der Begriff Spiel als solcher ist höherer Ordnung als der des Ernstes. Denn Ernst sucht Spiel auszuschließen, Spiel jedoch kann sehr wohl den Ernst in sich einschließen."[93]

Der Philosoph Franz Vonessen betrachtet nun heute Ernst und Spiel als Pole eines Bogens und präzisiert Huizingas Zitat noch: „Verspieltheit ist Nichternst, denn Ernst ist wahrhaftes Spiel, und erst das ist Kultur."[94] Spiel und Ernst gehören danach zusammen.

„pais" (Kind), „paidia" (Spiel) und „paideia" (Erziehung, Bildung) sind griechische Worte, die Wurzeln offenbaren, in denen Spiel und Ernst, Bildung und Erziehung für das Kind noch im ursprünglichen Sinne verbunden sind – wer mit Kindern multisensorisch und ebenso realitätsbezogen wie phantasievoll arbeitet, weiß, wie in all diesen Tätigkeiten „spielend" gelernt wird. Spielende Kinder benützen ihre Phantasie. Spielzeug, Material, Worte, Selbstgespräche – damit setzen sie Gelesenes, Gehörtes, Erinnertes oder individuell Vorgestelltes um – sie kreisen dabei um ihre eigene Mitte, ihre Wesensmitte, sehen sich selbst als Mittelpunkt, den sie unbewußt suchen und der sie zur „Kon-Zentration" führt. In der Praxis kann man immer wieder beobachten, wie gerade verhaltensauffällige, beim Lernen unkonzentrierte Kinder sehr konzentriert, auf sich bezogen und in Hingabe „arbeiten" können, wenn sie sich unmittelbar angesprochen und auch zeitlich nicht bedrängt fühlen. Sie zeigen Ausdauer und Freude beim Arbeiten wie beim Spielen – oder beim Spielen wie beim Arbeiten ... Das Kind spielt, bis es davon „satt" ist. Der Geist des Kindes setzt sich mit dem Spiel, mit seinem Material und den Handlungen intensiv, aus eigenem Antrieb und ausgiebig auseinander – wo sind hier Spiel, Ernst, Arbeit, Lernen und Vergnügen überhaupt noch trennbar?

Wenn ein Kind mit Puppen spielt, lernt es u.a. soziale Interaktionsformen, pflegende Handlungen und Bewegungskontrolle an der kleinen Figur. Beim Bauen mit Klötzen lernt es Gesetze der Statik und Beherrschung der Psychomotorik; lernt, Vorstellungen konkret umzusetzen oder einen Bauplan zu lesen. Wenn es mit dem Ball spielt, folgt es Regeln, lernt Körperbeherrschung und schnelles Reagieren; zählt, entwickelt Ehrgeiz, spielt selbstauferlegte Übungen. Wenn es das Fischbecken reinigt, lernt es sorgsamen Umgang mit empfindlichen Geschöpfen und es handelt verantwortungsvoll, auch, wenn es die Steine dekorativ einlegt und die Wasserpflanzen zu Figuren schlingt (zu einer „Wohnung“ für die Fische). Und im morgendlichen Rollenspiel werden Planung, Vorstellung, Sprache, Psychomotorik und Empathiegabe geschult.

Spiel führt zur Auseinandersetzung mit dem Ich, mit Geist und Leben. Franz Vonessen sei ergänzend zitiert: „Kein Spiel kann etwas anderes tun als das Leben nachahmen; und jedes Spiel des Menschen, auch jedes Kinderspiel, bringt eine Lebensmöglichkeit oder Lebenslage zur Anschauung. Diese Einsicht ist selbstverständlich und dennoch sehr wichtig. Wir sprechen vom Ernst des Lebens und betonen damit, daß die wesentliche Eigenschaft des Lebens der Ernst ist. Insofern ist jedes Spiel eine Metapher des Ernstes: ein ungefähres Bild jenes Gefährlichen, das uns umgibt, und mit dem wir uns spielend vertraut machen.“[95]

Auch der Nichtpsychologe kann beobachten, wie Szenen, Bilder, Handlungsweisen von Geschichten im Spiel aufgegriffen und als ein Stück Leben verarbeitet werden – meist ganz intuitiv, auch mit Hilfe verschlüsselter Bilder. Hierzu dienen z.B. die welthaltigen Motive von Märchen ebenso wie realistisches Alltagsgeschehen, das Kinder herausfordert. An jeder Szene lernt das Kind, gerade auch im Spiel.

Man sagt, Spiel zeichne sich durch Zweckfreiheit aus: Vielleicht sehen Erwachsene wenig Zweck im Hüpfen, Jagen, Rollerfahren; im „Doktorspiel“ und „Heiraten“ ... Kinder verfolgen aber mit großer Hingabe und ungeteilter Aufmerksamkeit bewußt, meist aber unbewußt einen Zweck, den sie sich selbst gewählt haben: Sie sind mit großem Ernst beim Spiel.

Spiele seien jederzeit abbrechbar oder fortsetzbar, heißt es. Wer mit Kindern zu tun hat, weiß, daß sie sehr wohl ihre Spiele „zu Ende spielen“; daß sie schnell noch fertigzählen, eine Schlußformel finden, eine bestimmte Ordnung herstellen, von ihrem bisherigen Ergebnis berichten und später bewußt den Faden aufgreifen oder aber neu beginnen. Und Kinder, die man aus dem Spiel reißt, sind unzufrieden, weinen, ärgern sich ... Ich möchte hier an Maria Montessori erinnern, die aus genauer Beobachtung weiß, wie und daß Kinder den Wunsch haben, etwas fertigzuspielen, wobei das Ende im Ermessen des Kindes liegt. Spiele haben einen Sinn und Zweck, sie entfalten sich im Lebensrhythmus des Kindes, werden konzentriert erlebt, fordern Phantasie und Wahrnehmung heraus. Spiele entstehen durch Anregungen, die das Leben, die Umwelt und Erzieher geben; sie entfalten sich besonders in Freiheit: wenn auf Fremdbestimmung und Manipulation verzichtet wird.

Spielen läuft in einer offenen Kindesentwicklung ab, „... eine Lebensweise, in der das Kind durch spielerische Imitation und Deutung des Erwachsenenlebens, durch Geschicklichkeitsübungen und durch mancherlei symbolische Aktivitäten mit seiner Lage und mit seinen Zukunftsperspektiven psychisch fertig zu werden versucht.“[96]

Daß beim ganzheitlichen, multisensorischen und damit auch phantasiebetonten und spielerischen Lernen alle Spielarten irgendwie vertreten sind, zeigt die Aufzählung bestimmter Grundtypen, die es in allen Kulturen gibt (Bezug: Flitner): Erkundungsspiele; Bauen und Organisation, um Phantasie und Gestaltungskräfte zu wecken; das Ausprobieren von Techniken, Fertigkeiten und Geschicklichkeitsspielen aller Art (Leiberfahrung); dazu die Imitation von Erwachsenentätigkeiten, von Handlungs- und Rollenspiel, die das Irreale miteinbeziehen und damit die Welt nach innen und außen ausdehnen. Das soziale und phantasiebetonte Rollenspiel hilft bei der Auseinandersetzung mit

Welt (durch Rollentausch, dramatisches Spiel, fiktive Gespräche usw.). Nach Caillois kommen das Glücks- und Zufallsspiel und Spiele des Rausches dazu. Der Spannungsbogen von Vonessen stellt deutlich dar: die Pole von Spiel und Ernst, also vom Spiel im Geborgensein und heiteren, selbstbestimmten Spiel über integrierende Bestandteile des nachgespielten Alltagslebens bis hin zu projektiven Formen, in denen Probleme im Spiel bewältigt werden. Der Bogen beschreibt offenbar einen Teil der kindlichen Entwicklung und seines Sozialisationsprozesses – Spielen begreifen wir als bedeutende menschliche Ausdrucksform, die in ganzheitlicher, komplexer Weise auf vielen Ebenen abläuft. Wenn Kinder in der Schule auf der gezeigten Basis spielen, lernen sie vieles, was zum Leben gehört und sinnvoll ist, seien es „klassische" Lerninhalte, Lernspiele oder Freispiele; seien es das rational betonte Denken und Lernen oder schöpferische und phantasievolle Ideengestaltungen; oder sei es das freie Austragen der Bewegungsfreude (wer hält das schon aus: Eine oder mehrere Stunden völlig stillsitzen und nur das Gehirn arbeiten lassen?!). Wahrnehmungen und Körper suchen die aktive, experimentierende Auseinandersetzung mit der Umwelt und den Lerngegenständen; und Spielen wird mit Intensität erlebt – auch das als spielerisch empfundene Lernen.

5. Vom Wissen mit dem Körper und im Körper, oder: Wie Liebe klug und Angst dumm machen können

5.1 Allgemeine Gedanken

Kinder teilen sich über angemessene Begriffe und Satzbildungen anderen mit. Sie erinnern sich und greifen gespeicherte Informationen auf; machen sich – das zeigen Rollenspiele besonders – die Welt über symbolische Handlungen und magische Praktiken verfügbar. Sie haben Vorstellungen von dem, was sie bearbeiten, herstellen, mitteilen wollen. Wenn das Vorhaben mißlingt, wie z.B. das Spiel von Anja und Marie-Ev, dann wird auf dieser Erfahrung aufgebaut: Das beweist das verbesserte Spiel der beiden am nächsten Tag. Märchen, Sachinformationen, Kulturtechniken, Sprache: Als Lehrer kann man auf die bis dahin aufgebauten Vorkenntnisse zurückgreifen, kann Erinnerungen wachrufen, kann weiterplanen, Wissen absichern, vertiefen, in schöpferischen Zusammenhängen aktualisieren. Dabei spielt sich ein weiteres Wunderwerk in den Körpern, besonders in den Köpfen der Kinder, ab. Die Hirnforschung hat heute manches zu bieten, was dem Erzieher Hilfen gibt, um mit Verständnis einen körperfreundlichen, subjektbezogenen Unterricht planen zu können:

5.2 Der Lerntyp

In den ersten Lebensmonaten bildet sich unter dem Eindruck erster Umweltwahrnehmungen im Gehirn erst die volle Zahl der Neuronen samt ihrer festen Verbindungen untereinander aus. Um diesen Prozeß zu fördern, sollten Eltern wissen, daß Unterernährung und falsche Ernährung, Medikamente, Alkohol,

Nikotin, Giftstoffe oder schlechte Luft während der Schwangerschaft und dann für den Säugling zu Hirnschäden führen können. Je nach Art der ersten Umwelterfahrungen (ob primär über Seh-, Hör-, Tast-, Geruchs- oder Geschmackssinn) wird nun beim Kind der sogenannte „Lerntyp" geprägt. Der Lehrer muß also mit einem vorhandenen Grundmuster von Beziehungen und Assoziationen rechnen.[97] Er findet in einer Klasse so viele unterschiedliche Lerntypen, wie es darin Kinder gibt: z. B. den Hör- oder Sehtyp (visueller und auditiver Typ); den Fühltyp (haptischer Typ); den sprachorientierten (verbalen) Typ; den Motoriker oder den abstrakten Typ; meist Typen in gemischter Form, da sich die körperliche, geistige und seelische Art und Befindlichkeit tatsächlich bei jedem zu einem individuellen Lerntyp verbindet. Man kann also kaum von einer eng begrenzten Fixierung auf *einen* Lerntyp ausgehen. In unserem Kulturkreis laufen zahllose – mit Sprache verbundene – Anregungsformen zusammen, die sich auch gegenseitig integrierend anregen, so daß Kinder viele Chancen haben, frühere Defizite zu kompensieren und aufzuarbeiten, sofern sie vernünftig gefördert werden. Das Gehirn ist in der Lage, auch dann auf Anforderungen der Umwelt angemessen und flexibel zu reagieren, wenn die Auseinandersetzung mit solchen Anforderungen früher (z. B. während der sensitiven Phase im Bereich der Sinneserfahrung, wenn Sehen und Greifen koordiniert werden) ungenügend war. Ausfallende oder nicht genügend aktivierte Funktionen einzelner Bereiche kann man durch eine Veränderung funktioneller Systeme im Gehirn so beeinflussen, daß das Ziel dennoch erreichbar wird (davon profitieren z. B. auch Behinderte und Kranke im pädagogischen und medizinischen Bereich). Das setzt allerdings zeitgerechtes und geplantes Anregen und Trainieren voraus. Vielseitige und sinnvolle Unterrichtsplanung kann ganz allgemein das Ihre zum Ausgleichen und Fördern tun.

Um allen Kindern gerecht zu werden, kann der Lehrer die Lehrinhalte so anbieten, daß für jeden Typ „etwas dabei ist": Zum Fühlen, Bewegen, Experimentieren, zum Sehen, Mitnotieren und Mitsprechen, zum Hören ...; viele verstehen den Inhalt erst ganz, wenn sie ihn sprachlich verarbeitet, „auf den Begriff gebracht" und damit die Bildung von Denkmustern ermöglicht haben. Einige lernen auch gleich abstrakt über Begriffe, Formeln, Regeln – doch das dürfte im Elementarbereich der seltenere Fall sein. Lernen über *alle* Wahrnehmungskanäle ist danach die didaktische Konsequenz. Allerdings würde zu reichlich „Futter geboten", wenn man bei jeder Gelegenheit alle Sinne bewußt anspräche: Lieber mal diesen, mal jenen Schwerpunkt setzen und dabei möglichst handelnd vorgehen lassen (taktil-motorische, visuelle und auditive Wahrnehmungen verbinden sich auf integrierende Weise). Jedes Kind sollte mit der Zeit seinen Lerntyp kennenlernen: Auf welche Weise es sich am liebsten und erfolgreichsten mit dem Lernstoff auseinandersetzt. (Erwachsene können ihren Typ auch durch Tests erfahren.) Es sollte wissen, ob es bevorzugt Notizen und Stichwörter macht (eine Art externalisiertes Gedächtnis, auf das man stets zurückgreifen kann, bis der Inhalt internalisiert ist); ob es über lautes Sprechen, über wiederholendes Nachlesen oder Abhören besser behält; ob es durch Zuordnung von Bewegungen, durch Assoziationen mit (inneren) Bildern, über konkretes Nachvollziehen, im Handeln oder operationalen Vorgehen lernt. Lernen und Verstehen laufen übrigens besonders günstig ab, wenn Lehrer und Schüler die „gleiche Wellenlänge", d. h. den gleichen Lerntyp haben. Wenn dazu das Arbeitsklima freundlich ist und einer individuellen Zeiteinteilung Raum gegeben wird, steht einem positiven Lernerlebnis nicht mehr viel im Weg (die persönliche, soziale, gesundheitliche Befindlichkeit des Kindes gehört fördernd oder hemmend dazu). Im übrigen macht es auch Spaß, als Lehrer so zu planen, daß verschiedene Sinne angesprochen, die Phantasie angeregt und das Thema auch handelnd und experimentierend erschlossen wird.

5.3 Was im Kopf beim Lernen geschieht ...

Kindbezug ... Ruhe und Zeit ... Geborgenheit ... solche Begleitfaktoren im Lernen schließen weitgehend Streß aus. Stressoren (wie Enttäuschung, Wut, Mißerfolg, Befremden, Schreck, Lärm, Reizflut, zu schwerer Inhalt, für den Anfang zu viele neue Begriffe, zu knappe Zeit für Informationsverarbeitung ...) können Ursache für Blockierungen im Denken sein: Sie erzeugen sogenannte Synapsenblockaden:

Das Neuronennetz besteht im Grundnetz aus festen Nervenfaserverbindungen und aus zahllosen, erst nach der Geburt entstandenen Nervenfasern mit Kontaktstellen zu anderen Neuronen, die nicht fest untereinander verbunden sind. Diese Kontaktstellen, sogenannte Synapsen, übermitteln Signale, speichern aber in ihrer Membran auch Informationen, indem dort Erkennungsmoleküle abgelagert werden, die über die Ausführung oder Blockierung und Weitervermittlung „entscheiden“.[98] Es hängt nun u.a. von den situationsentsprechend aktivierten Hormon- und Transmitterstoffen ab, ob Informationen (auf biochemische Weise) die Synapsen blockieren oder sie zur Weiterleitung des Impulses über den winzigen Spalt zwischen der Synapsenmembran und der anliegenden Nachbarzelle hinweg anregen. Stressoren veranlassen im Zwischenhirn die Produktion von Transmittern (Überträgerstoffe im Gehirn), die die Synapsen blockieren: Lernen und Denken werden behindert – Streß, Angst oder Mißerfolg können auf die Dauer „dumm“ machen.

5.4 ... und wie sich ein Wissen aufbaut

Im Zellkern und Zellkörper werden über Wahrnehmungsimpulse Eiweißmoleküle aufgebaut, die nach Verlassen des Zellkerns und Neurons irgendwo im Neuronennetz abgelagert werden und dabei die entsprechenden Synapsenmembranen verändern.

Erinnerungen und gleiche Gedanken laufen nun immer wieder über die gleichen Nervenbahnen und Synapsen als Kontaktstellen zwischen einem Neuron und dem nächsten, so daß man sich bald über dauerhafte Denkstrukturen erinnern kann. Das Gedächtnis kann durch ständiges Sicherinnern trainiert werden, wobei das Lernen und Wiederholen am ökonomischsten verläuft, wenn das erneute Abrufen kurz vor dem Vergessen einsetzt (in der Phase des Ultrakurzzeit- und Kurzzeitgedächtnisses: UZG, KZG). Die UZG-Phase hat nur ein begrenztes Fassungsvermögen, das ca. 8–9 Einheiten (Buchstaben, Silben, Ziffern, Töne, Bildelemente ...) umfaßt. Die synaptischen Verbindungen werden bei diesem Wiederholen vergrößert (hypertrophiert), auch vermehrt, und damit leichter „benützbar". Es erleichtert das Erinnern, wenn aufgebaute Gedankenmuster in ihrer Struktur durchschaubar sind und erst dann bereichert, variiert oder modifiziert werden. Je häufiger bestimmte Erinnerungsmuster über das Neuronennetz weglaufen (wobei jedes Neuron Teil zahlloser Gedankenverbindungen sein kann), um so durchgängiger werden wieder die Synapsen und um so leichter verlaufen Speichern und Erinnern.

Auf dieser Forschungstatsache – eines materiell vorhandenen, kodierten Wissens im Neuronennetz und an den Synapsenmembranen – kann Denken, Lernen, Erinnern und auch Vergessen oder Verdrängen aufbauen. Werden nun Informationen z.B. zu kurz hintereinander oder zu dicht geboten, dann kann die Eiweißsynthese im Zellkern nicht abgeschlossen werden – man vergißt das soeben Wahrgenommene. Lernstoffe sollten zuerst deshalb immer wieder in gleicher Form wie bei der Erstvermittlung – auch über verschiedene Eingangskanäle – geboten werden, bis sie im Langzeitgedächtnis (LZG) gespeichert werden und dauerhaft abrufbar werden. Wenn die Strukturen gesichert sind, kann das Erinnerungsmuster von anderen Aspekten her erschlossen und mit anderen Gedanken verknüpft werden. Emotionale und affektive Beimischungen, Sekundärinformationen, Assoziationen und Inhalte aus dem Unbewußten schwingen dabei mit und leisten im positiven Fall ihren Beitrag zum kreativen Denken und Lernen. Umgekehrt können Stressoren wie Angst, unbekannte Inhalte, Fremdes, zu kompakt Gebotenes, zu knappe Zeit und Hetze, ständige Veränderungen von Inhalten, die noch nicht vertraut sind, den Aufbau klarer Denkstrukturen verhindern. Das bindet geistig und behindert ein freies, schöpferisches Verfügen über Gedächtnisinhalte.

5.5 Angst und Streß machen krank

Wie bereits ausgeführt, können die Synapsen empfangene Impulse (eine elektrische Phase) nicht mehr (biochemisch) an die Nachbarzelle weiterleiten und Gedanken in Vollständigkeit abrufen, wenn sich ein Kind gehetzt, bedroht, gedemütigt, überfordert fühlt. Durch Hormone wie Adrenalin und Noradrenalin wird die Impulsvermittlung im ZNS im allgemeinen verhindert (während z.B. Acetylcholin ein fördernder Transmitter ist). Ursache sind äußere und innere Wahrnehmungen (z.B. Angst oder auch unangenehme Erinnerungen), die im Zwischenhirn eine Reaktion auslösen: Der Sympathikusnerv bekommt vom Hypothalamus Impulse, durch die Adrenalin und Noradrenalin ausgeschüttet werden. Als sogenannte Streßhormone sollen sie den Körper auf Höchstleistung bringen: Für Angriff oder Flucht. Gleichzeitig verhindern sie das Nachdenken, um Verzögerungen in der lebensrettenden Reaktion zu vermeiden. Die Mechanismen, die unsere Vorfahren brauchten und die Tiere nötig haben, sind nun gleich geblieben, obwohl im Lernen keine echte Flucht oder Aggression mehr möglich sind: Es bleiben Schulkinder zurück, die betreten schweigen, erröten, stottern, Bauchweh bekommen, ihren Bleistift durchbeißen, weinen ... dem Geist hilft es nicht. Frederic Vester schreibt sehr griffig: „Die Natur konnte schließlich nicht ahnen, daß unsere moderne Gesellschaft einmal Streß- und Alarmreaktionen ausgerechnet mit dem Lernen und Denken verknüpft, mit einem Vorgang, bei dem solche Vorgänge am allerwenigsten zu suchen haben."[99]

Wenn Streßreaktionen nicht durch Bewegung und Erfolg abgebaut werden, reagiert der Körper mit der Zeit mit Krankheitssymptomen, denn: Der Körper ist unter Streß auf Höchstleistung gebracht worden. Das Fluchthormon Adrenalin, das Angriffshormon Noradrenalin (sie stimulieren den Kreislauf, erhöhen den Blutdruck, die Pulsfrequenz und Sauerstoffzufuhr, schalten das Denken zugunsten vorprogrammierter Reflexhandlungen aus); und Hydrocortison (es fördert die Blutgerinnung, stellt Verdauungssystem und Sexualfunktion ruhig, unterdrückt die Immunabwehr) zeigen Wirkung. Bei Sport, körperlichen und geistigen Wettspielen oder intensiver Arbeit hat das auch schulisch durchaus seinen Sinn. Problematisch wird streßversetztes Lernen aber, wenn solche Arbeitsformen ständig verlangt werden; wenn der Körper lange dabei bewegungsarm bleibt (besonders bei kleinen Kindern) und wenn keine anschließende Entspannung folgt (Bewegung, Freude, Erfolgsgefühl). Unter negativen Umständen schadet der Streßmechanismus dem eigenen Körper.[100]

Gegen Leistungsstreß, der mit Anstrengung verbunden ist, der aber durch den anschließenden Erfolg wieder abgebaut wird, ist nichts einzuwenden; man sollte sogar lernen, mit ihm umzugehen. Streß als Konfliktstreß bedeutet aber die Unfähigkeit und Unmöglichkeit, aufgebaute Energien auch sinnvoll zu verbrauchen. Konfliktstreß macht krank.

5.6 Und das wäre hilfreich

Kinder ruhig, freundlich oder zumindest sachlich ansprechen; Zeit zum Nachdenken lassen; immer wieder Gelegenheit zur Bewegung geben; jedem Kind täglich irgendein Erfolgsgefühl und Zuwendung schenken; Reizflut vermeiden, eher zu wenig als zu viel technische und vorgefertigte Medien einsetzen; dafür das Gespräch und die Aktivierung eigener kindlicher Gedanken und Phantasien anregen und selber „Artefakte" herstellen lassen; für Ruhe im Klassenzimmer beim Arbeiten sorgen, bei denen Konzentration erforderlich ist. Zulassen von hör- und sichtbaren Aktivitäten, wo es um Kommunikation, Gedankenaustausch, Experimente, Problemlösen und Gemeinschaftsaktionen geht.

Dann: Lerninhalte in lebendige Zusammenhänge stellen, um sie sinnvoll erscheinen zu lassen; den Eigenrhythmus der Kinder im einzelnen beachten. Neue Inhalte an Vertrautes anknüpfen, um das Unbehagen (als Stressor) vor dem Neuen und Fremden zu mildern und den Einstieg am Bekannten zu erleichtern. Ein freundliches Arbeitsklima schaffen (emotional und in der Raumausstattung), um fördernde oder wenigstens nicht gerade hemmende Sekundärinformationen zu ermöglichen; den Gesundheitszustand des Kindes beachten und mit den Eltern in Kontakt stehen.

Und zum Schluß noch nebenbei: Will man ein Kind beim Tagträumen „aufschrecken", genügt eine klare Ansprache. Sinnlos dagegen ist es meistens, zugleich eine Wissenfrage zu stellen, um zu demonstrieren, wie sehr da nun nicht aufgepaßt wurde (vielleicht hatte das Kind ja auch über etwas persönlich Wichtiges nachzudenken!). Unter Streß aus Schülern Gelerntes herauszuholen oder Neues zu vermitteln, ist weitgehend Zeitverschwendung. Es würde nur langsam das Selbstwertgefühl untergraben; vom Gelernten bliebe schließlich nur ein Bruchteil zum Behalten übrig – einschließlich negativer emotionaler Sekundärinformationen. Solch unglücklich verlaufendes Lernen zieht den Körper (und das sogenannte „Bauchlernen") in Mitleidenschaft. Und für solche Vorgänge ist Schule einfach zu schade.

6. Sprache, oder: Wie menschliche Äußerungen zum Glied in einer Kette von Wahrnehmung und Handeln werden

Die menschliche Sprache macht es möglich, über etwas zu reden, sinnvolle Begriffe und Sätze zu bilden, Gedanken zu verknüpfen, Ideen und Theorien zu formulieren und sie zu interpretieren; zu argumentieren oder sie schöpferisch zu benützen: Musikalisch, in Lautmalerei, in Sprachspielen; mimisch, gestisch argumentativ ... Sprechen ist ein Grundbedürfnis des Menschen; der Mensch ist offenbar auf Kommunikation angelegt. Sprache mit all ihren anspruchsvollen Möglichkeiten verfügbar zu machen, darin kann man einen Bildungsauftrag sehen; der alltägliche und fortbildende Gebrauch von Sprache ist ein durchgängiges Prinzip in der Schule.

Das U-Bild zeigt eine Fülle von Sprechsituationen: Spontane und geplante Dialoge, dazu mimische, gestische und körpersprachliche Ausdrucksformen im bereits dargestellten Sinn. Die Mitteilungen sind dabei eng mit Wahrnehmungen und Handlungen verknüpft; man erinnere sich beispielsweise an die Prozesse, die bei der Konzeption und Durchführung des Rollenspieles; bei der Tafelarbeit, bei der Gruppenarbeit und der „musikalischen Rechtschreibübung" abgelaufen sind.

Wahrnehmung stellt eine Tätigkeit dar: Sie gehört aufgrund komplizierter neuronaler Vorgänge, Umschaltungen und Assoziationen auf vielen verschiedenen Ebenen als aktiver Prozeß zum Handeln. Dabei werden die vielen ständig auf uns einstürmenden Eindrücke zugleich selektiert und interpretiert – viele als „unwichtig" beurteilten Wahrnehmungen werden gar nicht erst von uns bewußt gemacht und gespeichert. Sehen, Hören, Riechen usw. sind demnach Tätigkeiten, die bereits durch eine Zensur gelaufen und dabei insgesamt alles andere als passiv zu bezeichnen sind.

Denkvorgänge hängen mit Handeln zusammen. Vorstellungs- und Gedankenstrukturen, die gerade beim Handeln entstehen, entwickeln sich über innere und äußere Sinne und werden durch entsprechende kognitive Tätigkeiten erarbeitet, verbessert und gesichert. Die Hirnmodelle zeigen z.B. recht deutlich, daß visuelle, auditive, taktile und andere Wahrnehmungsimpulse miteinander verknüpfbar sind (siehe die crossmodalen Beziehungen), die dann im Output sinnvoll in Handlung und Sprache umgesetzt werden.

Wenn wir handeln, klären sich die Sachverhalte ab und machen Begriffe und sprachliche Äußerungen über die Sache möglich, und wenn wir *über etwas* reden können, werden auch klare Handlungsmuster erzeugt (man erkennt es z.B. am Planen einer sinnvollen Handlungsfolge, der Vorstellung über ein Tun, an Beschreibungen und Handlungsanweisungen). Handlungen können wie Wörter und Sätze innere und äußere Wahrnehmungsverhältnisse widerspiegeln. Oder anders: Handlungen, Sprache und Wahrnehmungen, die in Beziehung zueinander gesetzt werden, wirken wie eine Metafunktion; nun ist der menschliche Geist in der Lage, Elemente zu verdichten, sie aufeinander zu beziehen und sie so einen Schritt in die Objektivierung zu führen (z. B. im Sinne einer Tätigkeit in „Welt drei").

Eng verwoben sind die vielen Aktivitäten im Denken, Sprechen und Handeln: Reize werden über innere und äußere Sinne zu Wahrnehmungsakten; die Reaktionen zu Handlungen und Operationen[101], ihre Objektivierungen zeigen sich als Vorstellungen und Begriffe; die Einheiten werden zu Strukturen aufgebaut (Strukturalismus)[102]: Der menschliche Organismus lernt aus Wahrnehmungen offenkundig hauptsächlich beim Handeln. Dabei bildet er ein inneres Vorstellungsvermögen von der Sache, er bildet Begriffe und kann die Handlung auch sprachlich darstellen. „Begriffe sind zugleich Abkömmlinge und Werkzeuge des Handelns."[103] Als Abkömmlinge gehen sie aus Handeln und Wahrnehmen hervor, als Werkzeug dienen sie als Instrument der Deutung von Gegebenheiten und der Zusammenfassung von Erkenntnissen. Im Begriff haben wir Wirklichkeit „im Griff" – Wahrnehmen, Handeln, Abstraktion und Sprache schließen gleichsam einen Kreis. Begriffe, die Strukturen offenlegen, sind auch auf neue Gegebenheiten übertragbar. Sie helfen, Gedanken zu ordnen, Ungenauigkeiten auszugrenzen – Gedanken treten durch sprachliche Fassung rein hervor. Es ist offensichtlich wichtig, in der Schule den Bereich Sprache besonders zu pflegen.

7. Artefakte und ein ordnender Rahmen

7.1 Artefakte

Über Artefakte wurde bereits an anderer Stelle geschrieben. Mit Geist und kulturellem Wissen, mit Phantasie und manueller Geschicklichkeit (Leistungen aus allen „drei Welten") und über soziale Interaktionen bekommt das Leben im Klassenzimmer eine „persönliche Note". Das will heißen, daß die Kinder im Laufe der Zeit durch ihre Aktivitäten ihre Umwelt selbst zubereiten; daß die Raumgestaltung vom Geist der Klasse mitgeprägt wird: Mit seinen Ideen, Vorstellungen, Produkten und Arbeitsformen.

Artefakte spiegeln sich – z. B. im zitierten Unterrichtsbild – im Erstellen von Wortlisten und dem Transferieren des Doppellautes von der Klang- auf die Schrift- und Sprachebene (mit Instrumenten aus Holz und Metall, Schallwellen, Papier ...); oder im Zusammentragen von Freispielmaterial aus Holz oder Karton. Auch die Fische erfordern unter „Welt-eins"-Aspekten Aufmerksamkeit: Schleierschwänze und Wasserpflanzen sind organische Wesen, die sich im Glasgefäß mit Wasser halten lassen. Diese Zusammenstellung wird als Aquarium, das gewartet werden muß und der Klasse etwas bedeutet, zu einem Artefakt. Dieses zieht weitere Artefakte nach sich: eine Fischfütterliste mit den Namen der Pfleger, der Fütterungszeiten, der Futterart und Futtermenge: Papier und Farbe fügen sich – durch Ideen und Denkinhalte besetzt – zu etwas Nützlichem. In einem Karton liegen beispielsweise eine Wärmeplatte, ein Kabel, eine Schnur, eine Tüte mit Nüssen, Buchstaben- und Zahlenkarten: nur einfaches Material, das aber in besonderer Weise zum Lernen gebraucht wird:

Als Lernspielmaterial findet es gezielte Verwendung; es ist in seiner sinntragenden Art der Benützung ebenso wie das Anschauungsmaterial selbst zum Artefakt geworden.

Die Umformung von materiellen Substraten zu Artefakten, die geplant hergestellt werden und mit denen dann nach verbindlichen Regeln gespielt und gearbeitet wird, schult auch den Sinn für Ästhetik, für das Besondere, Zweckmäßige und Sinnvolle.

7.2 Der ordnende Rahmen

Es wurde bereits in anderen Zusammenhängen ausgeführt, wie Eingangs- und Schlußrituale die Rollenspiele, den Morgenkreis, einzelne Berichterstattungen oder die Märchenrunde umrahmen können. Sitzordnung, Zeichen für das Schweigen, einfache Regeln für das Eingreifen in ein Spiel oder in die Arbeitsgruppe, die Art und Weise, wie eine Tätigkeit aufgelöst wird, oder schließlich die Formen des Nachgesprächs – all das sind Randbedingungen, die einen guten Verlauf sichern können. Ob Beginn mit einem Flötenduo, mit einem Tamburin-Triangel-Signal (wie ein Theatergong); mit einem Einstandsapplaus oder mit einer gedichteten Zeile, auf die die Gruppe einen Reim findet; und ähnlich beim Abschluß der Aktivitäten: Solche Rituale und Vereinbarungen stimmen ein, wirken wie ein „warming-up“, beschließen die Situation, geben Rahmen und halten Gruppe und Thema zusammen. Auch Regeln sind notwendig, um Lern- und Spielsituationen und dem Zusammenleben in der Gemeinschaft Richtlinie und Halt zu geben. Dazu gehören Gesprächs- und Verhaltensregeln in besonderem Maße. Regeln sollte es auch für die Pflege der sächlichen Umwelt und für das eigene Material geben (Tafel, Boden, Möbel, Eigentumsfach, Hefte ...): Vor allem sollte jedes Ding seinen eigenen Platz haben – Aufräumen hat etwas Gutes an sich, auch wenn es lästig ist. Pflegeaufgaben und das Ablegen an vereinbarten Plätzen geben eine für alle verbindliche Ordnung. Es erwächst daraus ein Gefühl der Sicherheit: Jeder weiß, daß seine Arbeit so nicht verlorengeht, verwechselt oder beschädigt wird, und jeder findet auf Anhieb, was er braucht. Unter solchen Bedingungen bleiben Arbeitsmaterial und sächliche Umwelt (als Teil von „Welt eins“) gepflegt und appetitlich und regen zum weiteren Umgang mit ihnen an. Außerdem lernen die Kinder so, „mein“ und „dein“ zu unterscheiden und den Wert der Dinge zu achten: Wer wünscht, daß sein Eigentum von anderen gut behandelt wird, der ist eher bereit, das Eigentum anderer ebenfalls zu achten: Eine Alltagsweisheit; nur das Durchhalten ist schwierig.

Regeln und Ordnung fördern die Entwicklung von Wertbewußtsein. Und wenn etwas willkürlich in Unordnung gebracht wird, dann gibt es über die gezielte Kommunikationspflege gute Möglichkeiten, Konflikte verbal auszutragen und die Verhältnisse im Rahmen vereinbarter Regeln wieder in Ordnung zu bringen. Außerdem lohnt es sich, qualitativ gutes Arbeits- und Bastelmaterial und Mobiliar zu verwenden: Gute Qualität läßt sich besser verarbeiten; im sinnlichen Umgang (besonders beim Tasten, Fühlen und Sehen) spürt man das – sowohl bei der Arbeit damit als auch im Ergebnis und Weiterverwenden. Die Arbeiten wirken ästhetisch und regen die Sinne konstruktiv zum Schaffen, Werken, Gestalten, Erfinden und Experimentieren weiter an. Bildungs- und Erziehungsprozesse durch sinnvolle, zielorientierte und kindorientierte Unterrichtsplanung und Organisation; eine Entwicklung von sinnvollen Regeln und Ritualen; Umgang mit gutem Material und die Einhaltung äußerer und innerer Ordnung (gleichsam zur Besitzstandwahrung und Erweiterung: geistig und materiell) sind Faktoren, die sich in „Welt eins" ansiedeln lassen, aber auch in der psychologischen und geistig-kulturellen Welt wirksam werden.

7.3 Zusammenfassend kann man sagen

Die Welten „eins" und „drei" enthalten „Gegenstände" (im weitesten Sinne) als „Verlängerung" des Produzierenden. Er bewerkstelligt dies mit seinen Sinnesorganen, die die Verbindung zur Außenwelt herstellen, und mit seinem Denkvermögen: Also auf dem Wege des Wahrnehmens, Handelns, über Operationen, Darstellungen, Denken, Sprache, Planen. Klassenraumausstattung, Klassenklima, alle möglichen umgesetzten Ideen wie Bücher, Klassenzeitung, Rollenspiele, Experimente: Sie sind geistige Produkte von Kindern und ihren Erziehern und sichtbar in Dingen, Handlungen (z. B. im Muskeleinsatz), in Prozessen (dazu gehört auch die Neuronentätigkeit) oder Zuständen. Ihre Schöpfer haben sie gleichsam „veräußert", objektiviert und anderen zugänglich gemacht. Diese „Gegenstände" wollen dann aber auch entsprechend sorgsam behandelt werden. Schlampige oder liebevolle Umwelt zeugen vom entsprechenden Geist, der darin waltet, Belohnungen oder freundliche Gesten des Lehrers/Erziehers sind wie ein Stück von ihm (pars pro toto) und können Kindern helfen: Die Zuneigung, die sie spüren und in der sie sich geborgen fühlen dürfen, schenken ihnen ein Gefühl für den Wert vom eigenen Selbst – und solche Kinder haben auch nicht das traurige Verlangen, anderes zu zerstören. Liebevoller Umgang, Gleichgültigkeit, Nachlässigkeit oder Zerstörung wirken sich entsprechend graduell auf das geistige und seelische Klima in der Klasse und beim einzelnen Kind aus. Ordnung, Regeln, pfleglicher Umgang ganz allgemein sind nötig, weil sie in Artefakten und materiellen Dingen gleichsam etwas „Organisches" treffen – als „Verlängerung" des Menschen, der diese Dinge geschaffen hat. Der Erzieher wird hier in die Pflicht genommen: Aufmerksam sollte er alle Vorgänge registrieren, die die Wertschätzung des Kindes betreffen (manche Kinder sind bereits enttäuscht, wenn man nicht gleich ihre neuen Schuhe bemerkt ...). Schließlich wird das alles durch Organisation und gediegenes Material erleichtert. Die individuelle, aber überschaubare Gliederung des Raumes kann helfen, ein Wertgefühl für eigene und fremde Arbeiten zu entwickeln, sich in diesem Rahmen als Individuum zu empfinden und über äußere Ordnung eine innere Ordnung zu finden: Klare Denk- und Handlungsstrukturen entstehen und werden leichter verfügbar, da der Einstieg in den Arbeits- und Denkprozeß erleichtert wird.

8. Und zum Schluß: Lernen mit Kopf, Herz, Hand und Bauch

Die Formulierung vom Lernen „mit Kopf, Herz und Hand" geht auf Johann Heinrich Pestalozzi zurück. Sie soll hier nicht weiter diskutiert werden, wenn auch angemerkt werden muß, daß ein Erwerb von Wissen, eine sittliche Bildung und eine Schulung der Bewegungskontrolle und Handfertigkeit heute durch Begriffe wie kognitives, emotional-soziales und psychomotorisches Lernen noch schärfer gefaßt und auch durch moderne Erkenntnisse im Zusammenhang mit Lerntheorien präzisiert worden sind.

„Kopflernen" (bei Pestalozzi: die intellektuelle Bildung) wurde in dieser Arbeit vielfältig dargelegt; ebenso wurden Ausführungen über das sogenannte „Lernen mit dem Herzen" gemacht; hier mit dem Akzent auf Emotionalität und sozialem Lernen (bei Pestalozzi: er meint vor allem eine sittliche und religiöse Bildung; er sieht sie als wahre Mitte). Wir teilen heute nach wie vor seine Meinung, daß solche Bildung aus einem Urvertrauen und Geborgenheitsgefühl erwachsen. Auf dieser Grundlage können sich Gemeinschaftsfähigkeit, Hilfs- und Verantwortungsbereitschaft entfalten; ebenso ein angemessener Umgang mit eigenen Gefühlen.

Auch „Handlernen" wurde bereits dargelegt – heute präzisiert im „psychomotorischen Lernen".

Was hat aber der Bauch mit dem Lernen zu tun? Pestalozzi erwähnt ihn nicht; der Anhang mit dem „Bauchlernen" an Pestalozzis Zitat weist heute auf eine zunehmende Tendenz hin, auch lustbetontem, ganzheitlichem und leibfreundlichem Lernen Rechnung zu tragen.

Jeder kennt das doch, wenn man „eine Wut im Bauch hat", wenn „einem das Herz vor Freude im Leibe hüpft" oder „wenn es einem warm ums Herz wird"; ja es „geht einem durch Mark und Bein" und „alles krampft sich in einem zusammen": Und im Sprechen teilt der ganze Körper einschließlich Mimik das gleiche Gefühl dem Partner mit. Über diese körperliche Befindlichkeit hinaus stecken in diesen leiblichen Umschreibungen eine ganze Menge „Kopf- und Herzerfahrungen" – oder anders ausgedrückt: Erlebnisse, Erfahrungen im Bereich des Wissens und Könnens ebenso wie Gefühls- und Bewegungserfahrungen finden über das vegetative Nervensystem einen körperlichen Ausdruck. Es „schnürt sich einem alles zusammen", es „kribbelt einen", man möchte „die ganze Welt umarmen": Lernerfahrungen äußern sich auch im Körper. Bewußte und unbewußte Erfahrungen – sowohl neue wie auch erinnerte – werden im Zwischenhirnbereich (im Thalamus) bearbeitet: Alle ankommenden Sinneswahrnehmungen und Informationen werden mit früheren Erfahrungen verglichen, gewertet, mit Gefühlen wie Freude, Angst, Wut, Lust oder Schmerz ausgestattet und dann weitergeleitet. Dazu gehört der Hypothalamus: Dort werden Vorgänge wie Hunger und Durst reguliert, auch Körpertemperatur, Wachstum, sexuelles Verhalten, die Koordination der Hormondrüsen im Zusammenhang mit Außenweltanforderungen – dies alles geschieht besonders mit der anhängenden Hypophyse, die damit die Steuerung fast des gesamten Hormonhaushalts beeinflußt. Auch ein Teil der Streßreaktionen wird hier gesteuert, was unmittelbare Auswirkungen auf das Lernen haben kann (z.B. in den sogenannten Synapsenblockaden). Es werden also Situationen wahrgenommen, der Hormonhaushalt wird entsprechend eingestellt, es werden neue Auswirkungen empfangen und bewußt gemacht (durch Zurücksignalisieren an die Großhirnrinde). Hier wirken Wahrnehmen (Sinneseindruck), Gedanken (bewußtes und unbewußtes Verarbeiten der neuen Lage), Erinnerungen (mit Gefühlsausstattung) und die biochemisch gesteuerten Körperreaktionen im Wechsel miteinander. Durch die hormonelle Steuerung, durch das emotionale Hirn, durch die Erinnerungen, dazu durch willkürliche und unwillkürliche Bewegungen wird der Körper, „der Bauch" in Lern- und Erfahrungsprozesse einbezogen. Das kann lustvoll und freudig sein oder nervös und verkrampft. Geist, Seele und Körper gehören eng zusammen; psychomotorische und psychosomatische Störungen begründen sich u.a. in Störungen und Blockaden des Nervensystems und in Verkrampfungen, die auch seelisch belasten und geistige Arbeit behindern können.

Frederic Vester hat dazu wieder treffende Worte gefunden: „... Jeder Versuch, den Geist isoliert zu betrachten, befreit ihn also nicht etwa, sondern verstümmelt ihn, weil man damit seine lebendige Grundlage verleugnet und ihm so seine eigentlichen Entfaltungsmöglichkeiten entzieht."[104]

Kinder erleben in Sport, Rhythmik, in Spielliedern und Rollenspielen befreiende, lustvolle Erfahrungen, die durch Bewegungsabfuhr entspannen. Gespanntes Zuhören im Erzählkreis und Erfolgsgefühle entspannen psychisch (begleitet von hormoneller Steuerung) und vermitteln dem Körper ein warmes Wohlgefühl (die entsprechend durchbluteten und über Nervenbahnen gesteuerten Organe liegen vorwiegend bauchseits). Neben emotionalen und psychomotorischen Erfahrungen aus Gegenwart, Erinnerung oder Vorstellung wird der Körper auch über das Hautempfinden gereizt. Man kann z.B. die große Hingabe beobachten, wenn Kinder mit Wachsfarben kräftig eine Elefantenhaut zum Abschmelzen bestreichen; oder wenn ihre Hände bei Kleisterarbeiten streichelnd über die Figur gleiten; wenn sie Knete oder Ton zwischen den Händen pressen; auffallend ist auch, wie selbst besonders unruhige Kinder die Schafwollfigürchen behutsam halten, streichelnd abtasten und sich damit über das eigene Gesicht fahren.

Bewegungsarmes und sinnlich mageres Lernen ist im Prinzip leibfeindlich, besonders, wenn dem Körper und dem Geist keine Zeit zur Entfaltung vergönnt werden. Diese Ausführungen erscheinen mir nötig, um feststellen zu können: Multisensorisches Lernen bezieht den ganzen Körper mit ein. Äußere und innere Sinne, emotionale Erfahrungen über einen ausgewogenen Hormon- und Transmitterhaushalt, Körpergefühl und gezielte kinästhetische und somästhetische Erfahrungen sind sinnliche Erfahrungen, die zum Multisensorischen gehören. „Mit Kopf, Herz, Hand und Bauch": Diese integrierten Lern- und Erlebnisprozesse spiegeln sich auch in Poppers Gedankengebäude wider: In „Welt drei", „zwei" und „eins":

C. Konsequenzen für didaktisches Handeln

... im Sinne weiterer Hilfestellungen ...

- Im aktiven, handelnden Umgang setzen die Kinder ihre verschiedenen Sinne ein. Solche Wahrnehmungstätigkeiten drängen nach sprachlichem Ausdruck. Dieser kann von ersten Formen einfacher Signal- und Mitteilungsfunktionen bis zu anspruchsvollen Kommunikationsformen weiterentwickelt werden.
- Sinnestätigkeiten begleiten das Handeln. Sie fördern durch vielseitigen Umgang und durch Üben die Bildung von Operationen. Sie setzen sich mit inneren Bildern auseinander und fördern ihrerseits die Entwicklung von

Vorstellungen (ikonische Stufe). Solche inneren Sinnestätigkeiten, verbunden mit äußeren im Handeln, fördern die Symbolbildung; z. B. im graphischen Bereich und im angemessenen Sprachgebrauch.

- Um Angst vor dem Lernen zu vermeiden (durch Stressoren), erscheinen für den methodischen Unterrichtsaufbau folgende Leitlinien günstig:
  Den Lernstoff so anbieten, daß Assoziationen zu Vorkenntnissen möglich sind. Damit werden Neugier und Interesse geweckt und die Aufmerksamkeit ausgerichtet. Diese selektiert, ordnet und erleichtert die Orientierung im Gegenstandsfeld. – Die beim Erarbeiten des Themas gemachten sensomotorischen, verbalen und/oder abstrakten Schülererfahrungen auch im Wiederholen aktualisieren und dabei die gleichen oder ähnlichen Begriffe verwenden wie bei der Einführung. – Übung mit den neu erworbenen Denkmustern bis zum Vertrautsein. – Schrittweise Abstraktion (bis zur Strukturreinigung) durch wiederholendes Tun, Beschreibung der Operationen und Verwendung der Begriffe. – Den gesicherten Inhalt bereichern, erweitern, dann variieren. – Vielseitiger Umgang unter Perspektivenwechsel (kreativer Aspekt). (Diese Gedanken legitimieren sich auch aus psychobiologischen Gründen; z. B.: Um die vollständige Eiweißsynthese zu ermöglichen und Inhalte in das LZ-Gedächtnis gelangen zu lassen; um Synapsenblockaden zu verhindern und neuronale (Gedanken-) Netze mit aktiven Synapsen aufzubauen ....
- Da die subjektive, psychologische Welt samt emotionaler Faktoren und unbewußter Inhalte alles Handeln, alle Denk- und Lernakte „begleitet“, hängt positive Weltbegegnung über den Körper (Sinne, Sprechfähigkeit, emotionale bzw. affektive Körpervorgänge ...), auch von einem positiven Lernklima ab.
- Übungen und Verfeinerungen im Bereich der Psychomotorik schenken körperliche Sicherheit und Zuversicht; Automatisierung durch Übung und Wiederholung machen für geistige Arbeit frei. Psychomotorische Einsätze in Rhythmik, Musik, beim Rezitieren oder Spielen haben Lustgefühle zur Folge, die zum Weitermachen drängen und Lernbereitschaft fördern. Begleitende Bewegungen unterstützen das Merken von Texten.
- Geistige Arbeit strengt an. Diese Anstrengung kann teilweise ausgeglichen werden, wenn ein Kind beim Üben über genügend Zeit verfügt.
- Kinder gestalten über Artefakte ihre Umwelt mit. Vorbereitete Umwelt (im Kinder- und Schulzimmer) hat wohl da seine Grenzen, wo Kinder ihre eigenen Produkte mit einbringen, mit denen sie ihre Umwelt individuell ausgestalten; sozusagen von ihrem Geist nach außen abgeben, mit ihrem Geist sich in objektivierter Form mitteilen. Daneben stehen gezielt eingesetzte Artefakte, die als sinnvoll empfundene Präsentations- und Realisationsmedien akzeptiert werden und zum Handeln weiter anregen.
- Artefakte und reine Sachgegenstände müssen gepflegt werden. Sie brauchen ihre zugewiesenen Plätze und sollten aus gutem Material sein. Äußere Ordnung erzeugt auch innere Ordnung, da man sich besser zurechtfindet. Konstante Umwelt und konstante Lernbedingungen fördern die Entstehung überschaubarer (äußerer und innerer) Strukturen und wirken sich auf die Kinder mit der Zeit stabilisierend und strukturierend (in geistig-seelischer Hinsicht) aus.
- Eigene Produktionen, Ästhetik und Gediegenheit: Artefakte und Sachge-

genstände sollten pflegeleicht und ästhetisch sein. Zu selbsthergestellten Stücken, die ansprechend aussehen, hat man eine bessere Beziehung als zu fremden. „Selbermachen“ mit gutem Material (auch Wegwerfmaterial kann gut sein) löst nicht nur viele Lernprozesse aus, sondern objektiviert geistige Prozesse. Das Wertgefühl für eigene Arbeiten und dann auch die von anderen wird gesteigert.

- Regeln und Rituale stimmen ein; sie erleichtern den Einstieg ins Lernen, geben gedankliche Ordnung, erhöhen das Zusammengehörigkeitsgefühl und machen für den gemeinsamen Unterricht bereit.
- Flexible Unterrichtsgestaltung ergibt sich (auch aus organischer Sicht) aus der Kindorientierung. Handlungsstrukturen orientieren sich dabei ebenso am Ziel wie an Fähigkeiten und Bedürfnissen des Kindes (z.B. an seiner Begabung und Gesundheit; seinem Lerntyp und Arbeitsrhythmus, seinen Interessen und psychomotorischen Möglichkeiten ...).
- Der ganze Körper ist am Lernen beteiligt: Kopf und Körper; Sinnesorgane, Nervenbahnen, Hormone und Transmitter, Muskeln und innere Organe (wie Herz, Magen, Darm usw., die psychosomatisch reagieren). Eine Beachtung der Gesundheit (Ernährung, allgemeine individuelle Konstitution, augenblicklicher Zustand ...) in Wechselwirkung mit psychischen Dispositionen kann sich förderlich auf das Lernen auswirken. Lernen mit Kopf, Herz und Hand schließt den „Bauch“ mit ein. Zum Kopf gehört der Körper; Unterrichtsplanung kann so gestaltet werden, daß Körper und Geist im Wechsel von Spannung und Entspannung, von Bewegung und Ruhe stehen.
- Multisensorischer Unterricht ist geeignet, verschiedenen Lerntypen gerecht zu werden und jedes Kind zu „erreichen“.
- Lernen ohne Angst und Streß, dafür in einem emotional ausgeglichenen Klima, fördert Lernen und Behalten und macht für Neues offen. Streßfreier Unterricht erhält die Gesundheit, fördert die geistig-seelische Entwicklung und schafft Grundlagen zum schöpferischen Arbeiten.
- Im vorgeschlagenen Verfahren sind die Grenzen inhaltlich, organisatorisch, vom Material und Organischen her im Lernen, bei Lernspielen, Stütz- und Fördermaßnahmen; bei freier Arbeit, im Freispiel usw. fließend.
- Und noch einmal die Zeit: Nur in der Zeit können Übungen und Automatisierungen ablaufen, können ohne behindernde Synapsenblockaden und Streßsymptome Wiederholungen gemacht und Handlungen vollzogen werden: für einen sinnvollen Strukturaufbau, für Assoziationen, die Integration unbewußter Inhalte und latenten Wissens. Zeit (nicht Trödelei) ist geschenkte Zeit, die im Absichern der neuen Kenntnisse, Fähigkeiten und Fertigkeiten selbständiges Lernen und Arbeiten ermöglicht. Zeit in der Schule (und im Leben) zu gewähren, ist keine Zeitverschwendung, sondern langfristig ein ökonomisches Verfahren.

V. Ertrag

1. Was diese Arbeit vermitteln wollte

Die Welt des Kindes fordert den Erzieher zur Auseinandersetzung heraus. Er findet individuelle Einstellungen des Kindes vor, knüpft daran im Unterrichten, Erziehen und Bilden an und erkennt auch die Abhängigkeit kindlicher Geistestätigkeit von Körper, Anlagen und augenblicklichen Dispositionen. Ganzheitliches, multisensorisches Lernen und Unterrichten kann man als günstige Voraussetzung für eine Welterschließung des Kindes betrachten. Dabei bezieht es Handeln und Wahrnehmen mit ein – auch unsere Sprache spiegelt den Weg vom Wahrnehmen zum Begriff oder zur Vorstellung wider; z. B. in: Vom Halten zum Behalten; vom Greifen zum Begreifen; vom Eindruck zum Ausdruck; vom Sehen zur Ansicht und Einsicht; vom Sinnlichen zum Besinnlichen; auch vom Zufall zum Einfall ...

Elementarunterricht im Konzept eines ganzheitlichen, multisensorischen Lernens strebt anspruchsvolle Ziele an. Die didaktischen Handreichungen in dieser Arbeit geben Hinweise, die alle letztlich zum Ziel haben:

1. ... durch multisensorisches Lernen – das streßfrei und damit auch körperfreundlich verläuft – vielfältige Assoziationen zu schaffen, die das Lernen, Behalten und gezielte „Abrufen“ erleichtern.

2. ... durch ganzheitliches und multisensorisches Lernen die „Gegenstände“ über verschiedene Perspektiven zu erschließen. Damit werden klare Gedankenstrukturen und Vorstellungen aufgebaut, die in ihrer Perspektivenvielfalt (unter integrierter Zusammenarbeit beider Hirnhemisphären) zur Grundlage für schöpferisches Lernen werden können.

3. ... dem Menschen, dem Kind, vielfältige Welterfahrungen zu ermöglichen. Die Gegenstände, Zustände und Prozesse dieser Welt, aber auch anderer, geistiger, psychologischer, religiöser, mythischer, theoretischer Welten werden erfahrbar und vermitteln dem Menschen, dem Kind, Einsichten, die mehrdimensionales Denken ermöglichen.

4. ... den Menschen, das Kind, kommunikationsfähig zu machen. Emanzipation und Interaktionsfähigkeit im partnerschaftlichen Umgang sind Kompetenzen, die erworben, erhalten und weiterentwickelt werden können. Als Ziel ist u. a. ein soziales, humanes Verhalten zu sehen.

5. Ganzheitliches Lernen und Unterrichten kann durch den kindorientierten Ansatz schließlich zum Ziel haben, Kinder nicht nur von unterdrückenden

Verhältnissen und für ein verantwortungsvolles Wirken zu emanzipieren, sondern zugleich körperlich, seelisch und geistig ausgeglichener und gesünder zu machen als dies Kinder häufig heute sind. Kinder sind die Zukunft der Gesellschaft. Das vorgestellte, an sich so „natürliche" Lernverfahren hat in diesem Sinne Vorteile:

- Das Kind kann sich zu einem freien, an seinen eigenen Anlagen und Fähigkeiten orientierten Menschen entwickeln.
- Es wird innovationsfreudig und auf konstruktive Weise unbequem.
- Es kann sich als Ganzheit erleben und schöpferisch werden.
- Es wird kritikfähig, empathiefähig, tolerant und entscheidungsfrei.

Zusammenfassend könnte man plakativ formulieren: Multisensorisches und ganzheitliches Lernen könnte Kinder klüger, kreativer, vielseitiger und sozialer, schließlich gesünder, optimistischer und freier machen.[105]

Die Welt des Kindes kann sich unter diesen Voraussetzungen und Zielsetzungen vielseitig entfalten.

Zugleich soll noch einmal daran erinnert werden,

daß mit der vorgestellten Methode keine Zeit vergeudet wird;

daß Gefühlsbetonung nicht mit Sentimentalität verwechselt werden darf: Emotionales Lernen ist zielorientiert und an Kognitionen gebunden. Auch im Grundschulalter wirkt ein übertriebenes Anthropomorphisieren unglaubwürdig;

daß das Spielen und der Umgang mit phantastischen Elementen nichts mit einem Verharren im Animistischen zu tun hat. Nicht kindliches, magisch-animistisches Denken wird gepflegt, sondern ganzheitliches Denken, das sich einem logisch-rationalen Denken ebenso öffnet wie einem bildlogischen, analogischen, ganzheitlich orientierten Erkenntnisweg, wie ihn die rechte Hemisphäre vollziehen kann;

daß sich die Kinder hier nicht „verspielen", sondern daß dem Spiel intensive kognitive Arbeit zur Seite steht. Die vom spielerischen Einstieg verwöhnten Kinder drängen sogar nach rational betonter Arbeit.

Schließlich muß gesehen werden, daß sich das Verfahren eines ganzheitlichen Lernens in allen Punkten mit dem Bildungsplan verträgt – ihn letztlich erst erfüllt.

2. Was unterscheidet dieses Konzept eines ganzheitlichen beziehungsweise multisensorischen Lernens von herkömmlichen Unterrichtsmethoden?

Eigentlich nicht viel. Zahllose Lehrer gehen heute mit Ideenreichtum und Engagement für ihre Schüler an ihre Arbeit. Dennoch gibt es einige wesentliche Gedankengänge, die sich vom herkömmlichen Unterricht unterscheiden: Multisensorisches und ganzheitliches Lernen verfolgt mit größerer Konsequenz als allgemein üblich den Einsatz aller Sinne mit ihren vielfältigen Verknüpfungsmöglichkeiten – dazu Erfahrungen und Kenntnisse durch konkretes Handeln. Es beachtet gleichermaßen die äußeren wie auch inneren Sinne. Es gestattet der Phantasie und dem bildhaften Denken konstruktive Entfaltungsmöglichkeiten.

Das bedeutet – bei Wahrung einer klaren Zielorientierung – vom Lehrer mehr Bereitschaft und Mut, sich einzulassen auf die Ideen- und Phantasiewelt der Kinder. Das Kind steht mehr im Mittelpunkt des Lern- und Bildungsgeschehens als allgemein üblich. Diese Kindorientierung bedingt eine Bereitschaft zur flexiblen Unterrichtsgestaltung mit. Es bedeutet weiterhin, daß der Lehrer hier bereit sein sollte, sich in schöpferischer Weise vorzubereiten, vielleicht auch in der Freizeit: Zu malen und zu sägen, zu sammeln und zu basteln; Spiele vorzubereiten, Rohmaterial zusammenzustellen; sich Märchen und andere Geschichten erzählreif einzuprägen ... und durchaus seine besonderen Fähigkeiten und Geschicklichkeiten (auch im Sinne seiner Interessen und Hobbies) für seine Kinder, seine Schüler einzubringen.

Ganzheitliches und multisensorisches Lernen bedeutet, mehr Zeit als üblich für Kommunikation und Erzählen, für neue Erarbeitungen und besonders für Spielphasen zu investieren und sich nötigenfalls vom „vorgeschriebenen“ Buch unabhängig zu machen: auch, um einen sinnvollen Rahmen für schöpferische Lern- und Arbeitsprozesse setzen zu können. Es läßt mehr Übergänge zum Spiel zu als üblicherweise gehandhabt und führt mehr vom Spiel aus in die Arbeit hinein. Es gibt Märchen und anderer Literatur besonderen Raum. Es läuft auf geistig-seelisch-körperlichen Ebenen eng vernetzt und bereichert durch seine Perspektivenvielfalt auch das Weltbild des Kindes. Es bemüht sich um eine besondere Kontinuität in Stil, Methode und Motivationen über die – im allgemeinen gepflegte – Zweijahresspanne hinweg.

Die vorgestellte Methode nimmt Kinder und ihre Vorstellungen von Welt ernst und läßt ihnen viel individuellen Freiraum zum Spielen und Arbeiten im Eigenrhythmus; sie beachtet emotionale Einflüsse auf Kinder und die Reaktionen der Kinder darauf in bewußter Weise.

Ich meine, daß die vorgestellte Methode insgesamt die Welt des Kindes besonders berücksichtigt und Impulse vermitteln kann, diese Kinderwelt kontinuierlich weiterzuentwickeln.

Oder noch anders ausgedrückt (im Sinne von Akzentsetzungen): mit diesem Unterrichts- und Erziehungskonzept kann man das Lernen lernen (über Offenheit, strategisches Arbeiten, Transfervermögen ...).

Was man jetzt „weiß“, kann sich ändern. Wichtig ist der Sinnzusammenhang. Lernen ist ein Prozeß, ein Weg. Das Selbstverständnis als Motor von Handlung hat Vorrang. Ganzheitliches Lernen zielt auf Erziehung des ganzen Gehirns ab. Es steigert die linkshemisphärische Rationalität durch holistische, nichtlineare und intuitive Strategie. Es befaßt sich mit den individuellen Leistungen, die es als Ausdruck eines entwicklungsfähigen Potentials sieht.[106]

Das heißt aber auch: Unterricht, der damit Kreativität fördern möchte, hat nichts mehr mit dem Irrationalismus der Lebensphilosophie des anfänglichen 20. Jahrhunderts gemein, der Gefühl und Instinkt den „zersetzenden Kräften des Verstandes“ streng entgegensetzte:

„... Kreativität jedoch ist als kognitives Prinzip eines integrierten Persönlichkeitskonzeptes zu verstehen und nicht nach vermögenspsychologischer Vorstellung einem separaten Gefühlsbereich zuzuordnen. Der entscheidende Unterschied zur Pädagogik vom Kinde aus besteht also darin, daß Kreativität und Rationalität sich nicht ausschließen."[107]

Und schließlich:
Alles, was hier in der Arbeit vorgestellt wurde, ist sicher schon oft dagewesen; aber in der jeweiligen Situation ist es für Lehrer und Kinder auch jeweils neu, elementar, ein schöpferischer Akt für „gerade jetzt". Eine Idee wird geboren, durchdacht, realisiert ... ihr Ergebnis erzeugt Freude, Kritik, Wundern, regt weiter an: Kreative Akte sind immer neu – durch ihre jeweils einmalige Beziehung zur Situation und Person, zum Raum und zur Zeit, zum ganzen Kontext. Was für den einen ein „alter Hut", längst Brauch und Routine, kann für andere ein Erlebnis sein und als einmalig, neu oder originell empfunden werden – sei es aus einer aktuellen Situation oder aus einem langsam gewachsenen Bedürfnis heraus, für das Lösungsvorschläge gemacht werden. Wichtig und den subjektiven Charakter des Verfahrens forcierend ist dabei zweifellos das persönliche Engagement von Lehrern und Kindern; die Begeisterungsfähigkeit, die Gemeinsamkeit. Das bedeutet: Entwicklung von Kreativität auf der Grundlage ganzheitlichen Lernens und Arbeitens verläuft nicht über einseitige Anweisung und fertig dosierte Angebote. Durch eine offene Haltung wird beim anderen ein vorhandenes Potential in Bewegung gesetzt, wobei im voraus Quantum und Qualität der Produkte nicht genau abschätzbar sind – deshalb scheint offene Unterrichtsplanung sinnvoll.

Solch ganzheitliches, kreatives Lernen ist also etwas sehr Lebendiges, stets Einmaliges; eine Quelle, ein schöpferischer Akt, der eine eigene Dynamik hat, wenn sich Lehrer und Klassengemeinschaft in das Kommunikations- und Beziehungsnetz begeben, das u.a. aus Lernen und Lehren; Erziehen und Bilden; Geben und Nehmen; Anregen und Sichanregenlassen; Darstellen und Nachahmen; Arbeiten und Ruhen; Gestalten und Genießen besteht.

Multisensorischer Unterricht, der die Ganzheitlichkeit und das Schöpferische zum Ziel hat und die Welt der Kinder akzeptiert und kontinuierlich bereichert, kann nie langweilig werden. Aber: Lehrer können ihn auch nicht einfach imitieren, kopieren. Sie können allenfalls Anregungen aufnehmen und in eigene Situationen sinnvoll einbringen. „Rezepte" kann man bei einer ganzheitlich orientierten Unterrichtsmethode dieser Art nicht geben, aber doch „Bausteine" reichen, die den Charakter von Hinweisen, Impulsen und Hilfen tragen. Es gibt viele, sehr viele Bausteine. Die Welt des Kindes wird durch sie angeregt und „ausgebaut".

Und: Dieses vorgeschlagene Unterrichtskonzept bietet sich nun zum Ausprobieren, Weiterentwickeln, Kritisieren und Verbessern an.

Die Aufgabe der Umgebung ist nicht,
das Kind zu formen,
sondern ihm zu erlauben,
sich zu offenbaren.

Maria Montessori

Die
Freiheit der Phantasie
ist keine Flucht in
das Unwirkliche,
sie ist Kühnheit
und Erfindung.

Eugène Ionesco

Quellenverzeichnis und Anmerkungen

1 Popper, Karl R.: Objektive Erkenntnis. Ein evolut. Entwurf, 1973. 4., verb. u. erg. Aufl. Hoffmann & Campe, 1984
2 Popper, Karl R./Eccles, John: Das Ich und sein Gehirn (2. Aufl.). München 1982
3 Popper, K.: 1984
4 Popper, K./Eccles, J.: 1982
5 Die „Theorie des Interaktionismus" vertritt das Aufeinanderwirken dieser unterschiedlichen Zustände. Diese führen zum Problem von Gehirn und Bewußtsein, wobei die Wechselwirkung nach Eccles im Gehirn lokalisierbar wird. Reinhardt 1984
Popper, K./Eccles, J.: 1982
Eccles, John: Die Psyche des Menschen (Gifford Lectures 1978–1979, Universität Edinburgh) 1984. Reinhardt, München
Eccles, John/Robinson, Daniel N.: Das Wunder des Menschseins. Gehirn und Geist. München 1985
6 Popper, Karl R./Eccles, John: 1982, S. 72
7 Die Darstellung ist entnommen: Popper, K./Eccles, J.: 1982 (2. Aufl.), S. 433
8 Ergänzend sei bemerkt: Popper hält alle drei Welten für „wirklich". In der Drei-Welten-Theorie steckt auch das Leib-Seele-Problem (das wohl älteste und problematischste Thema der Metaphysik). Wesentlich ist das Problem der Beziehung der drei Welten und die Offenheit derselben zueinander. Popper weist die „drei Welten" aus dem naturwissenschaftlichen Bereich heraus in einen bewußt nicht genau definierten Bereich – etwa in den metaphysischen. Damit kann die Diskussion der zitierten Probleme im Zusammenhang mit den drei Welten von vornherein darauf verzichten, wissenschaftliche Ansprüche zu stellen: Die Abgrenzung zwischen Wissenschaft und Metaphysik hat nach Popper u. a. die Funktion, über Metaphysik reden zu dürfen, ohne gleich wissenschaftliche Ansprüche zu stellen (Falsifizierbarkeit und empirischer Gehalt von Sätzen sind die Grundlage für eine Unterscheidung von Metaphysik und Wissenschaft). „... die Hauptaufgabe einer Abgrenzung zwischen Wissenschaft und Metaphysik ist, auch die Metaphysik freizusetzen. Man soll sagen können: Das ist ein interessantes Problem, leider ist es noch nicht wissenschaftlich, sondern metaphysisch. Vielleicht wird es eines Tages sogar wissenschaftlich werden, aber jedenfalls ist es jetzt noch nicht wissenschaftlich, kann aber doch besprochen werden."* (Man sieht: Popper ist alles andere als ein Positivist.) In diesem Sinne kann man Poppers Drei-Welten-Theorie auch für eine optimistische didaktische Konzeption freisetzen.
Auf den kürzesten Nenner gebracht: Mit „Welt eins" meint Popper die physikalische Welt, mit „Welt zwei" die Welt unserer Erlebnisse, mit „Welt drei" Produkte des menschlichen Geistes. Er betrachtet die menschliche Sprache als das Zentrum der „Welt drei" (mit Sätzen, die wahr oder falsch sein können). Aus ihr heraus hat sich die menschliche Kultur entwickelt (Musik, Bücher, Flaschen ...). Darwinistisch gesehen: Neben Organen wie Finger oder Augen kann man Sprache und mit ihr Theorien als Werkzeuge ansehen, die helfen, sich in der „Welt" zurechtzufinden. Im Gegensatz zu den Stoikern hat Poppers Theorie also einen Evolutionscharakter und ist von der Idee der starken Wechselwirkung geprägt – eine Feststellung, die für Bilden und Erziehen eine dynamische Grundlage abgibt.
* Aus: Das Symposium aus Anlaß des 80. Geburtstages von K. R. Popper (Wien, 24. bis 26. 3. 1983), 1. Tag: Wissenschaft und Hypothese. In: Popper, K./Lorenz K.: Die Zukunft ist offen. Piper 1985 (2. Aufl.), S. 67
9 Eccles, J.: 1984; Eccles, J./Robinson, N.: 1985; Popper, K./Eccles, J.: 1982

10 Bildungsplan für die Grundschule. Ministerium für Kultus und Sport, Baden-Württemberg, 1984, S. 11
11 Popper, Karl R.: Auf der Suche nach einer besseren Welt. Vorträge und Aufsätze aus dreißig Jahren. Piper 1984
12 Verständlich dargestellt z. B. in: Prim, R./Tilmann, H.: Grundlagen einer kritisch-rationalen Sozialwissenschaft. UTB, Quelle & Meyer, 3., durchgesehene und erweiterte Auflage 1977
13 Prim, R./Tilmann, H.: S. 82ff.
14 Popper, K.: Aus: Die Logik der Sozialwissenschaft. Eröffnungsvortrag bei der Tagung der Deutschen Gesellschaft für Soziologie in Tübingen, 1961. Hier: In „Auf der Suche nach einer besseren Welt", 2. Aufl. 1987, S. 90
15 Hans Albert plädiert entsprechend, daß normative Aussagen den Regeln der Logik genügen sollen. Präskriptive und empirische Sprache müssen nur sauber getrennt werden.
16 Popper, K.: „Gegen die großen Worte" (Ein Brief, der ursprünglich nicht zur Veröffentlichung bestimmt war), nun in: Popper, Karl: Piper 1987, S. 107
17 Popper, Karl: „Wissenschaft und Kritik". In: Popper, K.: Piper 1987, S. 67
18 Popper, Karl/Lorenz, Konrad: Die Zukunft ist offen. Piper 1985, S. 59
19 Popper formulierte in seiner Rede zur Eröffnung der Salzburger Festspiele 1979 unter dem Thema „Schöpferische Selbstkritik in Wissenschaft und Kunst" in erfrischender Form: „... So mußten es wohl andere Gründe gewesen sein, die dazu geführt hatten, mich zum Festredner zu bestimmen. Da fiel es mir ein: In einer Beziehung bin ich ziemlich einzigartig – ich bin nämlich ein Optimist: ein Optimist in einer Welt, in der es bei den Intelligenzlern zur herrschenden Mode geworden ist, Pessimist zu sein. Ich glaube, daß unsere Zeit nicht so schlimm ist, wie man allgemein sagt; daß sie besser und schöner ist als ihr Ruf. Ich habe vor einem Vierteljahrhundert einen Vortrag gehalten, dessen Titel heute noch provokanter klingt als schon damals: ‚Zur Geschichte unseres Zeitalters: die Ansicht eines Optimisten'. Nun, wenn mich irgendetwas zu einem festlichen Vortrag befähigte, so vielleicht dieser Ruf, ein unbelehrbarer Optimist zu sein ..." In: Popper, Karl: 1987, S. 255/256
20 Popper, K., im Nachwort zu „Die offene Gesellschaft". Piper 1985, S. 136
21 Ebenda, S. 141
22 Popper, Karl: Logik der Forschung. Tübingen [4]1971, S. 31
23 Die Okeanide Perse ist in der griechischen Mythologie die Mutter der mächtigen Zauberin Kirke (Circe)
24 Auf dieses Thema geht Bruno Bettelheim, Professor für Erziehungswissenschaft, Psychologie und Psychiatrie, aufgrund langer Studien ein, in: Bettelheim, Bruno/Zelan Karen: Kinder brauchen Bücher: Lesen lernen durch Faszination. DVA Stuttgart 1982 (1985)
25 Agieren (def.): Handeln aus unbewußten Motiven, während rationale Motive vorgeschützt werden. Agieren dient der unbewältigten Triebbefriedigung; nach: Brocher, Tobias: Psychosexuelle Grundlagen der Entwicklung. Opladen 1971
26 Restak, Richard M.: Geist, Gehirn und Psyche (Psychobiologie: Die letzte Herausforderung). Frankfurt a. M.; deutsche Ausgabe 1981, S. 13. (Man erkennt auch gedankliche Zusammenhänge zum Dualistischen Interaktionismus und die „Geist-Hirn-Interaktion" nach John Eccles, wie sie in Abb. S. 28 dargestellt ist; und zur tabellarischen Darstellung von Karl Popper über das Zusammenwirken der „drei Welten" mit dem menschlichen Bewußtsein und der Fähigkeit zum subjektiven Wissen.)
27 Sperry, R. W.: Forebrain commissurotomy and conscious awareness. J. Med. Phil. 2 (1977), S. 101–126. Sperry, R. W./Zaidel, D.: Self recognition and social awareness in the deconnected minor hemisphere. Neuropsychologia 17 (1979), S. 156–166
28 Eccles, J.: Die Psyche des Menschen. Reinhardt 1984, S. 50
29 Rico, Gabriele L.: Garantiert schreiben lernen (sprachliche Kreativität methodisch entwickeln – ein Intensivkurs auf der Grundlage der modernen Gehirnforschung). Rowohlt, Reinbek 1984
30 Unser Körpergefühl „sitzt" gleichsam im Ohr. Noch vor dem eigentlichen Hören und Horchen nimmt der „Gleichgewichtsorgan" oder „Vestibularapparat" genannte Teil des Innenohrs jeden Muskel des Körpers unter seine Kontrolle. Die Nerven des Gleichgewichtsorgans und des Hörorgans vereinen sich zum Nervus vestibulo-cochlearis (stato-acusticus) und kontrollieren mit dieser Nervenverbindung jeden Muskel des Körpers (über das Rückenmark). „Verteilung von Spannungen im Körper, Verkrampfung oder Schlaffheit, Muskeltonus, Haltung, Motorik und Feinmotorik werden durch das Ohr als Kontrollorgan reguliert. Man spricht von einem kybernetischen Regelkreis: Hirn (Befehl) – Muskel (Ausführung) – Ohr

(Kontrolle) – Hirn (Korrektur des Befehls) ...“: Zit. nach Sabina Manassi in: Tomatis, Alfred: Der Klang des Lebens.
Dieses Buch ist eine faszinierende Lektüre mit neuen Forschungsergebnissen, die Zusammenhänge aufdecken wie die, daß z. B. akustische Reize über das Gleichgewichtsorgan auch auf den Körper wirken: Rhythmische Klänge drängen zur Bewegung. Tiefe Frequenzen regen vor allem die unteren Körperregionen und die Grobmotorik an; mittlere und hohe Frequenzen beeinflussen dagegen die Feinmotorik. Oder: Mit der Veränderung des Gehörs (z. B. durch Schulung) verändert sich die Stimme von selbst mit. Dies wiederum provoziert veränderte Mundbewegungen, Zungenstellung, Atmung und Haltung. Über das Horchen wird der ganze Körper beeinflußt und die sogenannte Tomatis-Methode bietet auf dieser Erkenntnisbasis geistige, körperliche und psychische Heilungschancen (wobei natürlich noch viele andere Faktoren mitwirken). Tomatis, Alfred A.: Der Klang des Lebens (Vorgeburtliche Kommunikation – die Anfänge der seelischen Entwicklung). Rowohlt 1987

31 Jung, R.: Perception and Action. In: Proceeding of the 28th International Congress of Physiology, Budapest; Part 10, Regulating Functions of the Central Nervous System (1980)

32 Maclean, P. D.: The triune brain, emotion and scientific bias. In: The neurosciences: Second study program. Schmitt, F. O. (ed.) pp. 336–349. New York: Rockefeller University Press 1970. Dieses Zitat übersetzt in Eccles, J.: (1984), S. 104

33 Reykowsky, J.: Psychologie der Emotionen. Donauwörth 1973, S. 44

34 Steiner, Isolde: Interessengeleitetes Lernen. EGS Texte, Ehrenwirth, München, 1983, S. 68 ff. Oerter, R.: Was sind Emotionen? In: Oerter, R./Weber, E. (Hrsg.): Der Aspekt des Emotionalen in Unterricht und Erziehung. Donauwörth 1975

35 Goldberg, Elkhonon/Costa, Louis D.: Hemispheric Differences in the Acquisition and Use of Descriptive Systems. Brain and Language 14, 1981

36 Haas, Gerhard: Phantasie und Phantastik. In: Praxis Deutsch, Juli 1982; Basisartikel S. 15 ff. Haas, G.: Funktionen und Formen der phantastischen Kinder- und Jugendliteratur. In: Informationen des Arbeitskreises für Jugendliteratur, 3/1986

37 Caillois, Roger: Das Bild des Phantastischen. Vom Märchen bis zum Science Fiction. In: Zondergeld, R. A. (Hrsg.): Phaicon, Almanach der phantastischen Literatur, Frankfurt/M. 1974, S. 46

38 Lévi-Strauss, Claude: Das wilde Denken. Frankfurt/M. 1973

39 Neben Heterogenität und freier Kombinatorik sind eine komplexe Bildlichkeit und eine Allverbundenheit und Determination kennzeichnend, in der nichts wirklich isoliert, sondern immer irgendwie in größere Zusammenhänge eingeordnet ist; wo sich alles mit allem verbinden (und wieder lösen) kann und sich irgendwie schließlich sinnvoll fügt. Mit diesen Merkmalen wird das Phantastische so gezeichnet, daß Märchen in den größeren Rahmen der Phantastik eingeordnet werden und daß im Umgang mit diesen Elementen und Merkmalen Phantasie konstruktiv im sinnlichen Denken entbunden werden kann.

40 Tiefenpsychologie, Band 1: S. Freud – Leben und Werk. Kindlers „Psychologie des 20. Jahrhunderts“. Beltz, Weinheim 1982

41 Freud, Sigmund: Abriß der Psychoanalyse; das Unbehagen in der Kultur. Fischer Taschenbuch, Frankfurt/M. 1972

42 Jung, C. G.: Bewußtes und Unbewußtes. Fischer Taschenbuch, Frankfurt/M. 1957; Walter Verlag, Olten 1971

43 Schurz, J.: Unser Gehirn – Denken und Fühlen. Kosmos Bibl. 1975, Band 286

44 Hier kann auch erwähnt werden, daß schon hundert Jahre vor Freud und Piaget Johann Friedrich Herbart das Unbewußte etwa im Sinne Freuds und die Assimilation im Sinne Jean Piagets für die Allgemeine Pädagogik fruchtbar gemacht hat. Seine Apperzeption gleicht der Assimilation, indem er ausführt, wie ein neuer Stoff oder neue Erfahrungen in vorhandene Strukturen integriert werden. Dabei ist sein Studium im Bereich der Vorstellungen interessant, die sich im Bewußtsein und Unbewußten befinden und von dort auch spontan ins Bewußtsein steigen können.*
Diese Gedanken werden nicht nur von Freud vertieft, sondern halten auch modernen Erkenntnissen über Denken, Lernen, Verdrängen, Vergessen, Erinnern usw. stand. Auch im psychologischen Bereich durchschaut Herbart bereits, daß z. B. leidvolle Lernerfahrungen ins Unbewußte verdrängt, aber später bei „passender Gelegenheit“ durch Agieren wieder freigesetzt werden können.
* Herbart, J. F.: Allgemeine Pädagogik (Hrsg.: Hermann Holstein). Kamps pädagog. Taschenbücher, Band 23 (6., durchges., verb. Auflage). Bochum, Kamp 1983

45 Piaget, Jean: Das Weltbild des Kindes. Ullstein, Frankfurt/M. 1980; Ginsburg, Herbert/Opper, Sylvia: Piagets Theorie der geistigen Entwicklung. Klett-Cotta/Psychologie, Stuttgart ^{3}1982

46 Die Assoziationshilfen entsprechen großenteils nicht den Handzeichen (zur Einprägung von Buchstabenformen), wie sie z. B. Boehncke/Humburg vorschlagen*, sondern sind eine Mischung aus klein- und großmotorischen Systemen in der Art, wie sie Kossow, Koch oder Radigk bereits vorschlugen.**

* Boehnke/Humburg: Schreiben kann jeder. Reinbek 1980

** Kossow, H.-J.: Zur Therapie der Lese-Rechtschreib-Schwäche. Berlin-Ost (6. Aufl.) 1979

Radigk, W.: Lesenlernen unter besonderer Berücksichtigung der Arbeit mit lernbehinderten Schülern. Berlin 1979

Schneider-Rumor, M.: Erste Übungen mit Klängen, Lauten und Buchstaben. In: Fernstudienlehrgang Legasthenie. Studienbegleitbrief 4. Weinheim 1979, S. 7ff.

47 Blumenstock, Leonhard: Handbuch der Leseübungen. Weinheim 1983, S. 96–113; der Verfasser stellt hier verschiedene Systeme vor, die dem Lehrer Orientierung geben können.

48 Brügelmann, Hans: Kinder auf dem Weg zur Schrift; eine Fibel für Lehrer und Laien. Faude 1983; 2., erw. Aufl. 1986 (darin auch Hirnphysiologisches und viele methodische Tips)

49 Der Morgenkreis, bei dem alle Kinder auf Stühlen oder Matten im Kreis sitzen, ist eine sinnvolle Einrichtung, die auf den Unterricht einstimmt; besonders, wenn man sich auf die Bedürfnisse der Kinder einläßt: Über Rhythmik, Lieder und Spiele; in Gesprächen über Erlebnisse, Ideen usw.; im Vorzeigen und Erklären mitgebrachter Dinge (Reiseandenken, Bücher, Steine, eine zerlegte Uhr u. v. m.). Auf diese Weise können die Kinder sich selbst darstellen und Resonanz durch die anderen finden. Zugleich werden Gesprächsregeln entwickelt, Rücksichten genommen und der Horizont erweitert.

50 Molcho, Samy: Körpersprache. München 1984

51 Zitzlsperger, Helga: Erzählkino. Grimms „Wasser des Lebens“ übersetzt in eine bewegliche Bildergeschichte. Praxis Deutsch, Märchen 5/1981, S. 37–39

52 Perrault, Charles: Feenmärchen aus alter Zeit. Verlag Die Bibliothek, München

53 Zipes, Jack: Rotkäppchens Lust und Leid. Biographie eines europäischen Märchens (Die Frau in der Literatur). Köln 1982 (neu durchgesehene und erweiterte Ausgabe 1985)

54 Besondere Anregungen hierfür ebenso wie für die farbige Lichtbühne in ausgearbeiteter Form stammen von Dr. Gisela Stock, Hildesheim

55 Bewährt hat sich farbige Krempelwolle als Rohmaterial für die Figurenherstellung, z. B. von: Wollgarnspinnerei G. Dauber, Postfach 14, 2740 Bremervörde. Oder: Gekämmte pflanzengefärbte Wolle von Livos, Neustädter Str. 23 in 3123 Bodenteich

56 Viele Geschichten sind geeignet, z. B.: Oehlmann, Christel: Figurentheater auf dem Tisch, I und II, hrsg. in der Reihe: „Das Kinderjahr“, Hefte 11 und 12 (Heft 11 enthält mehr gereimte Texte, Heft 12 u. a. unvollständige Problemgeschichten). Deutscher Theaterverlag Weinheim

57 Empfohlen sei beispielsweise: Seitz, Rudolf (und das Münchner Team): Kinderatelier (Malen Zeichnen Drucken Bauen). Otto Maier Verlag, Ravensburg 1986

58 Neben einem reichlich vorhandenen Material sei u. a. empfohlen: Kreusch-Jakob, Dorothée: Das Liedmobil. Ellermann Verlag; und: Wenn der Trommelbär tanzt. Otto Maier Verlag

59 Schlamp, René: Rot und Blau ist dem Kasperl sei Frau (Figurentheater in Schule und Freizeit). Don Bosco Verlag

Reinhardt, Friedrich: Menschen- und Figurenschattenspiel (Modelle – Scenen – Experimente). Don Bosco Verlag

Schreiner, K.: Puppen & Theater. Herstellung – Gestaltung – Spiel. dumont taschenbücher

Reinhardt, Fr.: Schattenspiele für Kinder (Modelle mit Musik). Don Bosco

60 Vorschläge zur konkreten Gestaltung bietet z. B.:

Zitzlsperger, Helga: Kinder spielen Märchen. Beltz praxis, 1980

dies.: Kreativer Umgang mit Märchen in der Grundschule, in: Märchen in Erziehung und Unterricht (Hrsg.: Dinges, O./Born, M./Janning, J.). Kassel 1986

61 Mönckeberg, Vilma: Das Märchen und unsere Welt. Erfahrungen und Einsichten. Düsseldorf 1972, S. 11

62 Drees, Everhard: Wie kann man mit Schülern Märchen erzählen? In: Märchen in Erziehung und Unterricht. Hrsg.: Dinges, O./Born, M./Janning, J. Kassel 1986

63 Janning, Jürgen: Märchen erzählen: Läßt es sich lernen – kann man es lehren? In: Wehse, Rainer (Hrsg.): Märchenerzähler – Erzählgemeinschaften. Kassel 1983

64 Betz, Felicitas: Märchen als Schlüssel zur Welt (eine Auswahl für Kinder im Vorschulalter. Handreichung für Erzieher). Verlag Ernst Kaufmann, Lahr; Pfeiffer, München 1977, 5. Aufl. 1985

65 Bühler, Karl: Sprachtheorie. Die Darstellungsfunktion der Sprache. Stuttgart, Fischer (2. Aufl.) 1965 (ungek. Nachdruck der Ausgabe Jena, Fischer 1934)

66 Popper, K./Eccles, J.: Das Ich und sein Gehirn. München 1982

67 Chomsky, N., postuliert für seine „Tiefenstruktur“ und die Fähigkeit zu ihrem Erwerb universelle, allen Menschen angeborene Dispositionen. Chomsky, Noam: Reflektionen über Sprache, Frankfurt/M. 1977

68 Popper hält Bewußtsein für emergent: Es ist in der Evolution etwas Neues, Unvorhergesehenes; es „taucht auf“. Er vermutet, daß es die Emergenz der Sprache war, die den Selektionsdruck schuf, unter dem die menschliche Großhirnrinde und mit ihr das menschliche Ich-Bewußtsein entstanden sind.

69 Körperliche Schäden zeigen sich z. B. im Wirbelsäulenbereich, in Seh-, Hör- und Sprachschwächen. Einige Details: Zahlreiche Lernstörungen wie z. B. die der „Legasthenie“ kann man zum Symptomkreis der MCD (Minimale Cerebrale Dysfunktion) rechnen. MCD-Kinder haben ein mangelhaftes Gespür für eigene Körperstellung und -bewegung, Sensibilitätsstörungen und Schwächen im auditiven und visuellen Bereich. Weit ist das Feld möglicher Ursachen – und ihre Entstehung kaum exakt feststellbar: Vorgeburtliche Schädigungen; partiell verzögerte Ausreifung des Gehirns; Geburtsschäden: z. B. durch Sauerstoffmangel während oder kurz nach der Geburt; frühe Krankheiten; selbst Lebensmittelallergien provozieren Lernstörungen, die häufig mit Hyperaktivität verbunden sind. Auch genetische und psychosoziale Ursachen wirken mit. Von Lernstörungen ist es nicht weit zu Verhaltensauffälligkeiten, da solche Kinder notgedrungen kompensieren: Sie reagieren überempfindlich, neigen zu Ängsten oder Aggressionen, sind leicht ablenkbar, halten nicht lange durch; Fein- und Grobmotorik sind gestört, ebenso das Koordinationsvermögen zwischen verschiedenen Bereichen (z. B. zwischen Sprache und Bewegung; Gehör und Bewegung bzw. Sprache). Man nimmt an, daß inzwischen 10 bis 20% der Schulanfänger MCD-Kinder sind. Es ist doch ein legitimer Gedanke, solchen Kindern von vornherein durch ganzheitliches, multisensorisches Lernen, durch Rhythmik und Körpererfahrung; in Einzelfällen durch ein Perzeptionstraining (besonders visuell und auditiv, z. B. in der Einzelförderung) ein Stück weiterzuhelfen. Schulorganisatorisch ließe es sich auch einrichten, mit Fachkräften gezielt und rasch verhaltenstherapeutisch, sprachheilpädagogisch oder auch krankengymnastisch auf Kinder einzuwirken, bevor sich die Symptome verfestigen und Lernen nicht mehr interessant, sondern enttäuschend oder gar quälend wird.

70 Barth, Norbert: Das System des Denkens. Psychologie heute, 7/1988, S. 48

71 Hierzu auch: Radigk, Werner: Kognitive Entwicklung und zerebrale Dysfunktion. Dortmund 1987

Ders.: Lesenlernen, Lernmethoden und Lernbehinderung. Berlin 1970

Ders.: Der Blick ins lebende Gehirn. In: Gerber, G. u. a. (Hrsg.): Der Beitrag der Wissenschaften zur interdisziplinären Sonder- und Heilpädagogik. Tagungsbericht, Uni. Wien 1985, S. 243–249

72 Haas, Gerhard: Wozu Märchen gut sind. In: Doderer (Hrsg.): Über Märchen für Kinder von heute. Weinheim 1983, S. 160

73 Neben zit. Quellen gibt es zahlreiche Bücher über Märchen auf den verschiedensten Diskussionsebenen, z. B.:

Hetmann, Frederik: Traumgesicht und Zauberspur. Märchenforschung, Märchenkunde, Märchendiskussion. Fischer Taschenbuch, Frankfurt/M. 1982

Bettelheim, Bruno: Kinder brauchen Märchen. DVA, Stuttgart 1977

Kast, Verena: Familienkonflikte im Märchen (eine psychologische Deutung). Beiträge zur Jungschen Psychologie. Walter Verlag 1984 (3. Aufl.)

Bastian, Ulrike: Die „Kinder- und Hausmärchen“ der Brüder Grimm in der literaturpädagogischen Diskussion des 19. und 20. Jahrhunderts. Haag + Herchen, Frankfurt/M. 1981

Geiger, Rudolf: Märchenkunde (Mensch und Schicksal im Spiegel der Grimmschen Märchen). Urachhaus 1982

Schaufelberger, Hildegard: Märchenkunde für Erzieher (Grundwissen für den Umgang mit Märchen). Herder 1987

Psaar, Werner/Klein, Manfred: Wer hat Angst vor der bösen Geiß? Zur Märchendidaktik und Märchenrezeption. Braunschweig 1976
Dieckmann, Hans: Gelebte Märchen (Praxis der analytischen Psychologie). Gerstenberg, Hildesheim 1978
Die Europäische Märchengesellschaft veröffentlicht regelmäßig zu bestimmten Themenbereichen, z. B.: Gott im Märchen; Antiker Mythos im Märchen; Liebe und Eros im Märchen; Märchenerzähler – Erzählgemeinschaften; Schamanentum und Zaubermärchen; Die Welt im Märchen; Märchen in Erziehung und Unterricht; Märchen in der Dritten Welt ...
Die Europäische Märchengesellschaft hat ihren Sitz in 4440 Rheine, Postfach 328

74 Lüthi, Max: Das europäische Volksmärchen. Bern 1947

75 Rölleke, Heinz: Märchenforschung lohnt sich. In: Grundschule, Heft 1/1985, S. 28–31

76 Gesammelt in: Brüder Grimm: Kinder- und Hausmärchen (Jubiläumsausgabe mit den Originalanmerkungen der Brüder Grimm. Reclam, 3 Bände mit 200 Märchen; 28 Märchen im Anhang, die in der Ausgabe letzter Hand (1856/57) entgegen früherer Auflagen nicht mehr vorhanden waren, und 10 Kinderlegenden

77 Haas, Gerhard: Wozu Märchen gut sind (Überlegung zur zeitgenössischen Märchendiskussion und Märchendidaktik). In: Über Märchen für Kinder von heute. Doderer, Klaus (Hrsg.). Beltz 1983, S. 170

78 Röhrich, Lutz: Märchen und Wirklichkeit. Wiesbaden 1974

79 Bühler, Charlotte/Bilz, Josefine: Das Märchen und die Phantasie des Kindes. Springer Verlag, Berlin, Heidelberg, New York, 4. Aufl. 1977

80 Doderer, Klaus: Über Märchen für Kinder von heute, 1983, S. 21–22

81 Obwohl es detaillierte Deutungen gibt, muß betont werden, was Lutz Röhrich schon in seiner Einleitung S. 7/8 (Wiesbaden 1974) sagt: Daß die Tendenz bestehe, mehr hineinzuinterpretieren als herauszuholen, was vorhanden ist. Grundvoraussetzung einer Deutung wäre ein deduktives Vorgehen aus dem Material, um dem Märchen als volklicher Dichtung gerecht zu werden.

82 C. G. Jung befaßte sich besonders intensiv mit Märchen; er sieht Reifungsvorgänge aber vor allem in die Lebensmitte verlegt. Der Weg nach innen führt zu Begegnungen mit dem eigenen Unbewußten. Märchenbilder bieten symbolische Begegnungsformen und Figuren an. Näheres s.: Jung, Carl Gustav: Symbolik des Geistes, 1948 (Gesamtausgabe Bd. 9)

83 Sehr schön schreibt darüber z. B.: Bilz, Josefine: Märchengeschehen und Reifungsvorgänge unter tiefenpsychologischem Gesichtspunkt. In: Bühler, Ch./Bilz, J.: Das Märchen und die Phantasie des Kindes, 1977

84 Kast, Verena: Märchen als Therapie. Walter Verlag, 1986, S. 11

85 Scherf, Walter: Die Herausforderung des Dämons: Form und Funktion grausiger Kindermärchen. K. G. Saur Verlag, München 1987

86 Dehn, Mechthild, in: Praxis Deutsch, Heft Mai 1981: Märchen. Hier: Basisartikel: Das Märchen als Lernmodell

87 Riedel, Gertrude: Modernes Kind – Traditionelles Märchengut. Märchen ein positives Element in der Erziehung? Diss. Wien 1987.
Die Autorin ist mit den wissenschaftlichen Methoden der empirischen pädagogischen Psychologie an die Frage herangegangen, ob zwischen Kindern, die mit Märchenkenntnissen (ich zitiere sie als „Märchenkinder") aufgewachsen sind, relevante Unterschiede bestehen zu solchen, die ohne Märchen aufgewachsen sind. Riedel bildete zwei Extremgruppen (mit 242 Wiener Schulkindern) und testete sie in Bereichen wie Allgemeinbildung, logischem Denken, Worteinfall und Ratefähigkeit; Kreativität und sprachlicher Ausdrucksform; ob Angst und Aggression vorhanden sind (dazu als Kontrollvariablen Bildungsstand und Berufstätigkeit der Mutter). Einige Ergebnisse der Untersuchung: Die „Grausamkeit" der Märchen ruft bei „Märchenkindern" nicht mehr ängstliches oder aggressives Verhalten hervor als bei Kindern ohne Märchen. Die „Märchenkinder" erbrachten bei Intelligenzleistungen wie Allgemeinbildung und Ratefähigkeit, bei sprachlichen Ausdrucksformen wie Wortwahl (i. S. von Wortbedeutung) und dem richtigen Einsatz von Attributen (betr. Satzteile) signifikant bessere Leistungen. Im logischen Denken wurden Tendenzen zur Signifikanz ermittelt. Interessant andererseits, daß bei Kreativität und Phantasieleistung keine wesentlichen Unterschiede zu finden waren. Dazu die Feststellung, daß Märchen zu seelischer Autonomie führen, weil sie dazu beitragen, auch auf kognitiver Basis Fragen zu bewältigen.
Diese Untersuchungsergebnisse bekräftigen meine Beobachtung, daß mit Märchen und allgemein phantastischen Elementen im Unterricht (also auch beim Erwerb von Lese-, Schreib- und Rechenkenntnissen) eine positive Lernatmosphäre und erhöhte Lernbereitschaft

erreicht wird. Der Umgang mit Märchen auf multisensorischer und multimedialer Basis, also im ganzheitlichen Lernen, ist von hoher Motivationskraft und fördert neben emotionalen, sozialen und psychomotorischen auch viele kognitive Fähigkeiten. Ursachen mögen im streßfreien Lernen liegen, in besonderen Leseinteressen, in der erhöhten Bereitschaft zum Lesen, Schreiben usw., in der Übernahme von Sprachmustern ...
Das bedeutet: Märchen sind ein besonders geeignetes Medium für ganzheitliches und damit auch für kognitives Lernen. Zu untersuchen wäre beispielsweise noch, warum Kreativität und Phantasie nicht signifikant besser ausfielen (schließlich war Phantasieschulung immer ein besonderes Argument für Märchen). Tatsache ist, daß das Phantasievolle (nicht unbedingt Phantastische) sich nicht auf Märchen beschränkt, sondern auch an anderer Literatur, z. B. an Tier- oder Abenteuer- oder Umweltgeschichten zu schulen ist. Kinder, die ohne Märchen aufgewachsen sind, haben demnach über andere Literatur auch die Möglichkeit, Phantasie und Kreativität zu entwickeln. Man kann formulieren: Märchen stabilisieren emotional und seelisch und setzen dadurch auch Phantasie und geistige Kräfte frei. Bemerkenswert auch: Charlotte Bühler stellt fest (in Anlehnung an Groos: Das Seelenleben des Kindes, 6. Aufl., Berlin 1923, S. 157f.), daß Illusionsfähigkeit zusammen mit Kombinationsfähigkeit im wesentlichen das ausmachen, was man unter dem Namen „Phantasie" zusammenfaßt. Nur: Kleine Kinder verfügen noch kaum über kombinatorische Betätigungen (wohl aber über Illusionsfähigkeit), und Märchen haben auch wenige kombinatorische Züge. (Theoretisch kann dann erst mit wachsendem Alter und mit vielschichtigeren Märchen Phantasie geschult werden.)

88 Zit. nach Prof. Jürgen Spohn, Grafiker und Kinderbuchautor

89 Nickel, Horst: Entwicklungspsychologie des Kindes- und Jugendalters, Band I. Bern 1982

90 Restak, Richard M.: Geist, Gehirn und Psyche (Psychobiologie, die letzte Herausforderung), 1981 (dt. Ausgabe), Kap. 8: Kains Fluch. Bes. Bezug auf Forschungen von Robert Heath, in: „Modulation of Emotion with a Brain Pacemaker: Treatment for Intractable Psychiatric Illness". Journal of Nervous and Mental Disease, Bd. 165, Nr. 5 (1977), S. 300–317

91 Die nachfolgende Abb. der „Rindenfelder" nach K. Brodmann ist aus: Kahle, W.: Nervensystem und Sinnesorgane (Taschenatlas der Anatomie für Studium und Praxis). Thieme 1976, S. 229

92 „Welt-eins"-Aspekte: Der ganze Körper ist am Denken und Lernen mitbeteiligt. Das motorische, sensorische und vegetative (sympathische und parasympathische) System stehen in enger Wechselwirkung mit dem Gehirn und Rückenmark des ZNS und dem peripheren Nervensystem des Körpers. Unser Körper mit seinen über hundert Milliarden Zellen hat in jeder einzelnen Zelle einen Zellkern mit einer Art Gedächtnis: Den Erbinformationen, die in den Genen gespeichert sind. Dieses Mikrogedächtnis, das jeder Zelle als Erbmaterial mit seinem genetischen Kode innewohnt, enthält Befehle, Programme und Erinnerungen (s. Popper zum „Wissen"), die durch Impulse abgerufen werden und in erster Linie lebenserhaltend wirken, indem die Körperreaktionen im Wechselspiel mit Umweltreizen auf einen angemessenen Stand gebracht werden. Besonders die Hormonreaktionen (großenteils vom Zwischenhirn gesteuert) und das vegetative Nervensystem beeinflussen das Denken und Lernen in intensiver Weise ganzkörperlich mit, verursachen Wohlgefühl oder Schmerz.

93 Huizinga, Johan: Homo Ludens (Vom Ursprung der Kultur im Spiel). Hamburg 1956, S. 56

94 Vonessen, Franz, in: Der Mensch und das Spiel in der verplanten Welt (hrsg. von der Bayrischen Akademie der Schönen Künste). DTV 1976, S. 24

95 Vonessen, F.: DTV 1976, S. 31

96 Flitner, Andreas: Das Kinderspiel, seine Förderung und sein Mißbrauch durch die Pädagogik, S. 80/81. In: Der Mensch und das Spiel ..., 1976

97 Anregungen oder Informationen zum Problemfeld multisensorischen Lernens geben z. B.: Vester, Frederic: Denken, Lernen, Vergessen. DTV München, 1978; Eccles, J.: 1984; Popper, K./Eccles, J.: 1982; Kahle, Werner: Nervensystem und Sinnesorgane (Taschenlexikon der Anatomie), Thieme 1976; Gehirn und Nervensystem, Spektrum der Wissenschaft; Heidelberg 1988; Rico, Gabriele: 1984; Ullmann, F./Bierbaum, G.: Nichts vergessen – mehr behalten – ein Trainingsprogramm, Universitas München 1984; Restak, R.: 1981; Tomatis, A.: 1987; Brügelmann, H.: 1986; Radigk, W.: 1985; 1987; Kempcke, A.: Die Assoziationsmethode von McGinnis, in: Sprache – Stimme – Gehör, 1980; Klivington, Kenneth A.: Gehirn und Geist, Spektrum (1989), 1992; Buzan, Tony: Kopftraining, Anleitung zum kreativen Denken – Tests und Übungen, Goldmann München 1984; Springer, Sally und Deutsch, Georg: Linkes – rechtes Gehirn – Funktionelle Asymmetrien, Spektrum 1987; Baddely, Alan: So denkt der Mensch – unser Gedächtnis und wie es funktioniert, Droemer Knaur München 1986; Radigk,

Werner: Kognitive Entwicklung und zerebrale Dysfunktion, Verlag Modernes Lernen Dortmund 1986, 3. verbesserte Auflage 1991; Birkenbihl, Vera F.: Stroh im Kopf? (Kurzseminar mit Buch und drei Tonkassetten), oder: Gebrauchsanweisung für's Gehirn, Gabal Speyer 1983, 7. überarbeitete Auflage 1990; diesselbe: Stichwort: Schule – Trotz Schule lernen! Speyer 1987; Mogel, H.: Psychologie des Kinderspiels, Springer Verlag 1991 Meister Vitale, Barbara: Lernen kann phantastisch sein (Kinderleichtes Lernen durch optimalen Einsatz beider Gehirnhälften), Synchron Verlag Berlin 1988; Olbrich, Ingrid: Auditive Wahrnehmung und Sprache (Psychomotorische Entwicklungsförderung, Band 6), Verlag Modernes Lernen Dortmund 1989; Ayres, Jean: Bausteine der kindlichen Entwicklung, Springer 1984; Englbrecht, Arthur / Weigert, Hans: Lernbehinderungen verhindern (Unterrichtspraxis Grundschule), Frankfurt 1991 ... dies nur als Impulse, ohne jeglichen Anspruch auf Vollständigkeit oder Priorität.

98 Vester, F.: DTV München 1978
Kahle, W.: Thieme 1976

99 Vester, F.: Denken, Lernen, Vergessen. München, 11. Aufl. 1984, S. 77–79

100 Die aufgebauten, aber nicht verbrauchten Energien (Fettsäuren, Traubenzucker) werden abgelagert und beschleunigen u. a. Arteriosklerose. Die Verschiebung des Hormonhaushalts bedeutet Kreislaufbelastung und erhöht das Risiko eines Herzinfarkts. Durch die Frustration, nicht handeln zu können, durch Unsicherheit und Nervosität wird die Regulation des vegetativen Nervensystems gestört, der Magen wird zu erhöhter Salzsäureproduktion angeregt, der Darm zu Verkrampfungen. Gesamtfolge: Herzerkrankungen, verminderte Immunabwehr, Infektionsanfälligkeit, Stoffwechselstörungen, Magengeschwüre, Neurosen, erhöhte Krebsdisposition ... (nach: Vester, F.: Neuland des Denkens. Vom technokratischen zum kybernetischen Zeitalter. Stuttgart 1981, 2. Aufl.).

101 Piaget führte den Begriff der Operation in die Psychologie ein. Es handelt sich dabei um eine progressive Verinnerlichung des kindlichen Handelns und seiner zunehmenden Unabhängigkeit von der Wahrnehmung. Operationen sind verinnerlichte Handlungen (s. anschauungsgebundenes Denken und konkrete Operationen beim etwa 6- bis 12jährigen bis zum formalen Denken ab da). Operationen bilden Systeme, diese Strukturen. Handlungen kann man also effektiv (mit wahrnehmbaren Handlungs- und Ergebnisobjekten) oder in der Vorstellung durchführen (mit Vorstellungsbildern oder Worten. Hierzu: Piaget, Jean: Psychologie der Intelligenz. Olten 1947 (5. Aufl. 1972).
Piaget, J./Inhelder, B. (1941/1969): Die Entwicklung der physikalischen Mengenbegriffe beim Kind. Stuttgart, Klett, 1969

102 Äbli, Hans: Denken, das Ordnen des Tuns. Band I: Kognitive Aspekte der Handlungstheorie. Klett, Stuttgart 1980.
Äbli, Hans: Denken, das Ordnen des Tuns. Band II: Denkprozesse. Klett, Stuttgart 1981

103 Äbli, Hans: Stuttgart 1981, S. 97

104 Vester, F.: München, 11. Aufl. 1984, S. 93

105 In diesen umschriebenen Zielkategorien finden sich z. B. auch die drei wieder, die Wolfgang Schulz mit „Kompetenz, Autonomie und Solidarität" bezeichnet; die sich gegenseitig bedingen und zugleich emanzipatorisch relevant werden können. Schulz, Wolfgang, in: Peterßen, Wilhelm: Lehrbuch allgemeiner Didaktik. EGS Texte, München 1983, S. 110ff.

106 Aus: New Age – Zeugnisse der Zeitenwende, Gert Geisler (Hrsg.). esotera Taschenbücherei, 1984. Bezug auf: Brendan O'Regan. „The Aquarian Conspiracy: Grounds for Optimism", in: Newsletter, Institute of Noetic Sciences, Vol. 8/1, Winter 1980

107 Wermke, Jutta (Hrsg.): Ästhetische Erziehung im Deutschunterricht. Kamps pädagogische Taschenbücher 90. Bochum 1981, S. 15